技能应用速成系列

SPSS 28.0 统计分析综合应用案例详解

梁 楠 编著

电子工业出版社
Publishing House of Electronics Industry
北京·BEIJING

内 容 简 介

本书以 SPSS 28.0 为平台，由浅入深地讲解 SPSS 软件的相关知识，通过图文并茂的方式讲解各项操作，清晰、直观、易学易用。

全书分为三部分，共 11 章，详细介绍 SPSS 在社会科学调查、心理学、教育、农业、医疗、市场营销、管理、经济、房地产、生物研究等领域的应用，涉及数据编辑与整理、基本统计分析、参数估计与假设检验、非参数检验、方差分析、相关分析、回归分析、聚类分析、判别分析、因子分析、对应分析、信度分析、生存分析、时间序列分析等综合应用案例。本书涉及面广，涵盖了一般用户常用的功能，全书按逻辑顺序编排，自始至终结合实例进行描述，内容完整且每章相对独立，是一本详尽实用的 SPSS 参考用书。

本书适合高等院校统计分析专业的学生、科研人员、SPSS 用户和爱好者，以及希望从事 SPSS 软件技术相关工作的人员。

未经许可，不得以任何方式复制或抄袭本书之部分或全部内容。
版权所有，侵权必究。

图书在版编目（CIP）数据

SPSS 28.0 统计分析综合应用案例详解 / 梁楠编著．—北京：电子工业出版社，2023.2
（技能应用速成系列）
ISBN 978-7-121-41728-3

Ⅰ．①S… Ⅱ．①梁… Ⅲ．①统计分析－统计程序－案例 Ⅳ．①C819

中国国家版本馆 CIP 数据核字（2023）第 030558 号

责任编辑：许存权　　　特约编辑：田学清
印　　刷：三河市鑫金马印装有限公司
装　　订：三河市鑫金马印装有限公司
出版发行：电子工业出版社
　　　　　北京市海淀区万寿路 173 信箱　　邮编：100036
开　　本：787×1092　1/16　　印张：20.5　　字数：524 千字
版　　次：2023 年 2 月第 1 版
印　　次：2023 年 2 月第 1 次印刷
定　　价：79.00 元

凡所购买电子工业出版社图书有缺损问题，请向购买书店调换。若书店售缺，请与本社发行部联系，联系及邮购电话：（010）88254888，88258888。
质量投诉请发邮件至 zlts@phei.com.cn，盗版侵权举报请发邮件至 dbqq@phei.com.cn。
本书咨询联系方式：（010）88254484，xucq@phei.com.cn。

前　言

SPSS 是世界上最早的统计分析软件，以功能丰富、效率高、操作简便而著称，是非常适合进行数据分析的工具软件，在经济学、医学、教育学、管理学、心理学、广告学、统计学及商业、工业、林业、农业等各个领域都有广泛应用。

本书基于 SPSS 最新产品——SPSS 28.0 编写，该版本在界面设置、数据管理、报表和编程能力等方面有很大改进。本书采用"完全案例"的编写形式，将相关操作技巧融入案例之中，使该书的实用价值达到了一个很高的层次。

1．本书特点

本书内容由浅入深，适合各水平阶段的读者学习。书中结合作者的实际项目经验，讲解时穿插了大量应用技巧和实例。本书主要有如下特点：

- 循序渐进、通俗易懂。本书完全按照初学者的学习规律和习惯，由浅入深，由易到难安排章节内容，可以让初学者在学习中掌握 SPSS 的所有基础知识及其应用。
- 步骤详尽、内容新颖。本书结合作者多年 SPSS 的使用经验与实际应用案例，将 SPSS 软件的使用方法与技巧详细地讲解给读者。本书在讲解过程中步骤详尽，讲解过程辅以相应的图片，使读者一目了然，从而快速掌握书中所讲内容。
- 内容全面、结构合理。本书涵盖基本统计分析、参数估计与假设检验、非参数检验、方差分析、相关分析、回归分析、聚类分析、判别分析等各个统计分析方法，内容丰富。
- 案例丰富、技术全面。本书的每一章都是 SPSS 的一个专题，每一个案例都包含多个知识点。读者对照本书进行学习，可以举一反三，达到从入门到精通的目的。
- 视频教学、轻松易懂。本书配备了高清语音教学视频，作者精心讲解，并辅以相关点拨，使读者领悟并轻松掌握每个案例的操作难点，提高学习效率。

2．本书内容

本书基于 SPSS 28.0 软件，讲解了 SPSS 在社会科学调查、心理学、教育、农业、医疗、市场营销、管理、经济、房地产、生物研究等各个领域的综合应用。

第 1 章　社会科学调查应用	第 2 章　心理学应用
第 3 章　教育领域应用	第 4 章　农业领域应用
第 5 章　医疗领域应用	第 6 章　市场营销领域应用
第 7 章　管理领域应用	第 8 章　经济领域应用
第 9 章　房地产领域应用	第 10 章　生物研究领域应用

第 11 章　其他领域应用

本书可与电子工业出版社出版的《SPSS 28.0 统计分析基础与应用》（梁楠编著）一书配合学习，本书偏重于案例应用与实战，读者可根据自己的领域有选择地学习。

本书中，为了与界面图对应且保持一致，X、Y 保留正体写法。

3．读者对象

本书适合 SPSS 初学者和统计分析从业人员学习，具体包含如下人员：

- ★ 相关数据分析从业人员
- ★ 高等院校的师生
- ★ 参加工作实习的"菜鸟"
- ★ 广大科研工作人员
- ★ 初学 SPSS 的技术人员
- ★ 相关培训机构的教师和学员
- ★ SPSS 爱好者
- ★ 初、中级 SPSS 用户

4．本书作者

本书由梁楠编著，虽然作者在编写过程中力求叙述准确、完善，但由于水平有限，书中欠妥之处在所难免，请读者及同行批评指正，在此表示诚挚的谢意。

5．读者服务

为了更好地服务读者，在"算法仿真在线"公众号中为读者提供了相应技术资料，有需要的读者可关注"算法仿真在线"公众号；同时在公众号中提供技术答疑，将解答读者在学习过程中遇到的疑难问题。

资源下载：本书所附带的教学视频、数据文件等均收录在百度云盘中，请登录如下网址进行下载。

百度网盘链接：https://pan.baidu.com/s/1BMk1C8WWDn5Pd-A4lpMyqw

提取码：2v6p

扫码获取：

读者也可以访问"算法仿真在线"公众号获取视频和素材文件下载链接，还可以在相关栏目下留言获取帮助，我们将竭诚为读者服务。

编著者

目 录

第 1 章　社会科学调查应用 1
　1.1　问卷设计 1
　1.2　信度分析 2
　　　1.2.1　SPSS 实现 3
　　　1.2.2　结果分析 3
　1.3　效度分析 4
　　　1.3.1　SPSS 实现 4
　　　1.3.2　结果分析 6
　1.4　问卷数据处理 10
　1.5　频率分析 11
　　　1.5.1　SPSS 实现 11
　　　1.5.2　结果分析 12
　1.6　描述分析 13
　　　1.6.1　SPSS 实现 13
　　　1.6.2　结果分析 13
　1.7　相关性分析 14
　　　1.7.1　SPSS 实现 14
　　　1.7.2　结果分析 16
　1.8　差异性分析 16
　　　1.8.1　SPSS 实现 16
　　　1.8.2　结果分析 17
　1.9　本章小结 18
　1.10　综合练习 18

第 2 章　心理学应用 20
　2.1　中介效应分析 20
　　　2.1.1　中介效应模型 21

　　　2.1.2　数据描述 22
　　　2.1.3　信度分析 22
　　　2.1.4　效度分析 24
　　　2.1.5　描述性分析 30
　　　2.1.6　相关性分析 31
　　　2.1.7　回归分析 33
　2.2　调节效应分析 38
　　　2.2.1　调节效应模型 38
　　　2.2.2　数据描述 39
　　　2.2.3　描述性分析 39
　　　2.2.4　相关性分析 41
　　　2.2.5　回归分析 42
　2.3　本章小结 46
　2.4　综合练习 46

第 3 章　教育领域应用 47
　3.1　学生成绩分布分析 47
　　　3.1.1　数据描述 47
　　　3.1.2　频率分析 48
　　　3.1.3　正态检验 51
　3.2　学生培训效果分析 55
　　　3.2.1　数据描述 56
　　　3.2.2　两相关样本非参数检验 56
　3.3　公司培训效果分析 58
　　　3.3.1　数据描述 59
　　　3.3.2　协方差分析 59
　3.4　教学方法分析 62
　　　3.4.1　数据描述 62

3.4.2	独立样本 T 检验	62
3.4.3	成对样本 T 检验	64
3.5	本章小结	65
3.6	综合练习	65

第 4 章 农业领域应用 67

4.1	茶叶种植分析	67
4.1.1	数据描述	67
4.1.2	单因素方差分析	68
4.2	农作物生长分析	79
4.2.1	数据描述	79
4.2.2	多因素方差分析	79
4.3	粮食产量分析	85
4.3.1	数据描述	86
4.3.2	计算新变量	86
4.3.3	描述分析	87
4.3.4	相关分析	88
4.3.5	回归分析	90
4.4	农作物产量预测	91
4.4.1	数据描述	92
4.4.2	曲线回归	92
4.5	本章小结	96
4.6	综合练习	96

第 5 章 医疗领域应用 98

5.1	患者生存分析	98
5.1.1	数据描述	98
5.1.2	Kaplan-Meier 分析	99
5.2	患者预后分析	102
5.2.1	数据描述	102
5.2.2	Cox 回归分析	103
5.3	药物依从性分析	110
5.3.1	数据描述	110
5.3.2	独立样本 T 检验	110
5.3.3	单因素方差分析	112
5.4	母乳捐献意愿分析	115
5.4.1	数据描述	115
5.4.2	卡方检验	116
5.5	冠心病判别分析	118
5.5.1	数据描述	119
5.5.2	一般判别分析	119
5.6	本章小结	125
5.7	综合练习	125

第 6 章 市场营销领域应用 127

6.1	客户流失率分析	127
6.1.1	数据描述	128
6.1.2	SPSS 实现	128
6.1.3	结果分析	129
6.2	销售量周期性分析	131
6.2.1	序列图在服装销售量分析中的应用	132
6.2.2	周期性分解在服装销售量上的应用	135
6.2.3	谱分析在服装销售量上的应用	137
6.2.4	自相关分析在服装销售量上的应用	139
6.2.5	对服装销售量创建时间模型	143
6.2.6	时间序列模型在服装销售量预测上的应用	147
6.2.7	交叉相关性分析在服装销售量上的应用	149
6.3	汽车销售分析	152
6.3.1	两步聚类在汽车销售上的应用	152
6.3.2	逐步判别分析在汽车销售上的应用	156
6.4	广告营销分析	164
6.4.1	数据描述	165
6.4.2	SPSS 实现	165
6.4.3	结果分析	168
6.5	本章小结	169
6.6	综合练习	170

第 7 章 管理领域应用 171

7.1	企业薪酬管理分析	171
7.1.1	探索性分析在企业薪酬管理中的应用	171

7.1.2　回归分析在企业薪酬
　　　　　　管理中的应用 178
　　　7.1.3　快速聚类在企业薪酬
　　　　　　管理中的应用 187
　7.2　高校职称管理分析 191
　　　7.2.1　数据描述 192
　　　7.2.2　SPSS 实现 192
　　　7.2.3　结果分析 194
　　　7.2.4　进一步分析 197
　7.3　期刊评价管理分析 198
　　　7.3.1　数据描述 199
　　　7.3.2　SPSS 实现 199
　　　7.3.3　结果分析 200
　7.4　选举投票管理分析 205
　　　7.4.1　数据描述 206
　　　7.4.2　简单对应分析 206
　　　7.4.3　多元对应分析 209
　7.5　本章小结 213
　7.6　综合练习 214

第 8 章　经济领域应用 215
　8.1　国民经济情况调查 215
　　　8.1.1　数据描述 216
　　　8.1.2　SPSS 实现 216
　　　8.1.3　结果分析 217
　8.2　企业经营分析 219
　　　8.2.1　数据描述 219
　　　8.2.2　主成分分析 220
　　　8.2.3　回归分析 224
　8.3　社会经济发展分析 226
　　　8.3.1　数据描述 226
　　　8.3.2　主成分分析 228
　　　8.3.3　聚类分析 234
　8.4　餐饮业经营分析 240
　　　8.4.1　数据描述 241
　　　8.4.2　SPSS 实现 241
　　　8.4.3　结果分析 242
　8.5　本章小结 248
　8.6　综合练习 248

第 9 章　房地产领域应用 250
　9.1　房地产销售价格分析 250
　　　9.1.1　数据描述 250
　　　9.1.2　相关分析 251
　　　9.1.3　回归分析 254
　9.2　建筑成本分析 258
　　　9.2.1　数据描述 258
　　　9.2.2　SPSS 实现 259
　　　9.2.3　结果分析 260
　9.3　本章小结 262
　9.4　综合练习 262

第 10 章　生物研究领域应用 264
　10.1　生物学正交实验分析 264
　　　10.1.1　SPSS 在生物正交实验
　　　　　　 研究中的应用 265
　　　10.1.2　SPSS 在生物实验研究中的
　　　　　　 应用 270
　10.2　刺激强度响应分析 275
　　　10.2.1　数据描述 276
　　　10.2.2　SPSS 实现 276
　　　10.2.3　结果分析 277
　10.3　植物种植效果分析 283
　　　10.3.1　数据描述 283
　　　10.3.2　SPSS 实现 283
　　　10.3.3　结果分析 284
　10.4　本章小结 285
　10.5　综合练习 285

第 11 章　其他领域应用 286
　11.1　进出口领域应用 286
　　　11.1.1　数据描述 286
　　　11.1.2　SPSS 实现 287
　　　11.1.3　结果分析 288
　11.2　物流领域应用 289
　　　11.2.1　数据描述 290
　　　11.2.2　SPSS 实现 290
　　　11.2.3　结果分析 291

- 11.3 国债市场应用 ... 295
  - 11.3.1 数据描述 ... 296
  - 11.3.2 SPSS 实现 ... 296
  - 11.3.3 结果分析 ... 297
- 11.4 环境指标排序应用 ... 299
  - 11.4.1 数据描述 ... 299
  - 11.4.2 SPSS 实现 ... 300
  - 11.4.3 结果分析 ... 301
- 11.5 工业生产应用 ... 305
  - 11.5.1 数据描述 ... 306
  - 11.5.2 SPSS 实现 ... 306
  - 11.5.3 结果分析 ... 307
- 11.6 概率分析应用 ... 308
  - 11.6.1 数据描述 ... 308
  - 11.6.2 SPSS 实现 ... 308
  - 11.6.3 结果分析 ... 309
- 11.7 体育领域研究应用 ... 310
  - 11.7.1 SPSS 在体重分析上的应用 ... 310
  - 11.7.2 SPSS 在篮球运动中的应用 ... 312
- 11.8 本章小结 ... 317
- 11.9 综合练习 ... 317

参考文献 ... 318

第1章 社会科学调查应用

社会科学调查研究是一项系统性的研究工作,包括以下步骤:确定研究内容、制订研究计划、搜集数据及完成数据的处理分析,最终得出研究的结论。社会科学调查应用广泛。在现代的社会科学调查中,调查问卷已经成为收集数据最为普遍且有效的途径。本章从大学生自我管理能力的调查问卷入手,来讲解SPSS在社会科学调查中的应用。

学习目标:

- 了解调查问卷的设计与应用。
- 掌握调查问卷中信效度分析方法。
- 掌握SPSS在社会科学调查中的应用。

1.1 问卷设计

自我管理能力是个人为实现自我管理所应具备的能力。根据大学生的特点,可以将大学生的自我管理能力概括为:依据国家高等教育的培养目标,大学生按照社会的要求和自身发展的需要,发挥主观能动性,合理整合自身条件,在德、智、体、美等方面全面发展,实现自身社会价值所应具备的能力。

本章的案例将把大学生自我管理能力划分为4个维度:时间管理能力、学习管理能力、身心管理能力、人际关系管理能力,并设计问卷如表1-1所示。

表1-1 问卷设计

第一部分 基础信息	
问卷题目	选项
性别	1.男;2.女
是否为独生子女	1.是;2.否
是否有读研究生	1.是;2.否

续表

第一部分 基础信息	
问卷题目	选项
父母学历	1.小学及以下；2.初中中专；3.高中高职；4.大专；5.本科及以上
第二部分 大学生自我管理能力			

维度	问卷题目代码	问卷题目	量表题选项
时间管理能力	A1	对于自己每天的任务和安排都十分清楚明白	1.非常不赞同；2.比较不赞同；3.居中；4.比较赞同；5.非常赞同
	A2	按照自己计划的作息时间表执行	1.非常不赞同；2.比较不赞同；3.居中；4.比较赞同；5.非常赞同
	A3	有计划地安排每周的任务	1.非常不赞同；2.比较不赞同；3.居中；4.比较赞同；5.非常赞同
学习管理能力	B1	自己学习的专业知识十分有价值	1.非常不赞同；2.比较不赞同；3.居中；4.比较赞同；5.非常赞同
	B2	只关心结果而不在乎方法和途径	1.非常不赞同；2.比较不赞同；3.居中；4.比较赞同；5.非常赞同
	B3	有规律地复习自己新学到的知识	1.非常不赞同；2.比较不赞同；3.居中；4.比较赞同；5.非常赞同
	B4	经常总结学习的知识并找出其中的规律	1.非常不赞同；2.比较不赞同；3.居中；4.比较赞同；5.非常赞同
身心管理能力	C1	适应周围的变化并不觉得迷茫	1.非常不赞同；2.比较不赞同；3.居中；4.比较赞同；5.非常赞同
	C2	把握好时机，分清事情的先后主次	1.非常不赞同；2.比较不赞同；3.居中；4.比较赞同；5.非常赞同
	C3	了解自己的缺点并希望能够改变	1.非常不赞同；2.比较不赞同；3.居中；4.比较赞同；5.非常赞同
人际关系管理能力	D1	对自身的优势和欲从事的职业有客观的认识	1.非常不赞同；2.比较不赞同；3.居中；4.比较赞同；5.非常赞同
	D2	根据职业生涯规划，常思考大学毕业以后要做什么	1.非常不赞同；2.比较不赞同；3.居中；4.比较赞同；5.非常赞同

问卷设计完成后，通过线上线下的方式收集有效问卷 215 份。

数据文件：数据文件\Chapter1\data1-01.sav

视频文件：视频文件\Chapter1\社会科学调查问卷.avi

1.2 信度分析

获得问卷数据之后应当对问卷信度进行分析，以判断问卷是否满足可靠性的要求。

1.2.1 SPSS 实现

（1）打开数据文件 data1-01.sav，执行菜单栏中的"分析"→"刻度"→"可靠性分析"命令，弹出图 1-1 所示的"可靠性分析"对话框。

将左侧的大学生自我管理量表的 12 个题目全部选中，单击 ▶ 按钮，将其选入"项"框中。单击"模型"后面的下拉按钮，在弹出的下拉列表中选择"Alpha"。

（2）单击"统计"按钮，弹出图 1-2 所示的"可靠性分析：统计"对话框，勾选"删除项后的标度"复选框。单击"继续"按钮，返回主对话框。

（3）完成各项设置后，单击"确定"按钮执行命令，此时会弹出个案处理摘要、可靠性统计等分析结果。

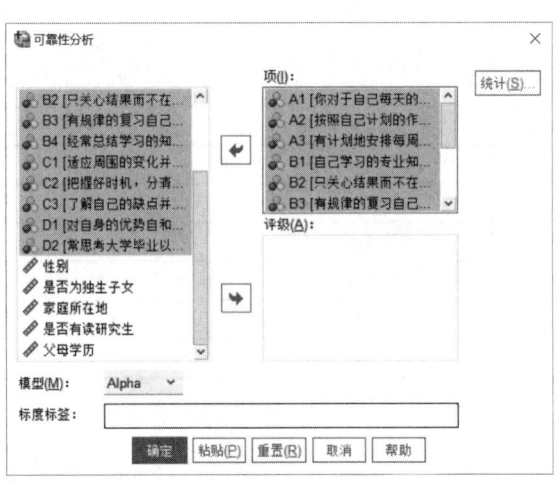
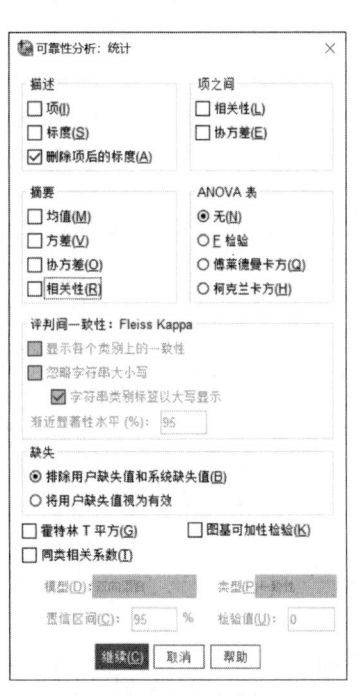

图 1-1 "可靠性分析"对话框　　　　图 1-2 "可靠性分析：统计"对话框

1.2.2 结果分析

表 1-2 给出了初始数据中关于缺失值的统计信息，从表中可以看出不存在缺失值。

表 1-2 个案处理摘要

		个案数	百分比（%）
个案	有效	215	100.0
	排除[a]	0	.0
	总计	215	100.0

a. 基于过程中所有变量的成列删除

表 1-3 给出了可靠性统计结果，克隆巴赫 Alpha 为 0.935，信度比较高，说明该问卷

的量表题部分通过信度检验。

表 1-3 可靠性统计

克隆巴赫 Alpha	项数
.935	12

表 1-4 给出了项总计统计的信息，在信度分析中可以根据修正后的项与总计相关性数值、删除项后的克隆巴赫 Alpha 系数对问卷题目进行修改或者调整。一般要求修正后的项与总计相关性数值大于 0.4，而删除项后的克隆巴赫 Alpha 系数是指某量表题被删除后，剩下其他题目的可靠性统计。当删除某一项后，克隆巴赫 Alpha 系数明显增大，则可以将该量表题删除，重新进行信度分析，从而设计出满足要求的问卷。

表 1-4 项总计统计

	删除项后的标度平均值	删除项后的标度方差	修正后的项与总计相关性	删除项后的克隆巴赫 Alpha
A1	43.56	54.088	.743	.929
A2	43.80	53.808	.666	.931
A3	43.95	53.325	.678	.931
B1	43.58	53.656	.735	.929
B2	43.62	53.142	.798	.926
B3	43.80	52.612	.740	.928
B4	44.04	52.470	.708	.930
C1	43.85	53.744	.678	.931
C2	43.63	53.710	.735	.929
C3	43.60	55.100	.671	.931
D1	43.53	54.839	.672	.931
D2	43.76	53.577	.749	.928

1.3 效度分析

该问卷中的大学生自我管理能力部分存在 4 个维度，需要进一步研究该问卷的结构效度是否符合要求。

1.3.1 SPSS 实现

（1）打开数据文件 data1-01.sav，执行菜单栏中的"分析"→"降维"→"因子分析"命令，打开"因子分析"对话框。

将左侧的大学生自我管理量表的 12 个题目全部选中，单击 按钮，将其选入"变量"框中，如图 1-3 所示。

（2）单击"描述"按钮，弹出图 1-4 所示的"因子分析：描述"对话框。勾选如下复选框："单变量描述""初始解""系数""显著性水平""KMO 和巴特利特球形度检验"。

单击"继续"按钮,返回主对话框。

(3)单击"提取"按钮,弹出图 1-5 所示的"因子分析:提取"对话框。勾选"碎石图"复选框;选中"固定因子数"单选按钮,并设置要提取的因子数为 4。单击"继续"按钮,返回主对话框。

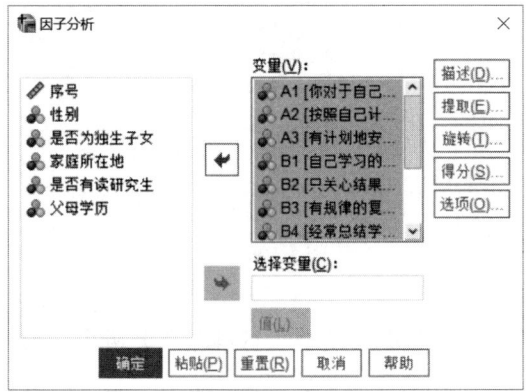

图 1-3 "因子分析"对话框

图 1-4 "因子分析:描述"对话框

(4)单击"旋转"按钮,弹出图 1-6 所示的"因子分析:旋转"对话框。选中"最大方差法"单选按钮;勾选"载荷图"复选框。单击"继续"按钮,返回主对话框。

图 1-5 "因子分析:提取"对话框

图 1-6 "因子分析:旋转"对话框

(5)单击"得分"按钮,弹出图 1-7 所示的"因子分析:因子得分"对话框。勾选"保存为变量""显示因子得分系数矩阵"复选框。单击"继续"按钮,返回主对话框。

(6)单击"选项"按钮,弹出图 1-8 所示的"因子分析:选项"对话框。勾选"按大小排序"复选框。单击"继续"按钮,返回主对话框。

(7)完成所有设置后,单击"确定"按钮执行命令,此时会显示描述统计、相关性矩阵、KMO 和巴特利特球形度检验等分析结果。

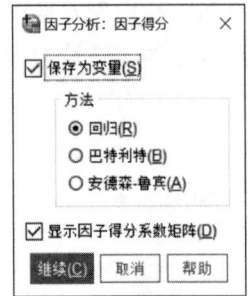 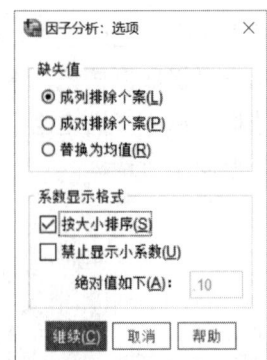

图 1-7 "因子分析:因子得分"对话框　　　　图 1-8 "因子分析:选项"对话框

1.3.2 结果分析

表 1-5 列出了 12 个初始变量的描述统计量,包括平均值、标准差和分析个案数。

表 1-5 描述统计

	平均值	标准差	分析个案数
A1	4.14	.802	215
A2	3.91	.907	215
A3	3.75	.938	215
B1	4.13	.847	215
B2	4.08	.831	215
B3	3.91	.933	215
B4	3.66	.982	215
C1	3.85	.900	215
C2	4.07	.843	215
C3	4.10	.782	215
D1	4.17	.805	215
D2	3.94	.841	215

表 1-6 是初始变量的相关性矩阵表。从相关性矩阵中可以看出多个变量间的相关系数较大,且对应的显著性统计量普遍较小,说明这些变量之间存在着显著的相关性,进而说明有进行因子分析的必要。

表 1-6 相关性矩阵

		A1	A2	A3	B1	B2	B3	B4	C1	C2	C3	D1	D2
相关性	A1	1.000	.640	.568	.565	.614	.554	.541	.560	.566	.507	.549	.586
	A2	.640	1.000	.746	.483	.555	.465	.515	.441	.412	.388	.483	.508
	A3	.568	.746	1.000	.510	.535	.534	.546	.465	.448	.435	.460	.480
	B1	.565	.483	.510	1.000	.690	.612	.540	.521	.629	.553	.544	.561
	B2	.614	.555	.535	.690	1.000	.661	.583	.610	.666	.520	.609	.642
	B3	.554	.465	.534	.612	.661	1.000	.705	.440	.579	.557	.488	.631

续表

		A1	A2	A3	B1	B2	B3	B4	C1	C2	C3	D1	D2
相关性	B4	.541	.515	.546	.540	.583	.705	1.000	.577	.526	.427	.417	.571
	C1	.560	.441	.465	.521	.610	.440	.577	1.000	.636	.552	.436	.526
	C2	.566	.412	.448	.629	.666	.579	.526	.636	1.000	.691	.499	.573
	C3	.507	.388	.435	.553	.520	.557	.427	.552	.691	1.000	.552	.534
	D1	.549	.483	.460	.544	.609	.488	.417	.436	.499	.552	1.000	.705
	D2	.586	.508	.480	.561	.642	.631	.571	.526	.573	.534	.705	1.000
显著性（单尾）	A1		<.001	<.001	<.001	<.001	<.001	<.001	<.001	<.001	<.001	<.001	<.001
	A2	.000		.000	.000	.000	.000	.000	.000	.000	.000	.000	.000
	A3	.000	.000		.000	.000	.000	.000	.000	.000	.000	.000	.000
	B1	.000	.000	.000		.000	.000	.000	.000	.000	.000	.000	.000
	B2	.000	.000	.000	.000		.000	.000	.000	.000	.000	.000	.000
	B3	.000	.000	.000	.000	.000		.000	.000	.000	.000	.000	.000
	B4	.000	.000	.000	.000	.000	.000		.000	.000	.000	.000	.000
	C1	.000	.000	.000	.000	.000	.000	.000		.000	.000	.000	.000
	C2	.000	.000	.000	.000	.000	.000	.000	.000		.000	.000	.000
	C3	.000	.000	.000	.000	.000	.000	.000	.000	.000		.000	.000
	D1	.000	.000	.000	.000	.000	.000	.000	.000	.000	.000		.000
	D2	.000	.000	.000	.000	.000	.000	.000	.000	.000	.000	.000	

表1-7为KMO和巴特利特球形度检验表。KMO检验用于研究变量之间的偏相关性，计算偏相关系数时由于控制了其他因素的影响，所以会比简单相关系数小。

一般认为KMO统计量大于0.9时效果最好，0.7以上可以接受，0.5以下则不宜做因子分析，本案例中的KMO统计量为0.908，效果好。

本案例中的巴特利特球形度检验的显著性为0.000，小于0.01，由此可知各变量间显著相关，即否定相关矩阵为单位阵的零假设，可以进行因子分析。

表1-7 KMO和巴特利特球形度检验

KMO取样适切性量数		.908
巴特利特球形度检验	近似卡方	1740.794
	自由度	66
	显著性	.000

表1-8为公共因子方差表，给出的是初始变量的共同度，它是衡量公共因子相对重要性的指标。"提取"列即为初始变量共同度的值，共同度的取值区间为[0,1]。如：A1的共同度为0.683，可以理解为提取的4个公共因子对A1变量的方差贡献率为68.3%。

表1-8 公共因子方差

	初始	提取
A1	1.000	.683
A2	1.000	.878

续表

	初始	提取
A3	1.000	.807
B1	1.000	.640
B2	1.000	.718
B3	1.000	.847
B4	1.000	.841
C1	1.000	.769
C2	1.000	.809
C3	1.000	.734
D1	1.000	.877
D2	1.000	.783

提取方法：主成分分析法

表 1-9 为总方差解释表，给出了每个公共因子所解释的方差及累计和。从"初始特征值"栏中可以看出，前 4 个公共因子解释的累计方差贡献率达 78.216%，而后面的公共因子的特征值较小，对解释原有变量的贡献越来越小，因此提取 4 个公共因子是合适的。

"提取载荷平方和"栏是在未旋转时被提取的 4 个公共因子的方差贡献信息，其与"初始特征值"栏的前 4 行取值一样。

"旋转载荷平方和"是旋转后得到的新公共因子的方差贡献信息，和未旋转的方差贡献信息相比，每个公共因子的方差贡献率（方差百分比）有变化，但最终的累计方差贡献率不变。

表 1-9 总方差解释

成分	初始特征值			提取载荷平方和			旋转载荷平方和		
	总计	方差百分比（%）	累计（%）	总计	方差百分比（%）	累计（%）	总计	方差百分比（%）	累计（%）
1	7.052	58.768	58.768	7.052	58.768	58.768	2.701	22.509	22.509
2	.961	8.012	66.780	.961	8.012	66.780	2.364	19.696	42.205
3	.716	5.966	72.746	.716	5.966	72.746	2.226	18.547	60.752
4	.656	5.470	78.216	.656	5.470	78.216	2.096	17.464	78.216
5	.520	4.336	82.552						
6	.477	3.972	86.524						
7	.392	3.265	89.789						
8	.315	2.629	92.418						
9	.269	2.241	94.659						
10	.246	2.049	96.708						
11	.235	1.957	98.665						
12	.160	1.335	100.000						

提取方法：主成分分析法

图 1-9 是关于初始特征值（方差贡献率或方差百分比）的碎石图，它是根据表 1-9

中的"初始特征值"栏中的"总计"列的数据所作的图形。观察发现,第 4 个公共因子后的特征值变化趋缓,故而选取 4 个公共因子是比较合适的。

表 1-10 中的"成分矩阵"是未经旋转的因子载荷矩阵,表 1-11 中的"旋转后的成分矩阵"是经过旋转的因子载荷矩阵。观察这两个表格可以发现,旋转后的每个公共因子上的载荷分配更清晰了,因而比未旋转时更容易解释各公共因子的意义。

因子载荷是变量与公共因子的相关系数,某变量在某公共因子中的载荷绝对值越大,表明该变量与该公共因子之间的关系越密切,即该公共因子更能代表该变量。

由此可知,本案例中的第 1 个公共因子更能代表 C1、C2、C3 这 3 个变量;第 2 个公共因子更能代表 A1、A2、A3 这 3 个变量;第 3 个公共因子更能代表 B1、B2、B3、B4 这 4 个变量;第 4 个公共因子更能代表 D1、D2 这两个变量。

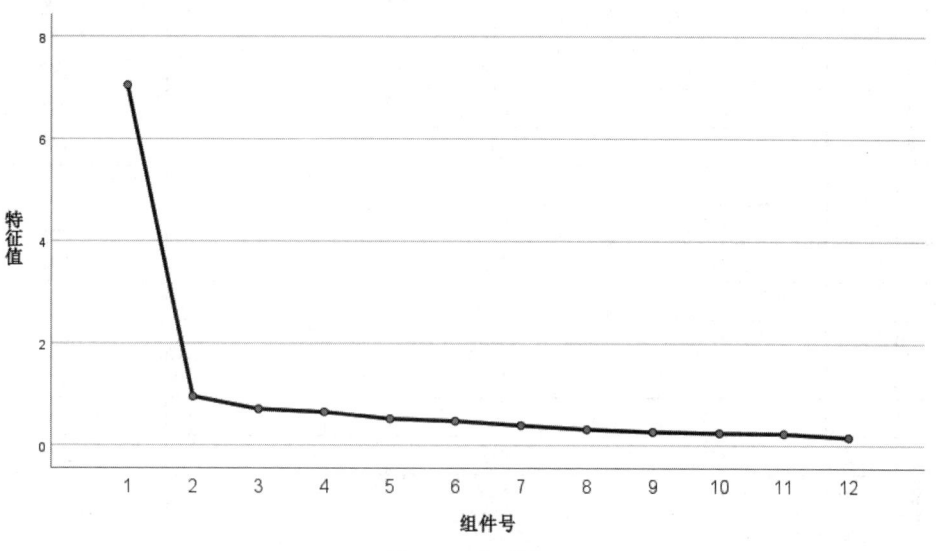

图 1-9 碎石图

从旋转后的成分矩阵判断,4 个公共因子跟大学生自我管理能力问卷的 4 个维度较为一致,因此可以认为该问卷的结构效度比较好。

表 1-10 成分矩阵[a]

	成分			
	1	2	3	4
A1	.789	.173	.074	.158
A2	.717	.569	.098	.174
A3	.727	.508	-.034	.140
B1	.787	-.125	-.031	-.064
B2	.841	-.069	-.004	-.077
B3	.789	-.037	-.199	-.428
B4	.756	.118	-.412	-.292
C1	.735	-.168	-.264	.363

续表

	成分			
	1	2	3	4
C2	.788	−.360	−.130	.202
C3	.729	−.374	.076	.239
D1	.732	−.093	.567	−.104
D2	.798	−.087	.274	−.251

提取方法：主成分分析法

a. 提取了 4 个成分

表 1-11　旋转后的成分矩阵 [a]

	成分			
	1	2	3	4
A1	.413	**.579**	.243	.344
A2	.159	**.870**	.190	.244
A3	.211	**.808**	.287	.165
B1	.474	.259	**.446**	.386
B2	.458	.327	**.469**	.425
B3	.259	.203	**.789**	.341
B4	.287	.347	**.795**	.081
C1	.772	.327	.251	.056
C2	.782	.151	.313	.277
C3	.727	.133	.149	.407
D1	.255	.273	.129	**.849**
D2	.276	.248	.418	**.686**

提取方法：主成分分析法。

旋转方法：凯撒正态化最大方差法

a. 旋转在 6 次迭代后已收敛

1.4　问卷数据处理

　　该问卷中的大学生自我管理能力部分存在 4 个维度，每个维度分为多个问题，需要把这些问题进行数据处理，得出维度的得分。

　　（1）打开数据文件 data1-01.sav，执行菜单栏中的"数据"→"转换"→"计算变量"命令，打开图 1-10 所示的"计算变量"对话框。

　　在"目标变量"框中输入"时间管理能力"，选中 A1、A2、A3，单击 按钮，将其选入"数字表达式"框中，并进行计算。

　　（2）单击"确定"按钮，在"数据视图"中会出现一列以"时间管理能力"命名的新数据。

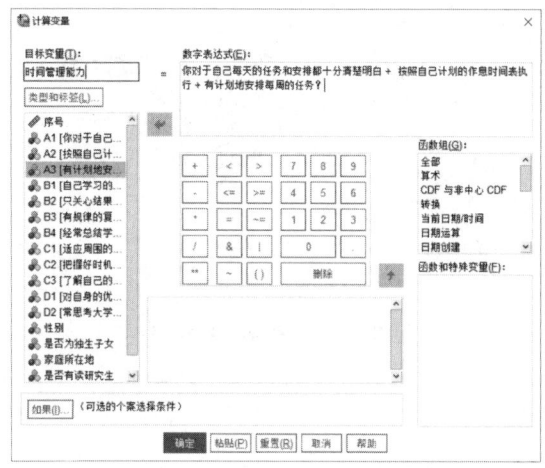

图 1-10 "计算变量"对话框

(3)重复以上步骤,完成学习管理能力、身心管理能力、人际关系管理能力 3 个维度得分的计算,如图 1-11 所示。

时间管理能力	学习管理能力	身心管理能力	人际关系管理能力
12.00	15.00	13.00	8.00
13.00	19.00	14.00	10.00
12.00	14.00	12.00	8.00
12.00	16.00	12.00	8.00
15.00	20.00	15.00	10.00
12.00	19.00	12.00	9.00
12.00	15.00	13.00	10.00
12.00	16.00	12.00	8.00
14.00	15.00	12.00	9.00
12.00	20.00	13.00	10.00
15.00	19.00	15.00	10.00
12.00	18.00	12.00	8.00
12.00	16.00	12.00	10.00
11.00	12.00	11.00	8.00
15.00	20.00	15.00	10.00

图 1-11 数据处理结果

1.5 频率分析

该问卷中第一部分为被调查者的基本情况,现对这些基本情况进行频率分析。

1.5.1 SPSS 实现

(1)打开数据文件 data1-01.sav,执行菜单栏中的"分析"→"描述统计"→"频率"命令,弹出图 1-12 所示的"频率"对话框。

在左侧的变量列表中选中"性别""是否为独生子女""家庭所在地""是否有读研究生""父母学历"变量,单击 按钮,将其选入"变量"框,如图 1-12 所示。

(2)其他选项保持默认值,单击"确定"按钮,此时会弹出频率分析的分析结果。

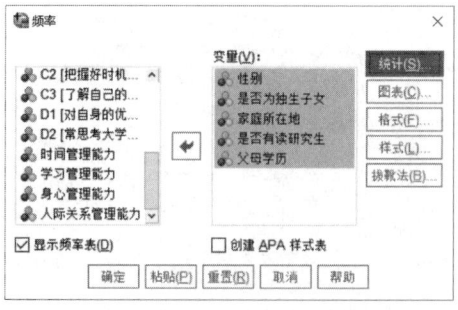

图 1-12 "频率"对话框

1.5.2 结果分析

从表 1-12 中可以看出,有效样本为 215 个,没有缺失值。

表 1-12 描述性统计表

个案数		性别	是否为独生子女	家庭所在地	是否有读研究生	父母学历
	有效	215	215	215	215	215
	缺失	0	0	0	0	0

表 1-13 至表 1-16 为频率[①]分布表,可以看出"性别""是否为独生子女""是否有读研究生""父母学历"的频率分布。如性别中,男性占 5.1%,女性占 94.9%。

表 1-13 性别频率分布表

		频率	百分比(%)	有效百分比(%)	累计百分比(%)
有效	男	11	5.1	5.1	5.1
	女	204	94.9	94.9	100.0
	总计	215	100.0	100.0	

表 1-14 是否为独生子女频率分布表

		频率	百分比(%)	有效百分比(%)	累计百分比(%)
有效	是	36	16.7	16.7	16.7
	否	179	83.3	83.3	100.0
	总计	215	100.0	100.0	

表 1-15 父母学历频率分布表

		频率	百分比(%)	有效百分比(%)	累计百分比(%)
有效	小学及以下	29	13.5	13.5	13.5
	初中中专	101	47.0	47.0	60.5
	高中高职	42	19.5	19.5	80.0
	大专	23	10.7	10.7	90.7
	本科及以上	20	9.3	9.3	100.0
	总计	215	100.0	100.0	

① 这里的频率实际上指频数,后同。

表 1-16 是否有读研究生频率分布表

		频率	百分比（%）	有效百分比（%）	累计百分比（%）
有效	是	167	77.7	77.7	77.7
	否	48	22.3	22.3	100.0
	总计	215	100.0	100.0	

1.6 描述分析

该问卷中第二部分为大学生自我管理能力部分，存在 4 个维度，现对这 4 个维度进行描述性分析。

1.6.1 SPSS 实现

（1）打开数据文件 data1-01.sav，执行菜单栏中的"分析"→"描述统计"→"描述"命令，弹出"描述"对话框。

在左侧的变量列表中选中"时间管理能力""学习管理能力""身心管理能力""人际关系管理能力"4 个维度，单击 按钮，将其选入"变量"框，如图 1-13 所示。

（2）单击"选项"按钮，弹出图 1-14 所示的"描述：选项"对话框，勾选"均值"复选框，在"离散"栏中勾选"标准差""最小值""最大值"复选框，单击"继续"按钮，返回主对话框。

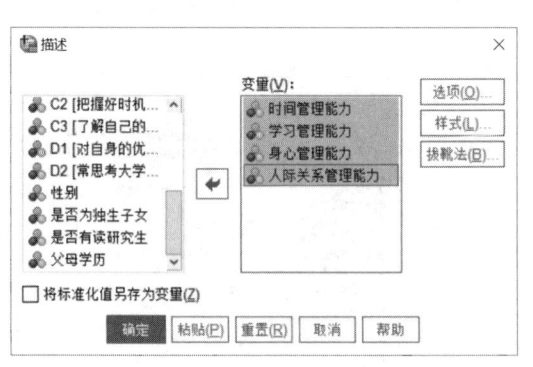

图 1-13 "描述"对话框

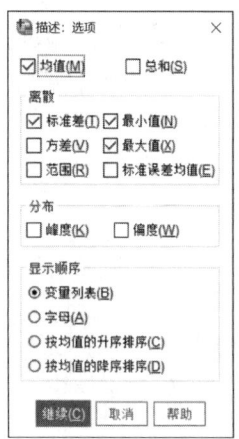

图 1-14 "描述：选项"对话框

（3）完成所有设置后，单击"确定"按钮执行命令，此时系统会弹出描述分析的分析结果。

1.6.2 结果分析

从表 1-17 中可以看出样本共 215 个，其中有效的样本为 215 个。时间管理能力维度的最小值为4.00，最大值为15.00，平均值为11.7953，标准差为2.32519，可以看出大学生在时间管理能力维度的得分在中等偏上的水平。

同理，大学生在学习管理能力、身心管理能力、人际关系管理能力3个维度上的得分均在中等偏上的水平。

表 1-17 描述性统计资料

	N	最小值	最大值	平均值	标准差
时间管理能力	215	4.00	15.00	11.7953	2.32519
学习管理能力	215	8.00	20.00	15.7721	3.05696
身心管理能力	215	5.00	15.00	12.0186	2.18740
人际关系管理能力	215	4.00	10.00	8.1163	1.51949
有效个案数（成列）	215				

1.7 相关性分析

该问卷中第二部分为大学生自我管理能力部分，存在4个维度，现对这4个维度进行相关性分析，研究4个维度之间的关系。

1.7.1 SPSS 实现

（1）打开数据文件 data1-01.sav，执行菜单栏中的"图形"→"旧对话框"→"散点图/点图"命令，弹出"散点图/点图"对话框，如图 1-15 所示。

（2）选择"矩阵散点图"，并单击"定义"按钮，弹出"散点图矩阵"对话框，如图 1-16 所示。

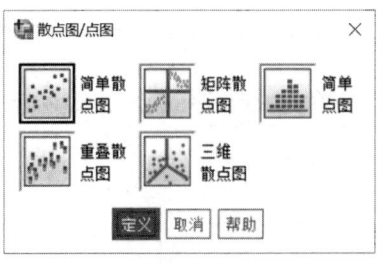

图 1-15 "散点图/点图"对话框

图 1-16 "散点图矩阵"对话框

选中"时间管理能力""学习管理能力""身心管理能力""人际关系管理能力"4个维度,单击 按钮,将其选入"矩阵变量"框中。

(3)完成所有设置后,单击"确定"按钮执行命令,此时会弹出矩阵散点图,如图 1-17 所示,可以初步判断相关性。

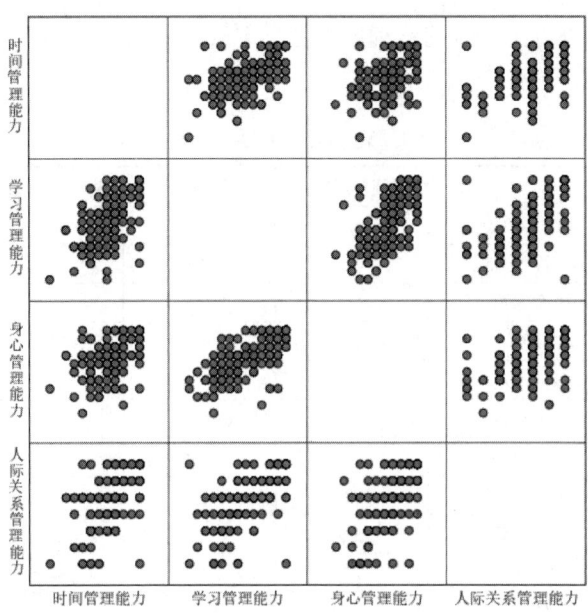

图 1-17　矩阵散点图

(4)执行菜单栏中的"分析"→"相关"→"双变量"命令,弹出图 1-18 所示的"双变量相关性"对话框。

在左侧的变量列表中选中"时间管理能力""学习管理能力""身心管理能力""人际关系管理能力"4个维度,单击 按钮,将其选入"变量"框中。

在"相关系数"栏中勾选"皮尔逊"复选框,在"显著性检验"栏中选中"双尾"单选按钮,同时勾选"标记显著性相关性"复选框。

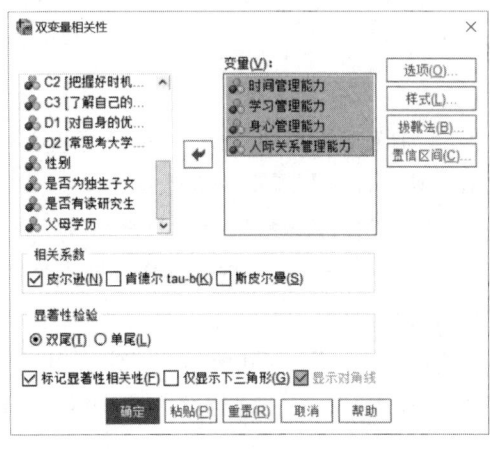

图 1-18　"双变量相关性"对话框

(5) 完成所有设置后，单击"确定"按钮执行命令，此时会弹出相关性分析的分析结果。

1.7.2 结果分析

从表 1-18 中可以看出，时间管理能力、学习管理能力、身心管理能力、人际关系管理能力两两之间均存在显著正相关关系。

表 1-18 相关性

		时间管理能力	学习管理能力	身心管理能力	人际关系管理能力
时间管理能力	皮尔逊相关性	1	.713**	.614**	.627**
	显著性（双尾）		<.001	<.001	<.001
	个案数	215	215	215	215
学习管理能力	皮尔逊相关性	.713**	1	.744**	.708**
	显著性（双尾）	<.001		<.001	<.001
	个案数	215	215	215	215
身心管理能力	皮尔逊相关性	.614**	.744**	1	.649**
	显著性（双尾）	<.001	<.001		<.001
	个案数	215	215	215	215
人际关系管理能力	皮尔逊相关性	.627**	.708**	.649**	1
	显著性（双尾）	<.001	<.001	<.001	
	个案数	215	215	215	215

**. 在 0.01 级别（双尾），相关性显著

1.8 差异性分析

该问卷中第二部分为大学生自我管理能力部分，存在 4 个维度，现对这 4 个维度在性别上利用独立样本 T 检验进行差异性分析。

1.8.1 SPSS 实现

（1）打开数据文件 data1-01.sav，执行菜单栏中的"分析"→"比较均值"→"独立样本 T 检验"命令，弹出"独立样本 T 检验"对话框。

选中"时间管理能力""学习管理能力""身心管理能力""人际关系管理能力"4 个维度，单击按钮，将其选入"检验变量"框，选择"性别"变量，单击按钮，将其选入"分组变量"框，如图 1-19 所示。

（2）单击"定义组"按钮，弹出图 1-20 所示的"定义组"对话框，分别在"组 1"框和"组 2"框中输入"1"和"2"，单击"继续"按钮返回主对话框。"1"和"2"对应性别中的男、女。

(3) 单击"选项"按钮,弹出图 1-21 所示的"独立样本 T 检验:选项"对话框,选项都保持系统默认值,单击"继续"按钮返回主对话框。

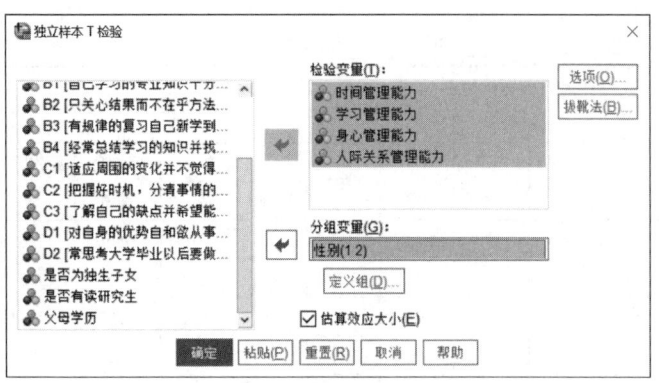

图 1-19 "独立样本 T 检验"对话框

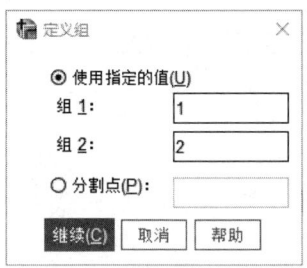

图 1-20 "定义组"对话框

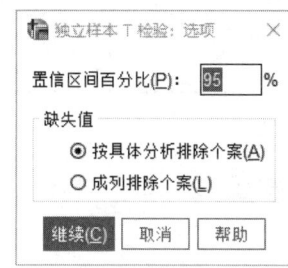

图 1-21 "独立样本 T 检验:选项"对话框

(4) 完成所有设置后,单击"确定"按钮执行命令,此时系统会弹出组统计、独立样本检验等分析结果。

1.8.2 结果分析

从表 1-19 中可以看出,男性样本数为 11,时间管理能力的平均值为 11.1818,标准差为 2.82199,标准误差平均值为 0.85086,女性样本数为 204,时间管理能力的平均值为 11.8284,标准差为 2.29906,标准误差平均值为 0.16097。同理,可对其他维度进行分析。

表 1-19 组统计

	性别	N	均值	标准差	标准误差平均值
时间管理能力	男	11	11.1818	2.82199	.85086
	女	204	11.8284	2.29906	.16097
学习管理能力	男	11	15.1818	3.99545	1.20467
	女	204	15.8039	3.00751	.21057
身心管理能力	男	11	10.9091	2.77325	.83617
	女	204	12.0784	2.14355	.15008
人际关系管理能力	男	11	7.6364	1.91169	.57640
	女	204	8.1422	1.49692	.10481

由表 1-20 可知，4 个维度在性别上的显著性均大于 0.05，说明在性别上均不存在显著性差异。

表 1-20 独立样本检验

		莱文方差等同性检验		平均值等同性 T 检验							
		F	显著性	t	自由度	显著性		平均值差值	标准误差差值	差值 95%置信区间	
						单侧 P	双侧 P			下限	上限
时间管理能力	假定等方差	1.827	.178	-.898	213	.185	.370	-.64661	.72005	-2.06595	.77273
	不假定等方差			-.747	10.728	.236	.471	-.64661	.86595	-2.55848	1.26525
学习管理能力	假定等方差	3.342	.069	-.657	213	.256	.512	-.62210	.94749	-2.48977	1.24556
	不假定等方差			-.509	10.620	.311	.621	-.62210	1.22294	-3.32557	2.08137
身心管理能力	假定等方差	2.421	.121	-1.735	213	.042	.084	-1.16934	.67391	-2.49773	.15905
	不假定等方差			-1.376	10.654	.098	.197	-1.16934	.84953	-3.04657	.70789
人际关系管理能力	假定等方差	1.028	.312	-1.076	213	.142	.283	-.50579	.47016	-1.43256	.42097
	不假定等方差			-.863	10.672	.203	.407	-.50579	.58585	-1.80009	.78850

1.9 本章小结

在现代社会科学调查中，调查问卷已经成为收集数据最为普遍且有效的途径。设计调查问卷尤其重要，需要根据前人的研究结果或者实际应用情况编制合适的调查问卷，调查问卷的好坏直接决定了数据收集的质量、问卷的有效性等，调查人员在学习的过程中应当学习更多相关问卷设计的方法，在实际的调查问卷设计过程中也可以不断调整问卷的合理性与难度以满足要求。

1.10 综合练习

1. 数据文件 data1-01.sav 为关于大学生自我管理能力的调查问卷，请利用本书学习的内容进行以下分析。

（1）研究时间管理能力、学习管理能力、身心管理能力、人际关系管理能力得分是否符合正态分布。

（2）分别分析时间管理能力、学习管理能力、身心管理能力、人际关系管理能力 4 个维度的信度。

（3）研究时间管理能力、学习管理能力、身心管理能力、人际关系管理能力在是否为独生子女、是否有读研究生上是否存在差异。

（4）研究时间管理能力、学习管理能力、身心管理能力、人际关系管理能力在父母学历上是否存在差异。

（5）假设需要评价每个大学生的自我管理能力的综合得分，请利用合适的方法进行综合评价。

（数据存储于\Chapter1\data1-01.sav 文件中）

2．数据文件 data1-02.sav 为关于大学生课外阅读情况的调查问卷，请根据问卷题目和数据完成分析，包括但不限于信效度分析、差异性分析、描述统计、筛选合格问卷等，并根据结果给出结论与建议。

（数据存储于\Chapter1\data1-02.sav 文件中）

3．数据文件 data1-03.sav 为关于幼儿自理能力的调查问卷，分为家庭基本情况部分和幼儿自理能力部分，其中幼儿自理能力部分共 25 题，又分为生活自理能力（题目 1,4,5,6,7,12,14,15,18,19,20）、交往自理能力（题目 3,8,9,10,11,13,17）、学习自理能力（题目 2,16,21,22,23,24,25），请根据问卷内容和数据完成分析，包括但不限于信效度分析、差异性分析、描述统计、筛选合格问卷等，并根据结果给出结论与建议。

（数据存储于\Chapter1\data1-03.sav 文件中）

第 2 章 心理学应用

心理学是一门研究人类心理现象及其影响下的精神功能和行为活动的科学，兼顾理论性和应用（实践）性。心理学一方面尝试用大脑运作来解释个体基本的行为与心理机能，另一方面，尝试解释个体心理机能在社会行为与社会动力学中的角色；另外，它还与神经科学、医学、哲学、生物学、宗教学等学科有关，因为这些学科所探讨的生理或心理作用会影响个体的心智。

实际上，很多人文和自然学科都与心理学有关，人类心理活动本身就与人类生存环境密不可分。心理学家从事基础研究的目的是描述、解释、预测和影响行为，应用心理学家还有第五个目的——提高人类生活的质量。这些目标构成了心理学研究的基础。本章通过中介效应模型和调节效应模型两个案例来讲解 SPSS 在心理学上的应用。

学习目标：
- 了解 SPSS 在心理学上的应用。
- 了解中介效应模型和调节效应模型。
- 掌握中介效应和调节效应的分析方法。
- 掌握分层回归方法的应用。

2.1 中介效应分析

在研究 X 与 Y 之间的关系时，常常会受到第三个变量的影响，根据第三个变量对 X、Y 的作用，可以分为中介效应和调节效应。

中介效应是指 X 影响 Y 时，是否会先影响中介变量 M，再影响 Y；即是否有 $X \rightarrow M \rightarrow Y$ 这样的关系，如果存在此种关系，则说明具有中介效应。比如工作满意度（X）会影响创新氛围（M），再影响最终工作绩效（Y），此时创新氛围就成为这一因果链中的中介变量。

数据文件	数据文件\Chapter02\data2-01.sav
视频文件	视频文件\Chapter02\中介效应分析.avi

2.1.1 中介效应模型

图 2-1 所示为中介效应模型,包含 3 个回归模型,分别定义如下。

模型 1:自变量 X 和因变量 Y 的回归分析,目的是得到总效应 c 值。

模型 2:自变量 X、中介变量 M 和因变量 Y 的回归分析,目的是得到直接效应 c' 值及中介效应过程值 b。

模型 3:自变量 X 和中介变量 M 的回归分析,目的是得到中介效应过程值 a。

模型 1 和模型 2 的区别在于,模型 2 在模型 1 的基础上加入了中介变量 M。

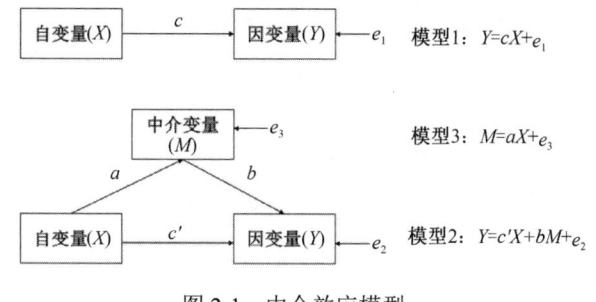

图 2-1　中介效应模型

图 2-2 所示为中介效应模型逐步回归法检验步骤,通过判断总效应、直接效应及中介效应过程值的显著性来判断是否存在中介效应。

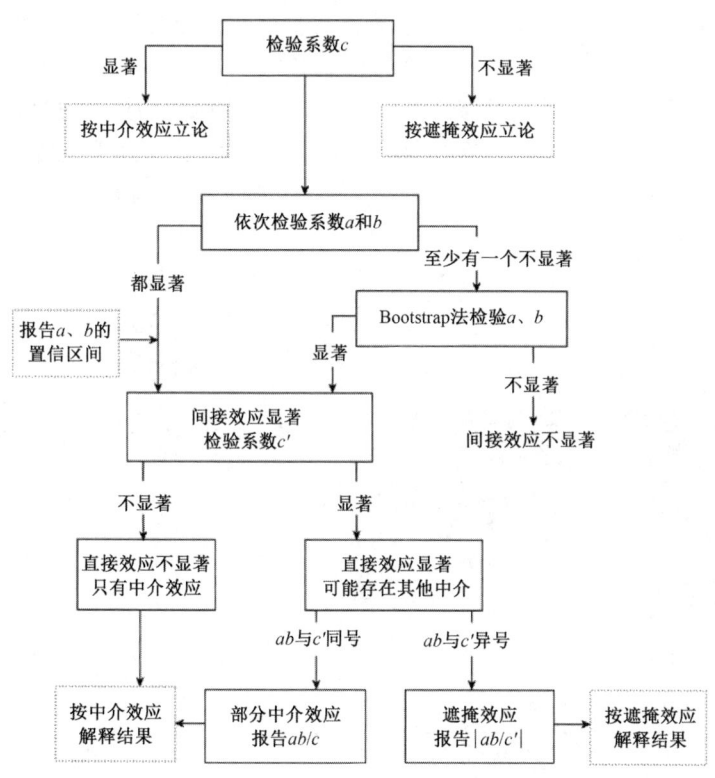

图 2-2　中介效应模型逐步回归法检验步骤

2.1.2 数据描述

本案例的数据文件为研究微博精准营销对顾客购买心理影响的数据，如图 2-3 所示。其中自变量为微博精准营销，分趣味性、互动性、信息即时性、信息准确性 4 个维度，中介变量为顾客感知价值，因变量为顾客购买行为。本案例研究顾客感知价值在微博精准营销与顾客购买行为之间是否存在中介作用。

	序号	微博精准营销	趣味性	互动性	信息即时性	信息准确性	顾客感知价值	顾客购买行为	性别
1	1	49	12	17	13	7	12	16	2
2	3	37	13	7	13	4	13	16	2
3	4	57	15	19	12	11	12	17	2
4	5	58	13	18	13	14	6	8	1
5	7	60	14	18	14	15	14	15	1
6	8	37	5	7	14	11	12	15	1
7	9	53	13	18	12	9	5	18	2
8	10	45	12	5	14	14	6	17	1
9	11	47	12	7	14	14	13	13	1
10	13	57	13	18	12	14	13	17	1
11	14	52	13	12	14	13	9	13	2
12	15	60	14	19	13	14	12	18	2
13	16	56	13	17	13	13	12	16	2

图 2-3　data2-01.sav 数据

2.1.3 信度分析

获得问卷数据之后应当对问卷信度进行分析，以判断问卷是否满足可靠性的要求。

1. SPSS实现

（1）打开 data2-01.sav 数据文件，执行菜单栏中的"分析"→"刻度"→"可靠性分析"命令，弹出图 2-4 所示的"可靠性分析"对话框。

将左侧变量列表中的微博精准营销、顾客感知价值、顾客购买行为的量表题目选中，单击 ► 按钮，将其选入"项"框中。单击"模型"后面的下拉按钮，在下拉列表中选择 Alpha。

（2）单击"统计"按钮，弹出图 2-5 所示的"可靠性分析：统计"对话框，勾选"删除项后的标度"复选框。

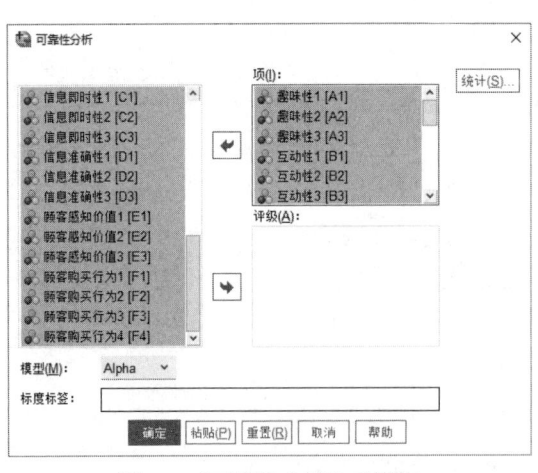

图 2-4　"可靠性分析"对话框

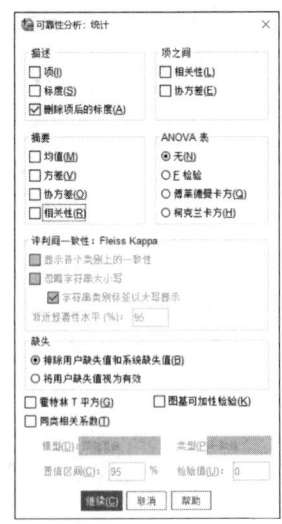

图 2-5　"可靠性分析：统计"对话框

（3）完成各项设置后，单击"确定"按钮执行命令，此时会弹出个案处理摘要、可靠性统计等分析结果。

2．结果分析

表 2-1 给出了初始数据中关于缺失值的统计信息，从表中可以看出不存在缺失值。

表 2-1　个案处理摘要

		个案数	%
个案	有效	273	100.0
	排除 a	0	.0
	总计	273	100.0

a. 基于过程中所有变量的成列删除

表 2-2 给出了可靠性统计结果，克隆巴赫 Alpha 为 0.855，该信度比较高，说明该问卷的量表题部分通过信度检验。

表 2-2　可靠性统计

克隆巴赫 Alpha	项数
.855	20

表 2-3 给出了项总计统计信息，在信度分析中可以通过修正后的项与总计相关性、删除项后的克隆巴赫 Alpha 两项的系数对问卷题目进行修改或者调整，一般要求修正后的项与总计相关性的系数大于 0.4，而删除项后的克隆巴赫 Alpha 系数是指某量表题被删除后，剩下的其他题目的可靠性统计结果，若删除某一项后，克隆巴赫 Alpha 系数明显增大，那么可以将该量表题删除，重新进行信度分析，从而设计出满足要求的问卷。

表 2-3　项总计统计

	删除项后的标度平均值	删除项后的标度方差	修正后的项与总计相关性	删除项后的克隆巴赫 Alpha
趣味性 1	70.41	154.493	.415	.850
趣味性 2	70.53	152.346	.438	.849
趣味性 3	70.52	150.324	.499	.847
互动性 1	70.70	152.558	.402	.851
互动性 2	70.64	152.467	.416	.850
互动性 3	70.47	156.118	.302	.854
互动性 4	70.60	154.358	.398	.851
信息即时性 1	70.65	154.066	.383	.851
信息即时性 2	70.61	153.570	.410	.850
信息即时性 3	70.58	154.428	.357	.852
信息准确性 1	70.69	150.596	.468	.848
信息准确性 2	70.70	149.586	.475	.848
信息准确性 3	70.62	150.068	.491	.847
顾客感知价值 1	70.59	153.295	.402	.851

续表

	删除项后的标度平均值	删除项后的标度方差	修正后的项与总计相关性	删除项后的克隆巴赫 Alpha
顾客感知价值2	70.59	151.478	.434	.849
顾客感知价值3	70.53	150.890	.463	.848
顾客购买行为1	70.59	150.125	.495	.847
顾客购买行为2	70.61	149.144	.505	.846
顾客购买行为3	70.58	149.722	.530	.845
顾客购买行为4	70.57	150.040	.527	.846

2.1.4 效度分析

该问卷中微博精准营销分趣味性、互动性、信息即时性、信息准确性4个维度，中介变量为顾客感知价值，因变量为顾客购买行为，一共是6个维度。

1. SPSS实现

（1）打开data2-01.sav数据文件，执行菜单栏中的"分析"→"降维"→"因子"命令，打开图2-6所示的"因子分析"对话框。将左侧列表中的6个维度的20个题目全部选中，单击 按钮，将其选入"变量"框中。

（2）单击"描述"按钮，弹出图2-7所示的"因子分析：描述"对话框。勾选如下复选框：单变量描述、初始解、系数、显著性水平、KMO和巴特利特球形度检验。单击"继续"按钮返回主对话框。

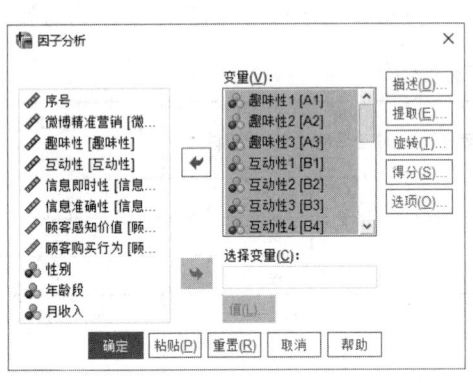

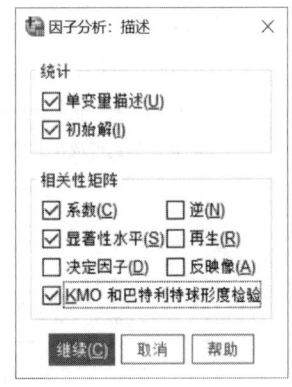

图2-6 "因子分析"对话框　　　　图2-7 "因子分析：描述"对话框

（3）单击"提取"按钮，弹出图2-8所示的"因子分析：提取"对话框。勾选"碎石图"复选框；选中"固定因子数"单选按钮，并设置要提取的因子数为6。单击"继续"按钮返回主对话框。

（4）单击"旋转"按钮，弹出图2-9所示的"因子分析：旋转"对话框。选中"最大方差法"单选按钮；勾选"载荷图"复选框。单击"继续"按钮返回主对话框。

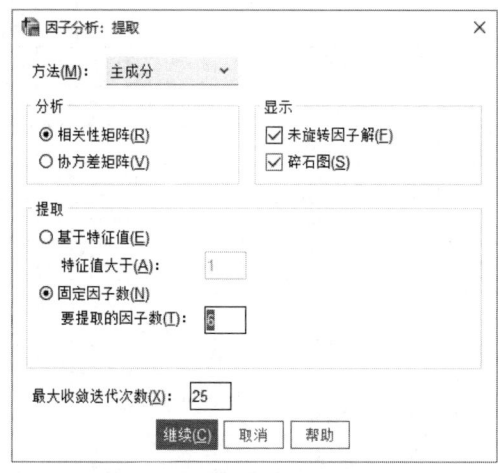
图 2-8 "因子分析:提取"对话框

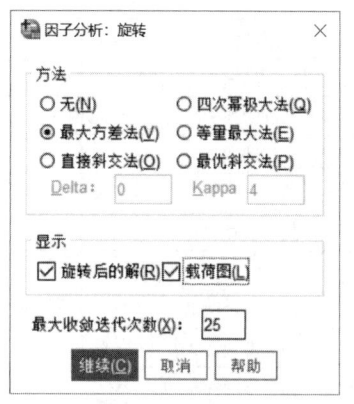
图 2-9 "因子分析:旋转"对话框

（5）单击"得分"按钮，弹出图 2-10 所示的"因子分析：因子得分"对话框。勾选"保存为变量""显示因子得分系数矩阵"复选框。单击"继续"按钮返回主对话框。

（6）单击"选项"按钮，弹出图 2-11 所示的"因子分析：选项"对话框。勾选"按大小排序"复选框。单击"继续"按钮返回主对话框。

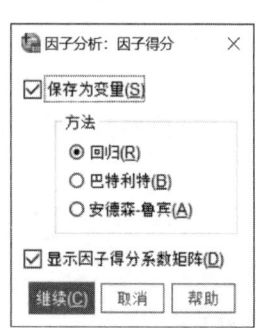
图 2-10 "因子分析：因子得分"对话框

图 2-11 "因子分析：选项"对话框

（7）完成所有设置后，单击"确定"按钮执行命令，此时会弹出描述统计、成分矩阵、KMO 和巴特利特球形度检验等分析结果。

2．结果分析

表 2-4 给出了 20 个初始变量的描述统计量，包括平均值、标准差和分析个案数。

表 2-4 描述统计

	平均值	标准差	分析个案数
趣味性 1	3.89	1.106	273
趣味性 2	3.77	1.228	273
趣味性 3	3.78	1.247	273

续表

	平均值	标准差	分析个案数
互动性 1	3.61	1.299	273
互动性 2	3.67	1.270	273
互动性 3	3.84	1.251	273
互动性 4	3.70	1.156	273
信息即时性 1	3.65	1.219	273
信息即时性 2	3.70	1.194	273
信息即时性 3	3.72	1.256	273
信息准确性 1	3.61	1.293	273
信息准确性 2	3.60	1.352	273
信息准确性 3	3.69	1.281	273
顾客感知价值 1	3.72	1.236	273
顾客感知价值 2	3.71	1.306	273
顾客感知价值 3	3.78	1.282	273
顾客购买行为 1	3.71	1.269	273
顾客购买行为 2	3.70	1.317	273
顾客购买行为 3	3.72	1.226	273
顾客购买行为 4	3.74	1.211	273

表 2-5 为 KMO 和巴特利特球形度检验表。KMO 检验用于研究变量之间的偏相关性，计算偏相关系数时由于控制了其他因素的影响，所以计算得到的偏相关系数会比简单相关系数小。

一般认为 KMO 统计量大于 0.9 时效果最好，0.7 以上可以接受，0.5 以下则不宜做因子分析，本案例中的 KMO 统计量为 0.818，效果好。

本案例中的巴特利特球形度检验的显著性为 0.000，小于 0.01，由此可知各变量间显著相关，即否定相关矩阵为单位阵的零假设，可以进行因子分析。

表 2-5 KMO 和巴特利特球形度检验

KMO 取样适切性量数		.818
巴特利特球形度检验	近似卡方	3511.819
	自由度	190
	显著性	.000

表 2-6 为公共因子方差表，给出的是初始变量的共同度，其是衡量公共因子相对重要性的指标。"提取"列即为变量共同度的取值，共同度取值区间为[0,1]。如：趣味性 1 的共同度为 0.719，可以理解为提取的 6 个公共因子对趣味性 1 变量的方差贡献率为 71.9%。

表 2-6 公共因子方差

	初始	提取
趣味性 1	1.000	.719
趣味性 2	1.000	.828

续表

	初始	提取
趣味性 3	1.000	.771
互动性 1	1.000	.802
互动性 2	1.000	.825
互动性 3	1.000	.796
互动性 4	1.000	.742
信息即时性 1	1.000	.802
信息即时性 2	1.000	.836
信息即时性 3	1.000	.789
信息准确性 1	1.000	.809
信息准确性 2	1.000	.881
信息准确性 3	1.000	.815
顾客感知价值 1	1.000	.798
顾客感知价值 2	1.000	.863
顾客感知价值 3	1.000	.837
顾客购买行为 1	1.000	.811
顾客购买行为 2	1.000	.849
顾客购买行为 3	1.000	.803
顾客购买行为 4	1.000	.758

提取方法：主成分分析法

表 2-7 为总方差解释表，给出了每个公共因子所解释的方差及累计和。从"初始特征值"栏中可以看出，前 6 个公共因子解释的累计方差达 80.674%，而后面的公共因子的特征值较小，对解释原有变量的贡献越来越小，因此提取 6 个公共因子是合适的。

"提取载荷平方和"栏中为在未旋转时被提取的 6 个公共因子的方差贡献信息，其与"初始特征值"栏的前 6 行取值一样。"旋转载荷平方和"栏中为旋转后得到的新公共因子的方差贡献信息，和未旋转的方差贡献信息相比，每个公共因子的方差贡献率有变化，但最终的累计方差贡献率不变。

表 2-7 总方差解释

成分	初始特征值			提取载荷平方和			旋转载荷平方和		
	总计	方差百分比（%）	累计（%）	总计	方差百分比（%）	累计（%）	总计	方差百分比（%）	累计（%）
1	5.423	27.117	27.117	5.423	27.117	27.117	3.232	16.159	16.159
2	2.910	14.551	41.668	2.910	14.551	41.668	3.157	15.786	31.946
3	2.333	11.665	53.334	2.333	11.665	53.334	2.521	12.607	44.553
4	1.965	9.824	63.157	1.965	9.824	63.157	2.493	12.465	57.017
5	1.842	9.211	72.368	1.842	9.211	72.368	2.417	12.084	69.101
6	1.661	8.306	80.674	1.661	8.306	80.674	2.315	11.573	80.674
7	.475	2.377	83.051						

续表

成分	初始特征值			提取载荷平方和			旋转载荷平方和		
	总计	方差百分比（%）	累计（%）	总计	方差百分比（%）	累计（%）	总计	方差百分比（%）	累计（%）
8	.407	2.035	85.087						
9	.339	1.693	86.780						
10	.331	1.654	88.434						
11	.300	1.499	89.933						
12	.285	1.425	91.357						
13	.274	1.369	92.726						
14	.258	1.289	94.016						
15	.229	1.147	95.162						
16	.222	1.109	96.271						
17	.214	1.068	97.339						
18	.210	1.049	98.388						
19	.165	.827	99.215						
20	.157	.785	100.000						

提取方法：主成分分析法

图 2-12 是关于初始特征值（方差贡献率）的碎石图，它是根据表 2-7 中的"初始特征值"栏中的"总计"列的数据所作的图形。观察发现，第 6 个公共因子后的特征值变化趋缓，故而选取 6 个公共因子是比较合适的。

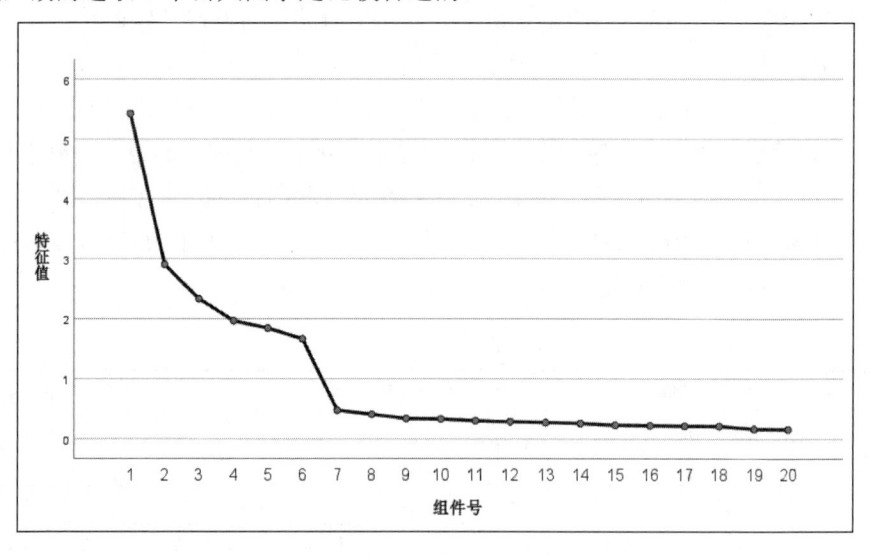

图 2-12 碎石图

表 2-8 给出的"成分矩阵"是未经旋转的因子载荷矩阵，表 2-9 给出的"旋转后的成分矩阵"是经过旋转的因子载荷矩阵。观察这两个表格可以发现，旋转后的每个公共因子上的载荷分配更清晰了，因而比未旋转时更容易解释各公共因子的意义。

因子载荷是变量与公共因子的相关系数，某变量在某公共因子中的载荷绝对值越大，表明该变量与该公共因子之间的关系越密切,即该公共因子越能代表该变量。

由此可知,本案例中的第 1 个公共因子更能代表顾客购买行为这 4 个变量;第 2 个公共因子更能代表互动性这 4 个变量;第 3 个公共因子更能代表信息准确性这 3 个变量;第 4 个公共因子更能代表信息即时性这 3 个变量;第 5 个公共因子更能代表顾客感知价值这 3 个变量;第 6 个公共因子更能代表趣味性这 3 个变量。

从旋转后的成分矩阵判断,6 个公共因子跟问卷的 6 个维度较为一致,因此可以认为该问卷的结构效度比较好。

表 2-8 成分矩阵[a]

	成分					
	1	2	3	4	5	6
趣味性 1	.499	.001	.078	−.256	−.224	.590
趣味性 2	.529	−.056	.080	−.242	−.222	.656
趣味性 3	.587	−.084	.128	−.268	−.178	.547
互动性 1	.428	.766	.066	.160	.042	−.003
互动性 2	.437	.763	.125	.169	.069	−.044
互动性 3	.324	.805	.122	.140	.066	−.058
互动性 4	.423	.733	.099	.088	.086	.036
信息即时性 1	.440	−.259	.137	.673	−.261	−.023
信息即时性 2	.465	−.262	.153	.675	−.258	.075
信息即时性 3	.424	−.336	.131	.602	−.336	−.066
信息准确性 1	.547	−.079	.356	−.367	−.260	−.418
信息准确性 2	.555	−.117	.411	−.358	−.286	−.425
信息准确性 3	.571	−.094	.341	−.368	−.268	−.395
顾客感知价值 1	.475	−.264	.257	.054	.656	.056
顾客感知价值 2	.510	−.285	.261	.049	.672	.007
顾客感知价值 3	.537	−.311	.340	.002	.580	.014
顾客购买行为 1	.616	−.074	−.640	−.079	.044	−.088
顾客购买行为 2	.627	−.074	−.656	−.044	.028	−.130
顾客购买行为 3	.643	−.076	−.607	−.008	.028	−.122
顾客购买行为 4	.639	−.055	−.574	−.058	.047	−.109

提取方法:主成分分析法

a. 提取了 6 个成分

表 2-9 旋转后的成分矩阵[a]

	成分					
	1	2	3	4	5	6
趣味性 1	.112	.097	.103	.042	.049	.826
趣味性 2	.120	.058	.078	.075	.085	.889
趣味性 3	.138	.061	.183	.152	.084	.828
互动性 1	.107	.884	.040	.001	.043	.076

续表

	成分					
	1	2	3	4	5	6
互动性2	.072	.898	.079	.046	.054	.043
互动性3	.013	.890	.049	-.015	-.018	-.006
互动性4	.080	.845	.052	.054	-.018	.122
信息即时性1	.094	.048	.064	.101	.880	.041
信息即时性2	.078	.054	.025	.123	.891	.130
信息即时性3	.105	-.049	.145	.050	.866	.045
信息准确性1	.099	.081	.876	.101	.064	.108
信息准确性2	.062	.057	.915	.113	.103	.118
信息准确性3	.122	.073	.871	.104	.075	.138
顾客感知价值1	.095	.035	.049	.879	.080	.084
顾客感知价值2	.122	.031	.091	.910	.089	.058
顾客感知价值3	.072	.009	.187	.877	.114	.123
顾客购买行为1	.885	.052	.061	.074	.043	.121
顾客购买行为2	.908	.060	.072	.060	.079	.084
顾客购买行为3	.872	.078	.078	.084	.121	.090
顾客购买行为4	.844	.092	.098	.101	.072	.112

提取方法：主成分分析法。

旋转方法：凯撒正态化最大方差法。

a. 旋转在5次迭代后已收敛

2.1.5 描述性分析

描述性分析是指通过均值、标准差、方差、最大值、最小值等统计量对变量进行描述，下面将通过案例具体讲解描述性分析的操作方法。

1．SPSS实现

（1）打开 data2-02.sav 数据文件，执行菜单栏中的"分析"→"描述统计"→"描述"命令，弹出"描述"对话框。

（2）在左侧的变量列表中选中"微博精准营销""趣味性"等变量，单击按钮，将其选入"变量"框，如图 2-13 所示。

（3）单击"选项"按钮，弹出图 2-14 所示的"描述：选项"对话框，本案例研究该班级男生身高的平均值、方差等，勾选"均值"复选框，在"离散"栏中勾选"标准差""方差""最小值""最大值""标准误差均值"复选框，在"分布"栏中勾选"峰度"和"偏度"复选框，在"显示顺序"栏中选中"变量列表"单选按钮，单击"继续"按钮返回主对话框。

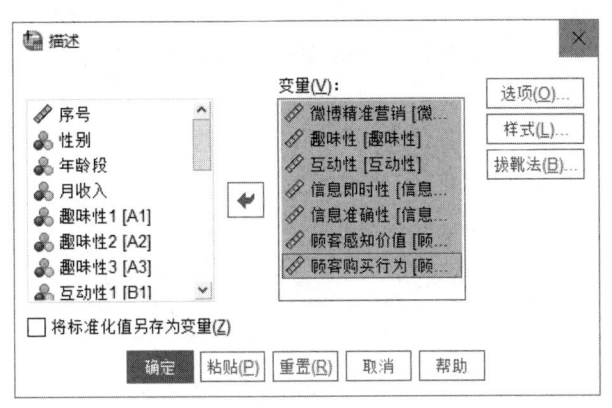

图 2-13 "描述"对话框　　　　　图 2-14 "描述：选项"对话框

（4）完成所有设置后，单击"确定"按钮执行命令，此时系统会弹出描述统计表格和身高标准化后的数据。

2．结果分析

从表 2-10 中可以看出，样本个数为 273 个，有效的为 273 个，以及每个维度的最小值、最大值、平均值、标准差等信息。如趣味性维度的最小值为 3，最大值为 15，平均值为 11.44，标准差为 3.142，方差为 9.873，偏度为-1.246，峰度为 0.384。

表 2-10　描述统计

	N	最小值	最大值	平均值	标准差	方差	偏度		峰度	
	统计	统计	统计	统计	统计	统计	统计	标准误差	统计	标准误差
微博精准营销	273	13	65	48.23	8.950	80.110	-.954	.147	.875	.294
趣味性	273	3	15	11.44	3.142	9.873	-1.246	.147	.384	.294
互动性	273	4	20	14.88	4.333	18.773	-1.140	.147	-.164	.294
信息即时性	273	3	15	11.07	3.284	10.786	-1.176	.147	.138	.294
信息准确性	273	3	15	10.96	3.541	12.535	-.995	.147	-.398	.294
顾客感知价值	273	3	15	11.21	3.482	12.122	-1.172	.147	.041	.294
顾客购买行为	273	4	20	14.87	4.505	20.291	-1.167	.147	-.114	.294
有效个案数（成列）	273									

2.1.6　相关性分析

现对这 6 个维度进行相关性分析，研究这 6 个维度之间的关系。

1．SPSS实现

（1）打开 data2-01.sav 数据文件，执行菜单栏中的"分析"→"相关"→"双变量"命令，弹出图 2-15 所示的"双变量相关性"对话框。

在左侧的变量列表中选中"趣味性""互动性""信息即时性""信息准确性"等 6 个

维度，单击➡按钮，将其选入"变量"框中。在"相关系数"栏中勾选"皮尔逊"复选框，在"显著性检验"栏中选中"双尾"单选按钮，同时勾选"标记显著性相关性"复选框。

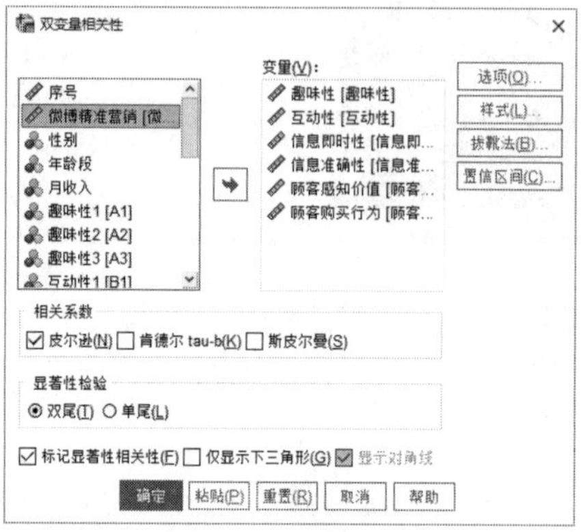

图 2-15 "双变量相关性"对话框

（2）完成所有设置后，单击"确定"按钮执行命令，此时会弹出相关性分析的分析结果。

2. 结果分析

从表 2-11 可以看出，趣味性跟另外几个维度都呈现显著正相关关系，顾客购买行为也与另外几个维度都呈现显著正相关关系。

表 2-11 相关性

		趣味性	互动性	信息即时性	信息准确性	顾客感知价值	顾客购买行为
趣味性	皮尔逊相关性	1	.161**	.198**	.299**	.238**	.282**
	显著性（双尾）		.008	<.001	<.001	<.001	<.001
	个案数	273	273	273	273	273	273
互动性	皮尔逊相关性	.161**	1	.071	.147*	.089	.188**
	显著性（双尾）	.008		.240	.015	.144	.002
	个案数	273	273	273	273	273	273
信息即时性	皮尔逊相关性	.198**	.071	1	.204**	.231**	.214**
	显著性（双尾）	<.001	.240		<.001	<.001	<.001
	个案数	273	273	273	273	273	273
信息准确性	皮尔逊相关性	.299**	.147*	.204**	1	.275**	.241**
	显著性（双尾）	<.001	.015	<.001		<.001	<.001
	个案数	273	273	273	273	273	273
顾客感知价值	皮尔逊相关性	.238**	.089	.231**	.275**	1	.223**
	显著性（双尾）	<.001	.144	<.001	<.001		<.001
	个案数	273	273	273	273	273	273

续表

		趣味性	互动性	信息即时性	信息准确性	顾客感知价值	顾客购买行为
顾客购买行为	皮尔逊相关性	.282**	.188**	.214**	.241**	.223**	1
	显著性（双尾）	<.001	.002	<.001	<.001	<.001	
	个案数	273	273	273	273	273	273

**. 在 0.01 级别（双尾），相关性显著。
*. 在 0.05 级别（双尾），相关性显著。

2.1.7 回归分析

根据中介效应模型，需要对 3 个模型进行回归分析，并通过回归系数来判断是否存在中介效应。本节以研究顾客感知价值在趣味性与顾客购买行为之间的中介效应为例讲解回归分析的操作方法。

1. SPSS实现

（1）利用分层回归做模型 1 和模型 2 的回归分析。打开 data2-01.sav 数据文件，执行菜单栏中的"分析"→"回归"→"线性"命令，弹出图 2-16 所示的"线性回归"对话框。

在左侧的变量列表中选中"趣味性"变量，单击 ➡ 按钮，将其选入"自变量"框，将"顾客购买行为"变量选入右侧的"因变量"框。在"方法"下拉列表中选择"输入"。

在"块（B）"栏中单击"下一个"按钮，并把"顾客感知价值"变量选入右侧的自变量框，如图 2-17 所示。

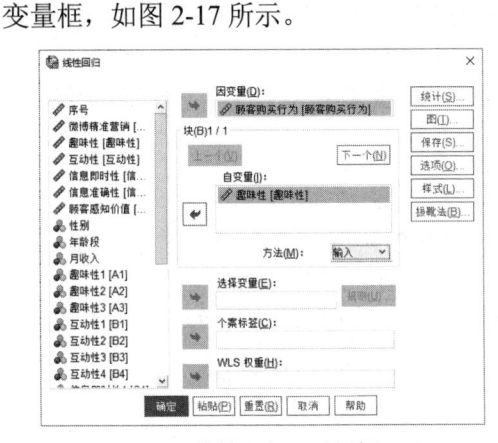

图 2-16 "线性回归"对话框（1）　　图 2-17 "线性回归"对话框（2）

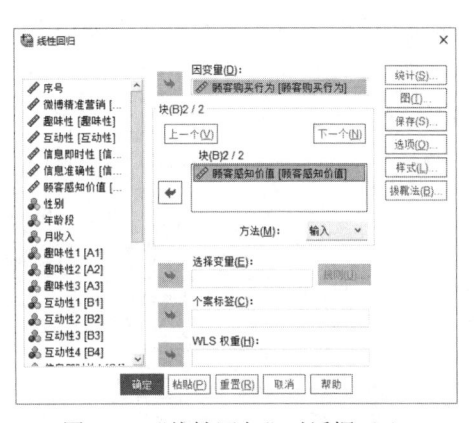

（2）单击"统计"按钮，弹出图 2-18 所示的"线性回归：统计"对话框。在"回归系数"栏中勾选"估算值"和"协方差矩阵"复选框，在"残差"栏中勾选"个案诊断"复选框，在"离群值"参数框中输入 3，并勾选"模型拟合"和"共线性诊断"复选框。

单击"继续"按钮返回主对话框。其中共线性诊断用于判断自变量间是否存在共线性，多元回归方程中不允许存在共线性问题。勾选此项，会输出方差膨胀因子（VIF）

和容差。利用"个案诊断"功能可以得到异常值，在实际运用过程中可以将异常值删除并重新进行回归分析。

（3）单击"选项"按钮，弹出图 2-19 所示的"线性回归：选项"对话框，选项都保持系统默认值。单击"继续"按钮返回主对话框。

图 2-18 "线性回归：统计"对话框

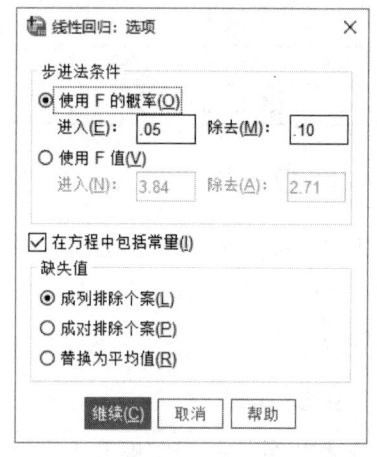

图 2-19 "线性回归：选项"对话框

（4）完成所有设置后，单击"确定"按钮执行命令，此时会弹出模型摘要、系数等分析结果。

（5）做模型 3 的回归分析。打开 data2-01.sav 数据文件，执行菜单栏中的"分析"→"回归"→"线性"命令，弹出"线性回归"对话框。

在左侧的变量列表中选中"趣味性"变量，单击按钮，将其选入自变量框，将"顾客感知价值"变量选入右侧的"因变量"框，如图 2-20 所示。

（6）其他设置与前述步骤一致，单击"确定"按钮执行命令，此时会弹出模型摘要、系数等分析结果。

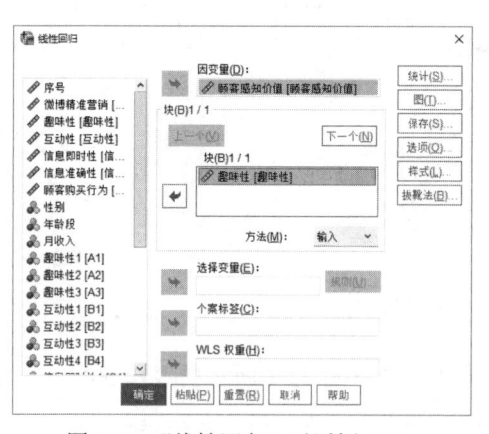

图 2-20 "线性回归"对话框（3）

2．结果分析

表 2-12 给出了分层回归过程中变量的引入和剔除过程及其准则，可以看出，最先引

入"趣味性"变量,建立模型 1;接着引入"顾客感知价值"变量,建立模型 2。

表 2-12 输入/除去变量 [a]

模型	输入的变量	除去的变量	方法
1	趣味性 [b]	.	输入
2	顾客感知价值 [b]	.	输入

a. 因变量:顾客购买行为
b. 已输入所请求的所有变量

表 2-13 给出了模型的拟合情况,给出了模型编号、复相关系数 R、R^2、调整后的 R^2、估算的标准误差,可见从模型 1 到模型 2,R^2 随之增长,说明模型可解释的变异占总变异的比例越来越大,引入回归方程的变量是显著的,从 R^2、调整后的 R^2 可以看出模型建立的回归方程较好。

表 2-13 模型摘要 [c]

模型编号	R	R^2	调整后的 R^2	估算的标准误差
1	.282a	.080	.076	4.330
2	.324b	.105	.099	4.277

a. 预测变量:(常量),趣味性
b. 预测变量:(常量),趣味性,顾客感知价值
c. 因变量:顾客购买行为

表 2-14 给出了回归拟合过程中每一步的方差分析结果,可见模型 1 和模型 2 的显著性均小于 0.05,拒绝回归系数都为 0 的原假设,回归模型均具有统计学意义。

表 2-14 ANOVA [a]

模型		平方和	自由度	均方	F	显著性
1	回归	439.158	1	439.158	23.427	<.001 [b]
	残差	5080.095	271	18.746		
	总计	5519.253	272			
2	回归	580.604	2	290.302	15.871	<.001 [c]
	残差	4938.649	270	18.291		
	总计	5519.253	272			

a. 因变量:顾客购买行为
b. 预测变量:(常量),趣味性
c. 预测变量:(常量),趣味性,顾客感知价值

表 2-15 给出所有模型的回归系数估计值,包括未标准化系数、标准化系数、t 值、显著性、容差值和方差膨胀因子。

Beta 是标准化回归系数,是所有的变量按统一方法标准化后拟合的回归方程中各标准化变量的系数,具有可比性。表 2-15 中两个模型中所有变量和常数项的显著性均小于 0.05,均通过显著性检验。

模型 2 的方差膨胀因子（VIF），表中各解释变量的 VIF 值都较小，说明解释变量基本不存在多重共线性问题。一般认为 VIF>10 或容差值接近于 0，则存在共线性问题。

模型 1：顾客购买行为=10.241+0.404×趣味性

模型 2：顾客购买行为=8.493+0.348×趣味性+0.213×顾客感知价值

通过模型 1 的回归分析可知，总效应 c 值为 0.404，且是显著的。通过模型的回归分析可知，直接效应 c' 值为 0.348，中间效应过程值 b 为 0.213，均是显著的。

表 2-15 系数 [a]

模型		未标准化系数		标准化系数	t	显著性	共线性统计	
		B	标准误差	Beta			容差	VIF
1	（常量）	10.241	.991		10.330	<.001		
	趣味性	.404	.084	.282	4.840	<.001	1.000	1.000
2	（常量）	8.493	1.163		7.300	<.001		
	趣味性	.348	.085	.243	4.098	<.001	.943	1.060
	顾客感知价值	.213	.077	.165	2.781	.006	.943	1.060

a. 因变量：顾客购买行为

表 2-16 给出了各个模型中排除变量的统计信息，模型 1 中排除的变量为顾客感知价值。

表 2-16 排除的变量 [a]

模型		输入 Beta	t	显著性	偏相关	共线性统计		
						容差	VIF	最小容差
1	顾客感知价值	.165[b]	2.781	.006	.167	.943	1.060	.943

a. 因变量：顾客购买行为

b. 模型中的预测变量：（常量），趣味性

表 2-17 给出了各变量之间的系数相关矩阵，趣味性和顾客感知价值的相关性为 −0.238。

表 2-17 系数相关 [a]

模型			趣味性	顾客感知价值
1	相关性	趣味性	1.000	
	协方差	趣味性	.007	
2	相关性	趣味性	1.000	−.238
		顾客感知价值	−.238	1.000
	协方差	趣味性	.007	−.002
		顾客感知价值	−.002	.006

a. 因变量：顾客购买行为

表 2-18 给出了共线性诊断的结果。

表 2-18 共线性诊断[a]

模型	维	特征值	条件指标	方差比例		
				（常量）	趣味性	顾客感知价值
1	1	1.964	1.000	.02	.02	
	2	.036	7.432	.98	.98	
2	1	2.906	1.000	.01	.01	.01
	2	.061	6.889	.02	.41	.81
	3	.032	9.459	.98	.58	.18

a. 因变量：顾客购买行为

表 2-19 给出了残差统计数据，包括预测值、标准预测值、残差、标准化残差。

表 2-19 残差统计[a]

	最小值	最大值	平均值	标准差	个案数
预测值	10.18	16.92	14.87	1.461	273
残差	−12.005	6.263	.000	4.261	273
标准预测值	−3.210	1.401	.000	1.000	273
标准化残差	−2.807	1.464	.000	.996	273

a. 因变量：顾客购买行为

表 2-20 给出了中介效应模型 3 回归过程中变量的引入和剔除过程及其准则，可以看出，引入了"趣味性"变量，建立了模型 1（中介效应模型 3）。

表 2-20 输入/除去变量[a]

模型	输入的变量	除去的变量	方法
1	趣味性[b]	.	输入

a. 因变量：顾客感知价值
b. 已输入所请求的所有变量

表 2-21 给出了模型的拟合情况，给出了模型编号、复相关系数 R、R^2、调整后的 R^2、估算的标准误差，从 R^2、调整后的 R^2 可以看出模型建立的回归方程较好。

表 2-21 模型摘要[b]

模型编号	R	R^2	调整后的 R^2	估算的标准误差
1	.238[a]	.057	.053	3.388

a. 预测变量：（常量），趣味性
b. 因变量：顾客感知价值

表 2-22 给出了回归拟合过程中每一步的方差分析结果，可见模型的显著性小于 0.05，故拒绝回归系数都为 0 的原假设，回归模型均具有统计学意义。

表 2-22 ANOVA[a]

模型		平方和	自由度	均方	F	显著性
1	回归	186.526	1	186.526	16.251	<.001[b]

续表

模型		平方和	自由度	均方	F	显著性
1	残差	3110.573	271	11.478		
	总计	3297.099	272			

a. 因变量：顾客感知价值
b. 预测变量：(常量)，趣味性

表 2-23 给出所有模型的回归系数估计值，包括未标准化系数、标准化系数、t 值、显著性、容差值和方差膨胀因子（VIF）。

中介效应模型 3：顾客感知价值=8.193+0.264×趣味性

通过中介效应模型 3 的回归分析可知，中间效应过程值 a 为 0.264，回归系数是显著的。

表 2-23 系数[a]

模型		未标准化系数		标准化系数	t	显著性	共线性统计	
		B	标准误差	Beta			容差	VIF
1	(常量)	8.193	.776		10.562	<.001		
	趣味性	.264	.065	.238	4.031	<.001	1.000	1.000

a. 因变量：顾客感知价值

综上所述，结合图 2-2 可知，顾客感知价值在趣味性与顾客购买行为之间存在部分中介效应，效应量为 $a·b/c$=13.9%。

2.2 调节效应分析

在研究 X 与 Y 之间的关系时，常常会受到第三个变量的影响，根据第三个变量对 X、Y 的作用，可以分为中介效应和调节效应。

调节效应是指研究 X 对 Y 的影响是否会受到调节变量 Z 的干扰。比如开车速度（X）会对车祸可能性（Y）产生影响，这种影响关系受到是否喝酒（Z）的干扰，即喝酒时的影响幅度与不喝酒时的影响幅度是否有着明显的不一样。

数据文件	数据文件\Chapter02\data2-02.sav
视频文件	视频文件\Chapter02\调节效应分析.avi

2.2.1 调节效应模型

本案例的调节效应模型可拆分成 3 个数学模型，如图 2-21 所示，分别说明如下：

模型 1：自变量为 X，因变量为 Y；其意义相对较小（有时候直接忽略此项）。

模型 2：自变量为 X 和 Z，因变量为 Y；模型 2 仅在模型 1 的基础上加入调节变量 Z；此模型的意义也较小（有时候也可直接忽略此项）。

模型 3：自变量为 X,Z 和 $X*Z$，因变量为 Y；模型 3 在模型 2 的基础上加入交互项；

此为核心模型，如果交互项（$X*Z$）呈现出显著性，则说明具有调节效应。

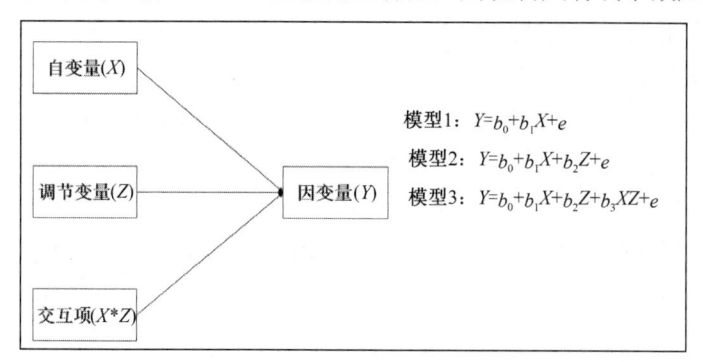

模型1：$Y=b_0+b_1X+e$
模型2：$Y=b_0+b_1X+b_2Z+e$
模型3：$Y=b_0+b_1X+b_2Z+b_3XZ+e$

图 2-21　调节效应模型

2.2.2　数据描述

本案例的数据文件为研究家庭环境在幼儿气质对幼儿攻击性行为影响过程中是否起调节作用的数据，如图 2-22 所示。其中自变量为气质，分为亲密度、感情表达、矛盾性、组织性 4 个维度，中介变量为幼儿气质，分为活动量、规律性、适应度、情绪本质 4 个维度，因变量为幼儿攻击性。

本案例选择适应度、组织性为研究对象，研究组织性在幼儿适应度对幼儿攻击性行为影响过程中是否起到调节作用。针对问卷数据，通常需要做信效度分析，以实际情况为准，本研究案例的信效度分析方法与 2.1 节的分析方法一致，此处不再赘述。

亲密度	感情表达	矛盾性	组织性	活动量	规律性	适应度	情绪本质	幼儿攻击性
8.00	7.00	4.00	5.00	30.00	36.00	27.00	32.00	6.00
8.00	5.00	4.00	7.00	47.00	29.00	47.00	50.00	25.00
9.00	6.00	2.00	6.00	30.00	30.00	36.00	35.00	15.00
9.00	7.00	3.00	7.00	36.00	40.00	45.00	35.00	13.00
9.00	6.00	2.00	5.00	36.00	37.00	30.00	42.00	9.00
5.00	4.00	4.00	6.00	33.00	31.00	35.00	39.00	27.00
6.00	5.00	4.00	7.00	31.00	35.00	41.00	33.00	20.00
9.00	8.00	2.00	5.00	39.00	28.00	47.00	45.00	15.00
8.00	7.00	2.00	8.00	30.00	37.00	42.00	25.00	30.00
9.00	6.00	1.00	9.00	34.00	36.00	51.00	46.00	1.00
9.00	5.00	.00	8.00	32.00	43.00	35.00	36.00	13.00
6.00	6.00	9.00	7.00	21.00	33.00	27.00	34.00	7.00
9.00	7.00	.00	8.00	39.00	36.00	30.00	40.00	25.00
9.00	6.00	4.00	7.00	41.00	33.00	40.00	39.00	18.00
8.00	7.00	1.00	9.00	33.00	35.00	40.00	38.00	10.00

图 2-22　data2-02.sav 中的数据

2.2.3　描述性分析

描述性分析是指通过均值、标准差、方差、最大值、最小值等统计量对变量进行描述，下面将通过案例具体讲解描述性分析的操作方法。

1．SPSS实现

（1）打开数据文件 data2-02.sav，执行菜单栏中的"分析"→"描述统计"→"描述"

命令，弹出"描述"对话框。

（2）在左侧的变量列表中选中"亲密度""感情表达"等变量，单击➡按钮，将其选入"变量"框，如图2-23所示。

（3）单击"选项"按钮，弹出图2-24所示的"描述：选项"对话框，本案例研究该班级男生身高的平均值、方差等，勾选"均值"复选框，在"离散"栏中勾选"标准差""方差""范围""最小值""最大值""标准误差均值"复选框，在"分布"栏中勾选"峰度"和"偏度"复选框，在"显示顺序"栏中选中"变量列表"单选按钮，单击"继续"按钮返回主对话框。

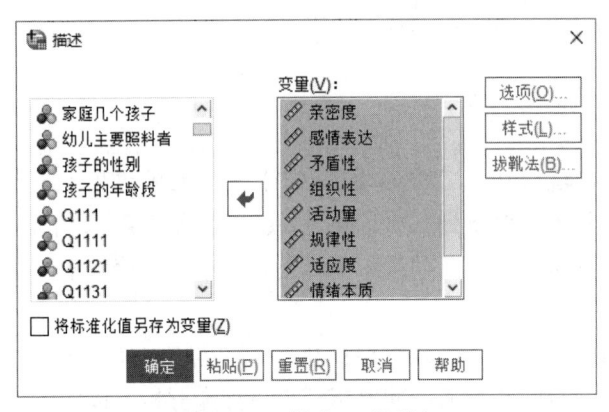

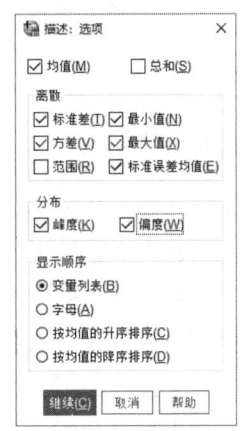

图2-23 "描述"对话框　　图2-24 "描述：选项"对话框

（4）完成所有设置后，单击"确定"按钮执行命令，此时系统会弹出描述统计表格和身高标准化后的数据。

2．结果分析

从表2-24中可以看出，样本个数为170个，有效的为170个，以及每个维度的最小值、最大值、平均值、标准差等信息。如组织性维度的最小值为2，最大值为9，平均值为7.0，标准差为1.66054，方差为2.757，偏度为-0.832，峰度为0.051。

表2-24 描述性统计资料

	N	最小值	最大值	平均值		标准差	方差	偏度		峰度	
	统计	统计	统计	统计	标准误差	统计	统计	统计	标准误差	统计	标准误差
亲密度	170	2.00	9.00	8.3176	.08964	1.16874	1.366	-2.511	.186	7.543	.370
感情表达	170	1.00	9.00	5.9412	.11247	1.46641	2.150	-.717	.186	.228	.370
矛盾性	170	.00	9.00	2.6588	.14014	1.82716	3.339	.805	.186	.259	.370
组织性	170	2.00	9.00	7.0000	.12736	1.66054	2.757	-.832	.186	.051	.370
活动量	170	13.00	47.00	31.1059	.42894	5.59273	31.279	-.106	.186	.700	.370
规律性	170	21.00	53.00	35.6471	.44326	5.77939	33.401	.067	.186	.415	.370
适应度	170	24.00	53.00	38.3529	.45725	5.96182	35.543	.151	.186	-.274	.370

续表

	N	最小值	最大值	平均值		标准差	方差	偏度		峰度	
	统计	统计	统计	统计	标准误差	统计	统计	统计	标准误差	统计	标准误差
情绪本质	170	17.00	53.00	38.5765	.37995	4.95393	24.541	-.451	.186	1.766	.370
幼儿攻击性	170	.00	30.00	11.6706	.52257	6.81347	46.423	.551	.186	-.186	.370
有效个案数（成列）	170										

2.2.4 相关性分析

现对本案例选取的组织性、适应度、幼儿攻击性 3 个维度进行相关性分析，研究这 3 个维度之间的关系。

1. SPSS实现

（1）打开数据文件 data2-02.sav，执行菜单栏中的"分析"→"相关"→"双变量"命令，弹出图 2-25 所示的"双变量相关性"对话框。

在左侧的变量列表中选中"组织性""适应度""幼儿攻击性" 3 个维度，单击 按钮，将其选入"变量"框中。在"相关系数"栏中勾选"皮尔逊"复选框，在"显著性检验"栏中选中"双尾"单选按钮，同时勾选"标记显著性相关性"复选框。

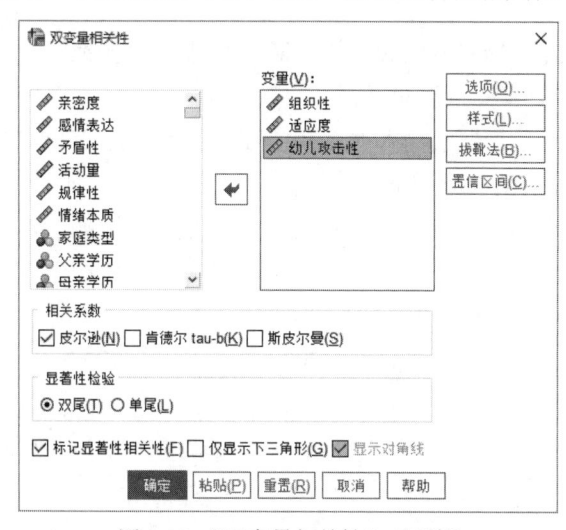

图 2-25 "双变量相关性"对话框

（2）完成所有设置后，单击"确定"按钮执行命令，此时会弹出相关性分析的分析结果。

2. 结果分析

从表 2-25 中可以看出，组织性与适应度存在显著正相关关系，适应度与幼儿攻击性存在显著负相关关系。

表 2-25 相关性

		组织性	适应度	幼儿攻击性
组织性	皮尔逊相关性	1	.186*	-.121
	显著性（双尾）		.015	.115
	个案数	170	170	170
适应度	皮尔逊相关性	.186*	1	-.238**
	显著性（双尾）	.015		.002
	个案数	170	170	170
幼儿攻击性	皮尔逊相关性	-.121	-.238**	1
	显著性（双尾）	.115	.002	
	个案数	170	170	170

*. 在 0.05 级别（双尾），相关性显著
**. 在 0.01 级别（双尾），相关性显著

2.2.5 回归分析

根据调节效应模型，需要对 3 个模型进行回归分析，并通过回归系数来判断是否存在调节效应。

1. SPSS实现

（1）打开数据文件 data2-02.sav，执行菜单栏中的"转换"→"计算变量"命令，弹出图 2-26 所示的"计算变量"对话框。

在左侧的"目标变量"框中输入"交互项"，"数字表达式"框中输入"组织性*适应度"，单击"确定"按钮生成新变量。

（2）执行菜单栏中的"分析"→"回归"→"线性"命令，弹出图 2-27 所示的"线性回归"对话框。

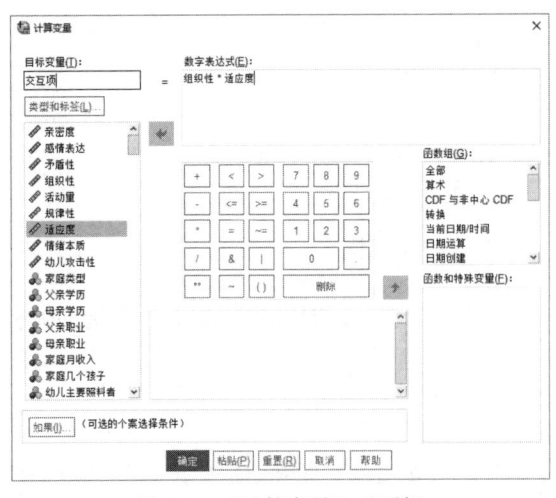

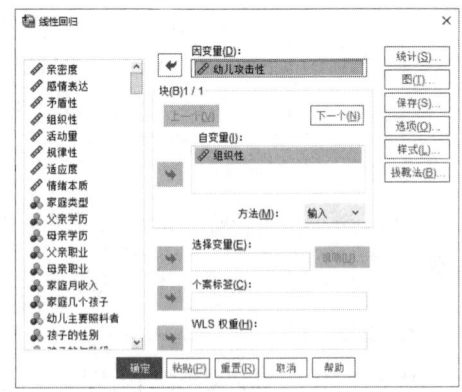

图 2-26 "计算变量"对话框   图 2-27 "线性回归"对话框（1）

在左侧的变量列表中选中"组织性"变量，单击 ➡ 按钮，将其选入"自变量"框，将"幼儿攻击性"变量选入右侧的"因变量"框，在"方法"下拉列表中选择"输入"。

在"块（B）"中单击"下一个"按钮，并把"适应度"变量选入右侧的自变量列表，如图 2-28 所示。在"块（B）"中单击"下一个"按钮，并把"交互项"变量选入右侧的自变量列表，如图 2-29 所示。

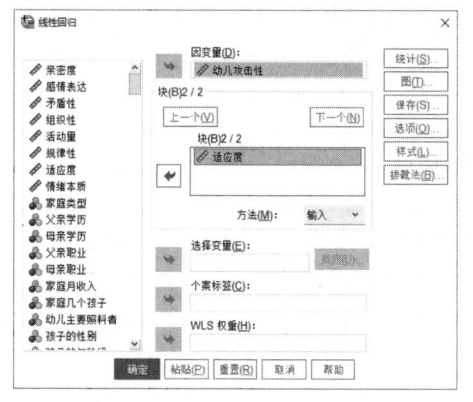

图 2-28 "线性回归"对话框（2） 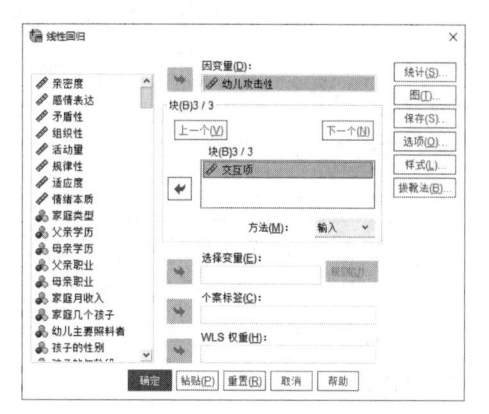　　图 2-29 "线性回归"对话框（3）

（3）单击"统计"按钮，弹出图 2-30 所示的"线性回归：统计"对话框。在"回归系数"栏中勾选"估算值"复选框，在"残差"栏中勾选"个案诊断"复选框，在"离群值"参数框中输入 3，并勾选"模型拟合"和"共线性诊断"复选框。单击"继续"按钮返回主对话框。

（4）单击"选项"按钮，弹出图 2-31 所示的"线性回归：选项"对话框，选项保持系统默认值。单击"继续"按钮返回主对话框。

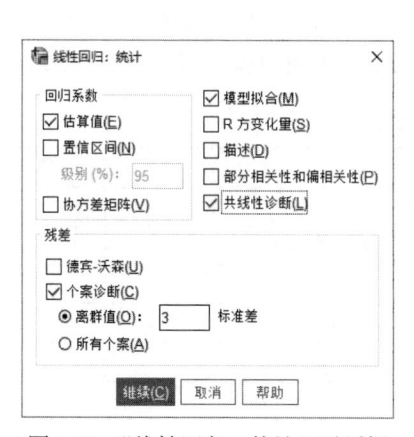

图 2-30 "线性回归：统计"对话框 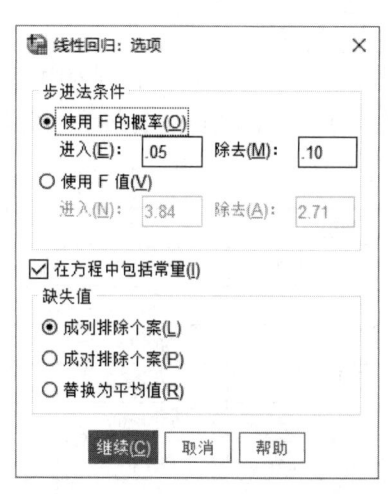　　图 2-31 "线性回归：选项"对话框

（5）完成所有设置后，单击"确定"按钮执行命令，此时会弹出模型摘要、系数等分析结果。

2．结果分析

表 2-26 给出了分层回归过程中变量的引入和剔除过程及其准则，可以看出，先后引入了"组织性""适应度""交互项"3 个变量，建立了 3 个数学模型。

表 2-26　输入/除去变量 [a]

模型	输入的变量	除去的变量	方法
1	组织性 [b]	.	输入
2	适应度 [b]	.	输入
3	交互项 [b]	.	输入

a. 因变量：幼儿攻击性
b. 已输入所请求的所有变量

表 2-27 给出了模型的拟合情况，给出了模型编号、复相关系数 R、R^2、调整后的 R^2、估算的标准误差，可见从模型 1 到模型 3，R^2 随之增长，说明模型可解释的变异占总变异的比例越来越大，引入回归方程的变量是显著的，从 R^2、调整后的 R^2 可以看出 3 个模型建立的回归方程较好。

表 2-27　模型摘要 [d]

模型编号	R	R^2	调整后的 R^2	估算的标准误差
1	.121[a]	.015	.009	6.78323
2	.250[b]	.063	.051	6.63611
3	.258[c]	.066	.050	6.64258

a. 预测变量：（常量），组织性
b. 预测变量：（常量），组织性，适应度
c. 预测变量：（常量），组织性，适应度，交互项
d. 因变量：幼儿攻击性

表 2-28 给出了回归拟合过程中每一步的方差分析结果。可见从模型 1 到模型 3，显著性均小于 0.05，故拒绝回归系数都为 0 的原假设，回归模型均具有统计学意义。

表 2-28　ANOVA[a]

模型		平方和	自由度	均方	F	显著性
1	回归	115.502	1	115.502	2.510	.015[b]
	残差	7730.051	168	46.012		
	总计	7845.553	169			
2	回归	491.204	2	245.602	5.577	.005[c]
	残差	7354.349	167	44.038		
	总计	7845.553	169			
3	回归	520.980	3	173.660	3.936	.010[d]
	残差	7324.573	166	44.124		
	总计	7845.553	169			

a. 因变量：幼儿攻击性

b. 预测变量：（常量），组织性	
c. 预测变量：（常量），组织性，适应度	
d. 预测变量：（常量），组织性，适应度，交互项	

表 2-29 给出了所有模型的回归系数估计值，包括未标准化系数、标准化系数、t 值、显著性、容差值和方差膨胀因子（VIF）。

模型 1：幼儿攻击性=15.156-0.498×组织性

模型 2：幼儿攻击性=23.726-0.327×组织性-0.255×适应度

模型 3：幼儿攻击性=12.471+1.318×组织性+0.50×适应度-0.044×交互项

模型 3 的交互项（组织性*适应度）没有呈现出显著性，说明不具有调节效应。

表 2-29　系数 [a]

模型		未标准化系数		标准化系数	t	显著性	共线性统计	
		B	标准误差	Beta			容差	VIF
1	（常量）	15.156	2.260		6.705	<.001		
	组织性	-.498	.314	-.121	-1.584	.115	1.000	1.000
2	（常量）	23.726	3.674		6.458	<.001		
	组织性	-.327	.313	-.080	-1.046	.297	.965	1.036
	适应度	-.255	.087	-.223	-2.921	.004	.965	1.036
3	（常量）	12.471	14.185		.879	.381		
	组织性	1.318	2.028	.321	.650	.516	.023	2.036
	适应度	.050	.380	.043	.130	.896	.051	3.036
	交互项	-.044	.054	-.525	-.821	.413	.014	2.557

a. 因变量：幼儿攻击性

表 2-30 给出了各个模型中排除变量的统计信息，模型 1 中排除的变量为适应度和交互项，模型 2 中排除的变量为交互项。

表 2-30　排除的变量 [a]

模型		输入 Beta	t	显著性	偏相关	共线性统计		
						容差	VIF	最小容差
1	适应度	-.223[b]	-2.921	.004	-.220	.965	1.036	.965
	交互项	-.444[b]	-3.038	.003	-.229	.262	3.815	.262
2	交互项	-.525[c]	-.821	.413	-.064	.014	72.557	.014

a. 因变量：幼儿攻击性

b. 模型中的预测变量：（常量），组织性

c. 模型中的预测变量：（常量），组织性，适应度

表 2-31 给出了残差统计数据，包括预测值、残差、标准预测值、标准化残差。

表 2-31　残差统计 [a]

	最小值	最大值	平均值	标准差	个案数
预测值	6.6046	14.9571	11.6706	1.75577	170
残差	−12.44570	19.73027	.00000	6.58336	170
标准预测值	−2.885	1.872	.000	1.000	170
标准化残差	−1.874	2.970	.000	.991	170

a. 因变量：幼儿攻击性

2.3　本章小结

　　本章通过中介效应模型和调节效应模型两个案例来讲解 SPSS 在心理学上的应用，涉及频率分析、描述性分析、信效度分析、相关分析、回归分析等方法的参数设置、操作步骤和结果分析。本章还介绍了分层回归在中介效应模型和调节效应模型中的应用，以及通过回归系数的显著性来判断中介效应模型和调节效应模型是否成立。

2.4　综合练习

　　1. 数据文件 data2-03.sav 为调查自我控制在自控资源信念与手机成瘾倾向之间的中介效应时得到的，请完成以下分析：
　　（1）自控资源信念、自我控制、手机成瘾倾向 3 个变量在人口学变量上的差异。
　　（2）自我控制在自控资源信念与手机成瘾倾向之间的中介效应大小。
　　（数据存储于\Chapter2\data2-03.sav 文件）
　　2. 数据文件 data2-04.sav 为调查学生在社交苦恼、社交回避等方面的数据，请根据问卷数据自行定义主题进行分析。
　　（数据存储于\Chapter2\data2-04.sav 文件）
　　3. 数据文件 data2-05.sav 为调查大学生社交孤独、感情孤独、抑郁症、焦虑症等方面的数据，请根据问卷的数据进行以下分析：
　　（1）描述统计分析、相关分析、差异性分析。
　　（2）社交孤独、感情孤独、抑郁症、焦虑症之间的关系。
　　（数据存储于\Chapter2\data2-05.sav 文件）
　　4. 数据文件 data2-06.sav 为研究知识共享在共享领导与员工创新行为之间的中介效应的数据，请完成以下分析：
　　（1）知识共享、共享领导、员工创新行为这 3 个变量在人口学变量上的差异。
　　（2）知识共享在共享领导与员工创新行为之间的中介效应大小。
　　（数据存储于\Chapter2\data2-06.sav 文件）

第 3 章 教育领域应用

在教育工作者,特别是教师日常的教育教学中,通常需要对关于教育教学的大量数据进行采集、整理和分析,以帮助其制定出合理的教学方案。对教育统计学进行分析可知,其内容不仅抽象,而且理解难度较大。SPSS 为教育工作者的教学工作提供了帮助,促进了教育事业的全面发展。本章通过多个实际案例讲解 SPSS 在教育领域中的应用。

学习目标:

- 了解 SPSS 在教育领域中应用的常用方法。
- 学习频率分析与正态检验在教育领域中的应用。
- 学习协方差分析在教育领域中的应用。
- 学习 T 检验在教育领域中的应用。

3.1 学生成绩分布分析

在日常教育教学中,通常需要对学生成绩进行统计分布,包括平均分、最高分、最低分及学生成绩是否满足正态分布等,这对分析教育教学效果具有指导意义。

数据文件	数据文件\Chapter3\data3-01.sav
视频文件	视频文件\Chapter3\学生成绩分布.avi

3.1.1 数据描述

本案例的数据文件为某高校一个班级的学生期末考试语文、数学和化学 3 门课程的成绩数据,如图 3-1 所示,现要求对这个班级的语文成绩进行分析。

	编号	性别	语文	数学	化学
1	1	0	75	83	74
2	2	0	67	77	64
3	3	1	67	62	76
4	4	1	76	87	74
5	5	0	79	53	87
6	6	1	83	81	94
7	7	0	74	85	72

图 3-1　data3-01.sav 中的数据

3.1.2　频率分析

1. SPSS实现

（1）打开数据文件 data3-01.sav，执行菜单栏中的"分析"→"描述统计"→"频率"命令，弹出"频率"对话框。在左侧的变量列表中选中"语文"变量，单击➡按钮，将其选入"变量"框，如图 3-2 所示。

（2）单击"统计"按钮，弹出图 3-3 所示的"频率：统计"对话框。在该对话框中进行统计量的选择。

本案例欲研究该班级语文成绩的平均成绩、中位数、众数、最高及最低成绩，以及语文成绩的标准差、方差等，故勾选"四分位数""均值""中位数""众数""标准差""方差""范围""最小值""最大值""标准误差均值""偏度""峰度"复选框，单击"继续"按钮返回主对话框。

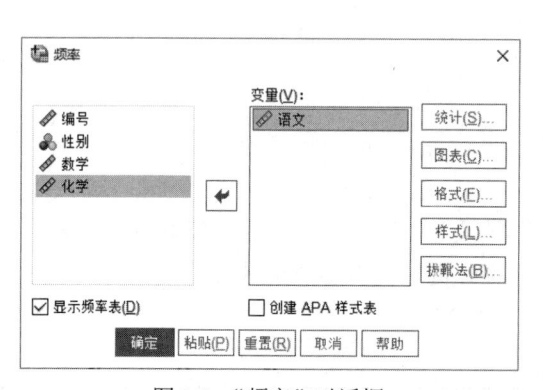

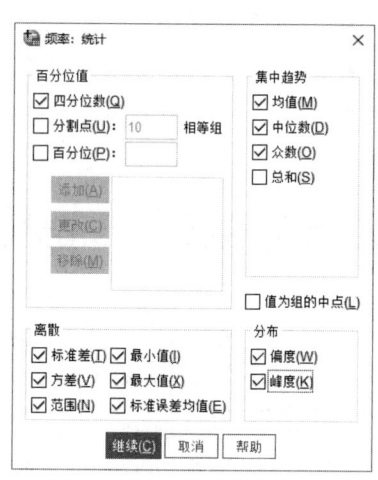

图 3-2　"频率"对话框　　　图 3-3　"频率：统计"对话框

（3）单击"图表"按钮，弹出图 3-4 所示的"频率：图表"对话框。欲研究语文成绩是否符合正态分布，故选中"直方图"单选按钮并勾选"在直方图中显示正态曲线"复选框，单击"继续"按钮返回主对话框。

（4）单击"格式"按钮，弹出图 3-5 所示的"频率：格式"对话框，选中"按值的升序排序""比较变量"单选按钮，单击"继续"按钮返回主对话框。

（5）完成所有设置后，单击"确定"按钮执行命令，此时会弹出描述性统计表、频率分布表、直方图。

图 3-4 "频率：图表"对话框

图 3-5 "频率：格式"对话框

2．结果分析

表 3-1 为描述性统计表，由表 3-1 可以看出有效样本为 30 个，没有缺失值。语文的平均成绩为 75.23（分），中位数为 74.50，标准差为 11.258，最小值为 53，最大值为 97 等。

表 3-1 描述性统计

语文			
个案数	有效		30
	缺失		0
平均值			75.23
平均值标准误差			2.055
中位数			74.50
众数			74
标准差			11.258
方差			126.737
偏度			.071
偏度标准误差			.427
峰度			−.544
峰度标准误差			.833
范围			44
最小值			53
最大值			97
百分位数		25	67.00
		50	74.50
		75	83.25

表 3-2 为频率分布表，可以看出学生语文成绩的频率分布，从左至右依次是频率、百分比、有效百分比和累计百分比。如语文成绩是 72 分的人数有 2 人，占比为 6.7%。

表 3-2 频率分布

语文					
		频率	百分比（%）	有效百分比（%）	累计百分比（%）
有效	53	1	3.3	3.3	3.3
	58	1	3.3	3.3	6.7
	59	1	3.3	3.3	10.0
	61	1	3.3	3.3	13.3
	62	1	3.3	3.3	16.7
	65	1	3.3	3.3	20.0
	67	2	6.7	6.7	26.7
	68	1	3.3	3.3	30.0
	69	1	3.3	3.3	33.3
	72	2	6.7	6.7	40.0
	74	3	10.0	10.0	50.0
	75	1	3.3	3.3	53.3
	76	1	3.3	3.3	56.7
	77	1	3.3	3.3	60.0
	78	1	3.3	3.3	63.3
	79	2	6.7	6.7	70.0
	83	2	6.7	6.7	76.7
	84	1	3.3	3.3	80.0
	85	1	3.3	3.3	83.3
	88	1	3.3	3.3	86.7
	91	1	3.3	3.3	90.0
	93	1	3.3	3.3	93.3
	94	1	3.3	3.3	96.7
	97	1	3.3	3.3	100.0
	总计	30	100.0	100.0	

图 3-6 为学生语文成绩的频率直方图，从图中可以看出学生的语文成绩基本服从正态分布，其中以 70～75 分的学生居多。

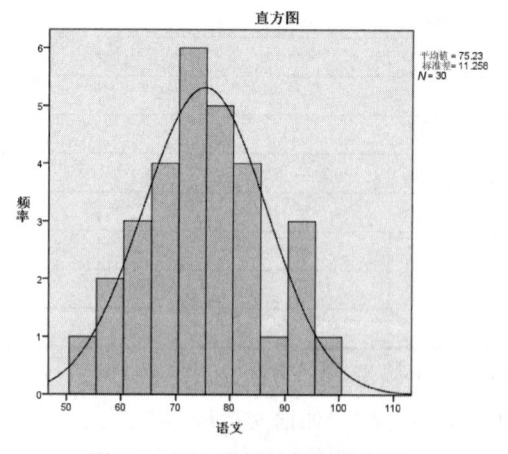

图 3-6 语文成绩的频率直方图

3.1.3 正态检验

1. SPSS实现

（1）打开数据文件 data3-01.sav，执行菜单栏中的"分析"→"描述统计"→"探索"命令，弹出"探索"对话框。

（2）在左侧的变量列表中选中"语文"变量，单击 ➡ 按钮，将其选入"因变量列表"框，在"显示"栏中选中"两者"单选按钮，如图 3-7 所示。

（3）单击"统计"按钮，弹出图 3-8 所示的"探索：统计"对话框，勾选"描述""M-估计量""离群值""百分位数"复选框，在"描述"复选框下的"均值的置信区间"输入框中保持系统默认的 95。单击"继续"按钮返回主对话框。

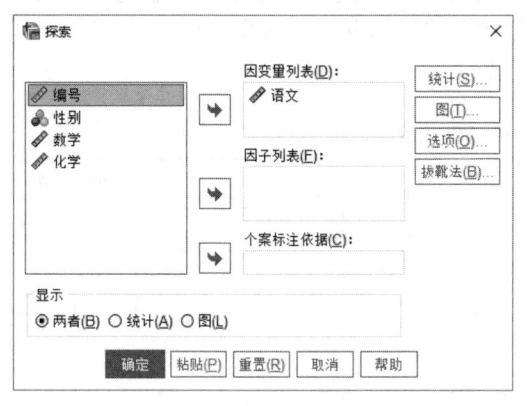

图 3-7 "探索"对话框

图 3-8 "探索：统计"对话框

（4）单击"图"按钮，弹出图 3-9 所示的"探索：图"对话框，选中"因子级别并置"单选按钮，勾选"茎叶图""直方图""含检验的正态图"复选框。单击"继续"按钮返回主对话框。

（5）单击"选项"按钮，弹出图 3-10 所示的"探索：选项"对话框，选中"成列排除个案"单选按钮。单击"继续"按钮返回主对话框。

图 3-9 "探索：图"对话框

图 3-10 "探索：选项"对话框

(6) 完成所有设置后，单击"确定"按钮执行命令，系统会弹出描述性统计、M 估计量、正态性检验等表格。

2．结果分析

从表 3-3 中可以看出共 30 个样本，没有缺失值。

表 3-3　个案处理摘要

	个案					
	有效		缺失		总计	
	个案数	百分比	个案数	百分比	个案数	百分比
语文	30	100.0%	0	0.0%	30	100.0%

从表 3-4 中可以看出语文成绩的平均分为 75.23，标准误差为 2.055，中位数为 74.50，标准差为 11.258，最小值为 53，最大值为 97 等。

表 3-4　描述性统计

			统计	标准误差
语文	平均值		75.23	2.055
	平均值的 95%置信区间	下限	71.03	
		上限	79.44	
	5%剪除后平均值		75.22	
	中位数		74.50	
	方差		126.737	
	标准差		11.258	
	最小值		53	
	最大值		97	
	全距		44	
	四分位距		16	
	偏度		.071	.427
	峰度		-.544	.833

从表 3-5 中可以看出，M 估计量中休伯 M 估计量、图基双权估计量、汉佩尔 M 估计量和安德鲁波估计量的区别就是使用的权重不同，发现语文成绩的 4 个 M 估计量离中位数和平均值均较近，说明数据中没有异常值。

表 3-5　M 估计量

	休伯 M 估计量 [a]	图基双权估计量 [b]	汉佩尔 M 估计量 [c]	安德鲁波估计量 [d]
语文	75.02	74.86	75.02	74.86

a. 加权常量为 1.339
b. 加权常量为 4.685
c. 加权常量为 1.700、3.400 和 8.500
d. 加权常量为 1.340*pi

百分位数就是将数值分成两部分，例如百分位数 25 代表的值表示有 25%的值比该值小，有 75%的值比该值大，从表 3-6 中可以得出本案例的百分位数。

表 3-6 百分位数（P）

		百分位数						
		5	10	25	50	75	90	95
加权平均（定义1）	语文	55.75	59.20	67.00	74.50	83.25	92.80	95.35
图基枢纽	语文			67.00	74.50	83.00		

从表 3-7 中可以看出分组后语文成绩的 5 个极大值和 5 个极小值。

表 3-7 极值

			个案号	值
语文	极大值	1	16	97
		2	30	94
		3	14	93
		4	11	91
		5	8	88
	极小值	1	22	53
		2	26	58
		3	29	59
		4	10	61
		5	17	62

从表 3-8 中可以看出柯尔莫戈洛夫-斯米诺夫（Kolmogorov-Smirnov）方法和夏皮洛-威尔克（Shapiro-Wilk）方法检验的结果，显著性均大于 0.05，说明语文成绩的分布符合正态分布。其中夏皮洛-威尔克方法只有在样本量小于 50 时比较精确。

表 3-8 正态性检验

	柯尔莫戈洛夫-斯米诺夫 [a]			夏皮洛-威尔克		
	统计	自由度	显著性	统计	自由度	显著性
语文	.069	30	.200*	.985	30	.938

*. 这是真显著性的下限
a. 里利氏显著性修正

由图 3-11 可知，语文成绩呈正态分布。

图 3-12 是茎叶图，图中"频率"表示变量值的频次，"Stem"表示变量值的整数部分，"叶"表示变量值的小数部分。

图 3-13 中的两种正态图，一种是标准的正态概率分布图，另一种是离散的正态概率分布图。

标准的正态概率分布图使用变量的实测值作为横坐标，使用变量的期望值作为纵坐标，变量值为落点。图中的斜线表示正态分布的标准线，点表示变量值，变量值越接近于斜线，则变量值的分布越接近正态分布，本案例中语文成绩分布符合正态分布。

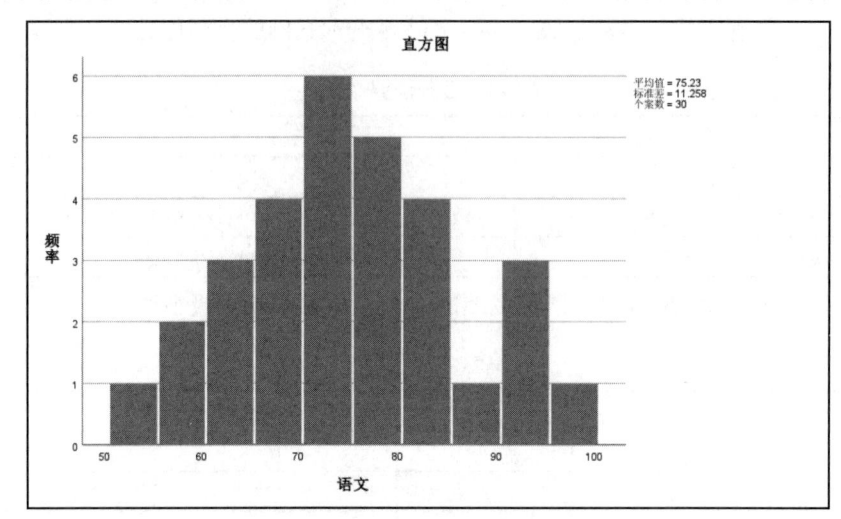

图 3-11 语文成绩分布的直方图

图 3-12 语文成绩的茎叶图

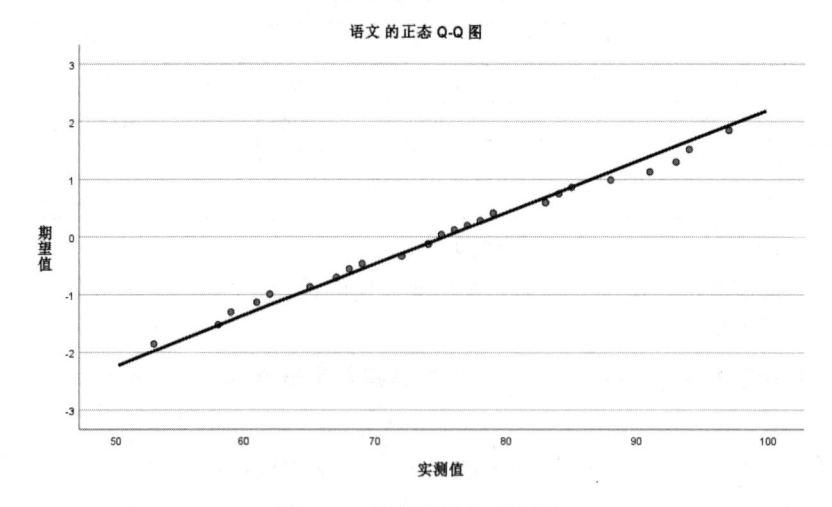

图 3-13 语文成绩的正态图

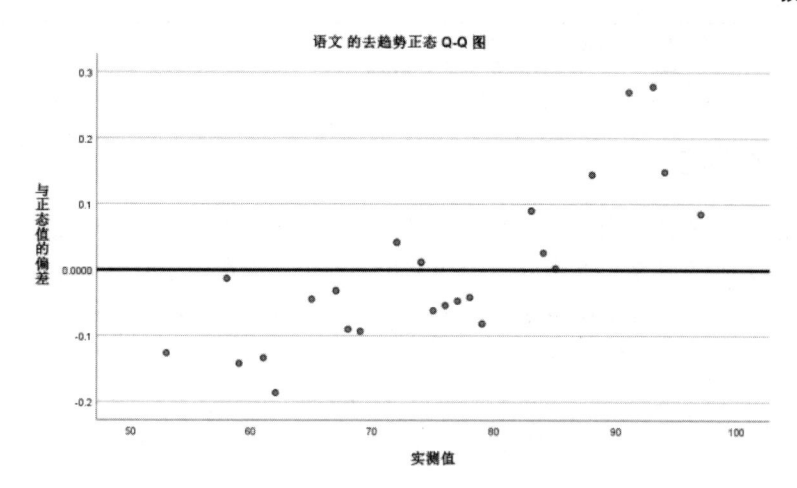

图 3-13　语文成绩的正态图（续）

　　离散的正态概率分布图使用变量的实测值作为横坐标，以实测值与期望值的差作为纵坐标，如果数据符合正态分布，则图中的点应该分布于图中标准线的附近。在本案例中语文成绩分布符合正态分布。

　　图 3-14 所示为箱图，箱子的上边线表示第 75 百分位数，下边线表示第 25 百分位数，中间的线表示中位数，箱子上下的两条细横线表示除离群值和极值外的最大值和最小值。离群值是指离箱子的上下边线的距离为箱子高度的 1.5 倍至 3 倍的变量值，一般用"O"或"☆"表示，从图 3-14 中可以看出语文成绩没有离群值和极值存在。

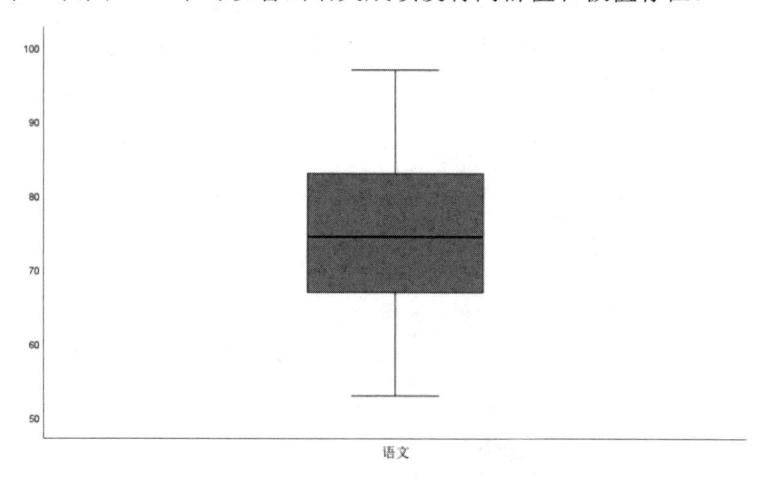

图 3-14　箱图

3.2　学生培训效果分析

　　在教育教学过程中，经常会遇到给学生培训的各种班级或辅导机构，需要对培训前后学生成绩是否有显著的提高进行分析。

数据文件	数据文件\Chapter3\data3-02.sav
视频文件	视频文件\Chapter3\学生培训效果.avi

3.2.1 数据描述

本案例的数据文件中为数学培训班20名学生培训前后成绩及及格率的数据，如图3-15所示。现要求利用两相关样本非参数检验来检验培训前后成绩是否存在差异。

	培训前数学成绩	培训后数学成绩	培训前及格率	培训后及格率
1	55	70	0	1
2	46	63	0	1
3	61	75	1	1
4	63	74	1	1
5	57	68	0	1
6	53	71	0	1
7	52	70	0	1

图3-15　data3-02.sav 数据

3.2.2 两相关样本非参数检验

1. SPSS实现

（1）打开数据文件data3-02.sav，执行菜单栏中的"分析"→"非参数检验"→"旧对话框"→"2个相关样本"命令，弹出"两个相关样本检验"对话框。

（2）在左侧的变量列表中选中"培训前数学成绩"变量和"培训后数学成绩"变量，单击➡按钮，将其选入"检验对"框，在"检验类型"栏中勾选"威尔科克森"和"符号"复选框，如图3-16所示。

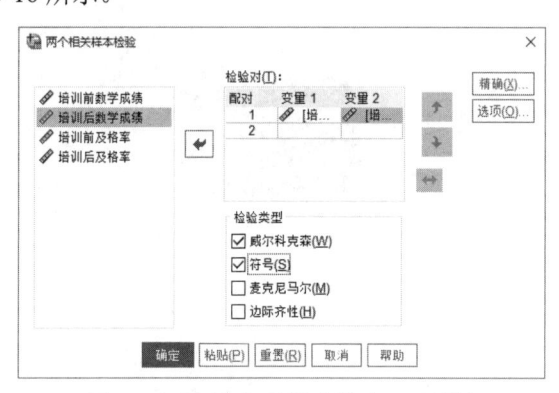

图3-16　"两个相关样本检验"对话框

（3）单击"精确"按钮，弹出图3-17所示的"精确检验"对话框，选中"仅渐进法"单选按钮，单击"继续"按钮返回主对话框。

（4）单击"选项"按钮，弹出图3-18所示的"双关联样本：选项"对话框，在"统计"栏中勾选"描述"和"四分位数"复选框，在"缺失值"栏中选中"按检验排除个案"单选按钮，单击"继续"按钮返回主对话框。

图 3-17 "精确检验"对话框①　　　　图 3-18 "双关联样本：选项"对话框

（5）完成所有设置后，单击"确定"按钮执行命令，此时会弹出描述统计、威尔科克森符号秩检验和符号检验分析结果。

2．结果分析

从表 3-9 可以看出，培训前数学成绩的平均值为 53.20，标准差为 7.938；培训后数学成绩的平均值为 68.80，标准差为 4.670。

表 3-9　描述统计

	N	平均值	标准差	最小值	最大值	百分位数		
						第 25 个	第 50 个（中位数）	第 75 个
培训前数学成绩	20	53.20	7.938	34	64	49.75	53.50	57.75
培训后数学成绩	20	68.80	4.670	56	80	63.50	69.00	74.00

威尔科克森符号秩检验：从表 3-10 可以看出负秩为 0，正秩为 20，表示 20 个学生中所有人培训后成绩都上升，没有人成绩下降；平均秩分别为 0 和 10.50。

表 3-10　秩

		N	秩平均值	秩的总和
培训后数学成绩-培训前数学成绩	负秩	0[a]	.00	.00
	正秩	20[b]	10.50	210.00
	绑定值	0[c]		
	总计	20		
a. 培训后数学成绩 < 培训前数学成绩				
b. 培训后数学成绩 > 培训前数学成绩				
c. 培训后数学成绩 = 培训前数学成绩				

从表 3-11 可以看出，Z 统计量为-3.926，渐近显著性为 0.000，小于 0.05，拒绝零假设，认为培训后学生的数学成绩显著提高。

---

① 界面图中"仅渐进法"的正确写法应为"仅渐近法"，后同。

表 3-11　检验统计 [a]

	培训后数学成绩-培训前数学成绩
Z	−3.926[b]
渐近显著性（双尾）	.000

a. 威尔科克森符号秩检验

b. 基于负秩

符号检验：从表 3-12 可以看出，符号检验结果与威尔科克森符号秩检验结果一致。

表 3-12　频率

		N
培训后数学成绩 − 培训前数学成绩	负差值 [a]	0
	正差值 [b]	20
	绑定值 [c]	0
	总计	20

a. 培训后数学成绩 < 培训前数学成绩

b. 培训后数学成绩 > 培训前数学成绩

c. 培训后数学成绩 = 培训前数学成绩

从表 3-13 可以看出，精确显著性为 0.000，小于 0.05，拒绝零假设，认为培训前后学生的数学成绩存在显著性差异。

表 3-13　检验统计 [a]

	培训后数学成绩 − 培训前数学成绩
精确显著性（双尾）	.000[b]

a. 符号检验

b. 使用了二项分布

3.3　公司培训效果分析

公司经常会组织入职培训或定期培训，可以利用 SPSS 对培训效果进行分析，制定培训方案。本节将利用协方差分析某公司语言能力培训的情况。

协方差是关于如何调节协变量对因变量的影响效应，从而更加有效地分析实验处理效应的一种统计技术，也是对实验进行统计控制的一种综合方差分析和回归分析的方法。

协方差分析是利用线性回归的方法，消除混杂因素的影响后进行的方差分析。简单来说，协方差分析就是消除不可控制的因素，比较各因素不同水平的差异以及分析各因素间是否存在交互作用。

例如，研究不同的生根粉对树木根系数量的影响，但由于各株树木在试验前的根系数量不一致，对试验结果又有一定的影响，要消除这一因素带来的影响，就需要将各株树木在试验前的根系数量这一因素作为协变量进行方差分析。

数据文件	数据文件\Chapter3\data3-03.sav
视频文件	视频文件\Chapter3\公司培训效果.avi

3.3.1 数据描述

本案例的数据文件为某公司针对公司成员进行语言能力培训前后的语言能力测试成绩（语言测试成绩）数据，如图 3-19 所示。

培训对象为公司 A、B 的成员，职称包括员工、主管和经理。现要求剔除培训前的语言能力测试成绩的影响，分析公司成员在培训后的语言能力是否存在显著性差异。

	公司	职称	培训前语言测试成绩	培训后语言测试成绩
1	1	1	77	83
2	1	1	70	87
3	1	1	76	89
4	1	2	81	95
5	1	2	89	93
6	1	2	91	90
7	1	3	94	89

图 3-19 data3-03.sav 中的数据

3.3.2 协方差分析

1. SPSS实现

（1）打开数据文件 data3-03.sav，执行菜单栏中的"分析"→"一般线性模型"→"单变量"命令，弹出"单变量"对话框。

（2）选中左侧变量列表中的"培训后语言测试成绩"变量，单击 按钮，将其选入"因变量"框；选中"职称"和"公司"变量，单击 按钮，将其选入"固定因子"框；选中"培训前语言测试成绩"变量，单击 按钮，将其选入"协变量"框，如图 3-20 所示。

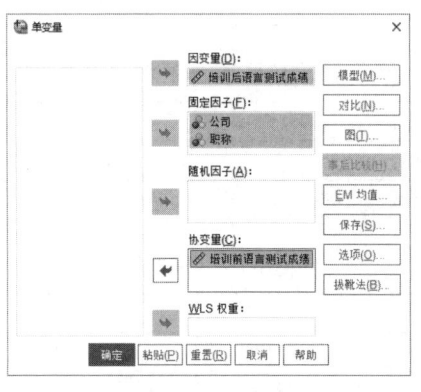

图 3-20 "单变量"对话框

（3）单击"EM 均值"按钮，弹出图 3-21 所示的"单变量：估算边际平均值"对话框，在"因子与因子交互"框中，选中"(OVERALL)"，并单击 按钮，将其选入"显示下列各项的平均值"框，单击"继续"按钮返回主对话框。

（4）单击"选项"按钮，弹出图3-22所示的"单变量：选项"对话框。在"显示"栏中，勾选"描述统计""齐性检验"复选框。单击"继续"按钮返回主对话框。

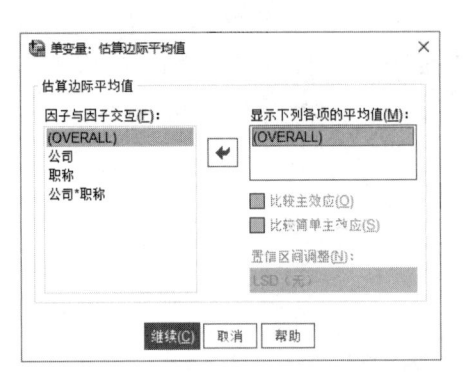

图3-21 "单变量：估算边际平均值"对话框

图3-22 "单变量：选项"对话框

（5）完成所有设置后，单击"确定"按钮执行命令，此时弹出主体间因子、描述统计、主体间效应的检验等分析结果。

2．结果分析

从表3-14中可以看出，有职称、公司两个因素。职称有3个水平，即员工、主管和经理，每个水平有6个观测值；公司有2个水平，即公司A、B，每个水平有9个观测值。

表3-14 主体间因子

		值标签	N
职称	1	员工	6
	2	主管	6
	3	经理	6
公司	1	公司A	9
	2	公司B	9

从表3-15可以看到各项组合的平均值、标准差及观测值个数。

表3-15 描述统计

因变量：培训后语言测试成绩

公司	职称	平均值	标准差	N
公司A	员工	86.33	3.055	3
	主管	92.67	2.517	3
	经理	91.00	2.000	3
	总计	90.00	3.606	9

续表

公司	职称	平均值	标准差	N
公司 B	员工	85.67	3.215	3
	主管	93.33	4.041	3
	经理	92.67	3.055	3
	总计	90.56	4.746	9
总计	员工	86.00	2.828	6
	主管	93.00	3.033	6
	经理	91.83	2.483	6
	总计	90.28	4.099	18

从表 3-16 可以看出，显著性为 0.237，大于 0.05，因此认为各组样本来自的总体的方差相等。

表 3-16　误差方差的莱文等同性检验[a]

因变量：培训后语言测试成绩			
F	自由度1	自由度2	显著性
1.585	5	12	.237
检验"各个组中的因变量误差方差相等"这一原假设			
a. 设计：截距 + 培训前语言测试成绩 + 公司 + 职称 + 公司 * 职称			

从表 3-17 可以看出，培训前语言测试成绩对培训后语言测试成绩，F 统计量为 3.541，显著性为 0.087，大于显著性水平 0.05，所以可以认为培训前语言测试成绩对培训后语言测试成绩没有显著影响；职称和公司的显著性分别为 0.003、0.462，分别小于和大于显著性水平 0.05，所以可以认为职称对培训后语言测试成绩有显著影响，而公司对培训后语言测试成绩没有显著影响；"职称*公司"的显著性为 0.689，大于 0.05，说明交互效果不显著，可以不予考虑。

表 3-17　主体间效应的检验

因变量：培训后语言测试成绩					
源	III 类平方和	自由度	均方	F	显著性
修正模型	201.390[a]	6	33.565	4.384	.017
截距	349.431	1	349.431	45.639	.000
培训前语言测试成绩	27.112	1	27.112	3.541	.087
公司	4.455	1	4.455	.582	.462
职称	152.816	2	76.408	9.980	.003
公司 * 职称	5.902	2	2.951	.385	.689
误差	84.221	11	7.656		
总计	146987.000	18			
修正后总计	285.611	17			
a. R^2 = .705（调整后的 R^2 = .544）					

3.4 教学方法分析

在教育教学过程中，面对不同的学生，教师经常会尝试不同的教学方法来提高学生成绩，但是否能达到预期目标，则需要通过分析才能得出结论。本节将利用独立样本 T 检验和成对样本 T 检验研究某教学方法对教学效果的影响。

数据文件	数据文件\Chapter3\data3-04.sav
视频文件	视频文件\Chapter3\教学方法.avi

3.4.1 数据描述

本案例的数据文件为研究 5 种不同教学方法对提高学生成绩的影响情况数据，将 78 名学生随机分成两组，在实施教学方法前，完成了前测成绩，随后利用 5 种不同的教学方法进行教学，并获得 5 种教学方法下的后测成绩，如图 3-23 所示。

序号	组别	前测成绩	正给予义	潜在给予义	负给予义	零给予义	拒绝予义
1	1	82	94.00	94.00	89.00	97.00	98.00
2	1	79	87.00	93.00	98.00	90.00	99.00
3	1	76	97.00	97.00	93.00	91.00	93.00
4	1	88	97.00	93.00	96.00	97.00	96.00
5	1	93	87.00	95.00	92.00	91.00	98.00
6	1	84	89.00	97.00	86.00	93.00	98.00
7	1	89	91.00	100.00	99.00	98.00	100.00
8	1	81	93.00	96.00	84.00	89.00	97.00
9	1	92	87.00	91.00	97.00	97.00	98.00
10	1	98	95.00	94.00	84.00	97.00	96.00
11	1	87	94.00	97.00	86.00	99.00	95.00

图 3-23　data3-04.sav 数据

3.4.2 独立样本 T 检验

独立样本 T 检验就是在两个样本相互独立的前提下，检验两个样本的总体均数是否存在显著性差异。为了保证教学方法测试的有效性，先对所选择的测试对象进行研究，确保选择的测试对象在实验之前不会存在明显的区别，以便对后续测试给出更可靠的结论。

1．SPSS实现

（1）打开数据文件 data3-04.sav，执行菜单栏中的"分析"→"比较均值"→"独立样本 T 检验"命令，弹出"独立样本 T 检验"对话框。

（2）选中"前测成绩"变量，单击 ⇨ 按钮，将其选入"检验变量"框，选中"组别"变量，单击 ⇨ 按钮，将其选入"分组变量"框，如图 3-24 所示。

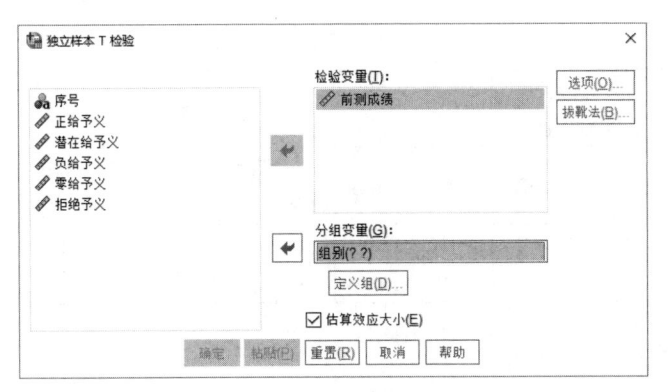

图 3-24 "独立样本 T 检验"对话框

（3）单击"定义组"按钮，弹出图 3-25 所示的"定义组"对话框，分别在"组 1"框和"组 2"框中输入"1"和"2"，单击"继续"按钮返回主对话框。"1"和"2"对应性别中的男、女。

（4）单击"选项"按钮，弹出图 3-26 所示的"独立样本 T 检验：选项"对话框，选项都保持系统默认值，单击"继续"按钮返回主对话框。

图 3-25 "定义组"对话框　　　图 3-26 "独立样本 T 检验：选项"对话框

（5）完成所有设置后，单击"确定"按钮执行命令，系统弹出组统计、独立样本检验等分析结果。

2．结果分析

从表 3-18 可以看出，实验组和对照组的前测成绩平均值分别为 87.28 和 87.82，标准差分别为 5.652 和 5.703。

表 3-18　组统计

	组别	N	平均值	标准差	标准误差平均值
前测成绩	实验组	39	87.28	5.652	.905
	对照组	39	87.82	5.703	.913

由表 3-19 可知，莱文方差等同性检验的显著性为 0.930，大于 0.05，说明两组的总体方差齐性。选择"假定等方差"这一行的 T 检验结果，在"平均值等同性 T 检验"栏中显著性（双侧 P）为 0.677，大于 0.05，说明两组数据的平均值不存在显著性差异，即对照组和实验组的学生成绩没有显著差异。

表 3-19 独立样本检验

		莱文方差等同性检验		平均值等同性 T 检验							
						显著性		平均值差值	标准误差差值	差值95%置信区间	
		F	显著性	t	自由度	单侧P	双侧P			下限	上限
前测成绩	假定等方差	.008	.930	−.419	76	.338	.677	−.538	1.286	−3.099	2.022
	不假定等方差			−.419	75.994	.338	.677	−.538	1.286	−3.099	2.022

3.4.3 成对样本 T 检验

将实验组和对照组分别采用 5 种方法进行测试，分别为正给予义、潜在给予义、负给予义、零给予义、拒绝给予义，获得 5 种方法下的学生成绩，以此判断 5 种方法对学生的成绩是否有影响，此处需要利用成对样本 T 检验进行分析

成对样本 T 检验用于检验两配对总体的均值是否存在显著性差异。零假设：两个成对样本数据的均值不存在显著性差异。

1．SPSS实现

（1）打开数据文件 data3-04.sav，执行菜单栏中的"分析"→"比较均值"→"成对样本 T 检验"命令，弹出"成对样本 T 检验"对话框。

（2）在左侧变量列表中选中"前测成绩"和"正给予义"变量，单击 ➡ 按钮，将其选入"配对变量"框中，如图 3-27 所示。

（3）单击"选项"按钮，弹出图 3-28 所示的"成对样本 T 检验：选项"对话框，选项都保持系统默认值，单击"继续"按钮返回主对话框。

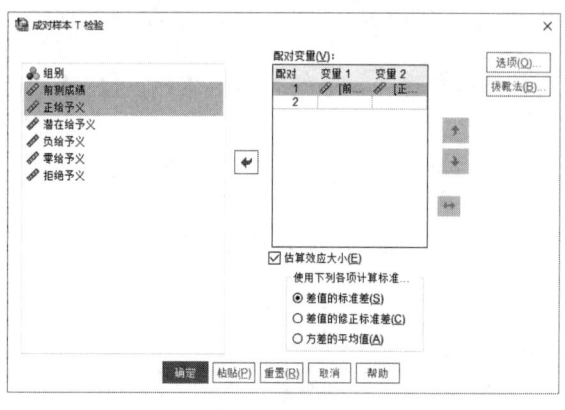

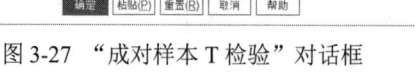

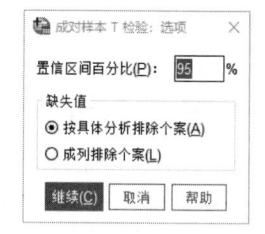

图 3-27 "成对样本 T 检验"对话框　　图 3-28 "成对样本 T 检验：选项"对话框

（4）完成所有设置后，单击"确定"按钮执行命令，此时系统弹出成对样本统计、成对样本相关性、成对样本检验等分析结果。

2．结果分析

从表 3-20 可以看出，前测成绩平均值为 87.55，标准差为 5.647，标准误差平均值为

0.639,而正给予义下的成绩平均值为 90.1282,标准差为 4.85466,标准误差平均值为 0.54968。

表 3-20 成对样本统计

		平均值	N	标准差	标准误差平均值
配对 1	前测成绩	87.55	78	5.647	.639
	正给予义	90.1282	78	4.85466	.54968

从表 3-21 可以看出,成对变量之间的相关性不显著,因为显著性(双侧 P)为 0.571,大于 0.05。

表 3-21 成对样本相关性

		N	相关性	显著性	
				单侧 P	双侧 P
配对 1	前测成绩-正给予义	78	-.065	.285	.571

从表 3-22 可以看出,成对样本的均值存在显著性差异,因为显著性(双侧 P)为 0.004,小于 0.05,说明正给予义下的成绩与前测成绩存在明显差异,通过平均值差进一步可以知道正给予义下的成绩明显高于前测成绩。

表 3-22 成对样本检验

		配对差值					t	自由度	显著性	
		平均值	标准差	标准误差平均值	差值95%置信区间				单侧 P	双侧 P
					下限	上限				
配对 1	前测成绩-正给予义	-2.57692	7.68287	.86991	-4.30914	-.84470	-2.962	77	.002	.004

3.5 本章小结

本章详细介绍了频率分析、正态性检验、非参数检验、独立样本 T 检验及成对样本 T 检验在教育教学中的应用。这些分析方法,一定程度上有助于教育工作者制定更为有效的方案,以达到预期目的,除本章所介绍的分析方法外,还有很多分析方法可以应用在教育领域中,如利用回归分析或时间序列分析对历年学生成绩进行建模分析等。

3.6 综合练习

1. 试针对某高校一个班级的学生期末考试数学成绩、化学成绩做频率分析和正态性检验。

（数据存储于\Chapter3\data3-01.sav 文件中）

2．试针对某高校一个班级的学生期末考试男、女学生的语文成绩进行探索性分析。

（数据存储于\Chapter3\data3-01.sav 文件中）

3．试针对某高校一个班级的学生期末考试男、女学生的数学成绩进行列联表分析。

（数据存储于\Chapter3\data3-01.sav 文件中）

4．试利用两相关样本非参数检验来判断培训前后合格率是否存在差异。

（数据存储于\Chapter3\data3-02.sav 文件中）

5．试针对 3.4 节提到的另外 4 种方法与前测成绩进行差异性分析，判断另外 4 种方法与前测成绩之间是否存在差异。同时，分析实验组和对照组学生在 5 种教学方法下的后测成绩是否存在差异，并做出综合分析。

（数据存储于\Chapter3\data3-04.sav 文件中）

6．data3-05.sav 文件中为一份教育教学中调查学生学业延迟满足感、一般自我效能感及成绩目标定向之间的关系的资料，请利用这份问卷数据分析一般自我效能感在学业延迟满足感和成绩目标定向之间是否存在中介效应。同时分析学业延迟满足感、一般自我效能感及成绩目标定向在性别、年级、是否为独生子女、生源地上是否存在显著性差异。

（数据存储于\Chapter3\data3-05.sav 文件中）

第 4 章

农业领域应用

在农业科研实践中，试验数据的统计分析是一个重要环节。由于历史原因，很多农业科研工作者还在使用传统手工方式整理分析试验数据资料，阻碍了基层农业科研工作的开展。SPSS 具有功能强大、交互性好、适用性广等特点，深受广大科研工作者的好评。基于此，本章主要对 SPSS 软件在农业统计分析中的应用进行分析探讨。

学习目标：

- 了解 SPSS 在农业领域应用中的常用方法。
- 学习方差分析在农业领域中的应用。
- 学习相关分析在农业领域中的应用。
- 学习曲线回归在农业领域中的应用。

4.1 茶叶种植分析

土壤团聚体和有机质均是影响土壤结构和肥力的关键因素，团聚体是有机质保存的场所，而有机质是形成稳定性团聚体的主要胶结物质。

本节利用单因素方差分析研究不同植茶年限土壤团聚体的有机质组分和结构特征，明确植茶后土壤团聚体的有机质组分及其结构特征的变化规律，在实际应用中对种植茶叶具有指导意义。

数据文件	数据文件\Chapter4\data4-01.sav
视频文件	视频文件\Chapter4\植茶领域.avi

4.1.1 数据描述

本案例的数据文件为不同植茶年限、不同土层下，土壤中不同粒径的某种有机质含量数据，如图 4-1 所示。现在需要对不同植茶年限、不同土层下有机质的含量是否存在差异进行研究。

序号	年限	土层	A	B	C	D	E	F	总
1	1	1	1.47	1.38	1.50	1.66	1.60	1.59	1.54
2	1	1	1.14	1.02	1.28	1.27	1.26	1.26	1.22
3	1	1	1.68	1.55	1.56	1.65	1.66	1.58	1.62
4	2	1	1.63	1.54	1.64	1.61	1.63	1.74	1.65
5	2	1	1.64	1.60	1.67	1.62	1.70	1.48	1.61
6	2	1	1.75	1.68	1.74	1.84	1.86	1.95	1.82
7	3	1	1.52	1.46	1.41	1.50	1.50	1.37	1.45
8	3	1	1.45	1.36	1.50	1.49	1.57	1.52	1.49
9	3	1	1.64	1.51	1.81	1.78	1.83	1.85	1.75
10	4	1	1.99	1.81	2.21	2.24	2.18	2.30	2.15
11	4	1	1.98	1.71	2.02	2.01	2.03	1.82	1.93
12	4	1	1.69	1.57	1.72	1.76	1.62	1.56	1.65
13	1	2	1.27	1.18	1.34	1.37	1.37	1.23	1.29
14	1	2	1.38	1.19	1.45	1.47	1.42	1.35	1.39
15	1	2	1.48	1.47	1.63	1.77	1.77	1.78	1.66
16	2	2	1.62	1.62	1.52	1.61	1.68	1.68	1.62
17	2	2	1.40	1.12	1.33	1.34	1.39	1.41	1.36

图 4-1　data4-01.sav 数据

4.1.2　单因素方差分析

单因素方差分析，用于检验单因素水平下的一个或多个独立因变量均值是否存在显著性差异，即检验单因素各个水平的值是否来自同一个总体。由此可以看出，单因素方差分析中的变量包括一个因素变量（自变量）、一个或多个相互独立的因变量。用户需注意，因变量必须是连续型变量。

1. SPSS实现

（1）打开数据文件 data4-01.sav，执行菜单栏中的"数据"→"拆分文件"命令，弹出"拆分文件"对话框。

在左侧的变量列表中选中"年限"变量，单击 按钮，将其选入比较组中的"分组依据"框，如图 4-2 所示。

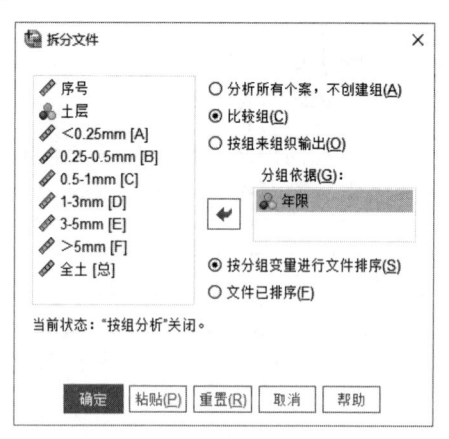

图 4-2　"拆分文件"对话框

（2）执行菜单栏中的"分析"→"比较平均值"→"单因素 ANOVA"命令，弹出

"单因素 ANOVA 检验"对话框。

在左侧的变量列表中选中"<0.25mm [A]""0.25-0.5mm [B]""0.5-1mm [C]"3 个变量,单击➡按钮,将其选入"因变量列表"框。同样地,选中"土层"变量,单击➡按钮,将其选入"因子"框,如图 4-3 所示。

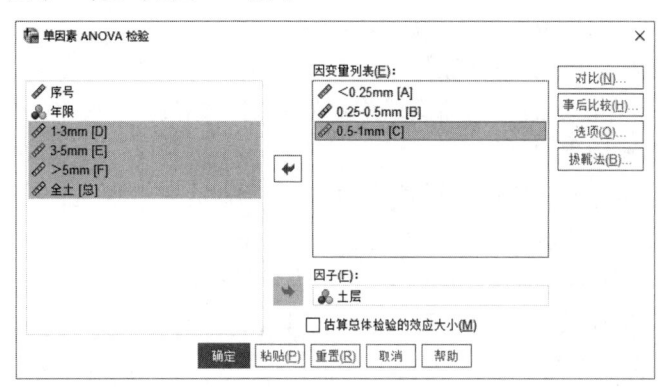

图 4-3 "单因素 ANOVA 检验"对话框

(3)单击"对比"按钮,弹出图 4-4 所示的"单因素 ANOVA 检验:对比"对话框。勾选"多项式"复选框,激活"等级"下拉列表,默认选择"线性",单击"继续"按钮返回主对话框。

图 4-4 "单因素 ANOVA 检验:对比"对话框

(4)单击"事后比较"按钮,弹出图 4-5 所示的"单因素 ANOVA 检验:事后多重比较"对话框。勾选"LSD"复选框,其他设置采用默认值,单击"继续"按钮返回主对话框。

事后多重比较,是对每两个水平下因素变量的均值做比较。若确定因素变量对因变量产生了显著影响,则可利用多重比较,进一步确定该因素的不同水平对因变量的影响程度如何,即其中哪些水平的作用显著,哪些水平的作用不显著。SPSS 提供了很多多重比较的检验方法,主要差异表现在检验统计量的构造上,现简要介绍各检验方法。

假定等方差:这一栏中的方法适用于因素变量在各水平下方差齐性的情况。由于方

差分析必须满足方差齐性这一前提条件,所以实际应用中多采用假定方差齐性的方法。

不假定等方差:这一栏中的方法适用于因素变量在各水平下方差不齐性的情况。

原假设检验:有"使用与选项中的设置相同的显著性水平"和"指定用于事后检验的显著性水平"两种选择,对"指定用于事后检验的显著性水平",SPSS 默认的显著性水平为 0.05,用户可根据需要输入相应的水平。

(5)单击"选项"按钮,弹出图 4-6 所示的"单因素 ANOVA 检验:选项"对话框。勾选"描述""方差齐性检验""均值图"复选框;对"缺失值"栏中选项采用默认设置,单击"继续"按钮返回主对话框。

因为方差齐性是方差分析的前提条件,所以必须对方差齐性进行检验。SPSS 单因素方差分析中,方差齐性检验采用了方差同质性检验的方法。

勾选"描述"复选框,会输出每组中每个因变量的基本描述统计量,包括个案数、平均值、标准差、标准误差、最小值、最大值和 95%置信区间。

图 4-5 "单因素 ANOVA 检验:事后多重比较"对话框

图 4-6 "单因素 ANOVA 检验:选项"对话框

(6)完成所有设置后,单击"确定"按钮执行命令,此时会弹出描述、方差齐性检验、ANOVA、多重比较等分析结果。

2. 结果分析

从表 4-1 可以看出,不同年限同一粒径下均有 9 个样本。

表 4-1 描述

年限			N	平均值	标准差	标准误差	平均值的 95% 置信区间		最小值	最大值
							下限	上限		
1	<0.25mm	1	3	1.4300	.27221	.15716	.7538	2.1062	1.14	1.68
		2	3	1.3767	.10504	.06064	1.1157	1.6376	1.27	1.48
		3	3	1.3300	.14526	.08386	.9692	1.6908	1.18	1.47
		总计	9	1.3789	.16863	.05621	1.2493	1.5085	1.14	1.68

续表

年限			N	平均值	标准差	标准误差	平均值的95%置信区间		最小值	最大值
							下限	上限		
1	0.25~0.5mm	1	3	1.3167	.27062	.15624	.6444	1.9889	1.02	1.55
		2	3	1.2800	.16462	.09504	.8711	1.6889	1.18	1.47
		3	3	1.2667	.08737	.05044	1.0496	1.4837	1.17	1.34
		总计	9	1.2878	.16581	.05527	1.1603	1.4152	1.02	1.55
	0.5~1mm	1	3	1.4467	.14742	.08511	1.0804	1.8129	1.28	1.56
		2	3	1.4733	.14640	.08452	1.1097	1.8370	1.34	1.63
		3	3	1.3700	.08544	.04933	1.1578	1.5822	1.28	1.45
		总计	9	1.4300	.12155	.04052	1.3366	1.5234	1.28	1.63
2	<0.25mm	1	3	1.6733	.06658	.03844	1.5079	1.8387	1.63	1.75
		2	3	1.5533	.13317	.07688	1.2225	1.8841	1.40	1.64
		3	3	1.4300	.36756	.21221	.5169	2.3431	1.09	1.82
		总计	9	1.5522	.22454	.07485	1.3796	1.7248	1.09	1.82
	0.25~0.5mm	1	3	1.6067	.07024	.04055	1.4322	1.7811	1.54	1.68
		2	3	1.5133	.35233	.20342	.6381	2.3886	1.12	1.80
		3	3	1.2767	.20404	.11780	.7698	1.7835	1.10	1.50
		总计	9	1.4656	.25373	.08458	1.2705	1.6606	1.10	1.80
	0.5~1mm	1	3	1.6833	.05132	.02963	1.5559	1.8108	1.64	1.74
		2	3	1.5433	.22591	.13043	.9822	2.1045	1.33	1.78
		3	3	1.4533	.20033	.11566	.9557	1.9510	1.26	1.66
		总计	9	1.5600	.18310	.06103	1.4193	1.7007	1.26	1.78
3	<0.25mm	1	3	1.5367	.09609	.05548	1.2980	1.7754	1.45	1.64
		2	3	1.5700	.21166	.12220	1.0442	2.0958	1.41	1.81
		3	3	1.0733	.04041	.02333	.9729	1.1737	1.03	1.11
		总计	9	1.3933	.26782	.08927	1.1875	1.5992	1.03	1.81
	0.25~0.5mm	1	3	1.4433	.07638	.04410	1.2536	1.6331	1.36	1.51
		2	3	1.5000	.43863	.25325	.4104	2.5896	1.18	2.00
		3	3	.9333	.02517	.01453	.8708	.9958	.91	.96
		总计	9	1.2922	.35038	.11679	1.0229	1.5616	.91	2.00
	0.5~1mm	1	3	1.5733	.20984	.12115	1.0521	2.0946	1.41	1.81
		2	3	1.5833	.24028	.13872	.9865	2.1802	1.35	1.83
		3	3	1.0800	.08718	.05033	.8634	1.2966	1.02	1.18
		总计	9	1.4122	.29907	.09969	1.1823	1.6421	1.02	1.83
4	<0.25mm	1	3	1.8867	.17039	.09838	1.4634	2.3099	1.69	1.99
		2	3	1.2700	.11136	.06429	.9934	1.5466	1.15	1.37
		3	3	1.5200	.10583	.06110	1.2571	1.7829	1.44	1.64
		总计	9	1.5589	.29208	.09736	1.3344	1.7834	1.15	1.99

续表

年限			N	平均值	标准差	标准误差	平均值的95%置信区间		最小值	最大值
							下限	上限		
4	0.25~0.5mm	1	3	1.6967	.12055	.06960	1.3972	1.9961	1.57	1.81
		2	3	1.1867	.18610	.10745	.7244	1.6490	.99	1.36
		3	3	1.4667	.26633	.15377	.8051	2.1283	1.16	1.64
		总计	9	1.4500	.28098	.09366	1.2340	1.6660	.99	1.81
	0.5~1mm	1	3	1.9800	.24637	.14224	1.3680	2.5920	1.72	2.21
		2	3	1.3633	.11930	.06888	1.0670	1.6597	1.28	1.50
		3	3	1.5700	.18083	.10440	1.1208	2.0192	1.40	1.76
		总计	9	1.6378	.31748	.10583	1.3937	1.8818	1.28	2.21

从表4-2可以看出,年限1下不同粒径下有机质含量显著性均大于0.05,因此,认为各组的总体方差相等,即满足方差齐性这一前提条件。只有满足方差齐性才适合进行单因素方差分析,同理可对其他年限的有机质含量进行分析。

表4-2 方差齐性检验

年限			莱文统计	自由度1	自由度2	显著性
1	<0.25mm	基于平均值	1.332	2	6	.332
		基于中位数	.763	2	6	.507
		基于中位数并具有调整后自由度	.763	2	3.572	.530
		基于剪除后平均值	1.293	2	6	.341
	0.25~0.5mm	基于平均值	2.109	2	6	.202
		基于中位数	.548	2	6	.604
		基于中位数并具有调整后自由度	.548	2	4.416	.613
		基于剪除后平均值	1.937	2	6	.224
	0.5~1mm	基于平均值	.682	2	6	.541
		基于中位数	.186	2	6	.835
		基于中位数并具有调整后自由度	.186	2	4.681	.836
		基于剪除后平均值	.634	2	6	.563
2	<0.25mm	基于平均值	2.942	2	6	.129
		基于中位数	1.524	2	6	.292
		基于中位数并具有调整后自由度	1.524	2	3.433	.336
		基于剪除后平均值	2.842	2	6	.135
	0.25~0.5mm	基于平均值	3.337	2	6	.106
		基于中位数	.867	2	6	.467
		基于中位数并具有调整后自由度	.867	2	3.180	.501
		基于剪除后平均值	3.078	2	6	.120
	0.5~1mm	基于平均值	1.439	2	6	.309
		基于中位数	1.084	2	6	.396
		基于中位数并具有调整后自由度	1.084	2	4.224	.417
		基于剪除后平均值	1.418	2	6	.313

续表

年限			莱文统计	自由度1	自由度2	显著性
3	<0.25mm	基于平均值	4.568	2	6	.062
		基于中位数	.826	2	6	.482
		基于中位数并具有调整后自由度	.826	2	2.616	.527
		基于剪除后平均值	4.095	2	6	.076
	0.25~0.5mm	基于平均值	9.863	2	6	.013
		基于中位数	1.331	2	6	.332
		基于中位数并具有调整后自由度	1.331	2	2.085	.424
		基于剪除后平均值	8.545	2	6	.018
	0.5~1mm	基于平均值	1.083	2	6	.397
		基于中位数	.546	2	6	.605
		基于中位数并具有调整后自由度	.546	2	4.845	.611
		基于剪除后平均值	1.044	2	6	.408
4	<0.25mm	基于平均值	1.025	2	6	.414
		基于中位数	.072	2	6	.931
		基于中位数并具有调整后自由度	.072	2	3.764	.932
		基于剪除后平均值	.866	2	6	.467
	0.25~0.5mm	基于平均值	1.574	2	6	.282
		基于中位数	.187	2	6	.834
		基于中位数并具有调整后自由度	.187	2	3.215	.838
		基于剪除后平均值	1.393	2	6	.319
	0.5~1mm	基于平均值	.588	2	6	.585
		基于中位数	.413	2	6	.679
		基于中位数并具有调整后自由度	.413	2	5.336	.681
		基于剪除后平均值	.577	2	6	.590

从表4-3可以看出，年限1和年限2情况下的有机质含量差异的显著性均大于0.05，说明均不存在显著性差异。年限3和年限4情况下，小于0.25mm的粒径的有机质含量差异的显著性均小于0.05，说明存在显著性差异。

表4-3 ANOVA

年限				平方和	自由度	均方	F	显著性
1	<0.25mm	组间	（组合）	.015	2	.008	.212	.815
			线性项 对比	.015	1	.015	.424	.539
			线性项 偏差	.000	1	.000	.001	.981
		组内		.212	6	.035		
		总计		.227	8			
	0.25~0.5mm	组间	（组合）	.004	2	.002	.056	.946
			线性项 对比	.004	1	.004	.104	.758
			线性项 偏差	.000	1	.000	.008	.934
		组内		.216	6	.036		
		总计		.220	8			

续表

年限				平方和	自由度	均方	F	显著性
1	0.5～1mm	组间	（组合）	.017	2	.009	.513	.623
			线性项 对比	.009	1	.009	.524	.496
			线性项 偏差	.008	1	.008	.502	.505
		组内		.101	6	.017		
		总计		.118	8			
2	<0.25mm	组间	（组合）	.089	2	.044	.847	.474
			线性项 对比	.089	1	.089	1.694	.241
			线性项 偏差	.000	1	.000	.000	.992
		组内		.315	6	.052		
		总计		.403	8			
	0.25～0.5mm	组间	（组合）	.174	2	.087	1.526	.291
			线性项 对比	.163	1	.163	2.871	.141
			线性项 偏差	.010	1	.010	.181	.686
		组内		.341	6	.057		
		总计		.515	8			
	0.5～1mm	组间	（组合）	.081	2	.040	1.289	.342
			线性项 对比	.079	1	.079	2.538	.162
			线性项 偏差	.001	1	.001	.040	.848
		组内		.188	6	.031		
		总计		.268	8			
3	<0.25mm	组间	（组合）	.462	2	.231	12.462	.007
			线性项 对比	.322	1	.322	17.354	.006
			线性项 偏差	.140	1	.140	7.569	.033
		组内		.111	6	.019		
		总计		.574	8			
	0.25～0.5mm	组间	（组合）	.584	2	.292	4.408	.066
			线性项 对比	.390	1	.390	5.886	.051
			线性项 偏差	.194	1	.194	2.931	.138
		组内		.398	6	.066		
		总计		.982	8			
	0.5～1mm	组间	（组合）	.497	2	.248	6.814	.029
			线性项 对比	.365	1	.365	10.014	.019
			线性项 偏差	.132	1	.132	3.614	.106
		组内		.219	6	.036		
		总计		.716	8			
4	<0.25mm	组间	（组合）	.577	2	.289	16.450	.004
			线性项 对比	.202	1	.202	11.495	.015
			线性项 偏差	.376	1	.376	21.406	.004
		组内		.105	6	.018		
		总计		.682	8			

续表

年限				平方和	自由度	均方	F	显著性
0.25~0.5mm	组间	（组合）		.391	2	.196	4.888	.055
		线性项	对比	.079	1	.079	1.982	.209
			偏差	.312	1	.312	7.795	.031
	组内			.240	6	.040		
	总计			.632	8			
0.5~1mm	组间	（组合）		.591	2	.296	8.238	.019
		线性项	对比	.252	1	.252	7.028	.038
			偏差	.339	1	.339	9.447	.022
	组内			.215	6	.036		
	总计			.806	8			

由上述方差分析知道，年限 3 和年限 4 情况下，小于 0.25mm 粒径的有机质含量存在显著性差异，需要进一步进行事后检验分析。

从表 4-4 可以看出，表中标有"*"的表示两者之间存在显著性差异，年限 3 及粒径小于 0.25mm 情况下，土层 1 和土层 2 的有机质含量不存在显著性差异，而土层 1 和土层 3、土层 2 和土层 3 的有机质含量均存在显著性差异。

年限 3 及粒径 0.5~1mm 情况下，土层 1 和土层 2 的有机质含量不存在显著性差异，而土层 1 和土层 3、土层 2 和土层 3 的有机质含量均存在显著性差异。

年限 4 及粒径小于 0.25mm 情况下，土层 1 与土层 2、土层 1 与土层 3 之间的有机质含量均存在显著性差异。年限 4 及粒径 0.5~1mm 情况下，土层 1 与土层 2、土层 1 与土层 3 之间的有机质含量均存在显著性差异。

表 4-4 多重比较

年限	因变量	(I) 土层	(J) 土层	平均值差值 (I-J)	标准误差	显著性	95%置信区间	
							下限	上限
1	<0.25mm	1	2	.05333	.15365	.740	-.3226	.4293
			3	.10000	.15365	.539	-.2760	.4760
		2	1	-.05333	.15365	.740	-.4293	.3226
			3	.04667	.15365	.772	-.3293	.4226
		3	1	-.10000	.15365	.539	-.4760	.2760
			2	-.04667	.15365	.772	-.4226	.3293
	0.25~0.5mm	1	2	.03667	.15490	.821	-.3423	.4157
			3	.05000	.15490	.758	-.3290	.4290
		2	1	-.03667	.15490	.821	-.4157	.3423
			3	.01333	.15490	.934	-.3657	.3923
		3	1	-.05000	.15490	.758	-.4290	.3290
			2	-.01333	.15490	.934	-.3923	.3657
	0.5~1mm	1	2	-.02667	.10590	.810	-.2858	.2325
			3	.07667	.10590	.496	-.1825	.3358

续表

年限	因变量	(I) 土层	(J) 土层	平均值差值（I-J）	标准误差	显著性	95%置信区间 下限	95%置信区间 上限
1	0.5～1mm	2	1	.02667	.10590	.810	−.2325	.2858
			3	.10333	.10590	.367	−.1558	.3625
		3	1	−.07667	.10590	.496	−.3358	.1825
			2	−.10333	.10590	.367	−.3625	.1558
2	<0.25mm	1	2	.12000	.18694	.545	−.3374	.5774
			3	.24333	.18694	.241	−.2141	.7008
		2	1	−.12000	.18694	.545	−.5774	.3374
			3	.12333	.18694	.534	−.3341	.5808
		3	1	−.24333	.18694	.241	−.7008	.2141
			2	−.12333	.18694	.534	−.5808	.3341
	0.25～0.5mm	1	2	.09333	.19476	.649	−.3832	.5699
			3	.33000	.19476	.141	−.1466	.8066
		2	1	−.09333	.19476	.649	−.5699	.3832
			3	.23667	.19476	.270	−.2399	.7132
		3	1	−.33000	.19476	.141	−.8066	.1466
			2	−.23667	.19476	.270	−.7132	.2399
	0.5～1mm	1	2	.14000	.14438	.370	−.2133	.4933
			3	.23000	.14438	.162	−.1233	.5833
		2	1	−.14000	.14438	.370	−.4933	.2133
			3	.09000	.14438	.556	−.2633	.4433
		3	1	−.23000	.14438	.162	−.5833	.1233
			2	−.09000	.14438	.556	−.4433	.2633
3	<0.25mm	1	2	−.03333	.11122	.775	−.3055	.2388
			3	.46333*	.11122	.006	.1912	.7355
		2	1	.03333	.11122	.775	−.2388	.3055
			3	.49667*	.11122	.004	.2245	.7688
		3	1	−.46333*	.11122	.006	−.7355	−.1912
			2	−.49667*	.11122	.004	−.7688	−.2245
	0.25～0.5mm	1	2	−.05667	.21022	.797	−.5711	.4577
			3	.51000	.21022	.051	−.0044	1.0244
		2	1	.05667	.21022	.797	−.4577	.5711
			3	.56667*	.21022	.036	.0523	1.0811
		3	1	−.51000	.21022	.051	−1.0244	.0044
			2	−.56667*	.21022	.036	−1.0811	−.0523
	0.5～1mm	1	2	−.01000	.15590	.951	−.3915	.3715
			3	.49333*	.15590	.019	.1119	.8748
		2	1	.01000	.15590	.951	−.3715	.3915
			3	.50333*	.15590	.018	.1219	.8848

续表

年限	因变量	(I) 土层	(J) 土层	平均值差值（I-J）	标准误差	显著性	95%置信区间 下限	95%置信区间 上限
3	0.5~1mm	3	1	-.49333*	.15590	.019	-.8748	-.1119
			2	-.50333*	.15590	.018	-.8848	-.1219
4	<0.25mm	1	2	.61667*	.10815	.001	.3520	.8813
			3	.36667*	.10815	.015	.1020	.6313
		2	1	-.61667*	.10815	.001	-.8813	-.3520
			3	-.25000	.10815	.060	-.5146	.0146
		3	1	-.36667*	.10815	.015	-.6313	-.1020
			2	.25000	.10815	.060	-.0146	.5146
	0.25~0.5mm	1	2	.51000*	.16337	.021	.1103	.9097
			3	.23000	.16337	.209	-.1697	.6297
		2	1	-.51000*	.16337	.021	-.9097	-.1103
			3	-.28000	.16337	.137	-.6797	.1197
		3	1	-.23000	.16337	.209	-.6297	.1697
			2	.28000	.16337	.137	-.1197	.6797
	0.5~1mm	1	2	.61667*	.15466	.007	.2382	.9951
			3	.41000*	.15466	.038	.0316	.7884
		2	1	-.61667*	.15466	.007	-.9951	-.2382
			3	-.20667	.15466	.230	-.5851	.1718
		3	1	-.41000*	.15466	.038	-.7884	-.0316
			2	.20667	.15466	.230	-.1718	.5851

*. 平均值差值的显著性水平为 0.05

对 4 种情况下存在显著性差异的有机质含量均值折线图（见图 4-7～图 4-10）进行分析，年限 3 和粒径小于 0.25mm 情况下，土层 2 的有机质含量是最高的，以此类推，可以分析其他情况下的有机质含量的高低。

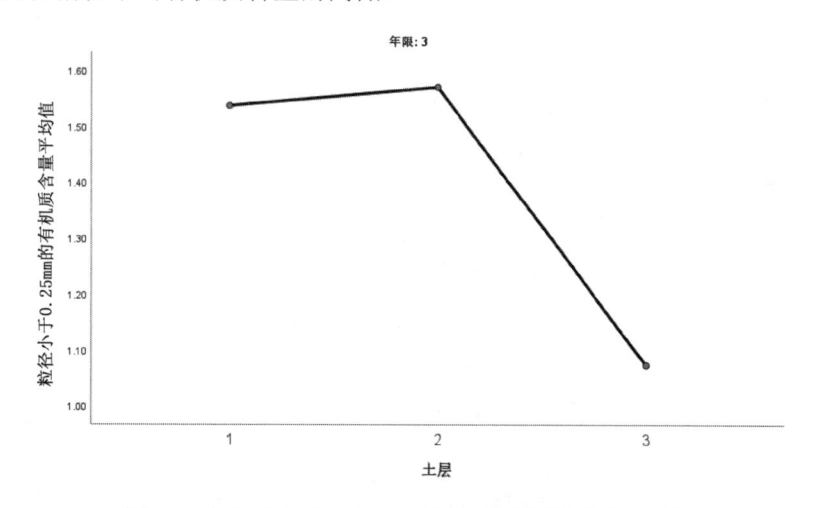

图 4-7　年限 3 与粒径小于 0.25mm 情况下的均值折线图

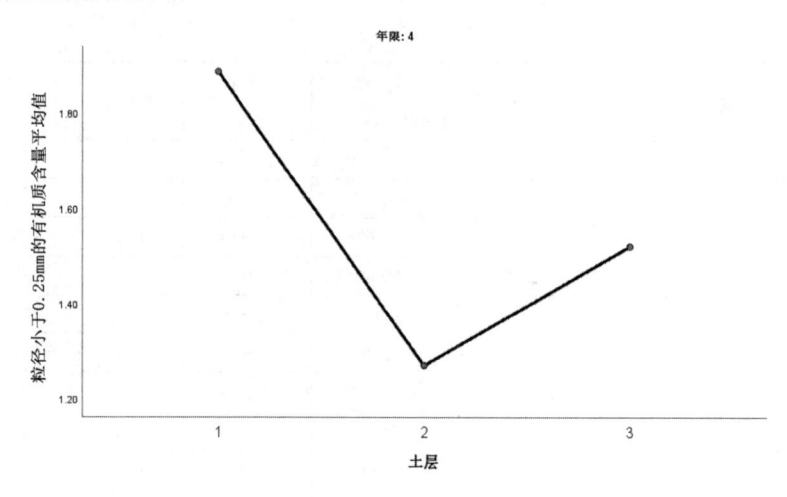

图 4-8　年限 4 与粒径小于 0.25mm 情况下的均值折线图

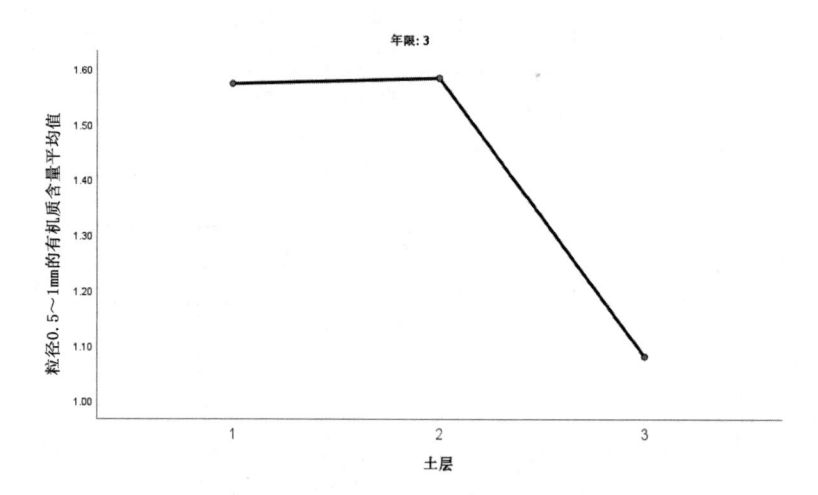

图 4-9　年限 3 与粒径 0.5～1mm 情况下的均值折线图

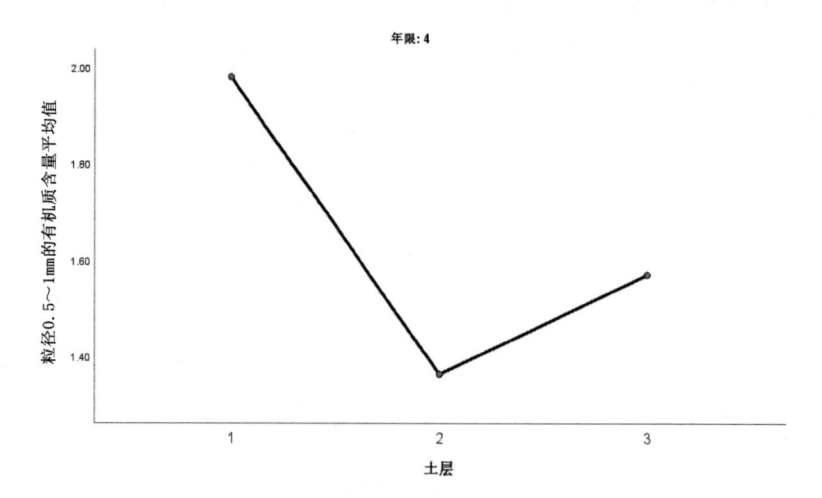

图 4-10　年限 4 与粒径 0.5～1mm 情况下的均值折线图

4.2 农作物生长分析

在农业领域中，经常需要施加肥料来提高农作物的产量，而肥料是否对农作物产生积极的影响，则需要通过数据分析才能知道。本节我们来讲解 SPSS 在研究不同肥料对农作物生长高度影响方面的应用。

数据文件	数据文件\Chapter4\data4-02.sav
视频文件	视频文件\Chapter4\农作物生长.avi

4.2.1 数据描述

本案例的数据文件为某农业研究所为了比较 3 种肥料、3 种土壤种类对某一农作物苗高的影响，选取了条件基本相同的 27 株农作物苗株进行试验的数据，如图 4-11 所示。

本试验涉及肥料、土壤种类两个因素，肥料有肥料 A、肥料 B、肥料 C 3 种，土壤种类有土壤 A、土壤 B、土壤 C，将两个因素组合成 9 个组合，且每个组合共 3 个观测值，所以试验共有 27 个观测值。现要求利用多因素方差分析方法分析 3 种肥料和 3 种土壤对苗高的影响是否显著。

	肥料	土壤种类	苗高
1	1	1	12.1
2	1	1	12.3
3	1	1	11.9
4	1	2	13.3
5	1	2	14.0
6	1	2	12.0
7	1	3	13.3

图 4-11　data4-02.sav 中的数据

4.2.2 多因素方差分析

多因素方差分析的基本思想等同于单因素方差分析，但其研究的是两个或两个以上因素对因变量的影响，以及这些因素共同作用的影响。例如，研究肥料和施肥量对苗木生长的影响是否显著，则使用双因素方差分析；若还需研究土壤种类对苗木生长的影响，则使用三因素方差分析。

假设研究员只研究肥料和施肥量对苗木生长的影响，那么这两个因素可能相互独立地影响苗木生长，也可能相互作用一起影响苗木生长。由此可知，在多因素方差分析中，存在两种类型：有交互作用和无交互作用。有交互作用表示因素不是独立的，是共同作用对因变量产生一个新的效应，而非因素分别作用的简单相加。无交互作用则表示因素是独立的，是单独对因变量产生作用的。

1. SPSS实现

(1)打开数据文件 data4-02.sav,执行菜单栏中的"分析"→"一般线性模型"→"单变量"命令,弹出"单变量"对话框。

(2)选中左侧变量列表中的"苗高"变量,单击 按钮,将其选入"因变量"框;选中"肥料"和"土壤种类"变量,单击 按钮,将其选入"固定因子"框,如图4-12所示。

- 因变量:是定量变量。
- 固定因子:是分类变量。
- 随机因子:用于指定总体的随机样本。
- 协变量:是与因变量相关的定量变量。
- WLS 权重:用于加权的最小平方分析。

其中 WLS 权重项可为加权最小二乘分析指定权重变量,也可用于给不同的测量精度以适当补偿。如果加权变量的值为 0、负数或缺失,那么将该个案排除。已用在模型中的变量不能用作加权变量。

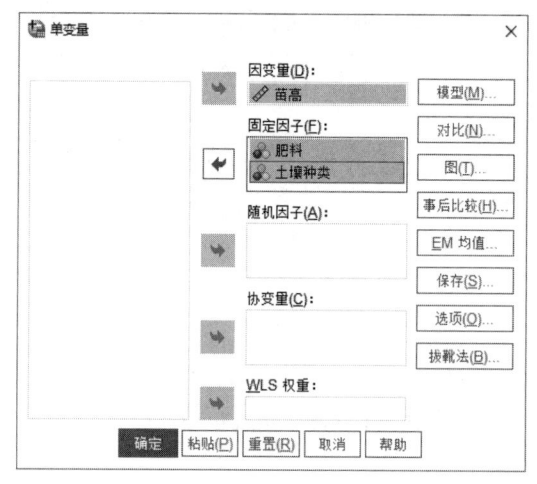

图4-12 "单变量"对话框

(3)单击"模型"按钮,打开"单变量:模型"对话框,如图4-13所示,本案例选择全因子模型。

指定模型:包括3个选项,即"全因子""构建项""构建定制项"。

- 全因子:表示建立全因素模型,包括所有因素主效应、所有协变量主效应及所有因素间的交互效应,不包括协变量与其他因素的交互效应。
- 构建项:在"类型"下拉列表中,有交互、主效应、所有二阶、所有三阶、所有四阶、所有五阶等选项。
- 构建定制项:需要用户指定一部分交互效应,选中该单选按钮后,激活下面的"因子与协变量"框、"构建项"栏和"模型"框,从"因子与协变量"框把相关效应选入模型,在中间的"类型"下拉列表中指定交互的类型。

- 平方和：用于指定平方和的分解方法，在其后面的下拉列表中，有 I 类、II 类、III 类和 IV 类等选项，其中的 III 类最常用。
- 在模型中包括截距：指截距包括在模型中。如果能假设数据通过原点，则可以不选择此项，即在模型中不包括截距。

单击"继续"按钮返回主对话框。

图 4-13 "单变量：模型"对话框

（4）单击"图"按钮，弹出图 4-14 所示的"单变量：轮廓图"对话框。在该对话框中可以绘制包括一个或多个因素变量的因变量边际均值图，即以某个因素变量为横轴、因变量边际均值的估计值为纵轴所作的图；若指定了协变量，这里的均值就是经过协变量调整后的均值。

在单因素方差分析中，边际均值图用来表现指定因素各水平的因变量均值；在多因素边际均值图中，相互平行的线表明在相应因素之间无交互效应，反之亦然。

- 水平轴：用于指定某个因素变量。
- 单独的线条：用于指定因变量。即对因素变量的每个取值水平作一条曲线。
- 单独的图：用于指定因变量。即对因素变量的每个取值水平分别作一个图形。
- 图：用于显示添加的变量。

本案例中，选中"肥料"变量，单击➡按钮，将其选入"水平轴"框；选中"土壤种类"变量，单击➡按钮，将其选入"单独的线条"框。然后单击"添加"按钮，将两者送入"图"框中。单击"继续"按钮返回主对话框。

（5）单击"事后比较"按钮，弹出图 4-15 所示的"单变量：实测平均值的事后多重比较"对话框。在左侧的"因子"框中选中"肥料""土壤种类"变量，单击➡按钮，将其选入"下列各项的事后检验"框；勾选"假定等方差"栏中的"LSD"复选框。单

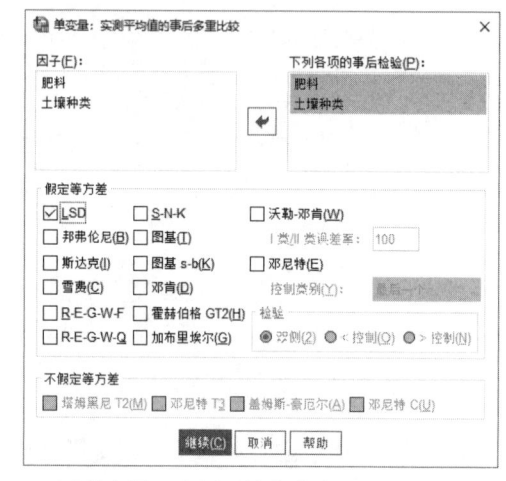

击"继续"按钮返回主对话框。

图 4-14 "单变量：轮廓图"对话框

图 4-15 "单变量：实测平均值的事后多重比较"对话框

（6）单击"EM 均值"按钮，弹出图 4-16 所示的"单变量：估算边际平均值"对话框。在"因子与因子交互"框中选中"（OVERALL）"，并单击➡按钮，将其选入"显示下列各项的平均值"框，单击"继续"按钮返回"单变量"对话框。

（7）单击"选项"按钮，弹出图 4-17 所示的"单变量：选项"对话框，勾选"描述统计""齐性检验"复选框。单击"继续"按钮返回"单变量"对话框。

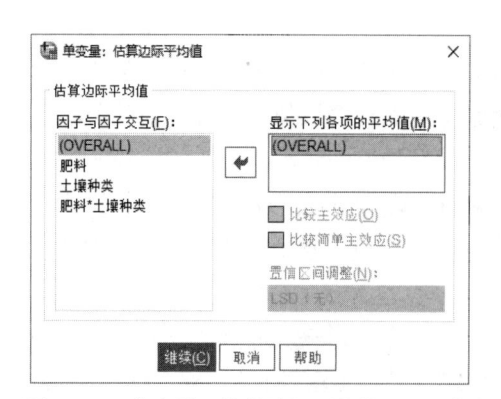

图 4-16 "单变量：估算边际平均值"对话框

图 4-17 "单变量：选项"对话框

（8）完成所有设置后，单击"确定"按钮执行命令，此时会弹出主体间因子、描述统计、主体间效应检验等分析结果。

2. 结果分析

从表 4-5 中可以看出，有肥料、土壤种类两个因素。肥料有 3 个水平，即肥料 A、肥料 B、肥料 C，每个水平有 9 个观测值；土壤种类有 3 个水平，即土壤 A、土壤 B、土壤 C，每个水平有 9 个观测值。

表 4-5　主体间因子

		值标签	N
肥料	1	肥料 A	9
	2	肥料 B	9
	3	肥料 C	9
土壤种类	1	土壤 A	9
	2	土壤 B	9
	3	土壤 C	9

表 4-6 给出了各项组合的平均值、标准差及观测值个数。

表 4-6　描述统计

因变量：苗高				
肥料	土壤种类	平均值	标准差	N
肥料 A	土壤 A	12.100	.2000	3
	土壤 B	13.100	1.0149	3
	土壤 C	13.900	.6000	3
	总计	13.033	.9836	9
肥料 B	土壤 A	13.133	.3512	3
	土壤 B	13.867	.4726	3
	土壤 C	14.467	.4163	3
	总计	13.822	.6815	9
肥料 C	土壤 A	20.900	.7000	3
	土壤 B	18.767	.8505	3
	土壤 C	17.133	.6351	3
	总计	18.933	1.7550	9
总计	土壤 A	15.378	4.1853	9
	土壤 B	15.244	2.7537	9
	土壤 C	15.167	1.5716	9
	总计	15.263	2.9139	27

从表 4-7 可以看出，显著性为 0.371，大于 0.05，因此认为各组样本来自的总体的方差相等。

表 4-7 误差方差的莱文同性检验 [a]

		莱文统计	自由度1	自由度2	显著性
苗高	基于平均值	1.164	8	18	.371
	基于中位数	.413	8	18	.898
	基于中位数并具有调整后自由度	.413	8	11.722	.892
	基于剪除后平均值	1.099	8	18	.408

检验"各组中的因变量误差方差相等"这一原假设
a. 因变量：苗高
b. 设计：截距 + 肥料 + 土壤种类 + 肥料 * 土壤种类

表 4-8 是方差检验的结果，可以看出，肥料的显著性为 0.000，小于显著性水平 0.05；土壤种类的显著性为 0.775，大于显著性水平 0.05。由此可知，肥料对苗木高度有显著影响，而土壤种类对苗木高度的影响不显著。两因素交互作用的显著性为 0.000，小于显著性水平 0.05，所以，两因素交互作用对苗木高度有显著影响。

表 4-8 主体间效应检验

因变量：苗高					
源	III 类平方和	自由度	均方	F	显著性
修正模型	213.630[a]	8	26.704	67.383	.000
截距	6289.867	1	6289.867	15871.627	.000
肥料	184.667	2	92.334	232.992	.000
土壤种类	.205	2	.103	.259	.775
肥料 * 土壤种类	28.757	4	7.189	18.141	.000
误差	7.133	18	.396		
总计	6510.630	27			
修正后总计	220.763	26			

a. R^2 = .968（调整后的 R^2 = .953）

表 4-9 是肥料的多重比较结果，可以看出，3 种肥料间均存在显著性差异。

表 4-9 多重比较（肥料）

因变量：苗高						
LSD						
（I）肥料	（J）肥料	平均值差值（I-J）	标准误差	显著性	95%置信区间	
					下限	上限
肥料 A	肥料 B	-.789*	.2968	.016	-1.412	-.165
	肥料 C	-5.900*	.2968	.000	-6.523	-5.277
肥料 B	肥料 A	.789*	.2968	.016	.165	1.412
	肥料 C	-5.111*	.2968	.000	-5.735	-4.488
肥料 C	肥料 A	5.900*	.2968	.000	5.277	6.523
	肥料 B	5.111*	.2968	.000	4.488	5.735

基于实测平均值。
误差项是均方（误差）= .396
*. 平均值差值的显著性水平为 .05

表 4-10 是土壤种类的多重比较结果，可以看出，3 种土壤间的差异均不显著。

表 4-10 多重比较（土壤种类）

因变量：苗高						
LSD						
(I) 土壤种类	(J) 土壤种类	平均值差 (I-J)	标准误差	显著性	95%置信区间 下限	95%置信区间 上限
土壤 A	土壤 B	.133	.2968	.659	−.490	.757
	土壤 C	.211	.2968	.486	−.412	.835
土壤 B	土壤 A	−.133	.2968	.659	−.757	.490
	土壤 C	.078	.2968	.796	−.546	.701
土壤 C	土壤 A	−.211	.2968	.486	−.835	.412
	土壤 B	−.078	.2968	.796	−.701	.546

基于实测平均值。
误差项是均方（误差）= .396

图 4-18 是两因素交互影响折线图，可以看出，图中 3 条折线在一个点相交，说明三者之间有交互效应。

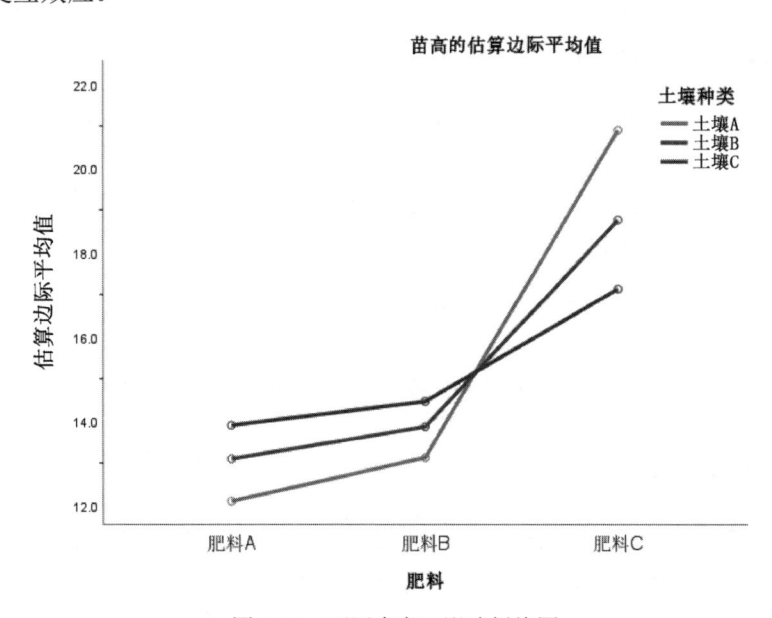

图 4-18 两因素交互影响折线图

4.3 粮食产量分析

对粮食产量而言，国家政策对粮食生产的积极扶持作用在样本区间内具有一致性；我国粮食实行统一平价收购，农民面临的是"无限的需求"。影响粮食产量的主要因素是

投入要素，即资本和劳动力。

农业生产的特点决定了资本主要是土地和化肥。

由于科技进步的影响，农业机械化水平有所提高，农业机械劳动力也是影响粮食产量的因素。

数据文件	数据文件\Chapter4\data4-03.sav
视频文件	视频文件\Chapter4\粮食产量.avi

4.3.1 数据描述

本案例的数据文件为我国 1983－1995 年粮食产量与主要影响因素的相关数据，其中"Y"表示粮食总产量、"X1"表示农用化肥使用量、"X2"表示粮食播种面积、"X3"表示成灾面积、"X4"表示农业机械劳动力，如图 4-19 所示。

本节需要对我国粮食产量进行建模分析，以检验模型的可行性，模型公式如下：

$$\ln Y = \alpha_1 \ln(X2-X3) + \alpha_2 \ln(X1/(X2-X3)) + \alpha_3 \ln(X4/(X2-X3)) + \mu$$

年份	Y	X1	X2	X3	X4
2004	958.90	89.9	2833.6	345	1928.2
2005	1062.00	93.4	2925.4	441	2186.5
2006	978.00	95.7	3033.6	1052	2288.7
2007	1073.30	105.2	3121.9	862	2332.6
2008	1007.10	100.8	3028.2	866	2440.8
2009	1028.00	103.4	3111.3	1007	2509.9
2010	942.00	104.3	3146.7	1229	2655.0
2011	1085.10	110.4	3239.2	891	2809.2
2012	1193.00	114.6	3287.9	545	2927.3
2013	1274.10	118.3	3291.5	462	3056.1
2014	1312.80	121.0	3274.3	562	3183.3
2015	1330.80	119.6	3286.4	582	3286.2
2016	1259.60	118.5	3239.2	575	3351.7

图 4-19 data4-03.sav 数据

4.3.2 计算新变量

建模之前需要对原始数据进行变换，本模型主要采用取对数的方式来生成新变量。

（1）打开数据文件 data4-03.sav，执行菜单栏中的"转换"→"计算变量"命令，弹出"计算变量"对话框。

在左侧的"目标变量"框中输入"lnY"，将"粮食总产量"选中并单击 按钮，将其选入"数字表达式"框中，编辑相应公式，如图 4-20 所示。

（2）单击"确定"按钮，完成"lnY"变量的计算，重复以上步骤，完成 ln(X2-X3)、ln(X1/(X2-X3))、ln(X4/(X2-X3))的计算，结果如图 4-21 所示。

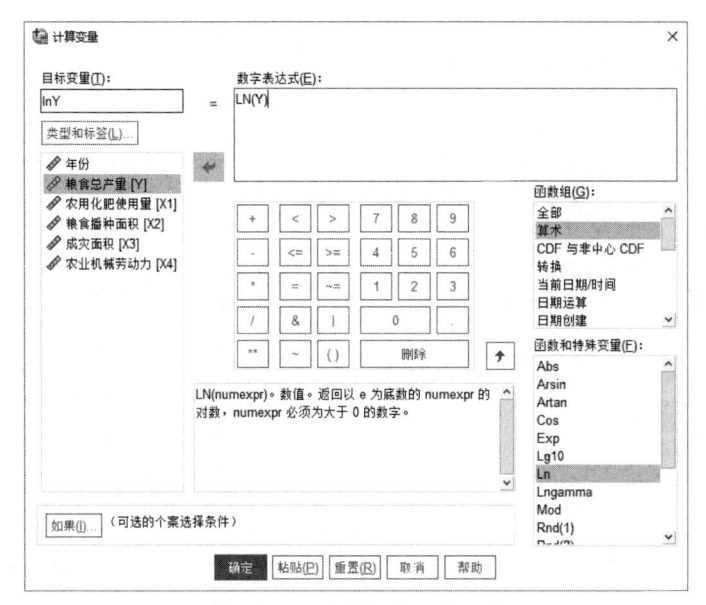

图 4-20 "计算变量"对话框

lnY	lnX2X3	lnX1X2X3	lnlnX4X2X3
6.86578679415964	7.81947558234153	-3.32077764086396	-.255133378111251
6.96790920180188	7.81778646068515	-3.28089511545035	-.127729089832173
6.88550967003482	7.59165987817515	-3.03044157971624	.144079371589144
6.97849329348748	7.72307584349976	-3.06721254319615	.031662960757191
6.91483019265410	7.67888150085867	-3.06574314522140	.121199632543789
6.93537044601511	7.65173814924458	-3.01313318717025	.176260041450142
6.84800527457636	7.55888183027947	-2.91161046827274	.325318103396569
6.98942742762616	7.76140435619611	-3.05729422235312	.179250668088754
7.08422642209792	7.91677103383849	-3.17532322955785	.065064741622424
7.14999532598734	7.94785529658258	-3.17463152559824	.077039575681552
7.17991753977588	7.90555226241143	-3.10976171681469	.160121411136622
7.19353554414432	7.90263535521652	-3.11848251369999	.194851805801208
7.13854948922687	7.88765910391736	-3.11274614334218	.229563854872671

图 4-21 计算新变量

4.3.3 描述分析

1. SPSS实现

（1）打开数据文件 data4-03.sav，执行菜单栏中的"分析"→"描述统计"→"描述"命令，弹出"描述"对话框。

在左侧的变量列表中选中"粮食总产量[Y]""农用化肥使用量[X1]""粮食播种面积[X2]""成灾面积[X3]""农业机械劳动力[X4]"5个变量，单击 按钮，将其选入"变量"框，如图 4-22 所示。

（2）单击"选项"按钮，弹出图 4-23 所示的"描述：选项"对话框，勾选"均值"复选框，在"离散"栏中勾选"标准差""最小值""最大值"复选框，单击"继续"按钮返回主对话框。

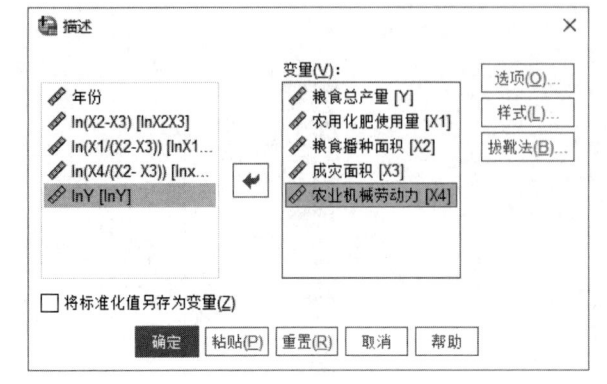

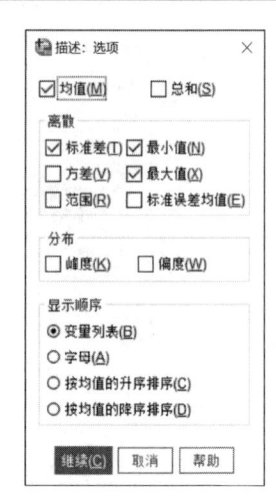

图 4-22 "描述"对话框　　　　图 4-23 "描述：选项"对话框

（3）完成所有设置后，单击"确定"按钮执行命令，此时系统会弹出描述统计表格。

2．结果分析

从表 4-11 可以看出样本个数为 13 个，有效的为 13 个。粮食总产量的最小值为 942.00，最大值为 1330.80，平均值为 1115.7462，标准差为 140.15222，同理可以分析其他变量的基本情况。

表 4-11　描述统计

	N	最小值	最大值	平均值	标准差
粮食总产量	13	942.00	1330.80	1115.7462	140.15222
农用化肥使用量	13	89.90	121.00	107.3154	10.60549
粮食播种面积	13	2833.60	3291.50	3139.9385	149.70188
成灾面积	13	345.00	1229.00	724.5385	274.28927
农业机械劳动力	13	1928.20	3351.70	2688.8846	452.72957
有效个案数（成列）	13				

4.3.4　相关分析

现对粮食总产量与 4 个影响因素进行相关分析。

1．SPSS实现

（1）执行菜单栏中的"分析"→"相关"→"双变量"命令，弹出图 4-24 所示的"双变量相关性"对话框。

在左侧的变量列表中选中"粮食总产量[Y]""农用化肥使用量[X1]""粮食播种面积[X2]""成灾面积[X3]""农业机械劳动力[X4]"5 个变量，单击 按钮，将其选入"变量"框中。在"相关系数"栏中勾选"皮尔逊"复选框，在"显著性检验"栏中选中"双尾"单选按钮，同时勾选"标记显著性相关性"复选框。

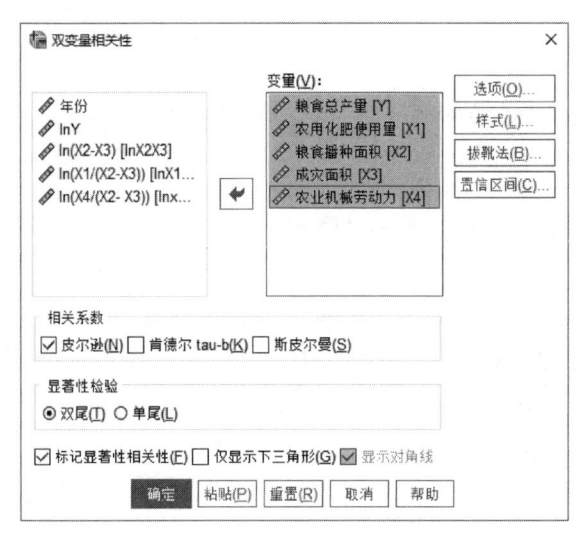

图 4-24 "双变量相关性"对话框

（2）完成所有设置后，单击"确定"按钮执行命令，此时会弹出相关性分析的结果。

2．结果分析

从表 4-12 可以看出，大部分变量之间都存在显著相关性，且相关系数都比较大，因此我们在建模的时候采用了 4.3.1 节里面的模型公式，可以有效避免回归过程中的共线性问题。

表 4-12　相关性

		粮食总产量	农用化肥使用量	粮食播种面积	成灾面积	农业机械劳动力
粮食总产量	皮尔逊相关性	1	.891**	.767**	−.539	.866**
	显著性（双尾）		<.001	.002	.057	<.001
	个案数	13	13	13	13	13
农用化肥使用量	皮尔逊相关性	.891**	1	.956**	−.184	.967**
	显著性（双尾）	<.001		<.001	.548	<.001
	个案数	13	13	13	13	13
粮食播种面积	皮尔逊相关性	.767**	.956**	1	.024	.916**
	显著性（双尾）	.002	<.001		.937	<.001
	个案数	13	13	13	13	13
成灾面积	皮尔逊相关性	−.539	−.184	.024	1	−.158
	显著性（双尾）	.057	.548	.937		.606
	个案数	13	13	13	13	13
农业机械劳动力	皮尔逊相关性	.866**	.967**	.916**	−.158	1
	显著性（双尾）	<.001	<.001	<.001	.606	
	个案数	13	13	13	13	13

**．在 0.01 级别（双尾），相关性显著

4.3.5 回归分析

根据模型公式，接下来将采用线性回归的方式来建立模型。

1．SPSS实现

（1）执行菜单栏中的"分析"→"回归"→"线性"命令，弹出"线性回归"对话框。

在左侧的变量列表中选中"lnY"变量，单击▶按钮，将其选入"因变量"框，将"ln(X2-X3)""ln(X1/(X2-X3))""ln(X4/(X2- X3))"变量选入右侧的"自变量"框。在"方法"下拉列表中选择"输入"，如图 4-25 所示。

（2）单击"统计"按钮，弹出图 4-26 所示的"线性回归：统计"对话框。在"回归系数"栏中勾选"估算值"复选框，并勾选"模型拟合"和"共线性诊断"复选框。单击"继续"按钮返回主对话框。

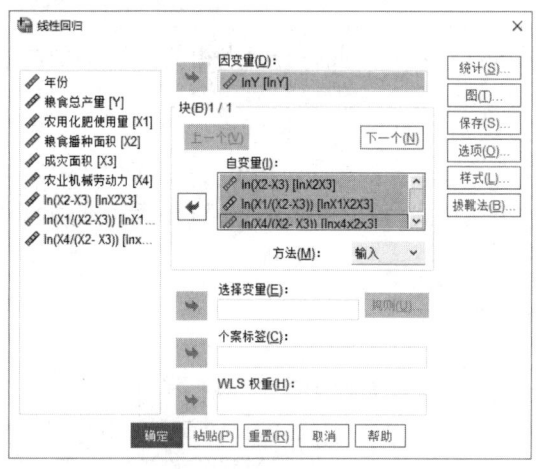

图 4-25 "线性回归"对话框　　图 4-26 "线性回归：统计"对话框

（3）完成所有设置后，单击"确定"按钮执行命令，此时会弹出模型摘要、系数等分析结果。

2．结果分析

由表 4-13 可以看出，采用输入的方法引入 3 个自变量。

表 4-13　输入/除去变量 a

模型	输入的变量	除去的变量	方法
1	ln(X4/(X2-X3)), ln(X2-X3), ln(X1/(X2-X3))b	.	输入
a. 因变量：lnY			
b. 已输入所请求的所有变量			

表 4-14 给出了模型的拟合情况，其中 R 为复相关系数，可见模型 1 的 R^2 为 0.938，调整后的 R^2 为 0.917，从 R^2、调整后的 R^2 可以看出模型建立的回归方程较好。

表 4-14 模型摘要 [a]

模型	R	R^2	调整后的 R^2	估算的标准误差
1	.968[a]	.938	.917	.035718599495854

a. 预测变量：(常量), ln(X4/(X2-X3)), ln(X2-X3), ln(X1/(X2-X3))

表 4-15 给出了回归拟合过程中的方差分析结果，可见模型 1 的显著性小于 0.05，拒绝回归系数都为 0 的原假设，回归模型均具有统计学意义。

表 4-15 ANOVA[a]

模型		平方和	自由度	均方	F	显著性
1	回归	.173	3	.058	45.215	<.001[b]
	残差	.011	9	.001		
	总计	.185	12			

a. 因变量：lnY
b. 预测变量：(常量), ln(X4/(X2-X3)), ln(X2-X3), ln(X1/(X2-X3))

表 4-16 给出所有模型的回归系数估计值，包括未标准化系数、标准化系数、t 值、显著性、容差值和方差膨胀因子（VIF），模型公式如下：

$$lnY = 1.092 \times ln(X2-X3) + 0.440 \times ln(X1/(X2-X3)) + 0.163 \times ln(X4/(X2-X3)) - 0.140$$

表 4-16 系数 [a]

模型		未标准化系数		标准化系数	t	显著性	共线性统计	
		B	标准误差	Beta			容差	VIF
1	(常量)	-.140	.641		-.218	.833		
	ln(X2-X3)	1.092	.190	1.157	5.747	<.001	.971	1.060
	ln(X1/(X2-X3))	.440	.444	.388	2.990	.010	.945	1.560
	ln(X4/(X2-X3))	.163	.247	.200	2.658	.005	.975	0.060

a. 因变量：lnY

表 4-17 给出了模型 1 中排除变量的统计信息，模型 1 中排除的变量为顾客感知价值。

表 4-17 排除的变量 [a]

模型		输入 Beta	t	显著性	偏相关	共线性统计		
						容差	VIF	最小容差
1	顾客感知价值	.165[b]	2.781	.006	.167	.943	1.060	.943

a. 因变量：顾客购买行为
b. 模型中的预测变量：(常量), 趣味性

4.4 农作物产量预测

在农业领域中，农作物的产量能随着年份的增长而增长，也可能出现波动，能够利用模型去预测农作物产量对农业生产来说具有重大意义。本节采用某农作物过去的产量

来预测未来 5 年的产量。

数据文件	数据文件\Chapter4\data4-04.sav
视频文件	视频文件\Chapter4\产量预测.avi

4.4.1 数据描述

本案例的数据文件为某农作物 2006～2018 年的产量数据，如图 4-27 所示，现在认为农作物的产量跟时间是有关系的，要求利用 2006～2018 年的产量数据去预测未来 5 年的产量，并建立合适的预测模型。

年份	Y
2006	95.89
2007	106.20
2008	97.80
2009	107.33
2010	100.71
2011	102.80
2012	94.20
2013	108.51
2014	119.30
2015	127.41
2016	131.28
2017	133.08
2018	125.96

图 4-27　data4-04.sav 中的数据

4.4.2 曲线回归

曲线回归是指两个变量间呈现曲线关系的回归，是以最小二乘法分析曲线关系资料在数量变化上的特征和规律的方法。

线性回归能解决大部分数据的回归问题，但是不能解决所有问题，尽管有可能通过一些函数的转换，在一定的范围内将因变量和自变量的关系转换成线性关系，但是这种转换有可能导致更为复杂的计算或数据失真，所以如果在研究时不能马上确定一种最佳模型，可以利用曲线回归的方法建立一个简单而又比较合适的模型。

SPSS 曲线回归要求自变量与因变量都应该是数值型变量，如果自变量是以时间间隔测度的，曲线回归过程将自动生成一个时间变量，同时要求因变量也是以时间间隔测度的变量，而且自变量和因变量的时间间隔和单位应该是完全相同的。

1．SPSS实现

（1）打开数据文件 data4-04.sav，执行菜单栏中的"数据"→"定义日期和时间"命令，打开如图 4-28 所示的"定义日期"对话框，在"个案是"列表中选择"年"，在"第一个个案是"栏中输入"2006"，单击"确定"按钮，完成对日期的定义，结果如图 4-29 所示。

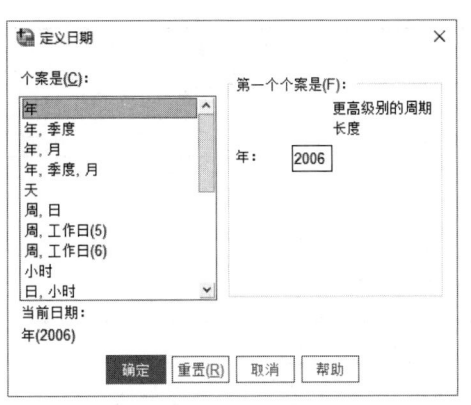

图 4-28 "定义日期"对话框

图 4-29 定义日期结果

（2）执行菜单栏中的"分析"→"回归"→"曲线估算"命令，弹出图 4-30 所示的"曲线估算"对话框。在左侧的变量列表中选中"农作物产量"变量，单击➡按钮，将其选入"因变量"框，在"独立"栏中选中"时间"单选按钮，在"模型"栏中勾选"线性""二次""三次""对数""指数"复选框。

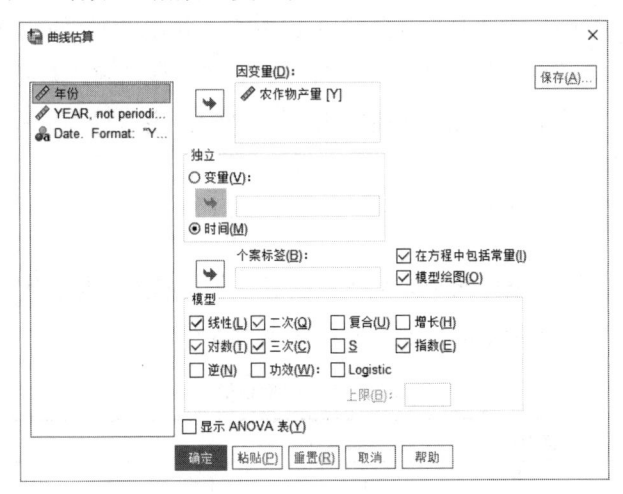

图 4-30 "曲线估算"对话框

- 模型：可以选择一个或多个曲线回归模型。如果要确定使用哪个模型，可通过绘图来观察数据分布。如果变量之间的关系为线性相关关系，那么使用简单线性回归模型。如果变量之间的关系不是线性相关关系，可先尝试转换数据。若转换后仍不能为线性相关关系，就需要更复杂的模型，如表 4-18 所示。

表 4-18 曲线回归模型

模型	回归方程	变量变换后的线性方程
线性	$y = \beta_0 + \beta_1 x$	
二次项	$y = \beta_0 + \beta_1 x + \beta_2 x^2$	

续表

模型	回归方程	变量变换后的线性方程
复合	$y = \beta_0 (\beta_1^x)$	$\ln(y) = \ln(\beta_0) + \ln(\beta_1)x$
增长	$y = e^{(\beta_0 + \beta_1 x)}$	$\ln(y) = \beta_0 + \beta_1 x$
对数	$y = \beta_0 + \beta_1 \ln(x)$	
三次	$y = \beta_0 + \beta_1 x + \beta_2 x^2 + \beta_3 x^3$	
S 曲线	$y = e^{(\beta_0 + \beta_1/x)}$	$\ln(y) = \beta_0 + \beta_1/x$
指数分布	$y = \beta_0 e^{\beta_1 x}$	$\ln(y) = \ln(\beta_0) + \beta_1 x$
逆模型	$y = \beta_0 + \beta_1/x$	
幂	$y = \beta_0 + x^{\beta_1}$	$\ln(y) = \ln(\beta_0) + \beta_1 \ln(x)$
Logistic	$y = 1/(1/u + \beta_0 \beta_1^x)$	$\ln(1/y - 1/u) = \ln(\beta_0 + \ln(\beta_1)x)$

- 显示 ANOVA 表:为每个选定的模型输出方差分析表。
- 在方程中包括常量:选择此项,即在回归方程中包含常数项。
- 模型绘图:输出模型图,包括散点图和曲线图。

(3)单击"保存"按钮,弹出"曲线估算:保存"对话框,勾选"预测值"复选框,并在"预测个案"栏中选中"预测范围"单选按钮,并在"观测值"框中输入"2027",用以预测未来 5 年的数据,单击"继续"按钮回到"曲线估算"对话框。

(4)完成所有设置后,单击"确定"按钮,会输出模型描述、变量处理摘要和线性模型的系数检验等结果。

2. 结果分析

从表 4-19 可以看出模型的一些描述性信息,包括模型名称、因变量等。从表 4-20 和表 4-21 可以看出共 13 个个案,新创建的个案有 5 个。

表 4-19 模型描述

模型名称		MOD_2
因变量	1	农作物产量
方程	1	线性
	2	对数
	3	二次
	4	三次
	5	指数 a
自变量		个案序列
常量		包括
值用于在图中标注观测值的变量		未指定
有关在方程中输入项的容差		.0001

a. 此模型要求所有非缺失值均为正

表 4-20　个案处理摘要

	个案数
总个案数	13
排除个案数 [a]	0
预测的个案	0
新创建的个案	5

a. 在分析中，将排除那些在任何变量中具有缺失值的个案

表 4-21　变量处理摘要

		变量
		因变量
		农作物产量
正值的数目		13
零的数目		0
负值的数目		0
缺失值的数目	用户缺失值	0
	系统缺失值	0

表 4-22 为线性、对数、二次、三次、指数模型的系数检验结果，通过系数检验可以判断回归模型系数是否显著。由表 4-22 可以看出线性、对数、二次、三次、指数模型的回归系数都是显著的。图 4-31 为 5 种模型下的回归模型图。

表 4-22　线性模型的系数检验

因变量：农作物产量									
方程	模型摘要					参数估算值			
	R^2	F	自由度 1	自由度 2	显著性	常量	$b1$	$b2$	$b3$
线性	.710	26.923	1	11	<.001	90.349	3.032		
对数	.521	11.949	1	11	.005	88.654	13.212		
二次	.770	16.716	2	10	<.001	99.637	-.683	.265	
三次	.795	11.619	3	9	.002	108.631	-7.214	1.390	-.054
指数	.700	25.699	1	11	<.001	91.928	.027		

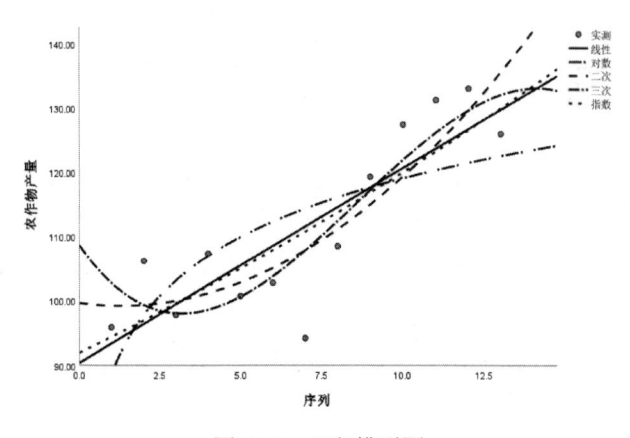

图 4-31　回归模型图

线性模型：农作物产量= $3.032t + 90.349$

指数模型：农作物产量=$91.928\exp(0.0267t)$

二次模型：农作物产量= $99.637-0.683t+ 0.265t^2$

三次模型：农作物产量= $108.631-7.214t + 1.390t^2-0.054t^3$

对数模型：农作物产量= $88.654+ 13.212\log(t)$

在数据视图中，会生成5种回归模型给出的5年后的预测数据，如图4-32所示。

年份	Y	YEAR_	DATE_	FIT_1	FIT_2	FIT_3	FIT_4	FIT_5
2006	95.89	2006	2006	93.38110	88.65434	99.21967	102.75275	94.41072
2007	106.20	2007	2007	96.41335	97.81234	99.33264	99.33264	96.96027
2008	97.80	2008	2008	99.44560	103.16942	99.97638	98.04925	99.57867
2009	107.33	2009	2009	102.47786	106.97033	101.15091	98.58140	102.26778
2010	100.71	2010	2010	105.51011	109.91855	102.85621	100.60789	105.02950
2011	102.80	2011	2011	108.54236	112.32741	105.09230	103.80754	107.86581
2012	94.20	2012	2012	111.57462	114.36408	107.85916	107.85916	110.77871
2013	108.51	2013	2013	114.60687	116.12833	111.15680	112.44156	113.77028
2014	119.30	2014	2014	117.63912	117.68450	114.98522	117.23355	116.84263
2015	127.41	2015	2015	120.67137	119.07654	119.34443	121.91394	119.99795
2016	131.28	2016	2016	123.70363	120.33580	124.23441	126.16154	123.23848
2017	133.08	2017	2017	126.73588	121.48541	129.65516	129.65516	126.56652
2018	125.96	2018	2018	129.76813	122.54295	135.60670	132.07363	129.98443
		2019	2019	132.80038	123.52208	142.08902	133.09573	133.49465
		2020	2020	135.83264	124.43363	149.10212	132.40030	137.09965
		2021	2021	138.86489	125.28632	156.64599	129.66613	140.80201
		2022	2022	141.89714	126.08731	164.72065	124.57205	144.60435
		2023	2023	144.92940	126.84249	173.32608	116.79685	148.50937

图4-32 预测数据

4.5 本章小结

本章主要介绍了单因素方差分析、多因素方差分析、相关分析、曲线回归等方法在农业科研中的应用案例，其中单因素方差分析、多因素方差分析可以用于差异性分析，而回归分析可以用来建立回归模型，除此之外，还有很多分析方法可以应用在农业领域中，这为科研工作者及农业生产者提供了很好的试验分析工具。

4.6 综合练习

1. 数据文件 data4-01.sav 为不同植茶年限、不同土层下，土壤中不同粒径的某种有机质含量数据，现在要求在4.1节的基础上补充以下分析：

（1）在不同年限下，研究"D""E""F""总"的有机质含量在不同土层下是否存在差异。

（2）在不同土层下，研究"A""B""C""D""E""F""总"的有机质含量在不同年限下是否存在差异。

（3）对分析结果进行分析，得出结论。

(数据存储于\Chapter4\data4-01.sav 文件中)

2．数据文件 data4-05.sav 是生猪出栏数与猪肉价格指数、玉米产量指数、GPD 增长率的统计数据，试建立模型预测生猪出栏数与猪肉价格指数、玉米产量指数、GPD 增长率之间的关系。

(数据存储于\Chapter4\data4-05.sav 文件中)

3．数据文件 data4-06.sav 为研究 5 种不同除草剂对苗率、马齿苋防效、稗草防效、狗尾草防效、灰菜防效、总杂草防效的作用，分别统计了使用除草剂 0 天、10 天、20 天后的数据，请利用合适的方法完成如下分析：

（1）不同除草剂对苗率是否有影响，且在时间上是否有差异？

（2）不同除草剂对马齿苋防效是否有影响，且在时间上是否有差异？

（3）不同除草剂对稗草防效是否有影响，且在时间上是否有差异？

（4）不同除草剂对狗尾草防效是否有影响，且在时间上是否有差异？

（5）不同除草剂对灰菜防效是否有影响，且在时间上是否有差异？

（6）不同除草剂对总杂草防效是否有影响，且在时间上是否有差异？

(数据存储于\Chapter4\data4-06.sav 文件中)

4．数据文件 data4-07.sav 为某农作物 3 年减产率和 5 年减产率的数据，现在需要研究减产率与气温、台风、降雨量、日照时间是否有关系，请利用合适的方法进行分析。

(数据存储于\Chapter4\data4-07.sav 文件中)

第 5 章

医疗领域应用

医学作为一门古老而经典的经验性学科，一直深受国内外研究者的关注。研究者之所以对医学有浓厚的兴趣，一方面是因为医学与人类的健康相关联，医学的发展关系到人类最根本的福祉；另一方面是因为医学具备巨大的实践价值，医学的研究成果可以相对容易地转化为生产力，从而带动国民经济的发展。近年来，由于统计学的发展和各种技术的进步，对数据的定量分析广泛应用于医学研究中。SPSS 作为一种功能强大的统计分析软件，被经常应用于医疗领域。

学习目标：

- 了解非参数检验和参数检验的差异。
- 熟知各个对话框中参数的含义。
- 熟练掌握各个非参数检验的操作步骤。
- 深刻理解各项结果的含义。

5.1 患者生存分析

在医疗科研或实践中，会采用不同的药物或治疗方法对患者进行治疗，以测试治疗方法的有效性，也会经常用到生存分析的方法来判断药物或治疗方法是否有效。本节选用 Kaplan-Meier 分析研究不同治疗方法下患者的生存时间，来判断不同治疗方法的效果是否存在差异。

数据文件	数据文件\Chapter5\data5-01.sav
视频文件	视频文件\Chapter5\Kaplan-Meier 分析.avi

5.1.1 数据描述

本案例的数据文件为某医院采用不同方法对 58 位肾上腺样瘤患者进行治疗的数据，

如图 5-1 所示。现要求利用 Kaplan-Meier 分析在切除肾脏条件下两种治疗方法的效果是否具有显著性差异。

	患者编号	肾切除	治疗方法	生存时间	患者状态
1	1	1	1	77	0
2	2	1	1	18	1
3	3	0	1	8	1
4	4	1	1	68	1
5	5	1	1	35	1
6	6	1	1	8	1
7	7	1	1	26	1

图 5-1 data5-01.sav 中的部分数据

［数据来源于《生存数据分析的统计方法》（ELISA T.LEE 著，中国统计出版社出版）］

5.1.2 Kaplan-Meier 分析

SPSS 的 Kaplan-Meier 分析，适用于如下问题的研究：
（1）估计某因素不同水平的中位生存时间。
（2）比较某因素不同水平的生存时间有无差异。
（3）控制某分层因素后，对感兴趣的分组因素不同水平的生存时间做比较。

1．SPSS实现

（1）打开数据文件 data5-01.sav，执行菜单栏中的"分析"→"生存分析"→"Kaplan-Meier"命令，弹出图 5-2 所示的"Kaplan-Meier"对话框。

选中左侧变量列表中的"生存时间"变量，单击 按钮，将其作为时间变量选入"时间"框中。

选中左侧变量列表中的"患者状态"变量，单击 按钮，将其作为状态变量选入"状态"框中。

选中左侧变量列表中的"治疗方法"变量，单击 按钮，将其作为控制变量选入"因子"框中。

选中左侧变量列表中的"肾切除"变量，单击 按钮，将其作为分层变量选入"层"框中。

（2）单击"状态"下面的"定义事件"按钮，弹出图 5-3 所示"Kaplan-Meier：为状态变量定义事件"对话框，在"单值"后面的输入框中输入 1。单击"继续"按钮返回主对话框。

（3）单击"比较因子"按钮，弹出图 5-4 所示的"Kaplan-Meier：比较因子级别"对话框。勾选"秩的对数""布雷斯洛""塔罗内-韦尔"复选框；选中"针对每个层成对比较"单选按钮。单击"继续"按钮返回主对话框。

（4）单击"选项"按钮，弹出图 5-5 所示的"Kaplan-Meier：选项"对话框。勾选"平均值和中位数生存分析函数"和"四分位数"复选框。单击"继续"按钮返回主对话框。

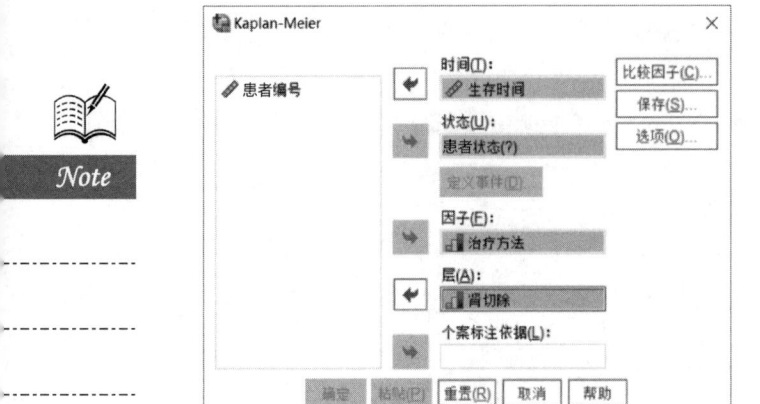

图 5-2 "Kaplan-Meier"对话框

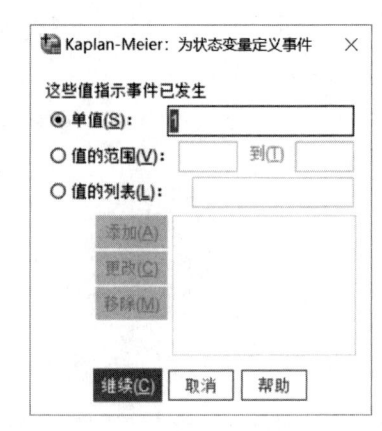

图 5-3 "Kaplan-Meier：为状态变量定义事件"对话框

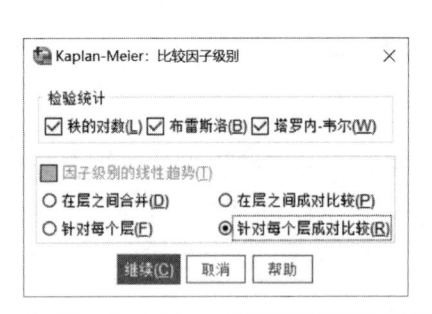

图 5-4 "Kaplan-Meier：比较因子级别"对话框

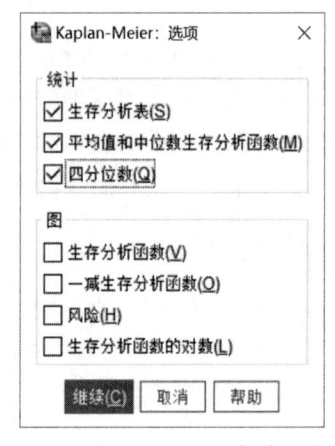

图 5-5 "Kaplan-Meier：选项"对话框

（5）完成所有设置后，单击"确定"按钮执行命令，此时会弹出个案处理摘要、生存分析时间的平均值和中位数等分析结果。

2．结果分析

表 5-1 是警告。由于数据中的"生存时间"包含负数，所以会出现此警告。

表 5-1 警告

找到因变量值为负数或缺失的个案。将忽略这些个案。

表 5-2 给出了包括因素变量各水平下的事件发生数与删失数（简剔后个案数）的统计信息。Kaplan-Meier 分析过程将变量中的负数或缺失值剔除。

数据文件中共有 58 个个案，但进入分析的数据总计为 56 个个案，说明有 2 个个案的数据存在负数或缺失值。在已删失列（"简剔后"列）中可以看出，切除肾脏的个案被删除了 9 个，这是因为状态变量被指定为 1，而对于非 1 的个案则未进行分析。

表 5-2　个案处理摘要

肾切除		总数	事件数	简剔后	
				个案数	百分比
否	化学与免疫结合法	7	7	0	0.0%
	其他方法	3	3	0	0.0%
	总体	10	10	0	0.0%
是	化学与免疫结合法	29	25	4	10.8%
	其他方法	17	12	5	29.4%
	总体	46	37	9	19.6%
总计		56	47	9	13.1%

表 5-3 是生存时间的平均值和中位数表，表 5-4 是生存时间的百分位数表。两个表给出的都是不同层级不同处理情况的生存描述统计量。

表 5-3 列出了生存时间的平均值和中位数，以及它们 95% 的置信区间。生存时间的四分位数是输出时间的百分位数，包括 25%、50% 和 75% 的数值。

从表 5-3 和表 5-4 可以粗略看出：化学与免疫结合的治疗方法同其他治疗方法在延长患者生存时间上的差异不太明显。更精确的判断需要通过假设检验来确定。

表 5-3　生存时间的平均值和中位数

肾切除	治疗方法	平均值 [a]				中位数			
		估算	标准误差	95%置信区间		估算	标准误差	95%置信区间	
				下限	上限			下限	上限
否	化学与免疫结合法	12.571	2.034	8.585	16.558	12.000	3.928	4.301	19.699
	其他方法	8.000	.000	8.000	8.000	8.000	.	.	.
	总体	11.200	1.555	8.152	14.248	8.000	.949	6.141	9.859
是	化学与免疫结合法	46.217	7.154	32.194	60.240	36.000	7.908	20.500	51.500
	其他方法	52.392	18.232	16.657	88.128	20.000	4.749	10.692	29.308
	总体	47.414	7.698	32.326	62.503	30.000	6.982	16.316	43.684
总计		40.825	6.579	27.929	53.720	20.000	3.606	12.932	27.068

a. 如果已对生存时间进行检剔，那么估算将限于最大生存时间

表 5-4　百分位数

肾切除	治疗方法	25.0%		50.0%		75.0%	
		估算	标准误差	估算	标准误差	估算	标准误差
否	化学与免疫结合法	17.000	2.315	9.000	3.928	8.000	1.793
	其他方法	8.000		8.000		8.000	
	总体	12.000	3.795	8.000	.949	8.000	.791
是	化学与免疫结合法	72.000	13.537	36.000	7.908	11.000	3.404
	其他方法	40.000	8.277	20.000	4.749	13.000	2.627
	总体	68.000	9.163	30.000	6.982	11.000	2.962
总计		52.000	11.250	20.000	3.606	10.000	1.614

表 5-5 是利用 3 种检验统计量分别对控制变量的不同水平做时序检验的结果，检验结果表明：无论患者的肾脏切除与否，化学与免疫结合的治疗方法同其他治疗方法在延长患者生存时间上没有显著性差异。

表 5-5 成对比较

检验方法	肾切除	治疗方法	化学与免疫结合法		其他方法	
			卡方	显著性	卡方	显著性
Log Rank （Mantel-Cox）	否	化学与免疫结合法	—	—	2.440	.118
		其他方法	2.440	.118	—	—
	是	化学与免疫结合法	—	—	.110	.741
		其他方法	.110	.741	—	—
Breslow （Generalized Wilcoxon）	否	化学与免疫结合法	—	—	2.182	.140
		其他方法	2.182	.140	—	—
	是	化学与免疫结合法	—	—	.264	.607
		其他方法	.264	.607	—	—
Tarone-Ware	否	化学与免疫结合法	—	—	2.312	.128
		其他方法	2.312	.128	—	—
	是	化学与免疫结合法	—	—	.304	.582
		其他方法	.304	.582	—	—

5.2 患者预后分析

在医疗领域中，针对肿瘤或其他慢性疾病的治疗，经常需要对患者进行预后分析，而 Cox 回归模型常常被用来做预后分析。

Cox 回归模型用于拟合 Cox 比例风险模型，它是多因素生存分析比较常用的一种方法，主要应用于肿瘤或其他慢性疾病的预后分析，其优点包括适用于多因素的分析，不考虑生存时间的分布形态，能够有效地利用截尾数据。

数据文件	数据文件\Chapter5\data5-02.sav
视频文件	视频文件\Chapter5\Cox 回归模型.avi

5.2.1 数据描述

本案例的数据文件为 63 例患者的生存时间、结局及影响因素的数据，如图 5-6 所示。现要求利用 Cox 回归模型进行预后分析。

	编号	年龄	性别	组织学类型	治疗方法	淋巴结是否转移	肿瘤的浸润程度	生存时间	患者结局
1	1	54	0	0	0	1	0	52	1
2	2	57	0	1	1	0	0	51	1
3	3	58	0	0	1	1	1	35	0
4	4	43	1	1	0	1	0	103	1
5	5	48	0	1	1	0	2	7	0
6	6	40	0	1	0	1	2	60	1
7	7	44	0	1	0	1	2	58	1

图 5-6　data5-02.sav 中的部分数据

［数据来源于《医学统计学》（孙振球主编，人民卫生出版社出版）］

5.2.2　Cox 回归分析

一般情况，在 Cox 回归模型中，因变量常指生存时间，自变量则是与生存时间有关的一些变量，即协变量或预后变量。对于 Cox 回归模型，其需要满足两个前提假设：各危险因素的作用大小不随时间变化而变化；各危险因素之间不存在交互作用。

此外，需注意：样本例数不能太小，一般要求样本例数为变量个数的 5～20 倍；生存资料的截尾数据不能超过 20%，要有一定的发生结局事件的例数。

1. SPSS实现

（1）打开数据文件 data5-02.sav，执行菜单栏中的"分析"→"生存分析"→"Cox 回归"命令，弹出"Cox 回归"对话框。

选中"月[生存时间]"变量，单击按钮，将其作为时间变量选入"时间"框中。选中"患者结局"变量，单击按钮，将其作为状态变量选入"状态"框中。

选中"年龄""性别""组织学类型""治疗方法""淋巴结是否转移""肿瘤的浸润程度"变量，单击按钮（单击后变为，后同），将其作为协变量选入"协变量"框中，并在"方法"下拉列表中选择"向后：瓦尔德"，如图 5-7 所示。

图 5-7　"Cox 回归"对话框

（2）单击"状态"下面的"定义事件"按钮，弹出图 5-8 所示的"Cox 回归：为状态变量定义事件"对话框，选中"单值"按钮，在"单值"后面的输入框中输入 0。单击"继续"按钮返回主对话框。

（3）单击"分类"按钮，弹出"Cox 回归：定义分类协变量"对话框。将"组织学类型""淋巴结是否转移""治疗方法""肿瘤的浸润程度"变量选入"分类协变量"框中。

选中这 4 个变量，将对比方式均设为"指示符"，其中"组织学类型"变量的参考类别为"第一个"，其他 3 个分类协变量的参考类别均为"最后一个"，如图 5-9 所示。单击"继续"按钮返回主对话框。

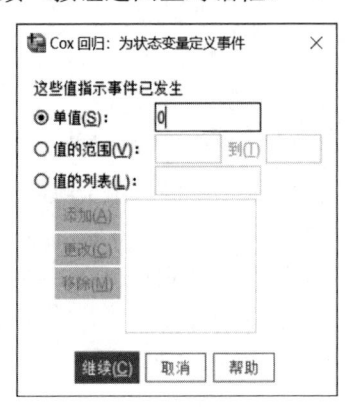

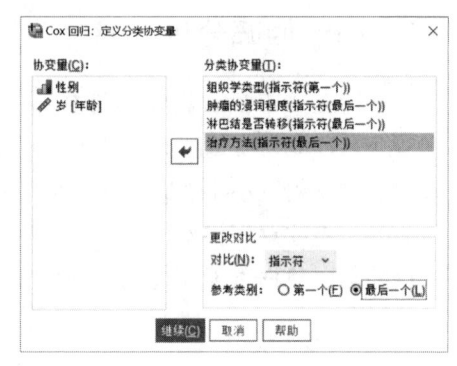

图 5-8 "Cox 回归：为状态变量定义事件"对话框　　图 5-9 "Cox 回归：定义分类协变量"对话框

（4）单击"图"按钮，弹出"Cox 回归：图"对话框，勾选"生存分析""风险"复选框；并选中协变量列表中的"治疗方法"变量，单击 ▶ 按钮（单击后变为 ◀），将其选入"针对下列各项绘制单独的线条"框，如图 5-10 所示。单击"继续"按钮返回主对话框。

（5）单击"选项"按钮，弹出图 5-11 所示的"Cox 回归：选项"对话框。勾选"Exp(B)的置信区间"和"估算值的相关性"复选框；选中"在每个步骤"单选按钮。单击"继续"按钮返回主对话框。

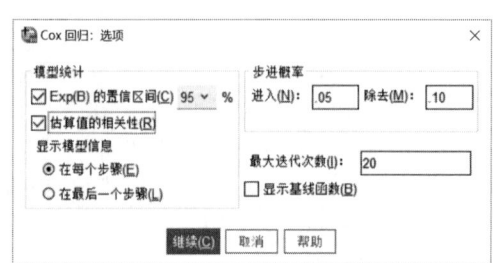

图 5-10 "Cox 回归：图"对话框　　图 5-11 "Cox 回归：选项"对话框

（6）完成所有设置后，单击"确定"按钮执行命令，此时会弹出个案处理摘要、分类变量编码等分析结果。

2. 结果分析

从表 5-6 可以看出，个案总数为 63，用于分析的个案数为 26，被检剔的个案数为 37，带有缺失值和负时间的个案数为 0，在层中最早发生的事件前检剔的个案数为 0。已删除的记录不会用于计算回归系数，但要用于计算基准危险率。

表 5-6 个案处理摘要

个案		个案数	百分比
可以在分析中使用的个案	事件[a]	26	41.3%
	检剔后	37	58.7%
	总计	63	100.0%
已删除的个案	具有缺失值的个案	0	0.0%
	具有负时间的个案	0	0.0%
	层中最早发生的事件之前检剔后的个案	0	0.0%
	总计	0	0.0%
总计		63	100.0%

a. 因变量：月

表 5-7 给出了对分类变量自动编码的结果，它有助于解释分类协变量的回归系数。由（1）列可以看出，取值为 0 的表示参考类别。默认情况下，参考类别为分类变量取值的最后一个类别。但本案例中在设置参数时，将组织学类型的参考类别选为第一个，所以，该变量的第一分类是参考类别，即在原始数据中取值为 0 的低分化这一类。

表 5-7 分类变量编码 [a,c,e,f]

分类		频率	(1)[d]	(2)
组织学类型[b]	0=低分化	31	0	
	1=高分化	32	1	
治疗方法[b]	0=新方法	26	1	
	1=传统方法	37	0	
淋巴结是否转移[b]	0=否	27	1	
	1=是	36	0	
肿瘤的浸润程度[b]	0=未突破浆膜	21	1	0
	1=突破浆膜	16	0	1
	2=严重突破浆膜	26	0	0

a. 类别变量：组织学类型
b. 指示符参数编码
c. 类别变量：治疗方法
d. 由于 (0,1) 变量已重新编码，因此其系数不会与指示符(0,1)编码的系数相同
e. 类别变量：淋巴结是否转移
f. 类别变量：肿瘤的浸润程度

表 5-8 是 Omnibus 检验结果,包括每一步对系数检验的对数似然比值、总体分数的卡方检验、从前一步到本步变化量的卡方检验。如果删除一个变量后的卡方更改量的显著性大于 0.05,则删除此变量是合理的。

例如,本案例中"从上一步进行更改"列中第 2、3、4、5 步的显著性均大于 0.05,由此可知在第 2、3、4、5 步分别剔除组织性类型、年龄、性别、肿瘤的浸润程度变量都是合理的;反之,如果加入一个变量后卡方更改量的显著性小于 0.05,则加入此变量是合理的。

表 5-8 模型系数的 Omnibus 检验 [f]

步长	−2 对数似然	总体（得分）			从上一步进行更改			从上一块进行更改		
		卡方	自由度	显著性	卡方	自由度	显著性	卡方	自由度	显著性
1[a]	175.496	25.785	7	<.001	26.498	7	<.001	26.498	7	<.001
2[b]	175.795	25.699	6	<.001	.299	1	.585	26.199	6	<.001
3[c]	176.046	25.498	5	<.001	.252	1	.616	25.947	5	<.001
4[d]	177.227	23.874	4	<.001	1.181	1	.277	24.766	4	<.001
5[e]	182.777	17.594	2	<.001	5.550	2	.062	19.217	2	<.001

a. 在步骤号 1：岁 性别 组织学类型 治疗方法 淋巴结是否转移 肿瘤的浸润程度 处输入的变量
b. 在步骤号 2：组织学类型 处除去的变量
c. 在步骤号 3：岁 处除去的变量
d. 在步骤号 4：性别 处除去的变量
e. 在步骤号 5：肿瘤的浸润程度 处除去的变量
f. 起始块号 1。方法 = 向后步进（瓦尔德）

表 5-9 是向后逐步回归（向后：瓦尔德）法的系数检验结果,即使用每一步向后剔除拟合的统计量。由表 5-9 可知,步骤 1 是全部指定的协变量进入模型,但瓦尔德检验说明在这一步骤中几乎没有变量对模型的贡献显著;步骤 5 是经过一步步剔除对模型没有统计意义的协变量,最后剩下治疗方法、淋巴结是否转移,瓦尔德检验说明这两个变量对模型的贡献显著。

Exp（B）列表示变量相对于参考类别的危险率。在步骤 5 中,治疗方法变量的相对危险率为 0.172,由此可知治疗方法变量危险率仅为参考类别（值标签取值为 1,即传统方法）的 0.172 倍;同理,淋巴结是否转移变量的相对危险率为 0.394,表明其危险率仅为参考类别（值标签取值为 1,即淋巴结转移）的 0.394 倍。所以,可得出结论：新治疗方法和淋巴结未转移能延长患者的生存时间。

表 5-9 方程式中的变量

步骤		B	SE	瓦尔德	自由度	显著性	Exp（B）
步骤 1	年龄	−.011	.017	.424	1	.515	.989
	性别	−.654	.643	1.033	1	.309	.520
	组织学类型	.383	.679	.319	1	.572	1.467
	治疗方法	−1.027	.758	1.838	1	.175	.358

续表

步骤		B	SE	瓦尔德	自由度	显著性	Exp（B）
步骤1	淋巴结是否转移	-1.386	.748	3.428	1	.064	.250
	肿瘤的浸润程度	—	—	4.234	2	.120	—
	肿瘤的浸润程度（1）	-1.171	.593	3.907	1	.048	.310
	肿瘤的浸润程度（2）	-.025	.462	.003	1	.957	.975
步骤2	年龄	-.008	.017	.251	1	.616	.992
	性别	-.667	.634	1.107	1	.293	.513
	治疗方法	-1.007	.747	1.815	1	.178	.365
	淋巴结是否转移	-1.045	.459	5.183	1	.023	.352
	肿瘤的浸润程度	—	—	4.062	2	.131	—
	肿瘤的浸润程度（1）	-1.140	.590	3.729	1	.053	.320
	肿瘤的浸润程度（2）	-.009	.461	.000	1	.984	.991
步骤3	性别	-.658	.637	1.067	1	.302	.518
	治疗方法	-1.023	.749	1.863	1	.172	.360
	淋巴结是否转移	-1.008	.454	4.924	1	.026	.365
	肿瘤的浸润程度	—	—	4.188	2	.123	—
	肿瘤的浸润程度（1）	-1.158	.588	3.881	1	.049	.314
	肿瘤的浸润程度（2）	-.021	.460	.002	1	.964	.979
步骤4	治疗方法	-1.527	.561	7.401	1	.007	.217
	淋巴结是否转移	-1.012	.454	4.965	1	.026	.364
	肿瘤的浸润程度	—	—	4.438	2	.109	—
	肿瘤的浸润程度（1）	-1.140	.581	3.842	1	.050	.320
	肿瘤的浸润程度（2）	.080	.455	.031	1	.860	1.083
步骤5	治疗方法	-1.762	.548	10.337	1	.001	.172
	淋巴结是否转移	-.931	.445	4.389	1	.036	.394

表 5-10 为拟合结束时，未进入模型（方程）的变量统计量。统计结果中显著性都大于 0.05，表明对模型无统计意义的变量都没有进入模型。

表 5-10 未包括在方程中的变量统计量 [a,b,c,d]

步骤				
步骤2	组织学类型	.322	1	.570
步骤3	岁	.252	1	.616
	组织学类型	.137	1	.711
步骤4	岁	.207	1	.649
	性别	1.083	1	.298
	组织学类型	.225	1	.636
步骤5	岁	.420	1	.517
	性别	1.398	1	.237
	组织学类型	.046	1	.830
	肿瘤的浸润程度	4.886	2	.087
	肿瘤的浸润程度(1)	4.845	1	.028
	肿瘤的浸润程度(2)	1.113	1	.292

续表

a. 残差卡方 = .322,自由度为 1,显著性 = .570
b. 残差卡方 = .564,自由度为 2,显著性 = .754
c. 残差卡方 = 1.657,自由度为 3,显著性 = .647
d. 残差卡方 = 6.282,自由度为 5,显著性 = .280

从表 5-11 可以看出,两个变量之间的相关系数均不大,说明进入模型的变量之间基本相互独立,共线性问题不明显。

表 5-11 回归系数的相关性矩阵

	治疗方法
淋巴结是否转移	.011

表 5-12 给出了每个预测变量的平均值,以及在设置中所指定的作图协变量的各个模式。本案例将治疗方法变量作为作图协变量,其他变量的描述均统一显示为同一行的平均值。

表 5-12 协变量平均值和模式值

协变量	平均值	模式	
		1	2
年龄	46.857	46.857	46.857
性别	.460	.460	.460
组织学类型	.508	.508	.508
治疗方法	.413	1.000	.000
淋巴结是否转移	.429	.429	.429
肿瘤的浸润程度(1)	.333	.333	.333
肿瘤的浸润程度(2)	.254	.254	.254

图 5-12 是各协变量取平均值时的累计生存函数图。图 5-13 是按治疗方法分组后的累计生存函数图,由图可知,新方法的生存函数曲线较高,而传统方法的生存函数曲线偏低。

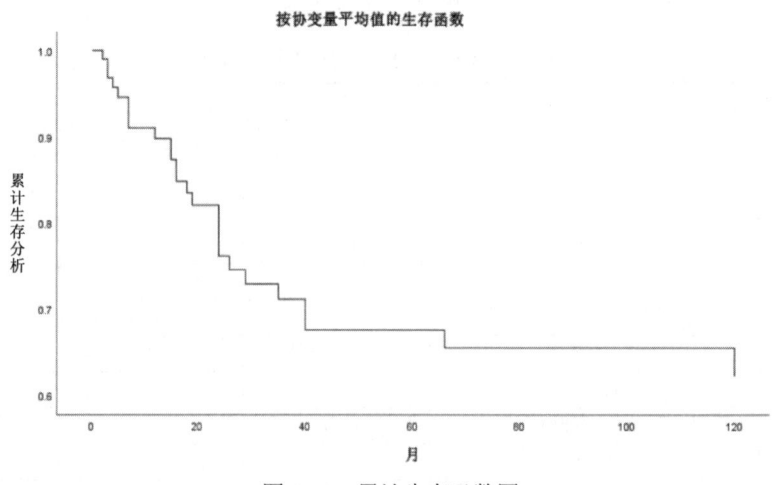

图 5-12 累计生存函数图

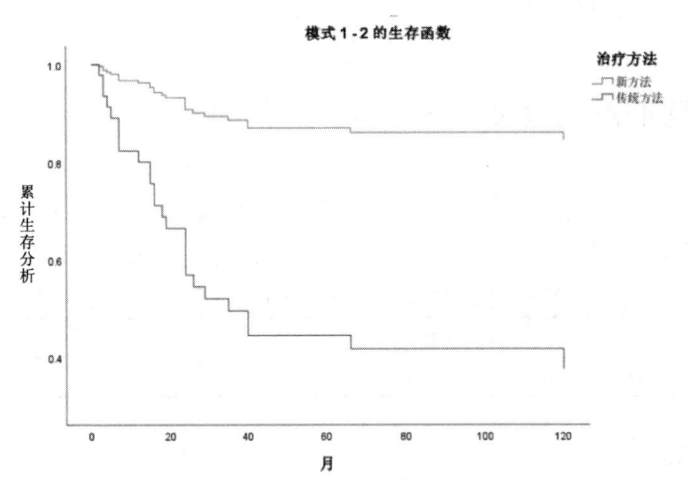

图 5-13　按治疗方法分组后的累计生存函数图

图 5-14 是各协变量取平均值时的累计风险函数图，图 5-15 是按治疗方法分组后的累计风险函数图。

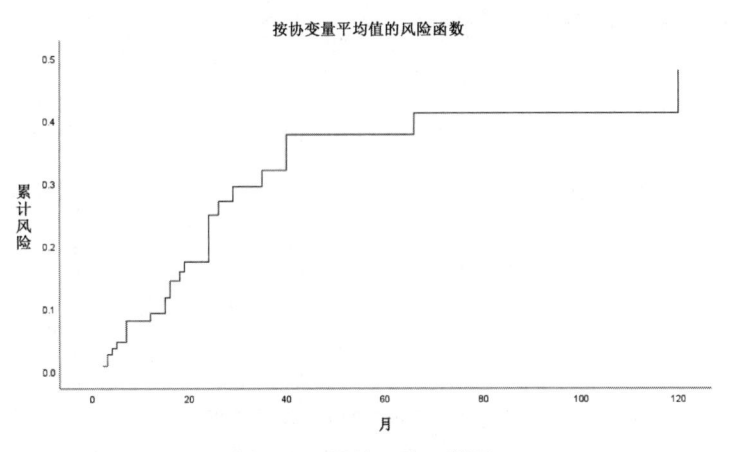

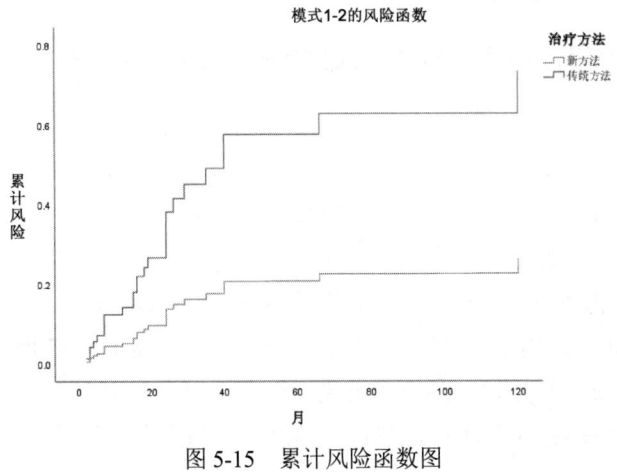

图 5-14　累计风险函数图

图 5-15　累计风险函数图

5.3 药物依从性分析

在对患者或动物用药的过程当中,患者可能会对药物产生逆反或依从心理,而药物是否在不同的人群中产生差异,这对药物研究人员来说具有很大的研究意义。本节主要通过某药物的依从性得分来研究药物在不同人群中的依从性是否存在显著性差异。

数据文件	数据文件\Chapter05\data5-03.sav
视频文件	视频文件\Chapter05\药物依从性分析.avi

5.3.1 数据描述

本案例的数据文件为某医疗研究机构对患者进行问卷调查所得数据,如图5-16所示。下面要研究患者的药物依从性得分在性别、文化水平、婚姻状况等方面是否存在显著性差异。

文化水平	婚姻状况	工作状态	家庭人均月收入	对激素药物的认知程度	服用激素药物后是否出现头晕、恶心、呕吐、	是否接受过激素药物服药相关的健康教育	药物依从性得分
4	1	6	2	3	2	1	7.50
4	1	6	1	3	1	2	7.00
4	1	2	1	2	1	2	7.00
2	2	1	2	2	1	2	7.00
4	1	6	3	1	1	1	7.00
4	1	6	2	1	1	2	7.00
3	1	5	2	3	1	2	7.00
4	1	6	3	3	1	2	7.00
1	2	1	2	1	1	2	7.00
4	1	3	1	2	1	1	7.00
4	2	2	3	1	1	2	7.00
4	1	3	3	2	1	2	7.00
3	1	5	2	1	4	2	7.00
4	1	3	2	3	1	2	7.00
4	1	6	1	3	3	2	6.75

图 5-16 data5-03.sav 中的数据

5.3.2 独立样本 T 检验

独立样本 T 检验就是在两个样本相互独立的前提下,检验两个样本的总体均数是否存在显著性差异。

1. SPSS实现

(1) 打开数据文件 data5-03.sav,执行菜单栏中的"分析"→"比较均值"→"独立样本 T 检验"命令,弹出"独立样本 T 检验"对话框。

(2) 选中"药物依从性得分"变量,单击 ▶ 按钮,将其选入"检验变量"框,选中"性别"变量,单击 ▶ 按钮,将其选入"分组变量"框,如图5-17所示。

(3) 单击"定义组"按钮,弹出"定义组"对话框,分别在"组1"和"组2"框中输入"1"和"2",如图5-18所示,单击"继续"按钮返回主对话框。"1"和"2"对应性别中的男、女。

（4）单击"选项"按钮，弹出图5-19所示的"独立样本T检验：选项"对话框，选项都采用系统默认值，单击"继续"按钮返回主对话框。

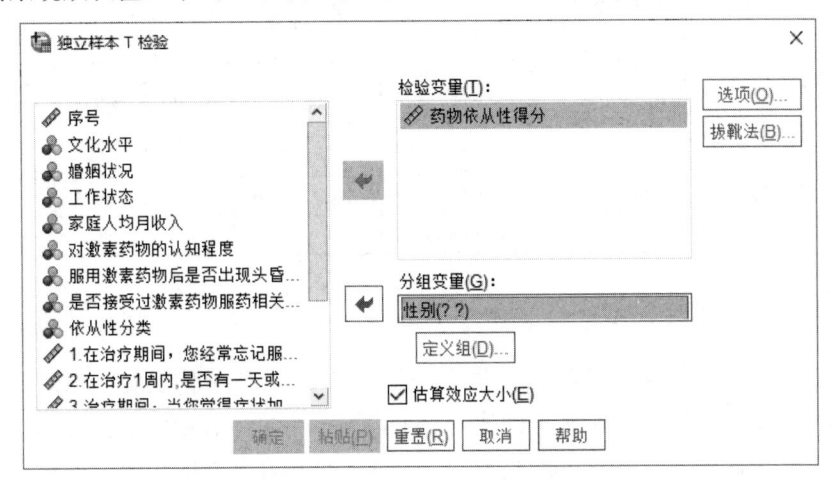

图5-17 "独立样本T检验"对话框

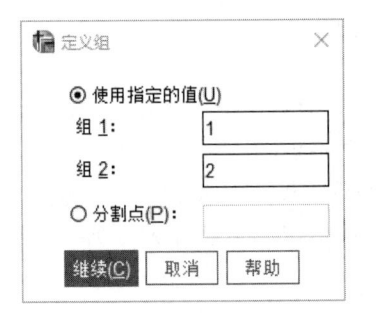

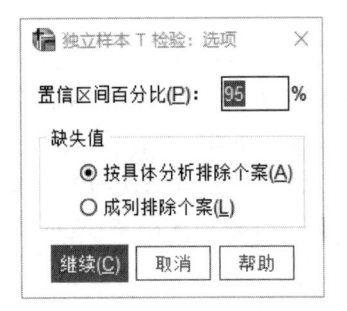

图5-18 "定义组"对话框　　图5-19 "独立样本T检验：选项"对话框

（5）完成所有设置后，单击"确定"按钮执行命令，系统弹出组统计、独立样本检验等分析结果。

2．结果分析

从表5-13可以看出，男性和女性的依从性得分平均值为3.9444和4.1276，标准差分别为2.04759和1.89305。

表5-13　组统计

项目	性别	N	平均值	标准差	标准误差平均值
药物依从性得分	男	54	3.9444	2.04759	.27864
	女	49	4.1276	1.89305	.27044

由表5-14可知，莱文方差等同性检验的显著性为0.703，大于0.05，说明两组的总体方差齐性，选择"假定等方差"这一行的T检验结果。在"平均值等同性T检验"栏中显著性（双侧P）为0.640，大于0.05，说明两组数据的平均值不存在显著性差异，即

男性和女性的药物依从性得分没有显著性差异。

表 5-14 独立样本检验

项目		莱文方差等同性检验		平均值等同性 T 检验						
		F	显著性	t	自由度	显著性		平均值差值	标准误差差值	差值95%置信区间
						单侧 P	双侧 P			下限	上限
药物依从性得分	假定等方差	.146	.703	-.470	101	.320	.640	-.18311	.38979	-.95635	.59014
	不假定等方差			-.472	100.961	.319	.638	-.18311	.38830	-.95339	.58718

5.3.3 单因素方差分析

单因素方差分析用于检验单因素水平下的一个或多个独立因变量平均值是否存在显著性差异，即检验单因素各个水平的值是否来自同一个总体。由此可以看出，用于分析的数据包括一个因素（自变量）的数据、一个或多个相互独立的因变量的数据。注意，因变量必须是连续型变量。

1. SPSS实现

（1）打开数据文件 data5-03.sav，执行菜单栏中的"分析"→"比较平均值"→"单因素 ANOVA"命令，弹出"单因素 ANOVA 检验"对话框。

在左侧的变量列表中选中"药物依从性得分"变量，单击 ▶ 按钮，将其选入"因变量列表"框，同样，选中"文化水平"变量，单击 ▶ 按钮，将其选入"因子"框，如图 5-20 所示。

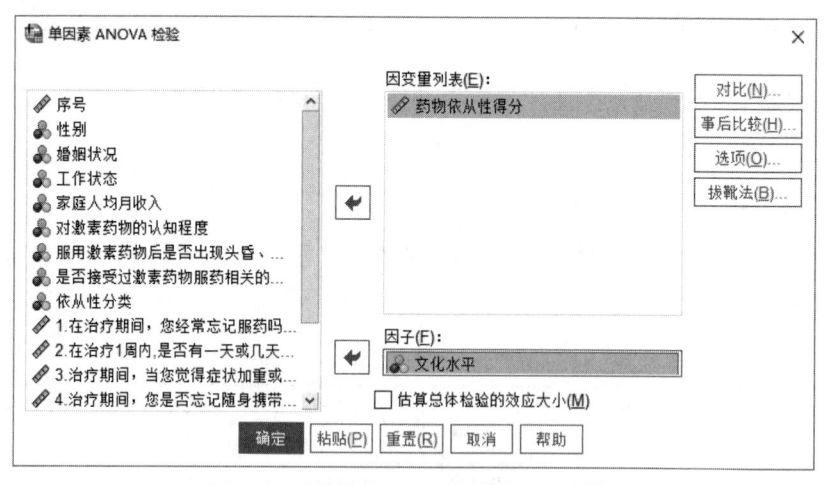

图 5-20 "单因素 ANOVA 检验"对话框

（2）单击"事后比较"按钮，弹出"单因素 ANOVA 检验：事后多重比较"对话框。勾选"LSD"复选框，其他设置采用默认值，如图 5-21 所示。单击"继续"按钮返回主对话框。

（3）单击"选项"按钮，弹出"单因素 ANOVA 检验：选项"对话框。勾选"描述"和"方差齐性检验"复选框；勾选"均值图"复选框；对"缺失值"栏中的选项采用默认设置，如图 5-22 所示，单击"继续"按钮返回主对话框。因为方差齐性是方差分析的前提条件，所以必须对方差齐性进行检验。

图 5-21 "单因素 ANOVA 检验：事后多重比较"对话框

图 5-22 "单因素 ANOVA 检验：选项"对话框

SPSS 单因素方差分析中，方差齐性检验采用了方差同质性检验的方法。勾选"描述"复选框，会输出每组中每个因变量的基本描述统计量，包括个案数、平均值、标准差、标准误差、最小值、最大值和平均值的 95%置信区间。

（4）完成所有设置后，单击"确定"按钮执行命令，此时会弹出描述、方差齐性检验、ANOVA、多重比较等分析结果。

2. 结果分析

从表 5-15 可以看出，总样本数为 103 个，其中小学及以下为 16 个，其药物依从性得分的平均值为 2.6406，标准差为 1.71262，其他学历的基本信息也可以从这个表得知。

表 5-15 描述

项目	N	平均值	标准差	标准误差	平均值的 95%置信区间		最小值	最大值
					下限	上限		
小学及以下	16	2.6406	1.71262	.42816	1.7280	3.5532	1.00	7.00
大专及以上	15	3.7000	1.95530	.50486	2.6172	4.7828	1.25	7.00
高中或中专	30	4.1000	1.72906	.31568	3.4544	4.7456	1.25	7.00
初中	42	4.6310	1.99408	.30769	4.0096	5.2523	.50	7.50
总计	103	4.0316	1.96809	.19392	3.6469	4.4162	.50	7.50

从表 5-16 可以看出，方差齐性检验的显著性均大于 0.05，因此，认为各组的总体方差相等，即满足方差齐性这一前提条件，只有满足方差齐性才适合进行单因素方差分析。

表 5-16 方差齐性检验

项目		莱文统计	自由度 1	自由度 2	显著性
药物依从性得分	基于平均值	.855	3	99	.467
	基于中位数	1.050	3	99	.374
	基于中位数并具有调整后自由度	1.050	3	93.963	.374
	基于剪除后平均值	.994	3	99	.399

从表 5-17 可以看出，不同文化水平下的药物依从性得分存在显著性差异，需要进一步进行事后检验分析。表 5-18 中标有"*"表示两者之间存在显著性差异。

表 5-17 ANOVA

药物依从性得分					
	平方和	自由度	均方	F	显著性
组间	47.834	3	15.945	4.546	.005
组内	347.251	99	3.508		
总计	395.085	102	—	—	—

从表 5-18 可以看出，小学及以下与大专及以上的药物依从性得分不存在显著性差异。小学及以下与高中或中专的药物依从性得分存在显著性差异，小学及以下与初中的药物依从性得分存在显著性差异，且高中或中专、初中的药物依从性得分均大于小学及以下的药物依从性得分。

大专及以上与高中或中专的药物依从性得分不存在显著性差异，大专及以上与初中的药物依从性得分不存在显著性差异。

表 5-18 多重比较

因变量：药物依从性得分						
LSD						
(I)文化水平	(J)文化水平	平均值差值(I-J)	标准误差	显著性	95%置信区间	
					下限	上限
小学及以下	大专及以上	-1.05938	.67310	.119	-2.3950	.2762
	高中或中专	-1.45937*	.57978	.013	-2.6098	-.3090
	初中	-1.99033*	.55022	<.001	-3.0821	-.8986
大专及以上	小学及以下	1.05938	.67310	.119	-.2762	2.3950
	高中或中专	-.40000	.59225	.501	-1.5751	.7751
	初中	-.93095	.56334	.102	-2.0487	.1868
高中或中专	小学及以下	1.45937*	.57978	.013	.3090	2.6098
	大专及以上	.40000	.59225	.501	-.7751	1.5751
	初中	-.53095	.44770	.238	-1.4193	.3574

续表

LSD						
(I)文化水平	(J)文化水平	平均值差值(I-J)	标准误差	显著性	95%置信区间	
					下限	上限
初中	小学及以下	1.99033*	.55022	<.001	.8986	3.0821
	大专及以上	.93095	.56334	.102	−.1868	2.0487
	高中或中专	.53095	.44770	.238	−.3574	1.4193
*. 平均值差值的显著性水平为 0.05						

不同文化水平下根据药物依从性得分平均值绘制折线图，如图 5-23 所示，可以看出文化水平为初中的人群药物依从性得分的平均值最高。

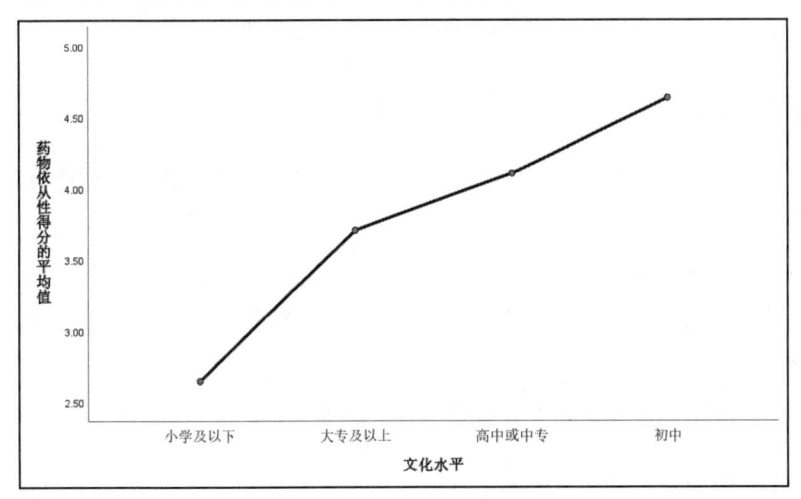

图 5-23　均值图

5.4　母乳捐献意愿分析

用独立样本 T 检验或单因素方差分析的方法进行差异性分析，都是在满足齐性检验的情况下进行的，且需要因变量为连续型变量。

但在医学研究中，有些研究是以分类结果为因变量进行分析的，因此需要利用其他方法，如本节选取孕妇是否捐献母乳为案例进行卡方检验分析。

数据文件	数据文件\Chapter5\data5-04.sav
视频文件	视频文件\Chapter5\捐献母乳.avi

5.4.1　数据描述

本案例的数据文件为某医院对孕妇是否愿意捐献母乳进行的调查分析数据，如图 5-24 所示。现要求利用交叉卡方检验的方法研究是否愿意捐献母乳在年龄、最高学历、工作情况等因素上是否存在差异。

是否愿意捐献母乳	年龄	最高学历	工作情况	居住地址	家庭月收入	现养育孩子个数
2.00	1	3	2	1	2	1
2.00	2	3	2	1	2	1
2.00	1	2	2	1	1	1
2.00	2	3	1	1	2	1
2.00	2	3	2	1	2	1
2.00	2	3	1	1	2	1
2.00	2	3	1	1	2	1
2.00	2	3	1	1	3	1
2.00	3	3	1	2	1	1
2.00	2	4	2	1	4	1
2.00	2	3	1	1	4	1
2.00	2	3	2	1	2	1
2.00	4	3	1	1	2	2
2.00	3	3	1	1	3	2

图 5-24　data5-04.sav 中的数据

5.4.2　卡方检验

交叉卡方检验分析通过频数交叉表来讨论两个或多个变量之间是否存在关联，并提供了各种双向表检验和相关性测量。

卡方检验的基本思想与假设检验一致，先建立一个零假设，认为两个变量之间是没有关联的，然后进行卡方检验，计算发生概率，通过概率是否达到显著性水平来接受或拒绝零假设。

$$\chi^2 = \sum \frac{(A-T)^2}{T}$$

式中，A 是实际频数；T 是期望频数。

1．SPSS实现

（1）打开数据文件 data5-04.sav，执行菜单栏中的"分析"→"描述统计"→"交叉表"命令，弹出"交叉表"对话框。

（2）在左侧的变量列表中选中"年龄"变量，单击 按钮，将其选入"行"框；选中"是否愿意捐献母乳"变量，单击 按钮，将其选入"列"框，并勾选"显示簇状条形图"复选框，如图 5-25 所示。

（3）单击"精确"按钮，弹出图 5-26 所示的"精确检验"对话框，选中"仅渐进法"单选按钮。单击"继续"按钮返回主对话框。

（4）单击"统计"按钮，弹出图 5-27 所示的"交叉表：统计"对话框，勾选"卡方"复选框。单击"继续"按钮返回主对话框。

（5）单击"单元格"按钮，弹出图 5-28 所示的"交叉表：单元格显示"对话框，勾选"实测""期望""行""列"复选框，选中"单元格计数四舍五入"单选按钮。单击"继续"按钮返回主对话框。

图 5-25 "交叉表"对话框

图 5-26 "精确检验"对话框

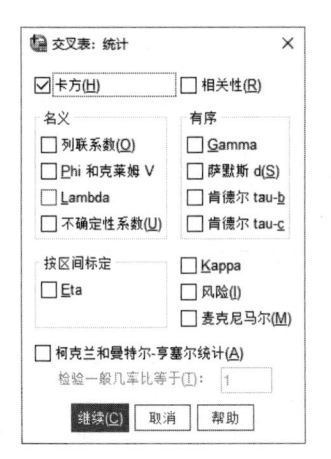

图 5-27 "交叉表：统计"对话框

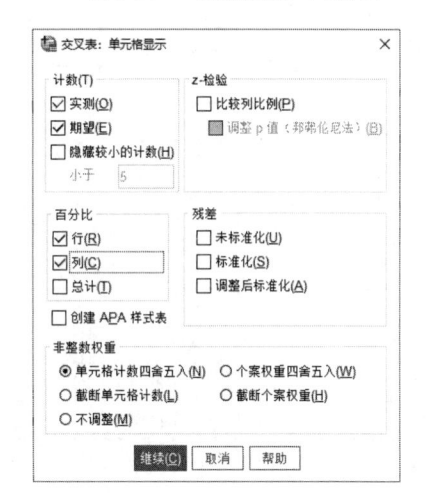

图 5-28 "交叉表：单元格显示"对话框

（6）单击"格式"按钮，弹出图 5-29 所示的"交叉表：表格式"对话框，选中"升序"单选按钮。单击"继续"按钮返回主对话框。

（7）完成所有设置后，单击"确定"按钮执行命令。

2．结果分析

从表 5-19 可以看出样本数为 203 个，没有缺失值。

图 5-29 "交叉表：表格式"对话框

表 5-19 个案处理摘要

	个案					
	有效		缺失		总计	
	N	百分比	N	百分比	N	百分比
年龄*是否愿意捐献母乳	203	100.0%	0	0.0%	203	100.0%

从表 5-20 可以看出每种组合的实际计数、期望计数等数据，例如小于 20 岁的孕妇

中愿意捐献母乳的只有 1 个，期望计数为 9 个，且百分比为 4.8%。

表 5-20　年龄*是否愿意捐献母乳交叉表

项目			是否愿意捐献母乳		总计
			是	否	
年龄	小于 20 岁	计数	1	8	9
		期望计数	.9	8.1	9.0
		占年龄的百分比	11.1%	88.9%	100.0%
		占是否愿意捐献母乳的百分比	4.8%	4.4%	4.4%
	20～29 岁	计数	15	105	120
		期望计数	12.4	107.6	120.0
		占年龄的百分比	12.5%	87.5%	100.0%
		占是否愿意捐献母乳的百分比	71.4%	57.7%	59.1%
	30～39 岁	计数	5	62	67
		期望计数	6.9	60.1	67.0
		占年龄的百分比	7.5%	92.5%	100.0%
		占是否愿意捐献母乳的百分比	23.8%	34.1%	33.0%
	大于 40 岁	计数	0	7	7
		期望计数	.7	6.3	7.0
		占年龄的百分比	0.0%	100.0%	100.0%
		占是否愿意捐献母乳的百分比	0.0%	3.8%	3.4%
总计		计数	21	182	203
		期望计数	21.0	182.0	203.0
		占年龄的百分比	10.3%	89.7%	100.0%
		占是否愿意捐献母乳的百分比	100.0%	100.0%	100.0%

从表 5-21 可以看出卡方检验的结果。卡方检验的零假设是：不同年龄段的孕妇对是否愿意捐献母乳没有差异。表 5-21 中皮尔逊卡方检验的双侧显著性水平都大于 0.05，所以认可零假设，即不同年龄段的孕妇对是否愿意捐献母乳没有差异。

表 5-21　卡方检验

项目	值	自由度	渐近显著性（双侧）
皮尔逊卡方	2.014[a]	3	.569
似然比	2.760	3	.430
线性关联	1.626	1	.202
有效个案数	203	—	—

a. 2 个单元格（25.0%）的期望计数小于 5。最小期望计数为.72

5.5　冠心病判别分析

在医疗科研或实践中，可以利用判别分析来预测未知个体属于哪一类患者。判别分析是用于分类和预测的方法。其原理是利用已知对象的某些观测指标和所属类别，根据判别准则建立一个或多个判别函数,用研究对象的大量资料确定判别函数中的待定系数，并计算判别指标，然后用总结出的判别规则确定未知对象属于哪一类。

当研究对象的性质、特征描述不全或不能直接测量数据确定研究对象所属类别时，可以通过判别分析对其进行归类。

例如，医学中根据各种化验结果判断患者的患病类别；植物学中利用植物的各种特征判断植物的类别。判别分析是进行动植物分类、疾病辅助诊断、人才选拔和城市居民收支等级划分等的主要统计学基础。

判别分析与聚类分析不同。聚类分析所针对的样本数据的类别是未知的，需要通过聚类分析来确定类别；而判别分析所针对的样本数据的类别是已知的。正因如此，判别分析常常与聚类分析联合起来使用，先通过聚类分析将原始样本数据进行分类，然后用判别分析建立判别式以对未知对象进行判别。

数据文件	数据文件\Chapter05\data5-05.sav
视频文件	视频文件\Chapter05\一般判别分析.avi

5.5.1 数据描述

本案例的数据文件为某医院研究舒张压与血浆胆固醇对冠心病的影响情况数据，随机抽取并研究了 15 例冠心病患者、15 例正常人和 1 例未知个体，相关数据如图 5-30 所示。

现要求利用判别分析判断未知个体属于冠心病患者还是正常人。

编号	组别	DBP	CHOL
1	1	9.86	5.18
2	1	13.33	3.73
3	1	14.66	3.89
4	1	9.33	7.10
5	1	12.80	5.49
6	1	10.66	4.09
7	1	10.66	4.45

图 5-30　data5-05.sav 中的部分数据

（数据来源于《SAS 统计分析教程》，胡良平主编）

5.5.2 一般判别分析

一般判别分析是最基础的判别分析，包括距离判别法、Fisher 判别法和 Bayes 判别法 3 种。

1. 距离判别法

距离判别法对数据分布无严格要求。其基本思想是根据已知分类的数据，分别计算各类的重心（平均值），判别准则是对任给的一次观测，若它与第 i 类的重心距离最近，就认为它来自第 i 类。

假设有两个总体 G_1 和 G_2，从两个总体中分别抽出 n_1、n_2 个样品，每个样品由 P 个指标 $x_1, x_2, \cdots, x_p$ 来描述。

现任取一个样品 x，判断 x 归为哪一类。首先，计算 x 到 G_1、G_2 总体的距离，分别记为 $d(x, G_1)$、$d(x, G_2)$，按照距离最近准则判别归类，其数学模型可写成

$$\begin{cases} x \in G_1 & 若 d(x, G_1) < d(x, G_2) \\ x \in G_2 & 若 d(x, G_1) > d(x, G_2) \\ 待判 & 若 d(x, G_1) = d(x, G_2) \end{cases}$$

此时，若采用欧氏距离进行计算，则可得出 $d(x, G_1)$ 和 $d(x, G_2)$ 的值；最后，比较 $d(x, G_1)$ 和 $d(x, G_2)$ 的大小，按照距离最近准则判别归类即可。

2. Fisher判别法

Fisher 判别（又称典则判别）法对总体的分布无严格要求。Fisher 判别法的基本思想是将 m 组 n 维的数据投影到某一个方向，使得投影后的不同组尽可能分开。

假设已知总体数据分为两类：G_1 和 G_2，总体 G_1 有 p 个样品，总体 G_2 有 q 个样品，每个样品观测 p 个指标。定义线性判别函数为

$$F(x_1, x_2, \cdots, x_n) = C_1 x_1 + C_2 x_2 + \cdots + C_n x_n$$

其中，$C_i (i = 1, 2, \cdots, n)$ 为常数（待定系数）。

若判别值为 C，对于任何未知数据点 $X(x_1, x_2, \cdots, x_n)$，代入判别函数，依据 $F(x_1, x_2, \cdots, x_n)$ 与 C 值的比较结果，可以判别点 X 属于哪一类。

3. Bayes判别法

Bayes 判别法要求数据服从多元正态分布。其基本思想是根据先验概率分布求出后验概率分布，并依据后验概率分布做出统计判别。设总体 $G_i (i = 1, 2, \cdots, k)$ 的先验概率为 $q_i (q_1 + q_2 + \cdots + q_k = 1)$，具有概率密度函数 $f_i(x)$，在观测到一个样品 x 的情况下，可以用 Bayes 公式计算它来自第 $g(g = 1, 2, \cdots, k)$ 总体的后验概率，即

$$p(g/x) = \frac{q_g f_g(x)}{\sum_{i=1}^{k} q_i f_i(x)}$$

当 $p(g/x) = \max\limits_{1 \leqslant g \leqslant k} p(g/x)$ 时，则判断 x 来自第 g 总体。

4. SPSS实现

（1）打开数据文件 data5-05.sav，执行菜单栏中的"分析"→"分类"→"判别式"命令，弹出图 5-31 所示的"判别分析"对话框。在左侧的变量列表中选中"组别"变量，单击⏵按钮，将其作为分类变量送入"分组变量"框中；选中"舒张压[DBP]""血浆胆固醇[CHOL]"变量，单击⏵按钮，将其送入"自变量"框中。

（2）单击"定义范围"按钮，在弹出的图 5-32 所示的"判别分析：定义范围"对话框中分别输入"1"和"2"。

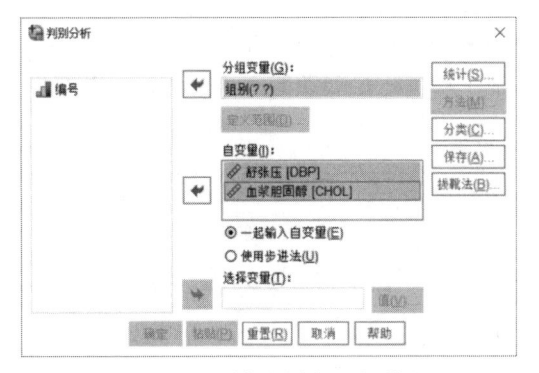

图 5-31 "判别分析"对话框 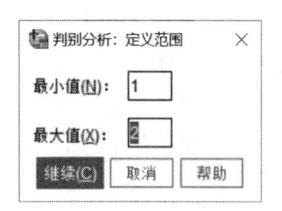　　　　　图 5-32 "判别分析：定义范围"对话框

（3）单击"统计"按钮，弹出图 5-33 所示的"判别分析：统计"对话框。勾选"平均值""博克斯 M""费希尔""未标准化""组内协方差""分组协方差"复选框。

（4）单击"分类"按钮，弹出图 5-34 所示"判别分析：分类"对话框，勾选"摘要表"复选框。

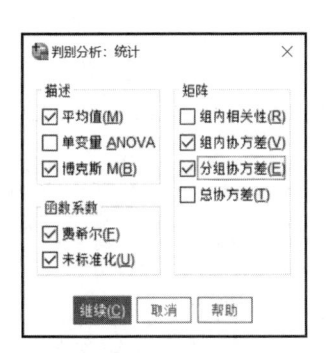

图 5-33 "判别分析：统计"对话框 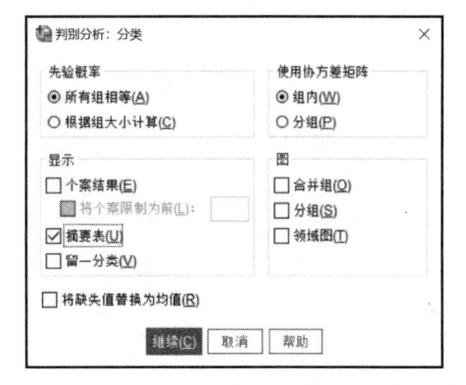　　　　图 5-34 "判别分析：分类"对话框

（5）完成所有设置后，单击"确定"按钮执行命令，此时会弹出分析个案处理摘要、组统计、协方差矩阵等分析结果。

5. 结果分析

表 5-22 中为关于样本使用的信息，包括有效数据和缺失数据的统计信息，本案例中有一个缺失数据，该缺失数据就是未分类的个案。

表 5-22 分析个案处理摘要

未加权的个案		数字	百分比（%）
有效		30	96.8
排除	缺失或超出范围组代码	1	3.2
	至少一个缺失判别变量	0	.0
	既包括缺失或超出范围组代码，也包括至少一个缺失判别变量	0	.0
	总计	1	3.2
总计		31	100.0

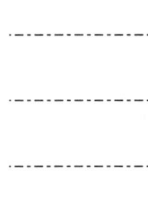

表 5-23 给出了各个类别的平均值、标准偏差及加权与未加权的有效个案数，通过这些数据，可以了解冠心病患者和正常人在舒张压和血浆胆固醇两个生理指标上的差异。

表 5-23 组统计

组别		平均值	标准偏差	有效个案数（成列）	
				未加权	加权
冠心病患者	舒张压	12.4940	1.64064	15	15.000
	血浆胆固醇	4.8680	1.12948	15	15.000
正常人	舒张压	8.7153	1.07722	15	15.000
	血浆胆固醇	3.6647	.95708	15	15.000
总计	舒张压	8.6047	1.63641	30	30.000
	血浆胆固醇	4.2663	1.19689	30	30.000

表 5-24 和表 5-25 给出了两个生理指标的协方差矩阵和总样本的协方差矩阵。

表 5-24 汇聚组内矩阵 [a]

	项目	舒张压	血浆胆固醇
协方差	舒张压	1.926	-.468
	血浆胆固醇	-.468	1.096

a. 协方差矩阵的自由度为 28

表 5-25 协方差矩阵

组别		舒张压	血浆胆固醇
冠心病患者	舒张压	2.692	-.764
	血浆胆固醇	-.764	1.276
正常人	舒张压	1.160	-.172
	血浆胆固醇	-.172	.916

表 5-26 给出了博克斯 M 检验的结果，即对各总体协方差矩阵是否相等的统计检验，可以看出在 0.05 的显著性水平下没有足够的理由拒绝原假设，即认为总体协方差矩阵相等，所以建议使用表 5-24 的"汇聚组内矩阵"进行计算和分类。若否定了协方差矩阵相等的假设，则应使用如表 5-25 所示的分组协方差矩阵进行分析。

表 5-26 博克斯 M 检验结果

博克斯 M		2.726
F	近似	.838
	自由度 1	3
	自由度 2	141120.000
	显著性	.473

表 5-27 给出了解释方差的比例和典型相关系数，由此可知本案例仅一个函数就能解释所有的方差变异。

表 5-27 特征值

函数	特征值	方差百分比	累计百分比	典型相关性
1	1.169[a]	100.0%	100.0%	.734
a. 在分析中使用了前 1 个典则判别函数				

表 5-28 是威尔克 Lambda 检验结果，用来判别函数在统计学上是否有显著意义。从显著性 0.000 可知，该函数在 0.01 水平上极显著。所以，可以接受该函数建立的判别规则。

表 5-28 威尔克 Lambda 检验结果

函数检验	威尔克 Lambda	卡方	自由度	显著性
1	.461	20.908	2	.000

表 5-29 给出了判别函数中两个变量的标准化系数，所以判别函数可以表示为

$$y = 0.882 \times 舒张压^* + 0.834 \times 血浆胆固醇^*$$

这里的"舒张压*"和"血浆胆固醇*"是标准化后的变量，标准化变量的系数就是判别权重。

表 5-30 是结构系数矩阵，由汇聚组内相关系数矩阵×标准化判别函数系数矩阵计算得到，通过结构系数可以看出两个变量对判别函数的贡献较大。

表 5-29 两个变量的标准化系数

项目	函数
	1
舒张压	.882
血浆胆固醇	.834

表 5-30 结构系数矩阵

项目	函数
	1
舒张压	.613
血浆胆固醇	.550
判别变量与标准化典则判别函数之间的汇聚组内相关性变量按函数内相关性的绝对大小排序	

表 5-31 给出了典则判别函数中两个变量的未标准化系数，若未对原始数据标准化，则可以利用该表格中的系数。所以，判别函数可以表示为

$$y = 0.636 \times 舒张压^* + 0.797 \times 血浆胆固醇^* - 10.775$$

根据该判别函数可以计算每个个案的判别得分。

表 5-31 典则判别函数中变量的未标准化系数

项目	函数
	1
舒张压	.636
血浆胆固醇	.797
（常量）	−10.775
未标准化系数	

表 5-32 给出两个类别的重心在平面上的位置。根据结果，判别函数在冠心病患者这一组的重心为 1.045，在正常人这一组的重心为-1.045。只要根据典则判别函数计算出每个个案的平面位置后，再计算他们和各类重心的距离，就可以判断每个个案属于哪个类别。

表 5-32 组重心

组别	重心
	1
冠心病患者	1.045
正常人	-1.045

表 5-33 说明 31 个个案都参与分类。

表 5-33 分类处理摘要

	已处理	31
除外	缺失或超出范围组代码	0
	至少一个缺失判别变量	0
	输出中使用的	31

表 5-34 给出各组的先验概率，由表可以看出所有组的先验概率相等。

表 5-34 组的先验概率

组别	先验	在分析中使用的个案	
		未加权	加权
冠心病患者	.500	15	15.000
正常人	.500	15	15.000
总计	1.000	30	30.000

表 5-35 给出每组的分类函数系数。对个案进行判别时，Fisher（费希尔）判别函数是直接计算每个个案属于各类的得分，个案在哪个类别中的得分高就属于哪个类别。

由表 5-35 可说明，冠心病患者这一组的分类函数是

$$f_1 = 8.441 \times 舒张压 + 8.045 \times 血浆胆固醇 - 73.002$$

正常人这一组的分类函数是

$$f_2 = 7.113 \times 舒张压 + 6.380 \times 血浆胆固醇 - 50.491$$

由此可以计算出每个观测在各组的分类函数值，然后将观测分类到较大的分类函数值中。

表 5-36 是用典则判别函数进行预测的统计信息，从表中可看出，通过判别函数预测，有 24 个观测值是分类正确的，其中冠心病患者这一组 15 个观测值中有 12 个观测值被判对，正常人这一组 15 个观测值中 12 个观测值被判对，从而有 24/30=80.0%的原始观测值被判对；表格最后一行的未分组个案被判为正常人。

表 5-35 分类函数系数

项目	组别	
	冠心病患者	正常人
舒张压	8.441	7.113
血浆胆固醇	8.045	6.380
（常量）	−73.002	−50.491
Fisher 线性判别函数		

表 5-36 分类结果 [a]

		组别	预测组成员信息		总计
			冠心病患者	正常人	
原始	计数	冠心病患者	12	3	15
		正常人	3	12	15
		未分组个案	0	1	1
	%	冠心病患者	80.0	20.0	100.0
		正常人	20.0	80.0	100.0
		未分组个案	.0	100.0	100.0

a. 正确地对 80.0% 个原始已分组个案进行分类

5.6 本章小结

本章介绍了生存分析、COX 回归分析、独立样本 T 检验、单因素方差分析、交叉卡方检验等分析方法在医疗领域中的应用。生存分析涉及有关疾病的愈合、死亡，或者器官的生长发育等时效性指标。COX 回归分析是多因素生存分析中比较常用的一种方法，该方法主要应用于肿瘤或其他慢性疾病的预后分析。

单因素方差分析用于检验单因素各个水平的值是否来自同一个总体。交叉卡方检验通过频数交叉表来讨论两个或多个变量之间是否存在关联，并提供了各种双向表检验和相关性测量。除此之外，还有很多分析方法可用于医疗领域的研究。

5.7 综合练习

1. 数据文件 data5-03.sav 为调查某药物的药物依从性得分数据，请完成以下分析：
（1）不同婚姻状况人群的药物依从性得分是否存在显著性差异。
（2）不同工作状态人群的药物依从性得分是否存在显著性差异。
（3）不同家庭人均月收入人群的药物依从性得分是否存在显著性差异。
（4）根据 5.3 节内容，选择合适的变量作为自变量，对药物依从性得分进行回归分析。

（数据存储于\Chapter5\data5-03.sav 文件中）

2．数据文件 data5-04.sav 为某医院对孕妇是否愿意捐献母乳进行的调查分析数据，请完成如下分析：

（1）不同最高学历孕妇对于是否愿意捐献母乳是否存在差异。

（2）不同工作情况孕妇对于是否愿意捐献母乳是否存在差异。

（3）不同居住地址孕妇对于是否愿意捐献母乳是否存在差异。

（4）不同家庭月收入孕妇对于是否愿意捐献母乳是否存在差异。

（5）不同养育孩子个数孕妇对于是否愿意捐献母乳是否存在差异。

（数据存储于\Chapter5\data5-04.sav 文件中）

3．数据文件 data5-06.sav 为住院患者参与医疗安全意愿及行为现状的调查数据，请根据调查数据完成以下分析：

（1）不同性别患者的行为意愿是否存在差异。

（2）不同学历患者的行为意愿是否存在差异。

（3）不同婚姻状况患者的行为意愿是否存在差异。

（4）根据调查内容选择其他分析方法进行合理分析。

（数据存储于\Chapter5\data5-06.sav 文件中）

4．数据文件 data5-07.sav 为血透患者的调查数据，请根据调查数据分析性别、年龄、文化程度、婚姻状况、职业对生活质量的影响。

（数据存储于\Chapter5\data5-07.sav 文件中）

第6章

市场营销领域应用

市场营销又称为市场学、市场行销或行销学。市场属于商品经济的范畴,是一种以商品交换为内容的经济联系形式。对于企业来说,市场是营销活动的出发点和归宿。市场营销既是一种职能,又是为了自身及利益相关者的利益而创造、沟通、传播和传递客户价值,为顾客、客户、合作伙伴及整个社会带来经济价值的活动、过程和体系,主要是指营销人员针对市场开展经营活动、销售行为的过程。本章旨在说明在进行市场调研时如何运用统计软件 SPSS 对数据进行分析,得到我们需要的结果。

学习目标:

- 了解 SPSS 在市场营销中的应用。
- 掌握寿命表分析在市场营销中的应用。
- 掌握周期性分析在市场营销中的应用。
- 掌握判别分析在市场营销中的应用。

6.1 客户流失率分析

在市场销售过程中,企业营销不当或者受负面新闻的影响等会直接影响客户的购买意愿,造成一定程度的客户流失,本节主要用寿命表来分析客户的流失率。

寿命表分析适用于大样本的情况,其把数据按时间段分成几组,观测不同时间段的生存率。

寿命表法是通过计算落入单位时间段内的失效观察和删失观测的个数,估计该区间上的死亡概率;并且用该区间及之前各区间上的生存概率之积估计生存率。

当资料按照固定的时间段收集时,随访结果只有时间段内的若干观察人数、出现预期观察结果的人数和删失人数,每个研究对象的确切生存时间是无法知道的,此时就应当使用寿命表法进行分析,即进行分组资料的生存分析。

数据文件	数据文件\Chapter6\data6-01.sav
视频文件	视频文件\Chapter6\寿命表分析.avi

6.1.1 数据描述

本案例的数据文件 data 6-01.sav 摘自 SPSS 自带的数据文件 telco.sav，如图 6-1 所示。数据中包括 tenure（在网月数）、custcat（客户种类）、churn（是否流失）3 个变量。现要求利用寿命表分析来研究不同种类客户的流失情况有何差异。

图 6-1　data6-01.sav 中的数据

6.1.2 SPSS 实现

（1）打开数据文件 data6-01.sav，执行菜单栏中的"分析"→"生存分析"→"寿命表"命令，弹出"寿命表"对话框。

选中左侧变量列表中的"在网月数"变量，单击 ▶ 按钮（单击后变为 ◀，后同），将其作为时间变量选入"时间"框中，并在下方的"0 到"框中输入 72，在"按"框中输入 12。

选中左侧变量列表中的 churn 变量，单击 ▶ 按钮，将其作为状态变量选入"状态"框中，如图 6-2 所示。

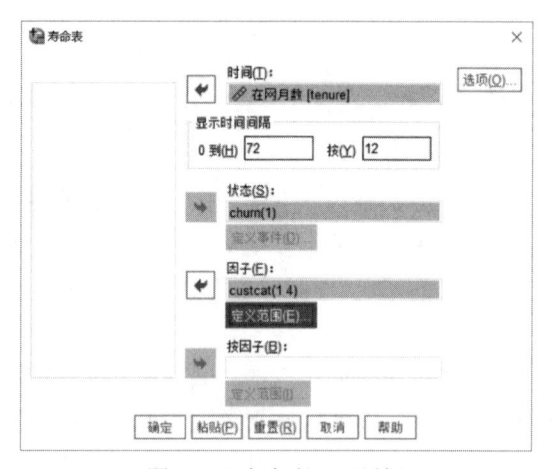

图 6-2　"寿命表"对话框

（2）单击"定义事件"按钮，弹出图 6-3 所示的"寿命表：为状态变量定义事件"对话框，在"单值"后的框中输入 1。单击"继续"按钮返回主对话框。

（3）选中左侧变量列表中的 custcat 变量，单击按钮，将其作为因素变量选入"因子"框中，并单击"定义范围"按钮，弹出图 6-4 所示的"寿命表：定义因子范围"对话框，在"最大值"和"最小值"框中分别输入 4 和 1。单击"继续"按钮返回主对话框。

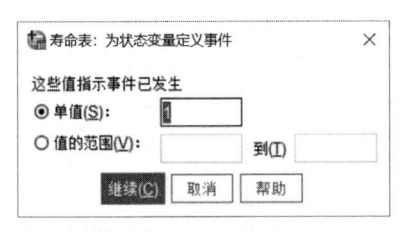

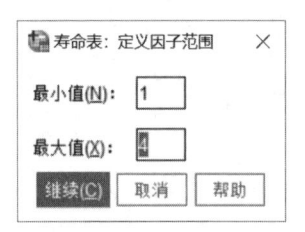

图 6-3 "寿命表：为状态变量定义事件"对话框　　图 6-4 "寿命表：定义因子范围"对话框

（4）单击"选项"按钮，弹出图 6-5 所示的"寿命表：选项"对话框。勾选"寿命表""生存分析"复选框；选中"成对"单选按钮。单击"继续"按钮返回主对话框。

（5）完成所有设置后，单击"确定"按钮执行命令，此时会得到寿命表、总体比较、成对比较等分析结果。

6.1.3　结果分析

从表 6-1 "进入时间间隔的数目"一列可以看出，4 类客户的人数相近；由"终端事件数"一列可以发现，4 类客户均在入网一年后出现较大流失，所以建议运营公司在客户入网一年内提高服务质量，以提高客户满意度。

图 6-5 "寿命表：选项"对话框

表 6-1 寿命表

一阶控制		时间间隔开始时间	进入时间间隔的数目	时间间隔期内撤销数目	有风险的数目	终端事件数	终止比例	生存分析比例	期末的累计生存分析比例	期末累计生存分析比例的标准误差	概率密度	概率密度的标准误差	风险率	风险率的标准误差
客户种类	基本服务	0	266	36	248.000	47	.19	.81	.81	.02	.016	.002	.02	.00
		12	183	44	161.000	16	.10	.90	.73	.03	.007	.002	.01	.00
		24	123	40	103.000	13	.13	.87	.64	.04	.008	.002	.01	.00
		36	70	25	57.500	7	.12	.88	.56	.04	.006	.002	.01	.00
		48	38	26	25.000	0	0.00	1.00	.56	.04	0.000	0.000	0.000	0.000
		60	12	12	6.000	0	0.00	1.00	.56	.04	0.000	0.000	0.000	0.000
	上网服务	0	217	4	212.000	10	.05	.95	.95	.01	.004	.001	.00	.00
		12	203	14	196.000	17	.09	.91	.87	.02	.007	.002	.01	.00
		24	172	18	163.000	13	.08	.92	.80	.03	.006	.002	.01	.00
		36	141	27	127.500	10	.08	.92	.74	.03	.005	.002	.01	.00

续表

一阶控制		时间间隔开始时间	进入时间间隔的数目	时间间隔期内撤销数目	有风险的数目	终端事件数	终止比例	生存分析比例	期末的累计生存分析比例	期末累计生存分析比例的标准误差	概率密度	概率密度的标准误差	风险率	风险率的标准误差
客户种类	上网服务	48	104	36	86.000	9	.10	.90	.66	.04	.006	.002	.01	.00
		60	59	49	34.500	0	0.00	1.00	.66	.04	0.000	0.000	0.00	0.00
		72	10	10	5.000	0	0.00	1.00	.66	.04	0.000	0.000	0.00	0.00
	附加服务	0	281	18	272.000	15	.06	.94	.94	.01	.005	.001	.00	.00
		12	248	34	231.000	8	.03	.97	.91	.02	.003	.001	.00	.00
		24	206	42	185.000	7	.04	.96	.88	.02	.003	.001	.00	.00
		36	157	30	142.000	5	.04	.96	.85	.02	.003	.001	.00	.00
		48	122	48	98.000	4	.04	.96	.81	.03	.003	.001	.00	.00
		60	70	53	43.500	5	.11	.89	.72	.05	.008	.003	.01	.00
		72	12	12	6.000	0	0.00	1.00	.72	.05	0.000	0.000	0.00	0.00
	所有服务	0	236	12	230.000	28	.12	.88	.88	.02	.010	.002	.01	.00
		12	196	25	183.500	23	.13	.87	.77	.03	.009	.002	.01	.00
		24	148	20	138.000	14	.10	.90	.69	.03	.006	.002	.01	.00
		36	114	29	99.500	8	.08	.92	.63	.04	.005	.002	.01	.00
		48	77	23	65.500	10	.15	.85	.54	.04	.008	.002	.01	.00
		60	44	30	29.000	5	.17	.83	.45	.05	.008	.003	.02	.01
		72	9	9	4.500	0	0.00	1.00	.45	.05	0.000	0.000	0.00	0.00

图6-6是关于4类客户流失的生存函数图,该图是对寿命表的图形展示,其能更形象地展示分析结果。由图6-6可知,在入网一年后,基本服务这类客户的累计生存函数值下降最快,其次是所有服务的客户,再次是附加服务的客户,下降最慢的是上网服务的客户。

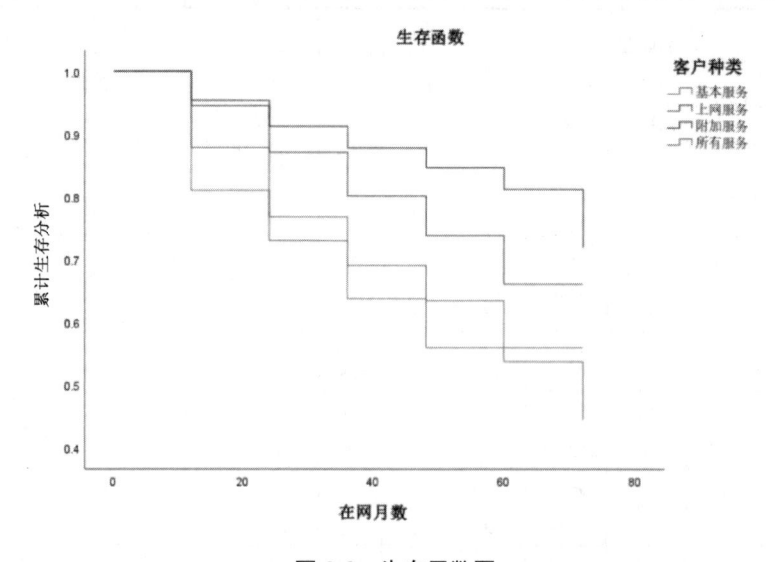

图6-6 生存函数图

表 6-2 是总体比较表，通过威尔科克森检验，显著性为 0.000，说明 4 类客户的生存曲线存在显著性差异。

表 6-2 总体比较[a]

威尔科克森（吉亨）统计	自由度	显著性
49.179	3	<.001

a. 执行的是精确比较

表 6-3 给出更详细的结论。可以看出，4 类客户中除基本服务的客户与所有服务的客户之间不存在显著性差异外，其余两两之间均存在显著性差异。

表 6-3 成对比较[a]

(I) custcat	(J) custcat	威尔科克森（吉亨）统计	自由度	显著性
1	2	18.640	1	<.001
	3	37.154	1	<.001
	4	2.949	1	.086
2	1	18.640	1	<.001
	3	5.515	1	.019
	4	9.222	1	.002
3	1	37.154	1	<.001
	2	5.515	1	.019
	4	27.229	1	<.001
4	1	2.949	1	.086
	2	9.222	1	.002
	3	27.229	1	<.001

a. 执行的是精确比较

6.2 销售量周期性分析

很多数据都可以时间序列的形式存在，如一年中每个月物品的销售量、每天的股票价格、若干年的人口总数、一个国家几十年的 GDP 等，它们都有一个共同点，即都是在一定时间长度内的已知间隔时期观察的某个变量。

时间序列数据与以往研究的数据有不同之处，以往的数据都是在某一个时刻或某一段时间内存在的数据，没有先后顺序可言，交换个案之间的顺序对于分析结果没有影响。但是，时间序列数据是不能随意交换先后顺序的，相邻观测值之间通常是不独立的，存在着某种前后相承的关系，所以分析这类数据就需要特殊的分析方法，即时间序列分析。对时间序列进行观察、研究，寻找它们发展变化的规律，从而预测将来的发展趋势就是时间序列分析。本节主要介绍时间序列分析在服装销售量分析的应用。

6.2.1 序列图在服装销售量分析中的应用

在创建一个时间序列模型之前,需要了解时间序列数据的性质,如是否呈现某种变化趋势,是否存在周期性波动等,可以通过对时间序列绘制序列图来进行判断。

数据文件	数据文件\Chapter6\data6-02.sav
视频文件	视频文件\Chapter6\服装销售量周期性分析.avi

1. 数据描述

本案例的数据文件为1989年1月到1998年12月市场上每月男装、女装、珠宝等销售情况数据,如图6-7所示。现要求利用序列图对男装销售量进行分析。

	日期	男装	女装	珠宝	邮寄	页	电话	印刷	服务
1	01/01/1989	11357.92	16578.93	10776.38000	7978	73	34	22294.48	20
2	02/01/1989	10605.95	18236.13	10821.97000	8290	88	29	27426.47	20
3	03/01/1989	16998.57	43393.55	22845.79000	8029	65	24	27978.66	26
4	04/01/1989	6563.75	30908.49	11102.62000	7752	85	20	28949.65	22
5	05/01/1989	6607.69	28701.58	16066.57000	8685	74	17	22642.27	21
6	06/01/1989	9839.00	29647.57	11061.28000	7847	87	30	27210.61	23
7	07/01/1989	9398.32	31141.51	11328.97000	7881	79	28	26632.96	22

图 6-7 data6-02.sav 中的数据

2. SPSS实现

在对时间序列进行分析之前,需要对其进行预处理。在 SPSS 中,预处理主要分以下几步:①检查时间序列是否存在缺失值,对存在缺失值的数据进行替换;②SPSS 需要对时间变量进行标识,所以需要对时间序列进行定义;③时间序列分析方法是建立在序列满足平稳性的基础上的,所以往往需要对时间序列进行计算以满足平稳性的要求。

(1)打开数据文件 data6-02,执行菜单栏中的"数据"→"定义日期和时间"命令,弹出"定义日期"对话框,在"个案是"框中选择"年、季度、月",在"第一个个案是"栏的"年""季度"和"月"框中,分别输入"1989""1""1",右侧的"更高级别的周期长度"处可见"季度"的默认周期为4,"月"的默认周期为12,如图6-8所示。

(2)此时"数据视图"将生成多个当前日期的新变量,如图6-9所示。

YEAR_	QUARTER_	MONTH_	DATE_
1989	1	1	JAN 1989
1989	1	2	FEB 1989
1989	1	3	MAR 1989
1989	2	4	APR 1989
1989	2	5	MAY 1989
1989	2	6	JUN 1989
1989	3	7	JUL 1989
1989	3	8	AUG 1989
1989	3	9	SEP 1989
1989	4	10	OCT 1989
1989	4	11	NOV 1989
1989	4	12	DEC 1989
1990	1	1	JAN 1990

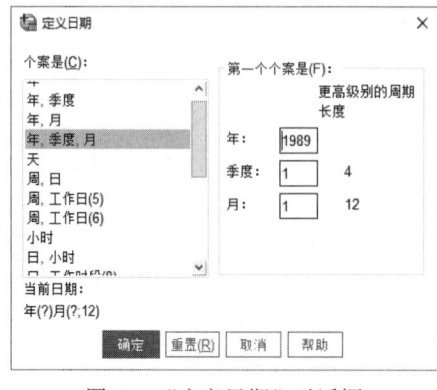

图 6-8 "定义日期"对话框

图 6-9 数据视图

（3）执行菜单栏中的"转换"→"创建时间序列"命令，弹出图 6-10 所示的"创建时间序列"对话框。将"年份"变量通过按钮选入右侧的"变量->新名称"框，其他选项采用系统默认值。

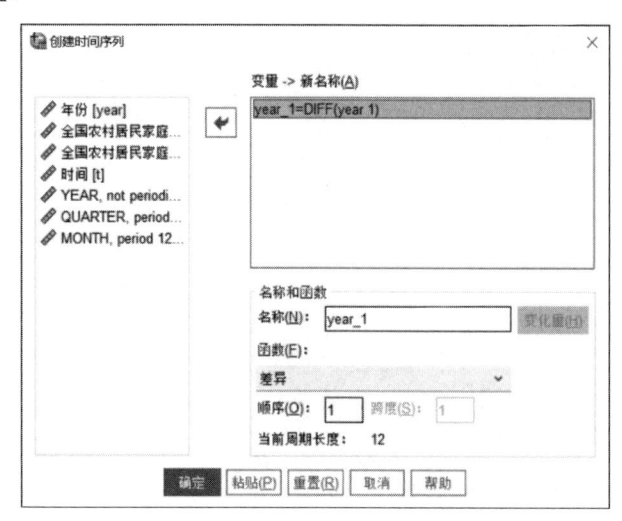

图 6-10 "创建时间序列"对话框

（4）完成所有设置后，单击"确定"按钮执行命令，此时会弹出创建的序列表格，如表 6-4 所示。

表 6-4 创建的序列

	序列名称	非缺失值的个案编号		有效个案数	创建函数
		第一个	最后一个		
1	year_1	2	120	119	DIFF（year,1）

（5）执行菜单栏中的"分析"→"时间序列预测"→"序列图"命令，弹出图 6-11 所示的"序列图"对话框。从源变量列表中选中"男装销售"变量，通过按钮选入"变量"框，将"日期"变量选入"时间轴标签"框中，用来标示时间轴。

（6）单击"时间线"按钮，弹出图 6-12 所示的"序列图：时间轴参考线"对话框。选中"绘制日期参考线"单选按钮，在"年"框中输入"1990"，在"季度""月"框中分别输入"1"。单击"继续"按钮返回主对话框。

（7）完成所有设置后，单击"确定"按钮执行命令，此时会弹出模型描述、个案处理摘要、序列图等分析结果。

3．结果分析

表 6-5 给出了模型的一些基础信息，包括模型名称（MOD_4）、系列或序列（男装销售）、转换（无）、非季节性差分（0）、季节性差分（0）、季节性周期长度（12）、水平轴标（Date）、干预开始（1990 年 1 月）、参考线（无）和曲线下方的区域（未填充）。

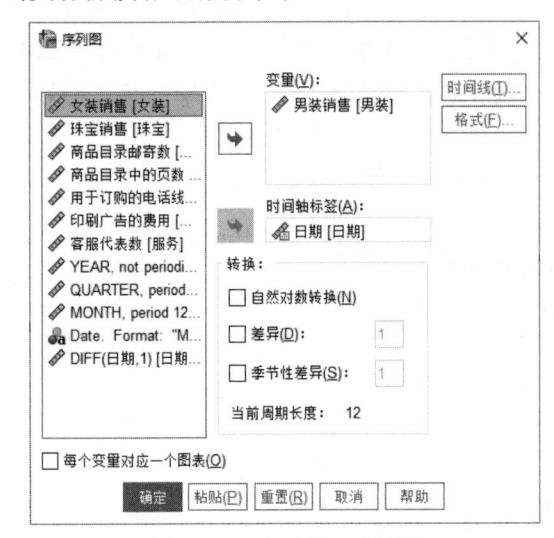

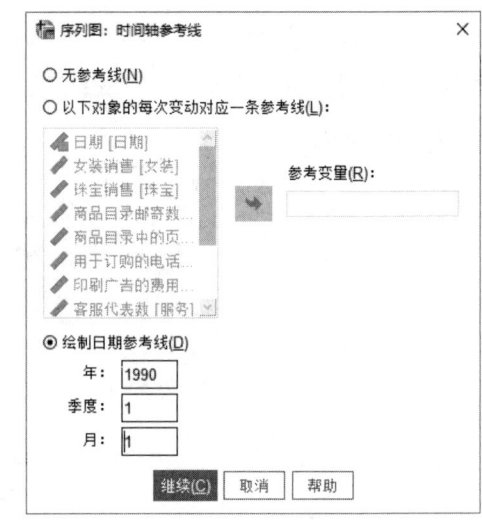

图 6-11 "序列图"对话框　　　　　图 6-12 "序列图：时间轴参考线"对话框

表 6-5　模型描述

模型名称		MOD_4
系列或序列	1	男装销售
转换		无
非季节性差分		0
季节性差分		0
季节性周期长度		12
水平轴标		Date
干预开始		YEAR, not periodic=1990, QUARTER, period 4=1, MONTH, period 12=1
参考线		无
曲线下方的区域		未填充
正在应用来自 MOD_4 的模型指定项		

从表 6-6 可以看出，系列或序列长度为 120，没有缺失值。

表 6-6　个案处理摘要

		男装销售
系列或序列长度		120
图表中的缺失值数	用户缺失	0
	系统缺失	0

图 6-13 显示了从 1989 年 1 月到 1998 年 12 月每个月男装销售量的序列图，竖线为基准线，对应的时间为 1990 年 1 月，图中可见：序列表现出明显的上下波动趋势，总体上序列还呈现一定的上升趋势，此外基本上每年的 12 月份男装销售量都达到一个高峰，呈现出较为明显的周期性波动特征。

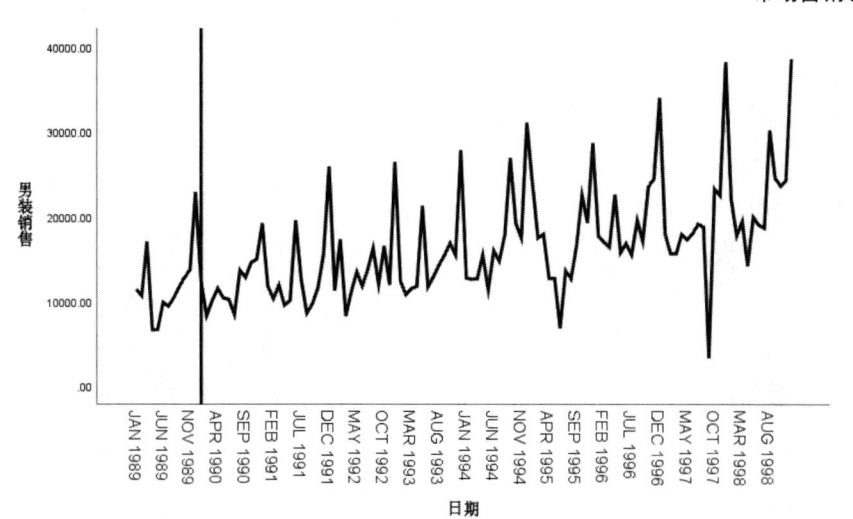

图 6-13 序列图

6.2.2 周期性分解在服装销售量上的应用

周期性分解过程可将一个序列分解成一个周期性成分、一个组合趋势和循环的成分及一个"误差"成分。例如，科学家想要对特定气象站的臭氧层每月测量结果进行分析，目标是确定数据是否存在任何趋势。

为了揭示真实趋势，由于季节性影响，科学家首先需要考虑所读取资料中的变异，可使用"周期性分解"过程来去除任何系统性的周期性变化；然后，对周期性调整序列执行趋势分析。

1. 数据描述

本案例的数据文件仍然为 1989 年 1 月到 1998 年 12 月市场上每月男装、女装、珠宝等销售情况数据，如图 6-7 所示。现要求对男装销售量进行周期性分解分析。

2. SPSS实现

（1）打开数据文件 data6-02.sav，参照 6.2.1 节序列图定义时间日期，在此不再重复介绍。

（2）执行菜单栏中的"分析"→"时间序列预测"→"季节性分解"命令，弹出图 6-14 所示的"季节性分解"对话框。

从左边源变量列表中选中"男装销售"变量，通过按钮选入"变量"框，在"模型类型"栏中选中"乘性"单选按钮，在"移动平均值权重"栏中选中"端点按 0.5 加权"单选按钮，并勾选"显示个案列表"复选框。

（3）单击"保存"按钮，弹出图 6-15 所示的"季节：保存"对话框，选中"添加到文件"单选按钮，单击"继续"按钮返回主对话框。

（4）完成所有设置后，单击"确定"按钮执行命令，此时系统会弹出模型描述、周期性分解的分析结果。

图 6-14 "季节性分解"对话框   图 6-15 "季节：保存"对话框

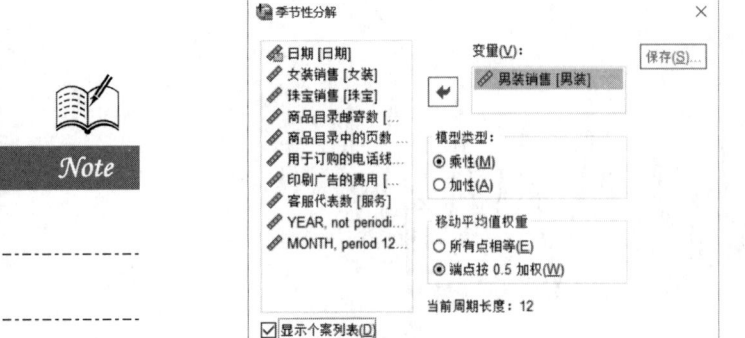

3. 结果分析

表 6-7 给出了模型的一些基本信息，包括模型名称（MOD_1）、模型类型（乘性）、系列名称（男装销售）、季节性周期长度（12）和移动平均值的计算方法（跨度等于周期性加 1，且端点按 0.5 加权）。

表 6-7 模型描述

模型名称	MOD_1
模型类型	乘性
系列名称 1	男装销售
季节性周期长度	12
移动平均值的计算方法	跨度等于周期性加 1，且端点按 0.5 加权

应用 MOD_1 中的模型规范

表 6-8 列出了变量的原始序列、季节因子、季节调整序列等信息，只截取了部分结果（1989 年 1 月至 1990 年 12 月）。从表 6-8 可以看出每年的 12 月份季节因子数值最高，说明 12 月份对序列的影响最大，可以判断男装销售的周期为 12，即为 1 年。

表 6-8 周期性分解

系列名称： 男装销售

DATE_	原始序列	移动平均序列	原始序列与移动平均序列之比（%）	季节因子（%）	季节性调整序列	长期趋势序列	不规则（误差）因子
JAN 1989	11357.920	.	.	95.0	11952.222	15603.400	.766
FEB 1989	10605.950	.	.	84.4	12563.682	14867.455	.845
MAR 1989	16998.570	.	.	84.6	20086.460	13395.563	1.499
APR 1989	6563.750	.	.	84.7	7744.927	11424.611	.678
MAY 1989	6607.690	.	.	85.5	7731.251	10276.244	.752
JUN 1989	9839.000	.	.	86.4	11387.613	10021.865	1.136
JUL 1989	9398.370	11933.6900	78.6	85.9	10940.902	10854.893	1.008
AUG 1989	10395.530	11876.8363	87.5	95.0	10944.713	11362.371	.963

续表

DATE_	原始序列	移动平均序列	原始序列与移动平均序列之比（%）	季节因子（%）	季节性调整序列	长期趋势序列	不规则（误差）因子
SEP 1989	11663.130	11490.5967	101.5	93.5	12475.429	11664.137	1.070
OCT 1989	12805.220	11407.1229	19.3	111.3	11206.928	11870.294	.944
NOV 1989	13636.250	11769.1846	112.9	110.8	12306.759	12242.872	1.005
DEC 1989	22849.010	11940.4825	191.4	179.9	12702.772	12185.671	1.042
JAN 1990	12325.800	11910.7575	103.5	95.0	12970.747	1209.775	1.080
FEB 1990	8273.580	12007.5192	68.9	84.4	9800.784	11710.131	.837
MAR 1990	10061.190	12189.0550	82.5	84.6	11888.864	11944.208	.995
APR 1990	11497.760	12307.5446	93.4	84.7	13566.836	12258.765	1.107
MAY 1990	10363.160	12433.6008	83.3	85.5	12125.295	12086.349	1.003
JUN 1990	10194.680	12334.1096	82.7	86.4	11799.276	11904.357	.991
JUL 1990	8401.240	12157.7225	69.1	85.9	9780.168	11939.312	.819
AUG 1990	13642.890	12218.1438	111.7	95.0	14363.627	12722.179	1.129
SEP 1990	12772.630	12376.5150	103.2	93.5	13662.202	13157.271	1.038
OCT 1990	14539.470	12368.8296	117.5	111.3	12724.716	13051.517	.975
NOV 1990	14927.350	12274.2558	121.6	110.8	13471.981	12581.105	1.071
DEC 1990	19170.240	12650.1267	151.5	179.9	10657.514	12065.689	.883

从图 6-16 可以看到在数据窗口生成的模型销售量的误差项（ERR_1）、季节校准序列（SAS_1）、季节因素指数（SAF_1）和季节趋势周期（STC_1）。

	服务	YEAR_	MONTH_	DATE_	ERR_1	SAS_1	SAF_1	STC_1
1	20	1989	1	JAN 1989	.76600	11952.22247	.95028	15603.40013
2	20	1989	2	FEB 1989	.84505	12563.68151	.84418	14867.45453
3	26	1989	3	MAR 1989	1.49949	20086.45963	.84627	13395.56335
4	22	1989	4	APR 1989	.67792	7744.92743	.84749	11424.61089
5	21	1989	5	MAY 1989	.75234	7731.25092	.85467	10276.24396
6	23	1989	6	JUN 1989	1.13628	11387.61315	.86401	10021.86514
7	22	1989	7	JUL 1989	1.00792	10940.90214	.85901	10854.89324

图 6-16 保存的变量

6.2.3 谱分析在服装销售量上的应用

谱分析主要用来标识时间序列中的周期行为，特点是不需要分析一个时间点与下一个时间点之间的变异，只要按不同频率的周期性成分分析整体序列的变异即可。平滑序列在低频率时具有更强的周期性成分；而随机变异（"白噪声"）将成分强度均匀分布到所有频率。

1. 数据描述

本案例的数据文件仍然是 1989 年 1 月到 1998 年 12 月市场上每月男装、女装、珠宝等销售情况数据，如图 6-7 所示。现要求对男装销售量进行谱分析。

2. SPSS实现

（1）打开数据文件 data6-02.sav，参照 6.2.1 节序列图定义时间日期，在此不再重复

介绍。

（2）执行菜单栏中的"分析"→"时间序列预测"→"谱分析"命令，弹出图6-17所示的"谱图"对话框。从左边源变量列表中选中"男装销售"变量，通过 按钮选入"变量"框，在"图"栏中勾选"谱密度"复选框，其他采用系统默认选项。

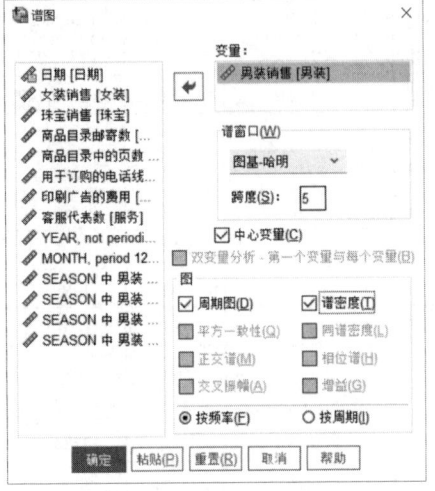

图 6-17 "谱图"对话框

（3）完成所有设置后，单击"确定"按钮执行命令，此时会弹出模型描述、男装的周期图等分析结果。

3. 结果分析

表 6-9 给出了模型的一些基本信息，包括模型名称、分析类型、序列名称等。

表 6-9 模型描述

模型名称			MOD_3
分析类型			单变量
序列名称		1	男装销售
值范围			通过零点居中进行精简
周期图平滑	谱窗口		图基-哈明
	窗口跨度		5
	权重值	W(-2)	2.231
		W(-1)	2.238
		W(0)	2.240
		W(1)	2.238
		W(2)	2.231
正在应用来自 MOD_3 的模型指定项			

图 6-18 是按频率绘制的周期图，从周期图可以看出有很多连续的峰值，在小于 0.1 的频率处有最高的峰值，初步判断此数据可能包含一个年度的周期成分，一个年度周期对应数据集中的周期 12，而频率和周期互为倒数，周期 12 对应的频率为 1/12（0.083），

刚好与最高峰值处的频率相一致。

图 6-19 是按频率绘制的谱密度图。谱密度图是消除背景噪声平滑后的周期图。由图 6-19 可以看出最高峰值所在的频率在 0.083 处，结合周期图和谱密度图可以判断数据拥有一个年度的周期成分。

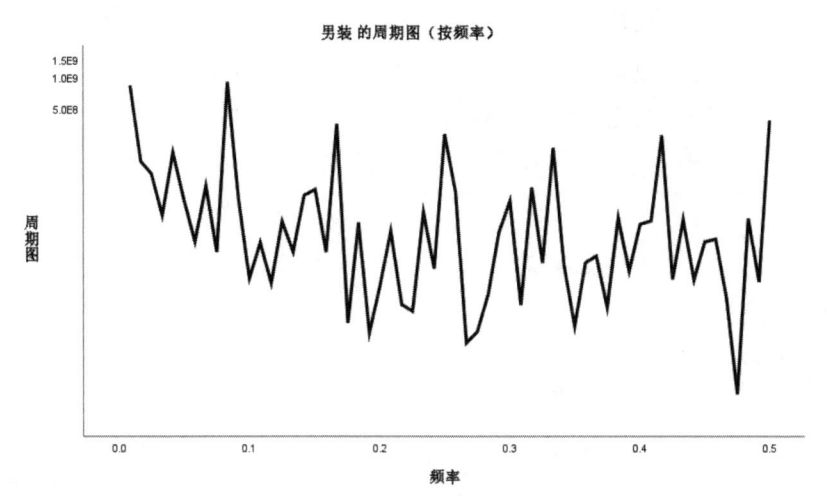

图 6-18　周期图

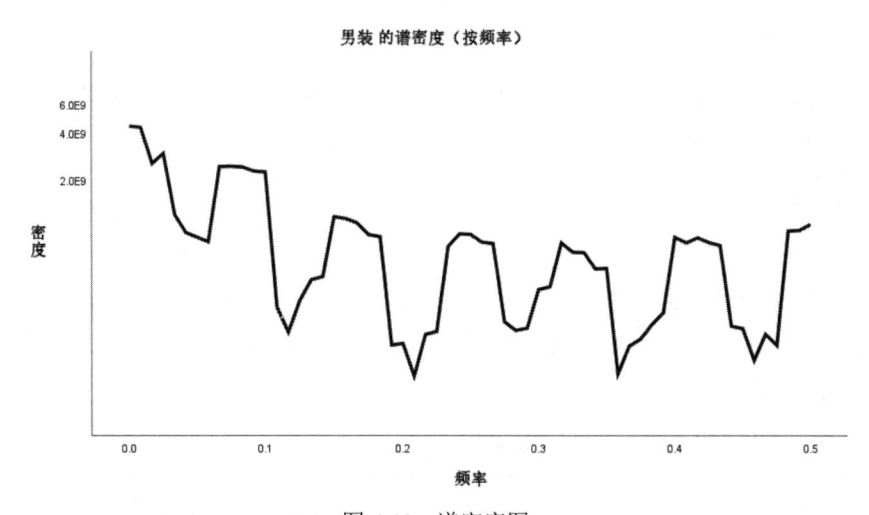

图 6-19　谱密度图

6.2.4　自相关分析在服装销售量上的应用

进行时间序列的自相关分析是为了了解不同间隔的观察值之间的相关程度，根据自相关函数图和偏相关函数图可分析观察值间的相关程度。

1．数据描述

本案例的数据文件仍然为 1989 年 1 月到 1998 年 12 月市场上每月男装、女装、珠宝等销售情况数据，如图 6-7 所示。现要求对男装销售量进行自相关分析。

2. SPSS实现

（1）打开数据文件 data6-02.sav，参照 6.2.1 节序列图定义时间日期，在此不再重复介绍。

（2）执行菜单栏中的"分析"→"时间序列预测"→"自相关"命令，弹出图 6-20 所示的"自相关性"对话框。从左边源变量列表中选中"男装销售"变量，通过按钮选入"变量"框，在"显示"栏中勾选"自相关性"和"偏自相关性"复选框。

（3）单击"选项"按钮，弹出图 6-21 所示的"自相关性：选项"对话框，在"最大延迟数"框中输入 30，单击"继续"按钮返回主对话框。

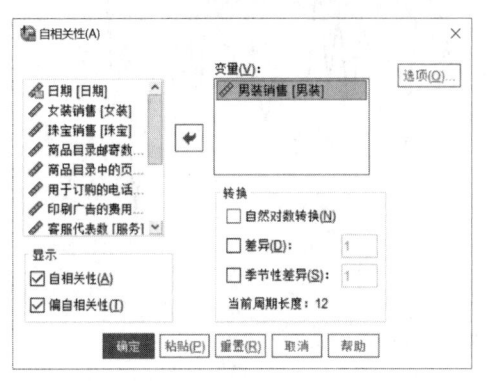

图 6-20 "自相关性"对话框　　　　图 6-21 "自相关性：选项"对话框

（4）完成所有设置后，单击"确定"按钮执行命令，此时会弹出模型描述、个案处理摘要、自相关性等分析结果。

3. 结果分析

表 6-10 给出了模型的一些基本描述，从上到下依次为模型名称（MOD_1），序列名称（男装销售），转换（无），非季节性差分（0），季节性差分（0），季节性周期长度（12），最大延迟数（30），为计算自相关的标准误差而假定的过程[独立性（白噪声）]，显示和绘制（所有延迟）。

表 6-10 模型描述

模型名称		MOD_1
序列名称	1	男装销售
转换		无
非季节性差分		0
季节性差分		0
季节性周期长度		12
最大延迟数		30
为计算自相关的标准误差而假定的过程		独立性（白噪声）[a]
显示和绘制		所有延迟
正在应用来自 MOD_1 的模型指定项		
a. 不适用于计算偏自相关的标准误差		

表 6-11 中从上到下依次为序列长度（120），用户缺失值和系统缺失值都为 0，有效值的数目为 120，可计算的首次延迟数为 119。

表 6-11 个案处理摘要

		男装销售
序列长度		120
缺失值的数目	用户缺失值	0
	系统缺失值	0
有效值的数目		120
可计算的首次延迟数		119

表 6-12 是自相关性表格，可以看出显著性都小于 0.05，说明全部自相关均有显著意义。图 6-22 是自相关图。周期性序列的自相关函数呈现明显的周期性波动，且以周期长度及其整数倍数为阶数的自相关函数和偏自相关函数均显著不为 0。

从图 6-22 可以看出本序列呈现周期性，周期为 12，自相关函数呈现明显的周期性波动，且在 12、24 处的自相关和偏自相关函数均显著不为 0。此外，本序列还具有一定的趋势性，因为偏自相关函数呈现下降趋势，很快落入置信区间内。

表 6-12 自相关性

序列： 男装销售

延迟	自相关性	标准误差[a]	博克斯-杨统计 值	自由度	显著性[b]
1	.401	.090	19.742	1	<.001
2	.332	.090	33.376	2	<.001
3	.187	.089	37.730	3	<.001
4	.184	.089	41.986	4	<.001
5	.130	.089	44.125	5	<.001
6	.110	.088	45.674	6	<.001
7	.138	.088	48.127	7	<.001
8	.162	.087	51.555	8	<.001
9	.138	.087	54.070	9	<.001
10	.231	.087	61.183	10	<.001
11	.233	.086	68.491	11	<.001
12	.569	.086	112.321	12	<.001
13	.301	.085	124.700	13	<.001
14	.233	.085	132.202	14	<.001
15	.101	.085	133.636	15	<.001
16	.112	.084	135.391	16	<.001
17	.039	.084	135.608	17	<.001
18	.054	.083	136.021	18	<.001
19	.066	.083	136.647	19	<.001

续表

延迟	自相关性	标准误差[a]	博克斯-杨统计		
			值	自由度	显著性[b]
20	.130	.083	139.109	20	<.001
21	.108	.082	140.827	21	<.001
22	.198	.082	146.658	22	<.001
23	.213	.081	153.497	23	<.001
24	.467	.081	186.823	24	<.001
25	.202	.081	193.114	25	<.001
26	.182	.080	198.254	26	<.001
27	.108	.080	200.093	27	<.001
28	.071	.079	200.894	28	<.001
29	.001	.079	200.895	29	<.001
30	-.047	.078	201.259	30	<.001

a. 假定的基本过程为独立性（白噪声）
b. 基于渐近卡方近似值

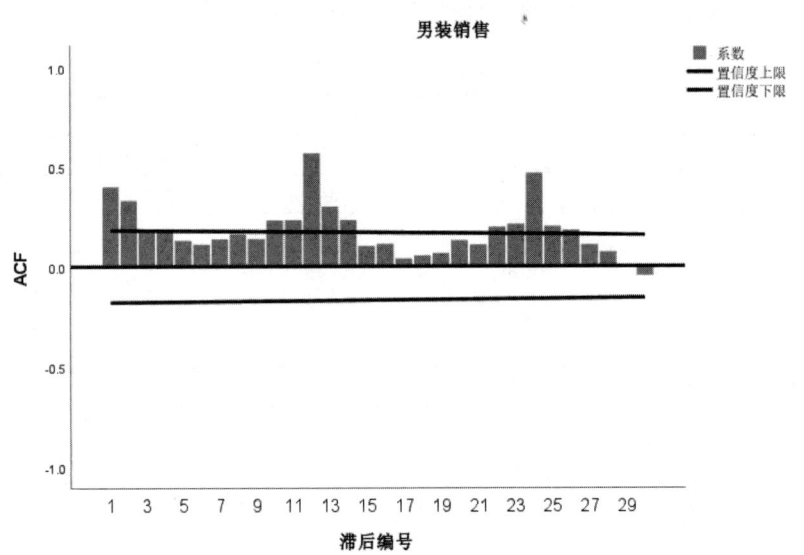

图 6-22 自相关图

表 6-13 是偏自相关性表格，从左至右依次为延迟、偏自相关性和标准误差。图 6-23 是偏自相关图。

表 6-13 偏自相关性

序列：男装销售			序列：男装销售		
延迟	偏自相关性	标准误差	延迟	偏自相关性	标准误差
1	.401	.091	4	.071	.091
2	.204	.091	5	.019	.091
3	-.001	.091	6	.012	.091

续表

延迟	偏自相关性	标准误差	延迟	偏自相关性	标准误差
7	.077	.091	19	−.022	.091
8	.079	.091	20	.050	.091
9	.017	.091	21	.024	.091
10	.152	.091	22	.065	.091
11	.092	.091	23	.084	.091
12	.489	.091	24	.175	.091
13	−.088	.091	25	−.174	.091
14	−.098	.091	26	−.017	.091
15	−.083	.091	27	.074	.091
16	−.011	.091	28	−.066	.091
17	−.065	.091	29	−.041	.091
18	.008	.091	30	−.127	.091

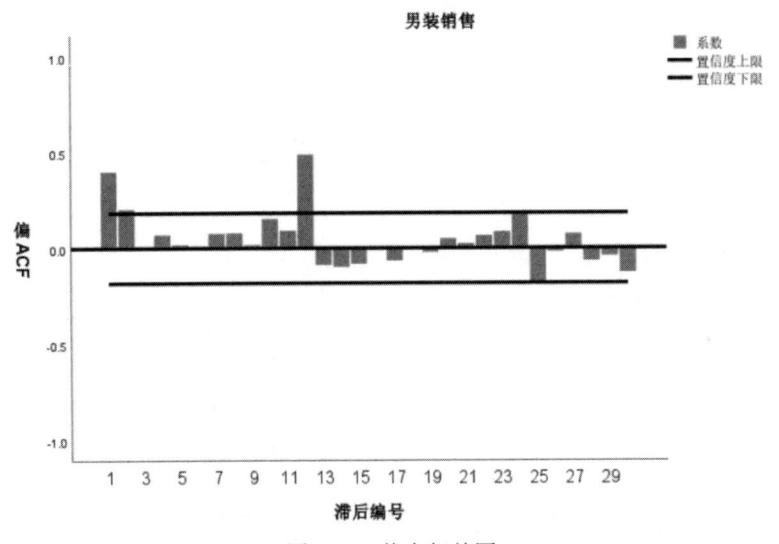

图 6-23 偏自相关图

6.2.5 对服装销售量创建时间模型

时间序列建模程序是根据时间序列的特征和分析的要求，选择合适的模型进行数据建模的。时间序列建模器可创建估计时间序列的指数平滑法模型、单变量自回归积分移动平均值（ARIMA）模型和多变量 ARIMA 模型，并生成预测值。

该过程包含的专家建模器可自动为一个或多个因变量序列标识和估计最佳拟合 ARIMA 或指数平滑法模型，因而不必通过反复试验来标识适当的模型。另外，可以指定 ARIMA 模型或指数平滑法模型。

1．数据描述

本案例的数据文件仍然为 1989 年 1 月到 1998 年 12 月市场上每月男装、女装、珠宝

等销售情况数据，如图 6-7 所示。现要求对男装销售量创建时间模型。

2．SPSS实现

（1）打开数据文件 data6-02.sav，参照 6.2.1 节序列图定义时间日期，在此不再重复介绍。

（2）执行菜单栏中的"分析"→"时间序列预测"→"创建传统模型"命令，弹出图 6-24 所示的"时间序列建模器"对话框。从左边源变量列表中选中"男装销售"变量，通过按钮选入"因变量"框，在"方法"下拉列表中选择"专家建模器"。

（3）单击"统计"选项卡，勾选"显示预测值"复选框，其他采用系统默认选项，如图 6-25 所示。

图 6-24 "时间序列建模器"对话框（1）

图 6-25 "时间序列建模器"对话框（2）

（4）单击"图"选项卡，勾选"残差自相关函数"和"残差偏自相关函数"复选框，在"每个图显示的内容"栏中勾选"拟合值"复选框，其他采用系统默认选项，图 6-26 所示。

（5）单击"保存"选项卡，在"导出模型文件"栏中单击"浏览"按钮，指定保存的路径和名称（名称为 catalog01），如图 6-27 所示。

（6）单击"选项"选项卡，在"预测期"栏中选中"评估期结束后的第一个个案到指定日期之间的个案"单选按钮，在"日期"下的"年"框中输入 1999，"月"框输入 6，其他采用系统默认选项，如图 6-28 所示。

（7）完成所有设置后，单击"确定"按钮执行命令，此时会弹出模型描述、模型拟合度、模型统计等分析结果。

图 6-26 "时间序列建模器"对话框（3）　　图 6-27 "时间序列建模器"对话框（4）

图 6-28 "时间序列建模器"对话框（5）

3．结果分析

从表 6-14 可以看出最佳拟合模型为温特斯可加性模型。

表 6-14　模型描述

			模型类型
模型标识	男装销售	模型_1	温特斯可加性

表 6-15 从左到右依次给出了各拟合统计量的平均值、最小值、最大值和百分位数，从表 6-16 可以看出平稳 R^2 为 0.713，大于 0，说明当前的模型要优于基准模型。

表 6-15 模型拟合度

拟合统计信息	平均值	最小值	最大值	百分位数						
				5	10	25	50	75	90	95
平稳 R^2	.713	.713	.713	.713	.713	.713	.713	.713	.713	.713
R^2	.719	.719	.719	.719	.719	.719	.719	.719	.719	.719
RMSE	3383.634	3383.634	3383.634	3383.634	3383.634	3383.634	3383.634	3383.634	3383.634	3383.634
MAPE	17.814	17.814	17.814	17.814	17.814	17.814	17.814	17.814	17.814	17.814
MaxAPE	482.446	482.446	482.446	482.446	482.446	482.446	482.446	482.446	482.446	482.446
MAE	2166.830	2166.830	2166.830	2166.830	2166.830	2166.830	2166.830	2166.830	2166.830	2166.830
MaxAE	15656.236	15656.236	15656.236	15656.236	15656.236	15656.236	15656.236	15656.236	15656.236	15656.236
正态化 BIC	13.373	13.373	13.373	13.373	13.373	13.373	13.373	13.373	13.373	13.373

表 6-16 模型统计

模型	预测变量数	模型拟合度统计	杨-博克斯 Q（18）			离群值数
		平稳 R^2	统计	DF	显著性	
男装销售-模型_1	0	.713	21.476	15	.122	0

从表 6-17 可以看出 1999 年 1~6 月的预测值，UCL 和 LCL 分别是 95%置信区间的上限和下限。

表 6-17 预测

模型		一月 1999	二月 1999	三月 1999	四月 1999	五月 1999	六月 1999
男装销售-模型_1	预测	22261.78	20679.95	20979.81	20245.51	20788.45	20875.04
	UCL	28962.89	27393.91	27706.61	26985.12	27540.85	27640.19
	LCL	15560.67	13965.98	14253.01	13505.90	14036.05	14109.88

对于每个模型，预测从所请求估算期范围内的最后一个非缺失值之后开始，并结束于最后一个所有预测变量都有可用的非缺失值的周期，或者在所请求预测期的结束日期结束，以较早者为准

图 6-29 为残差序列图，在残差 ACF 和残差 PACF 两个图形中都没有显著的趋势特征，于是初步判断本案例使用的模型是比较恰当的。

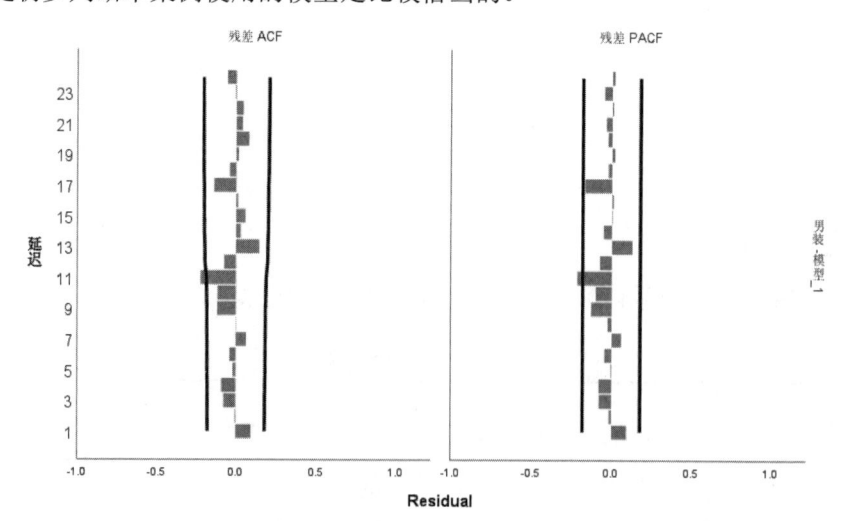

图 6-29 残差序列图

图 6-30 为拟合图形和预测结果，线性图描绘了观测值（实测值）、拟合值及预测值，从图形中可以看出本案例使用的模型是比较合理的。

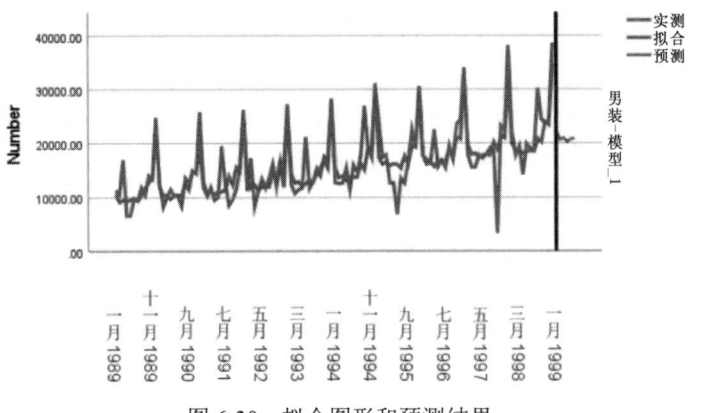

图 6-30 拟合图形和预测结果

6.2.6 时间序列模型在服装销售量预测上的应用

应用时间序列模型的过程：从外部文件中加载现有的时间序列模型，并将它们应用于活动数据集。按照此过程，可以在不重新建立模型的情况下获得其新数据或修订数据可用的序列预测值。

1．数据描述

本案例的数据以 6.2.5 节创建的 catalog01.xml 为模型基础，在 data6-02.sav 基础上加上 1999 年 1～6 月的数据形成新数据集 catalog02.sav 来预测 1999 年 7～12 月的男装销售量，说明时间序列模型的应用，如图 6-31 所示。

日期	男装	女装	珠宝	邮寄	页	电话	印刷	服务	YEAR_	MONTH_	DATE_
07/01/1998	18631.15	44961.98	12554.13000	11460	80	46	28232.17	43	1998	7	JUL 1998
08/01/1998	30208.17	58660.76	24377.91000	11808	85	44	26668.16	45	1998	8	AUG 1998
09/01/1998	24467.94	57791.14	16044.00000	12781	83	49	29911.68	54	1998	9	SEP 1998
10/01/1998	23602.00	56329.40	15974.66000	11690	95	43	27872.97	55	1998	10	OCT 1998
11/01/1998	24289.32	54617.35	23753.23000	11393	76	48	26047.70	53	1998	11	NOV 1998
12/01/1998	38609.66	80245.97	35893.86000	15263	95	53	36666.60	68	1998	12	DEC 1998
01/01/1999	22261.78	.	.	.	.	.	.	.	1999	1	JAN 1999
02/01/1999	20679.95	.	.	.	.	.	.	.	1999	2	FEB 1999
03/01/1999	20979.81	.	.	.	.	.	.	.	1999	3	MAR 1999
04/01/1999	20245.51	.	.	.	.	.	.	.	1999	4	APR 1999
05/01/1999	20788.45	.	.	.	.	.	.	.	1999	5	MAY 1999
06/01/1999	20875.04	.	.	.	.	.	.	.	1999	6	JUN 1999

图 6-31 data6-02.sav 中的数据

2．SPSS实现

（1）打开 catalog02.sav 文件，参照 6.2.1 节序列图定义时间日期，这里不再重复介绍。

（2）执行菜单栏中的"分析"→"时间序列预测"→"应用传统模型"命令，弹出图 6-32 所示的"应用时间序列模型"对话框。

在"模型"选项卡中单击"浏览"按钮，打开 XML 模型文件 catalog01.xml，在"模型参数和拟合优度测量"栏中选中"根据数据重新评估"单选按钮，在"预测期"栏中选中"评估期结束后的第一个个案到指定日期之间的个案"单选按钮,在"日期"下的"年"框中输入 1999,"月"框中输入 12。

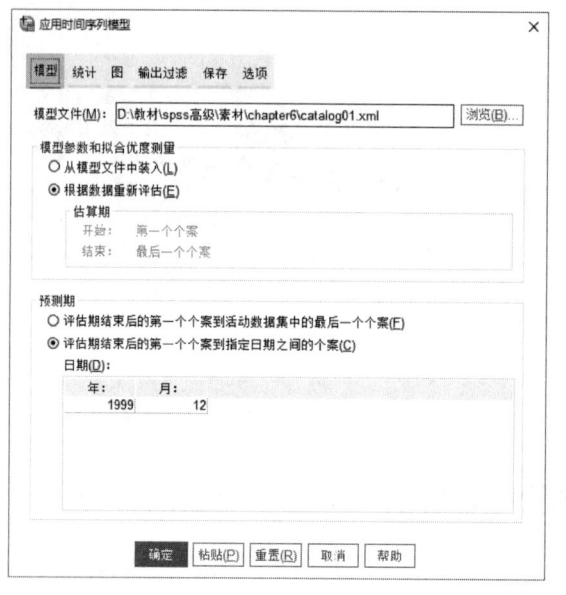

图 6-32 "应用时间序列模型"对话框

(3)"统计""图"等选项卡的设置参照 6.2.5 节。

(4)完成所有设置后,单击"确定"按钮执行命令,此时会弹出模型描述、模型拟合度、模型统计等分析结果。

3.结果分析

从表 6-18 可以看出最佳拟合模型为温特斯可加性模型。

表 6-18 模型描述

模型 ID	男装销售	模型_1	模型类型
			温特斯可加性

表 6-19 从左到右依次给出了各拟合统计量的平均值、最小值、最大值和百分位数,从表 6-20 可以看出平稳的 R^2 为 0.725,大于 0,说明当前的模型要优于基准模型。

表 6-19 模型拟合度

拟合统计	平均值	最小值	最大值	百分位数						
				5	10	25	50	75	90	95
平稳 R^2	.725	.725	.725	.725	.725	.725	.725	.725	.725	.725
R^2	.732	.732	.732	.732	.732	.732	.732	.732	.732	.732
RMSE	3261.651	3261.651	3261.651	3261.651	3261.651	3261.651	3261.651	3261.651	3261.651	3261.651
MAPE	16.967	16.967	16.967	16.967	16.967	16.967	16.967	16.967	16.967	16.967
MaxAPE	483.367	483.367	483.367	483.367	483.367	483.367	483.367	483.367	483.367	483.367
MAE	2076.695	2076.695	2076.695	2076.695	2076.695	2076.695	2076.695	2076.695	2076.695	2076.695

续表

拟合统计	平均值	最小值	最大值	百分位数						
				5	10	25	50	75	90	95
MaxAE	15686.144	15686.144	15686.144	15686.144	15686.144	15686.144	15686.144	15686.144	15686.144	15686.144
正态化BIC	16.295	16.295	16.295	16.295	16.295	16.295	16.295	16.295	16.295	16.295

表 6-20　模型统计

模型	预测变量数	模型拟合度统计	杨-博克斯 Q(18)			离群值数
		平稳 R^2	统计	DF	显著性	
男装销售-模型_1	0	.725	22.079	15	.106	0

从表 6-21 可以看出 1999 年 7～12 月的预测值，UCL 和 LCL 分别是 95%置信区间的上限和下限。

表 6-21　预测

模型		七月 1999	八月 1999	九月 1999	十月 1999	十一月 1999	十二月 1999
男装销售-模型_1	预测	20303.90	22669.22	21441.68	24886.89	24391.57	35748.55
	UCL	26760.14	29126.45	27899.91	31346.11	30851.79	42209.75
	LCL	13847.66	16211.99	14983.46	18427.67	17931.36	29287.34

对于每个模型，预测从所请求估算期范围内的最后一个非缺失值之后开始，并结束于最后一个所有预测变量都有可用的非缺失值的周期，或者在所请求预测期的结束日期结束，以较早者为准

图 6-33 为拟合图形和预测结果，线性图描绘了观测值（实测值）、拟合值及预测值，从图形中可以看出本案例使用的模型是比较合理的。

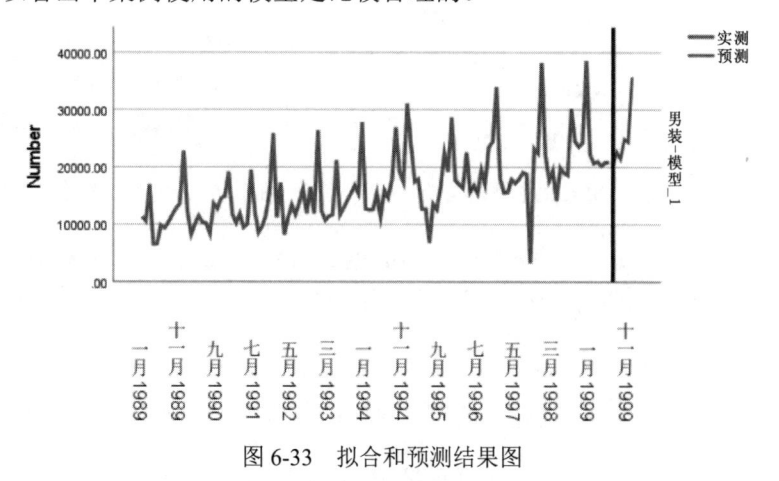

图 6-33　拟合和预测结果图

6.2.7　交叉相关性分析在服装销售量上的应用

自相关图和偏相关图是描述时间序列的重要工具。当时间序列只有一个时，我们可以采用自相关图和偏相关图进行分析，当需要考虑的时间序列为多个，且需要考虑多个时间序列之间的关系时，就需要互相关函数。

互相关函数反映两个时间序列间的相关关系，即一个时间序列中的观察值同另一个时间序列中的观察值之间的相关关系。互相关函数表示在图上，就是互相关图。

1．数据描述

本案例的数据文件仍然为1989年1月到1998年12月市场上每月男装、女装、珠宝等销售情况数据，如图6-7所示。现要求对男装销售量与女装销售量进行交叉相关性分析。

2．SPSS实现

（1）打开数据文件data6-02.sav，执行菜单栏中的"分析"→"时间序列预测"→"交叉相关性"命令，弹出图6-34所示的"交叉相关性"对话框。从左边源变量列表中选择"男装销售"变量和"女装销售"变量，通过按钮选入"变量"框，其他采用系统默认选项。

（2）单击"选项"按钮，弹出图6-35所示的"交叉相关性：选项"对话框，采用系统默认选项。单击"继续"按钮返回主对话框。

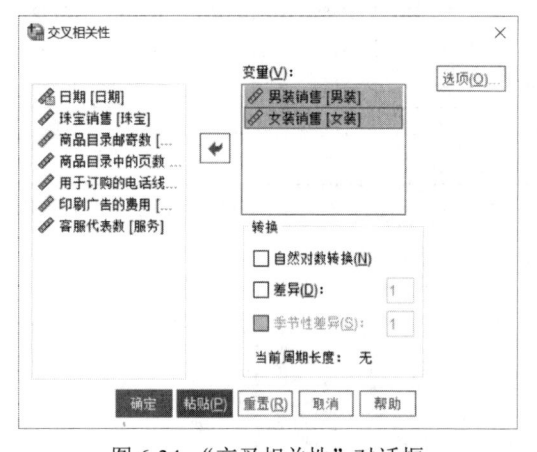

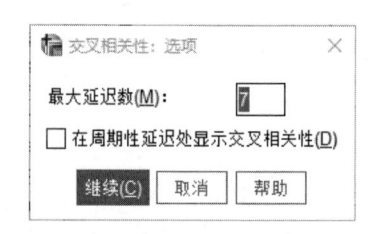

图6-34 "交叉相关性"对话框　　　　图6-35 "交叉相关性：选项"对话框

（3）完成所有设置后，单击"确定"按钮执行命令，此时会弹出模型描述、个案处理摘要、交叉相关性等分析结果。

3．结果分析

表6-22给出了模型的一些基本信息，包括模型名称、序列名称、转换等。

表6-22 模型描述

模型名称		MOD_1
序列名称	1	男装销售
	2	女装销售
转换		无
非季节性差分		0

续表

季节性差分		0
季节性周期长度		12
延迟范围	从	−7
	到	7
显示和绘制		所有延迟
正在应用来自 MOD_1 的模型指定项		

从表 6-23 可以看出序列长度为 120，没有缺失值，有效个案数为 120。

表 6-23　个案处理摘要

序列长度		120
因为以下原因而排除的个案数	用户缺失值	0
	系统缺失值	0
有效个案数		120
差分后可计算的零阶相关系数的数量		120

从表 6-24 可以看出交叉相关系数的计算结果，从左到右依次是延迟、交叉相关性和标准误差。图 6-36 是交叉相关图，图中两条横线分别是置信区间的上下限。

从图 6-36 中可以看出最大的交叉相关性出现在延迟 0 处，为 0.802，交叉相关性数值并不关于延迟 0 处对称，说明男、女装销售量之间存在线性关系。

表 6-24　交叉相关性

序列对：　男装销售，带有　女装销售		
延迟	交叉相关性	标准误差[a]
−7	.159	.094
−6	.150	.094
−5	.211	.093
−4	.224	.093
−3	.271	.092
−2	.342	.092
−1	.374	.092
0	.802	.091
1	.134	.092
2	.114	.092
3	.125	.092
4	.209	.093
5	.163	.093
6	.124	.094
7	.178	.094

a. 基于各个序列不交叉相关性且其中一个序列为白噪声的假定。

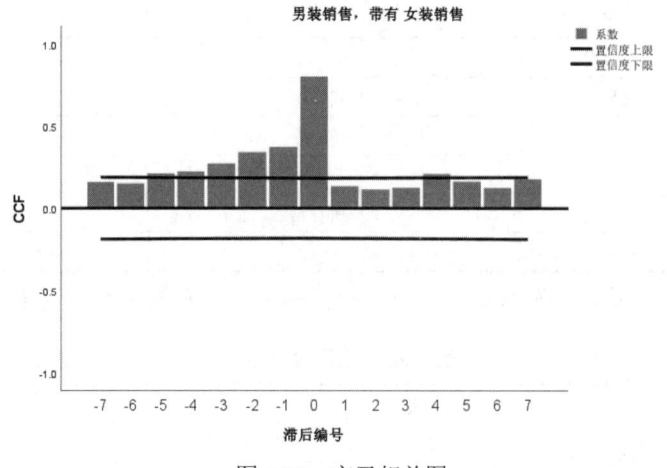

图 6-36　交叉相关图

6.3　汽车销售分析

影响汽车价格的因素有很多，包括发动机容量、空车质量、油耗、燃烧效率等，通常可以利用 SPSS 对汽车等级进行分类。本节主要介绍聚类分析和判别分析在汽车销售分类上的应用。

6.3.1　两步聚类在汽车销售上的应用

两步聚类是一个探索性分析工具，主要用来揭示原始数据的自然分类或分组。该方法能同时处理分类变量和连续变量，系统能自动选择最佳的聚类个数，能够根据分类变量和连续变量创建聚类模型，能够将聚类模型保存到外部 XML 文件，然后读取该文件并使用较新的数据来更新聚类模型，从而高效地分析大数据集。

所谓两步聚类，第一步，构建一个分类的特征树（CF），首先，将一个观测量放在树的叶节点，该节点含有该观测量的变量信息。然后使用指定的距离测度作为相似性的判据，使每个后续观测量根据它与已存在节点的相似性，来判断归到某一类中去，如果相似则将其放到最相似的节点上，如果不相似，则形成一个新的节点。然后，使用凝聚算法对特征树的叶节点进行分组。使用施瓦兹贝叶斯准则（BIC）或 Akaike 信息标准（AIC）为依据来确定最佳的聚类个数。

数据文件	数据文件\Chapter6\data6-03.sav
视频文件	视频文件\Chapter6\两步聚类.avi

1．数据描述

本案例的数据文件为一些汽车的基本情况数据，如图 6-37 所示。要求利用汽车的这些基本资料对汽车进行两步聚类。

	manufact	model	sales	resale	type	price	engine_s
1	Acura	Integra	16.919	16.360	0	21.500	1.8
2	Acura	TL	39.384	19.875	0	28.400	3.2
3	Acura	CL	14.114	18.225	0	.	3.2
4	Acura	RL	8.588	29.725	0	42.000	3.5
5	Audi	A4	20.397	22.255	0	23.990	1.8
6	Audi	A6	18.780	23.555	0	33.950	2.8
7	Audi	A8	1.380	39.000	0	62.000	4.2

图 6-37　data6-03.sav 中的数据

2．SPSS实现

（1）打开数据文件 data6-03.sav，执行菜单栏中的"分析"→"分类"→"二阶聚类"命令，弹出图 6-38 所示的"二阶聚类分析"对话框。

在左侧的变量列表中选中"价格×1000""发动机型号""马力""轴距""宽度""长度""底盘重量""燃料容量"和"燃料效率"9 个变量，单击 ▸ 按钮，选入右侧的"连续变量"框，将"车辆类型"变量选入右侧的"分类变量"框，其他采用系统默认选项。

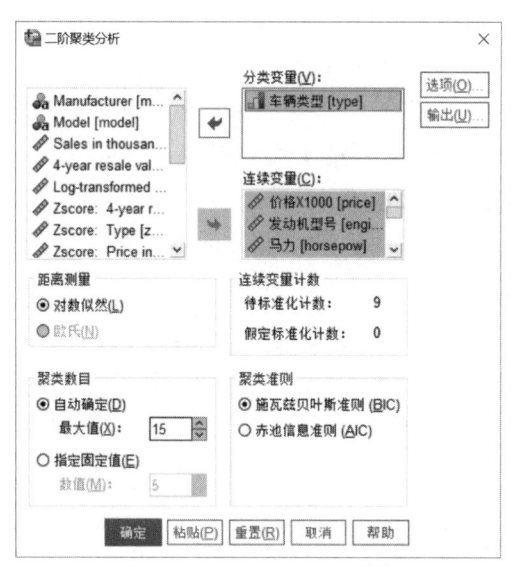

图 6-38　"二阶聚类分析"对话框

（2）单击"选项"按钮，弹出图 6-39 所示的"二阶聚类：选项"对话框，采用系统默认选项。单击"继续"按钮返回主对话框。

（3）单击"输出"按钮，弹出图 6-40 所示的"二阶聚类：输出"对话框。在"输出"栏中勾选"透视表"和"图表和表（在模型查看器中）"复选框，在"工作数据文件"栏中勾选"创建聚类成员变量"复选框。单击"继续"按钮返回主对话框。

（4）完成所有设置后，单击"确定"按钮执行命令，此时会弹出自动聚类、聚类分布等分析结果。

图 6-39 "二阶聚类：选项"对话框　　　图 6-40 "二阶聚类：输出"对话框

3. 结果分析

从表 6-25 可以看出整个聚类的过程，第 1 列表示聚类的步骤数，第 2 列是通过 BIC 准则对每个类数计算聚类判据，数值越小表示模型越好，同时要考虑第 4 列 BIC 变化比率和第 5 列距离测量比率来最终确定最佳的聚类结果。第 3 列是 BIC 的变化值，即当前的 BIC 值减去前一个 BIC 值的差。第 4 列 BIC 变化比率是当前的 BIC 变化值与前一个变化值的比率。第 5 列为距离度量比率。

一个好的模型应当有较小的 BIC 值、较大的 BIC 变化比率和较大的距离度量比率。本案例选择最终聚类数为 3。

表 6-25　自动聚类

聚类数	施瓦兹贝叶斯准则（BIC）	BIC 变化量 [a]	BIC 变化比率 [b]	距离度量比率 [c]
1	1214.377			
2	974.051	−240.326	1.000	1.829
3	885.924	−88.128	.367	2.190
4	897.559	8.635	−.048	1.368
5	931.760	34.201	−.142	1.036
6	968.073	36.313	−.151	1.576
7	1026.000	57.927	−.241	1.083
8	1086.815	60.815	−.253	1.687
9	1161.740	74.926	−.312	1.020
10	1237.063	75.323	−.313	1.239
11	1316.271	79.207	−.330	1.046
12	1396.192	79.921	−.333	1.075
13	1477.199	81.008	−.337	1.076
14	1559.230	82.030	−.341	1.301
15	1644.366	85.136	−.354	1.044

a. 变化量基于表中的先前聚类数目
b. 变化比率相对于双聚类解的变化
c. 距离度量比率基于当前聚类数目而不是先前聚类数目

从表 6-26 可以看出最终聚成 3 类的观测频数,以及排除的异常观测的频数。本案例观测总数为 157,异常观测数为 5。

表 6-26 聚类分布

		数字	占组合的百分比	占总数的百分比
聚类	1	62	40.8%	39.5%
	2	39	25.7%	24.8%
	3	51	33.6%	32.5%
	混合	152	100.0%	96.8%
排除的个案		5		3.2%
总计		157		100.0%

从表 6-27 可以看出每一类中连续变量的平均值和标准差,第 1 类的车辆价格比较低,发动机型号、马力、轴距都较小,车型也偏小,燃料效率最高,属于低端车型;第 2 类车价格居中,发动机型号、马力、轴距、车型、燃料容量相对于第 1 类车都有相对的提高,燃料效率降低,属于中端车型;第 3 类车价格最高,发动机型号、马力相对于前两类车都有较大的提高,燃料效率居中,属于高端车型。

表 6-27 质心

		聚类			
		1	2	3	混合
平均值	价格×1000	19.61671	26.56182	37.29980	27.33182
	发动机型号	2.194	3.559	3.700	3.049
	马力	143.24	187.92	232.96	184.81
	轴距	102.595	112.972	109.022	107.414
	宽度	68.539	72.744	72.924	71.089
	长度	178.235	191.110	194.688	187.059
	底盘重量	2.83742	3.96759	3.57890	3.37618
	燃料容量	14.979	22.064	18.443	17.959
	燃料效率	27.24	19.51	23.02	23.84
标准差	价格×1000	7.644070	8.185175	17.381187	14.418669
	发动机型号	.4238	.9358	.9493	1.0498
	马力	30.259	39.049	54.408	56.823
	轴距	4.0799	9.6537	5.7644	7.7178
	宽度	1.9366	4.1781	2.1855	3.4647
	长度	9.6534	14.4415	8.3512	13.4712
	底盘重量	.310867	.671766	.297204	.636593
	燃料容量	1.8699	4.2894	2.0445	3.9376
	燃料效率	3.578	2.910	2.060	4.305

从表 6-28 可以看出 3 类车按车辆类型得到的频率，第 1 类和第 3 类车基本上都是小汽车，第 2 类车全部是卡车。

表 6-28　车辆类型

		Automobile		Truck	
		频率	百分比	频率	百分比
聚类	1	61	54.5%	1	2.5%
	2	0	0.0%	39	97.5%
	3	51	45.5%	0	0.0%
混合		112	100.0%	40	100.0%

从图 6-41 可以看出聚类方法为两步聚类，总共有 10 个变量，最佳聚类数为 3，聚类效果较好。

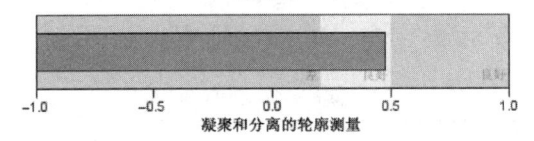

图 6-41　模型概要和聚类质量图

6.3.2　逐步判别分析在汽车销售上的应用

在研究某一事物分类时，由于人们对客观事物的认识可能并不客观，以及对于哪些变量能够反映研究范围内事物的特性这一问题的认识还不够深刻，所以对进行判别分析所选择的变量不一定都能很好地反映类别间的差异。在实际工作中，逐步判别分析能很好地选择变量。

本节介绍的逐步判别分析假设已知的各类均属于多元正态分布，用逐步选择法选择最能反映类别间差异的变量子集建立较好的判别函数。一个变量能否被选择为变量子集的成员进入模型，主要取决于协方差分析的 F 检验的显著性水平。

逐步判别分析从模型中没有变量开始，每一步都要对模型进行检验，即综合考虑引入的全部变量对模型判别能力的贡献的显著性。

在判别分析中的每一步，都把模型外对模型的判别能力贡献最大的变量引入模型，同时考虑把已经在模型中但又不符合留在模型中的条件的变量剔除。这是因为新引入的变量有可能使原来已经在模型中的变量对模型的贡献变得不显著了。

当模型中所有变量都符合引入模型的判据，模型外的变量都不符合进入模型的判据时，逐步选择变量的过程就停止。

数据文件	数据文件\Chapter6\data6-04.sav
视频文件	视频文件\Chapter6\逐步判别分析.avi

1．数据描述

本案例数据文件为某研究人员收集的 150 辆汽车的马力、底盘重量和燃料效率资料，其中 149 辆汽车被划分为低端车型、中端车型和高端车型，如图 6-42 所示。现要求利用逐步判别分析法，根据未知的 1 辆汽车的数据对其进行归类。

	组别	X1	X2	X3
1	1	140	2.639	28
2	3	225	3.517	25
3	3	210	3.850	22
4	1	150	2.998	27
5	3	200	3.561	22
6	3	310	3.902	21
7	1	170	3.179	26

图 6-42 data6-04.sav 中的部分数据

2．SPSS实现

（1）打开数据文件 data6-04.sav，执行菜单栏中的"分析"→"分类"→"判别式"命令，弹出图 6-43 所示的"判别分析"对话框。

在源变量列表中选中"组别"变量，单击按钮，将其作为分类变量送入"分组变量"框中，选中"马力""底盘重量""燃料效率"变量，单击按钮，将其送入"自变量"框中，并选中"使用步进法"单选按钮。

（2）单击"定义范围"按钮，在弹出的图 6-44 所示的"判别分析：定义范围"对话框的"最小值"框和"最大值"框中分别输入 1 和 3。单击"继续"按钮，返回主对话框。

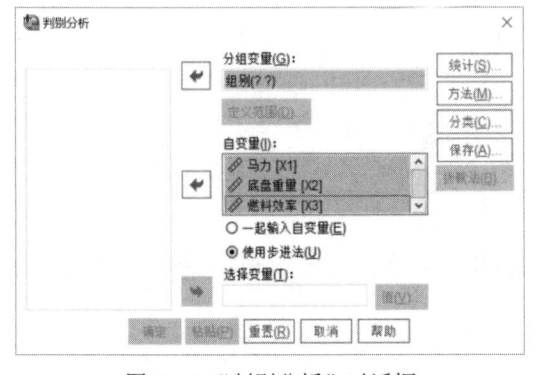

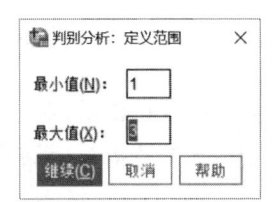

图 6-43 "判别分析"对话框　　　图 6-44 "判别分析：定义范围"对话框

（3）单击"统计"按钮，弹出"判别分析：统计"对话框，勾选"平均值""博克斯

M""费希尔""未标准化""组内协方差""分组协方差"复选框，如图6-45所示。单击"继续"按钮返回主对话框。

（4）单击"方法"按钮，弹出"判别分析：步进法"对话框。选中"威尔克Lambda""使用F的概率"单选按钮；勾选"步骤摘要"复选框，如图6-46所示。单击"继续"按钮返回主对话框。

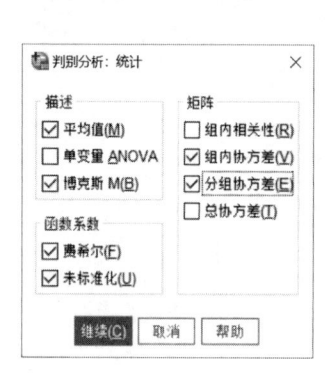

图6-45 "判别分析：统计"对话框

图6-46 "判别分析：步进法"对话框

（5）单击"分类"按钮，弹出"判别分析：分类"对话框。选中"根据组大小计算"单选按钮；勾选"摘要表""合并组"复选框，如图6-47所示。单击"继续"按钮返回主对话框。

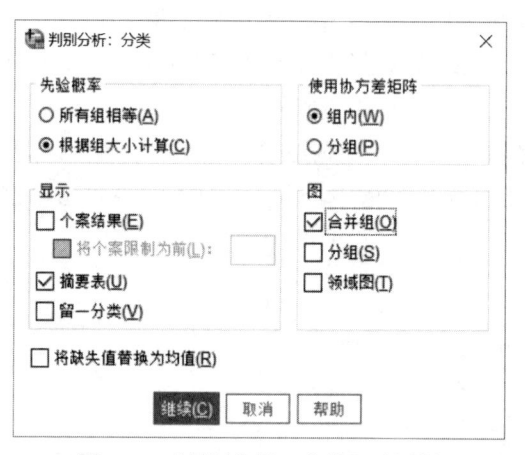

图6-47 "判别分析：分类"对话框

（6）完成所有设置后，单击"确定"按钮执行命令，此时会弹出分析个案处理摘要、组统计、协方差矩阵等分析结果。

3．结果分析

表6-29给出了关于样本使用的信息，包括有效数据和缺失数据的统计信息，本案例中有一个缺失数据，该缺失数据就是未分类的个案。

第 6 章 市场营销领域应用

表 6-29 分析个案处理摘要

未加权个案数		个案数	百分比（%）
有效		149	99.3
排除	缺失或超出范围组代码	1	.7
	至少一个缺失判别变量	0	.0
	既包括缺失或超出范围组代码，又包括至少一个缺失判别变量	0	.0
	总计	1	.7
总计		150	100.0

表 6-30 给出了各个类别的平均值、标准差及加权与未加权的有效个案数，通过这些数据，可以了解 3 个类别的车型在这 3 个指标上的差异。

表 6-30 组统计

组别		平均值	标准差	有效个案数（成列）	
				未加权	加权
低端车型	马力	142.83607	30.339842	61	61.000
	底盘重量	2.83051	.308607	61	61.000
	燃料效率	27.28033	3.596332	61	61.000
中端车型	马力	187.92308	39.048812	39	39.000
	底盘重量	3.96759	.671766	39	39.000
	燃料效率	19.51282	2.909800	39	39.000
高端车型	马力	233.55102	55.333105	49	49.000
	底盘重量	3.57802	.303299	49	49.000
	燃料效率	22.99592	2.097812	49	49.000
总计	马力	184.46980	57.208551	149	149.000
	底盘重量	3.37396	.642407	149	149.000
	燃料效率	23.83826	4.346599	149	149.000

表 6-31 和表 6-32 给出了总样本的协方差矩阵和 3 个类别的协方差矩阵。

表 6-31 汇聚组内矩阵[a]

		马力	底盘重量	燃料效率
协方差	马力	1781.762	9.362	−77.732
	底盘重量	9.362	.187	−.796
	燃料效率	−77.732	−.796	8.966

a. 协方差矩阵的自由度为 146

表 6-32 协方差矩阵

组别		马力	底盘重量	燃料效率
低端车型	马力	920.506	6.993	−80.892
	底盘重量	6.993	.095	−.897
	燃料效率	−80.892	−.897	12.934

续表

组别		马力	底盘重量	燃料效率
中端车型	马力	1524.810	21.673	-65.249
	底盘重量	21.673	.451	-1.350
	燃料效率	-65.249	-1.350	8.467
高端车型	马力	3061.753	2.576	-83.664
	底盘重量	2.576	.092	-.231
	燃料效率	-83.664	-.231	4.401

表 6-33 给出了博克斯 M 检验的结果，即对各总体协方差矩阵是否相等的统计检验结果，可以看出在 0.05 的显著性水平下接受原假设，即认为总体协方差矩阵不相等，所以，建议使用表 6-32 的分组的协方差矩阵分析。若否定了协方差矩阵相等的假设，则应使用表 6-31 的汇聚组内矩阵进行计算和分类。

表 6-33 检验结果

博克斯 M		161.114
F	近似	13.010
	自由度 1	12
	自由度 2	78197.837
	显著性	<.001
对等同群体协方差矩阵的原假设进行检验		

表 6-34 反映了筛选变量的过程。可以发现，这三步的威尔克 Lambda 检验结果都很显著，说明每一步加入的变量对正确判断分类都是有显著作用的。

表 6-34 已输入/除去变量 a,b,c,d

步骤	输入	威尔克 Lambda				精确 F			
		统计	自由度 1	自由度 2	自由度 3	统计	自由度 1	自由度 2	显著性
1	底盘重量	.447	1	2	146.000	90.452	2	146.000	.000
2	马力	.281	2	2	146.000	64.169	4	290.000	.000
3	燃料效率	.215	3	2	146.000	55.432	6	288.000	.000
在每个步骤中，将输入可以使总体威尔克 Lambda 最小化的变量									
a. 最大步骤数为 6									
b. 要输入的 F 的最大显著性为.05									
c. 要除去的 F 的最小显著性为.10									
d. F 级别、容差或 VIN 不足，无法进行进一步计算									

表 6-35 解释方差的比例和典型相关系数，由此可知本案例使用了两个函数，第一个判别函数解释了所有变异的 64.8%，第二个判别函数解释了所有变异的 35.2%。

第 6 章 市场营销领域应用

表 6-35 特征值

函数	特征值	方差百分比（%）	累计百分比（%）	典型相关性
1	1.533[a]	64.8	64.8	.778
2	.833[a]	35.2	100.0	.674

a. 在分析中使用了前 2 个典则判别函数

表 6-36 给出了检验判别函数在统计学上是否有显著意义的结果。从显著性 0.000 可知，两个函数在 0.01 水平上极显著。所以，可以接受该函数建立的判别规则。

表 6-36 威尔克 Lambda

函数检验	威尔克 Lambda	卡方	自由度	显著性
1 直至 2	.215	222.636	6	.000
2	.546	87.873	2	.000

表 6-37 给出的是判别函数中三个变量的标准化系数。

表 6-37 标准化典则判别函数中变量的系数

	函数	
	1	2
马力	.394	1.221
底盘重量	-.634	.091
燃料效率	.701	.615

表 6-38 给出的是变量和标准化判别函数之间的相关数据，可以看出哪个变量对哪个判别函数的贡献较大。由此可知，第一个判别函数与底盘重量、燃料效率这两个变量的相关性大；第二个判别函数与马力这个变量的相关性大。

表 6-38 结构矩阵

	函数	
	1	2
底盘重量	-.863*	.340
燃料效率	.849*	-.192
马力	-.363	.890*

判别变量与标准化典则判别函数之间的汇聚组内相关性。
  变量按函数内相关性的绝对大小排序
*. 每个变量与任何判别函数之间的最大绝对相关性

表 6-39 给出的是判别函数中 3 个变量的未标准化系数。若未对原始数据标准化，则可以利用该表格中的系数。

表 6-39 典则判别函数中 3 个变量的未标准化系数

	函数	
	1	2
马力	.009	.029

续表

	函数	
	1	2
底盘重量	−1.467	.212
燃料效率	.234	.205
（常量）	−2.353	−10.948
未标准化系数		

表 6-40 给出 3 个类别（组别）的重心在平面上的位置。根据结果，判别函数在低端车型、中端车型和高端车型这 3 类的重心分别为(1.215, −0.613)、(−1.852, −0.663)、(−0.039, 1.290)。只要根据典型判别函数计算出每个个案的平面位置后，再计算它们和各类重心的距离，就可以判断每个个案属于哪个类别。

表 6-40 组质心中的函数

组别	函数	
	1	2
低端车型	1.215	−.613
中端车型	−1.852	−.663
高端车型	−.039	1.290
组平均值中评估的非标准规范判别函数		

表 6-41 说明 150 个个案都参与分类。

表 6-41 分类处理摘要

	已处理	150
除外	缺失或超出范围组代码	0
	至少一个缺失判别变量	0
	已在输出中使用的	150

表 6-42 给出各组的先验概率。因为操作时选择了根据组大小计算各组的先验概率，所以各组的先验概率与其样本量成正比。

表 6-42 组的先验概率

组别	先验	已在分析中使用的个案	
		未加权	加权
低端车型	.409	61	61.000
中端车型	.262	39	39.000
高端车型	.329	49	49.000
总计	1.000	149	149.000

表 6-43 给出每组的分类函数中变量的系数，表中结果说明，低端车型这一组的分类函数是 f_1=0.254×马力+39.854×底盘重量+8.784×燃料效率−195.246，同理，可写出中端车型和高端车型的分类函数。可以计算出每个观测在各组的分类函数值，然后将观测分类到较大的分类函数值中。

表 6-43 分类函数中变量的系数

	组别		
	低端车型	中端车型	高端车型
马力	.254	.224	.297
底盘重量	39.854	44.342	42.097
燃料效率	8.784	8.055	8.881
(常量)	−195.246	−188.937	−213.259
费希尔线性判别函数			

图 6-48 是典型判别函数散点图。利用两个判别函数，计算所有个案在二维平面的坐标及 3 个类别的重心坐标。该图可以直观地呈现典则判别函数进行分类的结果。

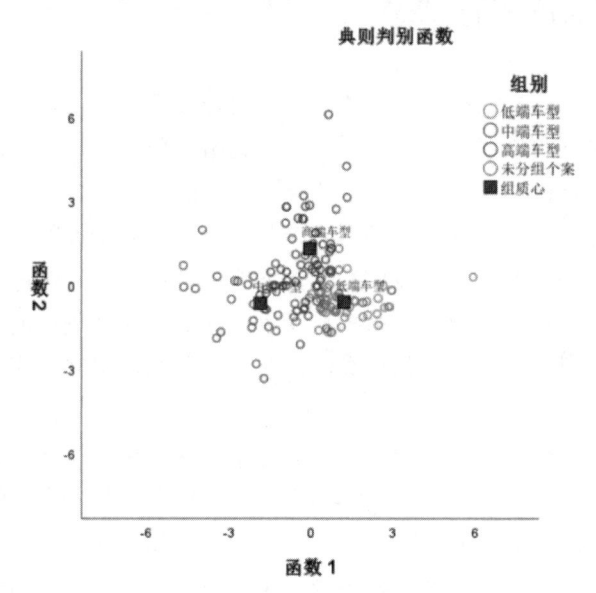

图 6-48 典型判别函数散点图

表 6-44 给出用典则判别函数进行预测的统计信息，从表中可看出，通过判别函数预测，有 131 个观测是分类正确的，其中低端车型这一组 61 个观测中有 59 个观测被判对，中端车型这一组 39 个观测中 33 个观测被判对，高端车型这一组 49 个观测中有 39 个观测被判对，从而有 131/149≈87.9%的原始观测被判对。表格最后一行的未分组个案被判为低端车型。

表 6-44 分类结果 [a]

		组别	预测组成员信息			总计
			低端车型	中端车型	高端车型	
原始	计数	低端车型	59	1	1	61
		中端车型	4	33	2	39
		高端车型	7	3	39	49
		未分组个案	1	0	0	1

续表

组别		预测组成员信息			总计
		低端车型	中端车型	高端车型	
原始	百分比(%)	低端车型	96.7	1.6	1.6	100.0
		中端车型	10.3	84.6	5.1	100.0
		高端车型	14.3	6.1	79.6	100.0
		未分组个案	100.0	.0	.0	100.0

a. 正确地对 87.9% 个原始已分组个案进行了分类

6.4 广告营销分析

在企业经营中，经常需要投入广告才能获得更好的销售，投入广告费用的多少与销售量的大小，两者之间可能存在某种关系，本节选用某公司的广告投入与销售量为研究对象，尝试利用非线性回归建立数学模型解释两者之间的关系。

按照自变量和因变量之间的关系类型，回归分析可分为线性回归分析和非线性回归分析。非线性回归的回归参数不是线性的，也不能通过转换的方法将其变为线性。

非线性回归用来建立因变量与一系列自变量之间的非线性关系模型，与估计线性模型的线性回归不同，通过使用迭代估计算法，非线性回归可建立自变量和因变量之间具有任意关系的模型。

对于看起来是非线性的模型，但是可以通过变量转换化成线性的模型，称为本质线性模型，例如 $y = e^{(\beta_0 + \beta_1 x_1 + \beta_2 x_2 + \cdots + \beta_n x_n + \varepsilon)}$，只要两边取自然对数，方程就可以写成

$$\ln(y) = \beta_0 + \beta_1 x_1 + \beta_2 x_2 + \cdots + \beta_n x_n + \varepsilon$$

有的非线性模型不能通过简单的变量转换化成线性模型，称之为本质非线性模型，例如

$$y = \beta_0 + e^{\beta_1 x_1} + e^{\beta_2 x_2} + \cdots + e^{\beta_n x_n} + \varepsilon$$

对于可以通过定义和转换变成线性关系的本质线性模型，可以采用线性回归来估计这一模型，对于不能转换成线性模型的本质非线性模型，就要采用非线性模型进行分析，常用的非线性模型如表 6-45 所示。

表 6-45 非线性模型

模型	回归方程
渐近回归	$b_1 + b_2 \exp(b_3 x)$
	$b_1 - (b_2(b_3^x))$
密度	$(b_1 + b_2 x)^{(-1/b_3)}$
Gauss	$b_1(1 - b_3 \exp(-b_2 x^2))$
Gompertz	$b_1 \exp(-b_2 \exp(-b_3 x))$
Johnson-SchuMCAher	$b_1 \exp(-b_2/(x + b_3))$

续表

模型	回归方程
对数修改	$(b_1 + b_3 x)^{b_2}$
对数 Logistic	$b_1 - \ln(1 + b_2 \exp(-b_3 x))$
Metcherlich Law of Diminishing Returns	$b_1 + b_2 \exp(-b_3 x)$
Michaelis Menten	$b_1 x / (x + b_2)$
Morgan-Mercer-Florin	$(b_1 b_2 + b_3 x^{b_4}) / (b_2 + x^{b_4})$
Peal-Reed	$b_1 / (1 + b_2 \exp(-(b_3 x + b_4 x^2 + b_5 x^3)))$
三次比	$(b_1 + b_2 x + b_3 x^2 + b_4 x^3) / (b_5 x^3)$
Richards	$b_1 / (1 + b_3 \exp(-b_2 x)^{(1/b_4)})$
Verhulst	$b_1 / (1 + b_3 \exp(-b_2 x))$
Von Bertalanffy	$(b_1^{(1-b_4)} - b_2 \exp(-b_3 x))^{(1/(1-b_4))}$
韦伯	$b_1 - b_2 \exp(-b_3 x b^4)$
产量密度	$(b_1 + b_2 x + b_3 x^2)^{-1}$

数据文件	数据文件\Chapter06\data06-05.sav
视频文件	视频文件\Chapter06\非线性回归.avi

6.4.1 数据描述

本案例的数据文件为多个公司广告费用和销售量的一些资料,如图 6-49 所示。现要求对广告费用和销售量拟合非线性回归方程。

	广告费用	销售量(万)
1	2.29	8.71
2	2.15	8.75
3	1.24	6.71
4	1.30	5.80
5	.30	3.10
6	6.52	12.02
7	6.24	11.93

图 6-49 data6-05.sav 中的数据

6.4.2 SPSS 实现

(1) 数据的初步分析,执行菜单栏中的"图形"→"图形构建器"命令,弹出"图表构建器"对话框,在左下角"选择范围"框中选择"散点图/点图",将"广告费用"拖入 x 轴,将"销售量(万)"拖入 y 轴,如图 6-50 所示。

单击"确定"按钮,输出结果如图 6-51 所示,可见当 x 值刚开始增加时,y 值迅速增加,当 x 值持续增加时,y 值增速减弱,并最终趋于平稳,故选择 Metcherlich Law of Diminishing 模型,即 $y = b_1 + b_2 e(-b_3 x)$,$b_1 > 0$,$b_2 < 0$,$b_3 > 0$,此模型符合效益递减规律。

图 6-50 "图表构建器"对话框

图 6-51 散点图

参数初始值的选择如下。

- b_1 代表了销售量上升的最大值，结合图和数据发现最大值接近 13，因此设定 b_1 的初始值为 13。
- b_2 是当 $x=0$ 时，y 值减去 b_1 得到的值，有数据可知，当 $x=0$ 时，y 值为 2，故 b_2 的初始值为-11。
- b_3 的初始值可以用图 6-51 中两个点的斜率来表示，取两个点(2.15,8.75)、(5.75,12.74)，得到斜率为 1.1，故 b_3 的初始值为 1.1。

（2）打开数据文件 data6-05.sav，执行菜单栏中的"分析"→"回归"→"非线性"命令，弹出图 6-52 所示的"非线性回归"对话框。

在左侧的变量列表中选中"销售量（万）"变量，单击 ▶ 按钮，将其选入"因变量"框，在"模型表达式"框中编辑模型表达式：b1+b2 * EXP(-b3 *广告费用)。

（3）单击"参数"按钮，弹出"非线性回归：参数"对话框，对 b1，b2，b3 这 3 个参数赋值，分别为："b1=13""b2=-11""b3 =1.1"，如图 6-53 所示，单击"继续"按钮返回主对话框。

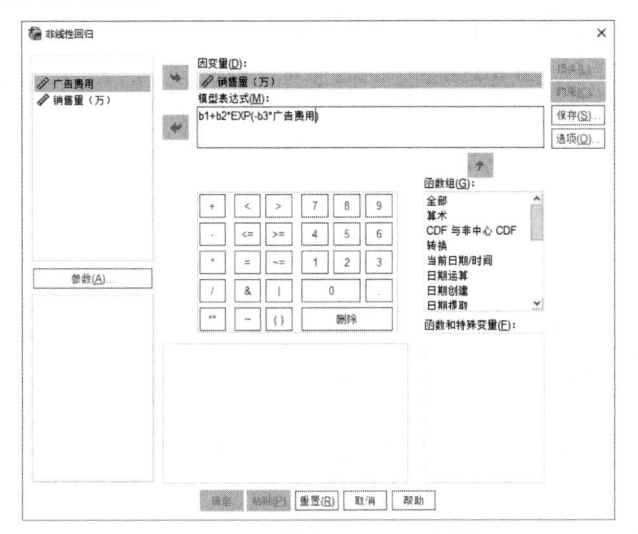

图 6-52 "非线性回归"对话框 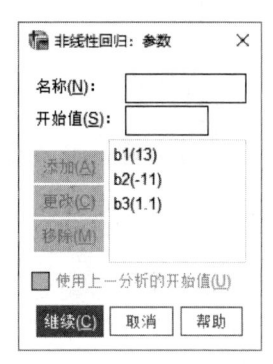　　　　图 6-53 "非线性回归：参数"对话框

（4）单击"损失"按钮，弹出图 6-54 所示的"非线性回归：损失函数"对话框，使用系统默认的残差平方和，单击"继续"按钮返回主对话框。

（5）单击"约束"按钮，弹出"非线性回归：参数约束"对话框，在参数列表中选择 b1（13）进入表达式编辑区，选择逻辑符号">="，然后在右侧的输入框中输入"0"，单击"添加"按钮，将"b1>=0"加入约束条件列表，同理加入"b2<=0""b3>=0"，如图 6-55 所示，单击"继续"按钮返回主对话框。

图 6-54 "非线性回归：损失函数"对话框 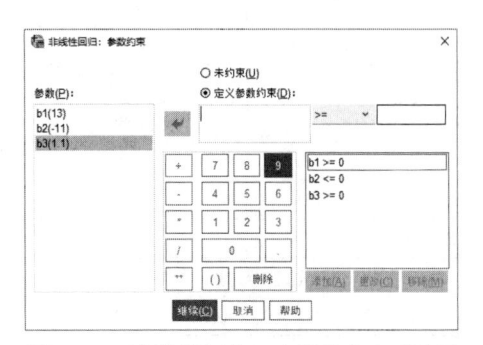　　　　图 6-55 "非线性回归：参数约束"对话框

（6）单击"保存"按钮，弹出"非线性回归：保存新变量"对话框，勾选"预测值"和"残差"复选框，如图 6-56 所示。单击"继续"按钮返回主对话框。

（7）单击"选项"按钮，弹出图 6-57 所示的"非线性回归：选项"对话框，设置均采用系统默认值，单击"继续"按钮返回主对话框。

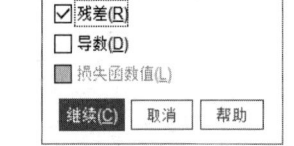

图 6-56 "非线性回归：保存新变量"对话框

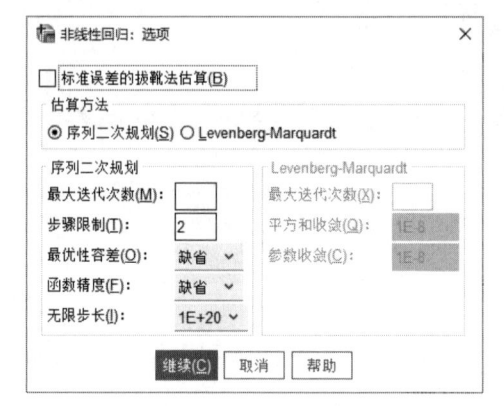

图 6-57 "非线性回归：选项"对话框

（8）完成所有设置后，单击"确定"按钮执行命令，此时会弹出迭代历史记录、参数估计值等分析结果。

6.4.3 结果分析

从表 6-46 可以看出模型共经过 11 次迭代得到最优解。

表 6-46 迭代历史记录[b]

迭代编号[a]	残差平方和	参数		
		b_1	b_2	b_3
0.3	241.574	13.000	−11.000	1.100
1.4	79.813	11.014	−15.194	.932
2.2	55.715	10.830	−10.413	.639
3.3	52.740	10.734	−10.032	.696
4.2	19.083	12.188	−12.130	.642
5.1	15.013	12.461	−11.317	.514
6.1	14.326	12.648	−11.603	.500
7.1	14.100	12.818	−11.684	.486
8.1	14.091	12.881	−11.690	.473
9.1	14.084	12.864	−11.690	.478
10.1	14.084	12.866	−11.690	.477
11.1	14.084	12.866	−11.690	.477
将通过数字计算来确定导数				
a. 主迭代号在小数点左侧显示，次迭代号在小数点右侧显示				
b. 运行在 11 次迭代后停止。已找到最优的解				

从表 6-47 可以得到参数 b_1、b_2、b_3 的值，分别为 12.866，−11.690，0.477，得到非线性模型

$$y = 12.866 - 11.690 \times e^{(-0.477x)}$$

从"标准误差"列中发现 b_1、b_2、b_3 的标准误差都很小，所以 3 个参数的估计值都是可信的。

从表 6-48 可以看出 3 个参数估计值之间的相关性。

表 6-47　参数估计值

参数	估算	标准误差	95%置信区间	
			下限值	上限
b_1	12.866	.336	12.181	13.550
b_2	−11.690	.425	−12.555	−10.825
b_3	.477	.049	.377	.578

表 6-48　参数估计值相关性

	b_1	b_2	b_3
b_1	1.000	−.264	−.866
b_2	−.264	1.000	−.131
b_3	−866	−.131	1.000

表 6-49 给出方差分析的结果，$R^2 = 0.959$，可见模型能解释 95.9%的变异，说明模型的拟合效果很好。

表 6-49　ANOVA[a]

源	平方和	自由度	均方
回归	3451.623	3	1150.541
残差	14.084	33	.427
修正前总计	3465.706	36	
修正后总计	342.387	35	

因变量：销售量（万）

a. R^2 = 1 − (残差平方和) / (修正平方和) = .959

6.5　本章小结

市场营销既是一种职能，又是组织为了自身及利益相关者的利益而创造、沟通、传播和传递客户价值，为顾客、客户、合作伙伴及整个社会带来经济价值的活动、过程和体系，主要是指营销人员针对市场开展经营活动、销售行为的过程。

市场营销中现场工作与数据收集、营销数据的初步分析、营销数据的方差分析、营销数据的相关分析、营销数据的回归分析、营销数据的因子分析、营销数据的聚类分析、营销数据的判别分析、营销报告的撰写及提交等方面都可以用到 SPSS。

本章举例介绍了寿命分析、序列图、周期性分解、谱分析、自相关、创建时间模型、应用时间模型和交叉相关性、聚类分析、逐步判别分析等在市场营销中的应用。

6.6 综合练习

1．数据文件 Data6-02.sav 为市场上 1989 年 1 月到 1998 年 12 月市场上每月男装、女装、珠宝等销售情况数据，请用本章所学内容完成以下分析。

（1）对女装销售量分别进行序列图、周期性分解、谱分析、自相关、创建时间模型、应用时间序列模型等分析。

（2）对用于订购的电话线数分别进行序列图、周期性分解、谱分析、自相关、创建时间模型、应用时间序列模型等分析。

（3）对珠宝销售量分别进行序列图、周期性分解、谱分析、自相关、创建时间模型、应用时间序列模型等分析。

（4）对商品目录邮寄数分别进行序列图、周期性分解、谱分析、自相关、创建时间模型、应用时间序列模型等分析。

（5）对印刷广告的费用分别进行序列图、周期性分解、谱分析、自相关、创建时间模型、应用时间序列模型等分析。

（数据存储于\Chapter6\data6-02.sav 文件中）

2．数据文件 Data6-06.sav 为某企业 2009—2021 年的销售额，请用合适的分析方法完成对销售额的分析，并对 2022—2025 年的销售额进行预测。

（数据存储于\Chapter6\data6-06.sav 文件中）

3．数据文件 Data6-07.sav 为一份关于产品购买动机的调查问卷，请用合适的分析方法完成以下分析：

（1）产品有用性、产品易用性、产品价值、产品风险、购买动机在人口学变量上是否存在显著性差异；

（2）对产品有用性、产品易用性、产品价值、产品风险与购买动机之间的相关性进行分析；

（3）进行产品有用性、产品易用性、产品价值、产品风险对购买动机的回归分析。

（数据存储于\Chapter6\data6-07.sav 文件中）

4．数据文件 Data6-08.sav 为微博精准营销对顾客购买行为的调查数据，请用合适的分析方法完成以下分析：

（1）微博精准营销、顾客感知价值、顾客购买行为在人口学变量上是否存在差异；

（2）顾客感知价值在微博精准营销与顾客购买行为之间是否存在中介效应；

（3）根据数据完成信效度分析。

（数据存储于\Chapter6\data6-08.sav 文件中）

第 7 章

管理领域应用

管理科学是数学、社会科学与经济学等学科相互渗透并在它们的边缘上发展起来的新学科,因此它既有理工学科的属性,也有社会学科的属性。例如,在定量分析时采用数学方法,但在定性分析时采用逻辑推理和辩证分析的方法。

管理科学已经扩展到各个领域,形成了内容广泛、门类齐全的独立学科体系。管理科学已经成为同社会科学、自然科学并列的第三类科学。管理现代化是应用现代科学的理论和方法,提高计划、组织和控制的能力,以适应生产力发展的需要,使管理水平达到当代国际先进水平的过程,也是由经验型的传统管理转变为科学型的现代管理的过程。SPSS 的使用可以为管理带来极大的便利,本章主要介绍 SPSS 在企业管理、高校管理等方面的应用。

学习目标:

- 深刻理解探索性分析、回归分析的实质。
- 掌握聚类分析方法的应用。
- 掌握因子分析方法的应用。
- 掌握对应分析方法的应用。

7.1 企业薪酬管理分析

7.1.1 探索性分析在企业薪酬管理中的应用

在企业薪酬管理中,企业需要研究薪酬水平是否合理,在不同的人口学变量上是否存在差异,比如男、女性员工的薪酬水平是否存在差异、不同职称的员工薪酬水平是否存在差异,企业可以根据分析数据对员工的薪酬水平进行动态调整。本节主要介绍探索性分析在企业薪酬管理中的应用。

探索过程既可以为所有个案,也可以分别为各个案组生成汇总统计和图形,探索性分析主要有以下几个目的。

（1）对数据进行过滤和检查，能识别离群值、极端值、数据中的缺失值等。

（2）验证数据的分布特征，如对数据正态分布和方差齐性进行检验，对不满足要求的数据提示转换方法。

（3）输出描述统计量，通过输出直方图、茎叶图、箱图等来描述个案组之间差异的特征。

数据文件	数据文件\Chapter7\data7-01.sav
视频文件	视频文件\Chapter7\探索性分析.avi

1. 数据描述

本案例的数据文件为一个公司 474 名员工一年的薪水资料，如图 7-1 所示，现要求利用探索分析对这个公司男、女员工的薪水进行分析。

	编号	性别	薪水
1	1	m	57000
2	2	m	40200
3	3	f	21450
4	4	f	21900
5	5	m	45000
6	6	m	32100
7	7	m	36000

图 7-1　data7-01.sav 中的数据

2. SPSS实现

（1）打开数据文件 data7-01.sav，执行菜单栏中的“分析”→“描述统计”→“探索”命令，弹出“探索”对话框。

（2）在左侧的变量列表中选中“薪水”变量，单击➡按钮，将其选入“因变量列表”框；选中“性别”变量，单击➡按钮，将其选入“因子列表”框；选中“编号”变量，单击➡按钮，将其选入“个案标注依据”框，在“显示”栏中选中“两者”单选按钮，如图 7-2 所示。

（3）单击“统计”按钮，弹出“探索：统计”对话框，勾选“描述”“M-估计量”“离群值”“百分位数”复选框，“描述”复选框下的“均值的置信区间”框中保持系统默认的 95，如图 7-3 所示。单击“继续”按钮返回主对话框。

（4）单击“图”按钮，弹出“探索：图”对话框，选中“因子级别并置”单选按钮，勾选“茎叶图”“直方图”“含检验的正态图”复选框，在“含莱文检验的分布-水平图”栏中选中“未转换”单选按钮，如图 7-4 所示。单击“继续”按钮返回主对话框。

（5）单击“选项”按钮，弹出“探索：选项”对话框，选中“成列排除个案”单选按钮，如图 7-5 所示。单击“继续”按钮返回主对话框。

（6）完成所有设置后，单击“确定”按钮执行命令，系统会弹出描述性统计、M 估计量、方差齐性检验等表格。

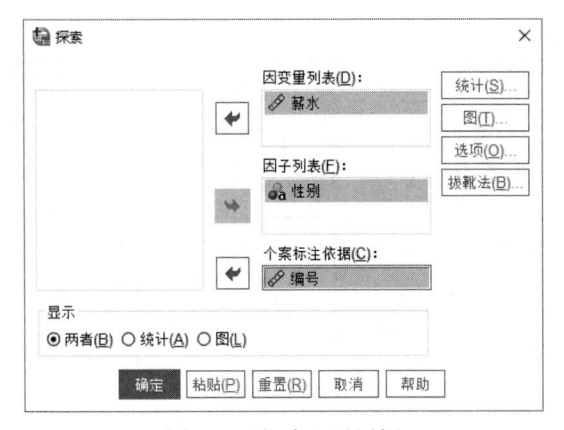

图 7-2 "探索"对话框

图 7-3 "探索：统计"对话框

图 7-4 "探索：图"对话框

图 7-5 "探索：选项"对话框

3. 结果分析

从表 7-1 可以看出女员工共 216 个样本，男员工共 258 个样本，没有缺失值。

表 7-1 个案处理摘要

		个案					
	性别	有效		缺失		总计	
		个案数	百分比	个案数	百分比	个案数	百分比
薪水	女	216	100.0%	0	0.0%	216	100.0%
	男	258	100.0%	0	0.0%	258	100.0%

从表 7-2 可以看出女员工的平均薪水为 26031.92，标准误差为 512.258，平均值的 95%置信区间为(25018.29，27045.55)。5%截尾平均值是排除数据首尾两端 5%的变量值后得出的平均值，本案例为 25248.30，中位数为 24300.00，标准差为 7558.021，最小值为 15750，最大值为 58125，范围为 42375，四分位距是 25%的百分位数与 75%的百分位数之间的距离，本案例中为 7013，偏度为 1.863，峰度为 2.641，男员工的描述统计量同理。

表 7-2 描述性统计

	性别			统计	标准误差
薪水	女	平均值		26031.92	512.258
		平均值的 95% 置信区间	下限	25018.29	
			上限	27045.55	
		5% 截尾平均值		25248.30	
		中位数		24300.00	
		方差		57123688.268	
		标准差		7558.021	
		最小值		15750	
		最大值		58125	
		范围		42375	
		四分位距		7013	
		偏度		1.863	.166
		峰度		2.641	.330
	男	平均值		41441.78	1213.968
		平均值的95%置信区间	下限	39051.19	
			上限	43832.37	
		5%截尾平均值		39445.87	
		中位数		32850.00	
		方差		380219336.303	
		标准差		19499.214	
		最小值		19650	
		最大值		135000	
		范围		115350	
		四分位距		22675	
		偏度		1.639	.152
		峰度		2.780	.302

从表 7-3 可以看出 M 估计量中休伯 M 估计量、Tukey 双权估计量、汉佩尔 M 估计量和安德鲁波估计量，4 个估计量的区别是使用的权重不同，发现女员工和男员工的 4 个 M 估计量虽然离中位数较近，但是离平均值较远，说明数据中应该有异常值。

表 7-3 M 估计量

	性别	休伯 M 估计量[a]	Tukey 双权估计量[b]	汉佩尔 M 估计量[c]	安德鲁波估计量[d]
薪水	女	24606.10	24015.98	24419.25	24005.82
	男	34820.15	31779.76	34020.57	31732.27

a. 加权常量为 1.339。
b. 加权常量为 2.685。
c. 加权常量为 1.700、3.400 和 8.500。
d. 加权常量为 1.340*pi

百分位数是将数值分成两部分，例如百分位数 25 表示有 25%的值比该值小，有 75%

的值比该值大,从表 7-4 可以知道本案例的百分位数。

表 7-4 百分位数(P)

性别			百分位数(P)						
			5	10	25	50	75	90	95
加权平均 (定义 1)	薪水	女	16950.00	18660.00	21487.50	24300.00	28500.00	34890.00	40912.50
		男	23212.50	25500.00	28050.00	32850.00	50725.00	69325.00	81312.50
图基枢纽	薪水	女			21525.00	24300.00	28500.00		
		男			28050.00	32850.00	50550.00		

从表 7-5 可以看出分组后女员工和男员工薪水的 5 个极大值和 5 个极小值。

表 7-5 极值

	性别			个案编号	值
薪水	女	最高	1	371	58125
			2	348	56750
			3	468	55750
			4	240	54375
			5	72	54000
		最低	1	378	15750
			2	338	15900
			3	411	16200
			4	224	16200
			5	90	16200
	男	最高	1	29	135000
			2	32	110625
			3	18	103750
			4	343	103500
			5	446	100000
		最低	1	192	19650
			2	372	21300
			3	258	21300
			4	22	21750
			5	65	21900

从表 7-6 可以看出柯尔莫戈洛夫-斯米诺夫(Kolmogorov-Smirnov)方法和夏皮洛-威尔克(Shapiro-Wilk)方法检验的结果,显著性均小于 0.05,说明女员工和男员工的薪水分布均不符合正态分布的假设。其中夏皮洛-威尔克方法只有在样本量小于 50 时比较精确。

表 7-6 正态性检验

	性别	柯尔莫戈洛夫-斯米诺夫[a]			夏皮洛-威尔克		
		统计	自由度	显著性	统计	自由度	显著性
薪水	女	.146	216	<.001	.842	216	<.001
	男	.208	258	<.001	.813	258	<.001
a. 里利氏显著性修正							

从表 7-7 可以看出男、女员工间薪水不具有齐次性，因为显著性均小于 0.05。

表 7-7 方差齐性检验

		莱文统计	df1	df2	显著性
薪水	基于平均值	119.669	1	472	<.001
	基于中位数	51.603	1	472	<.001
	基于中位数并带有调整的 df	51.603	1	310.594	<.001
	基于截尾平均值	95.346	1	472	<.001

从图 7-6 可以得出女员工和男员工薪水的分布均呈正偏态。

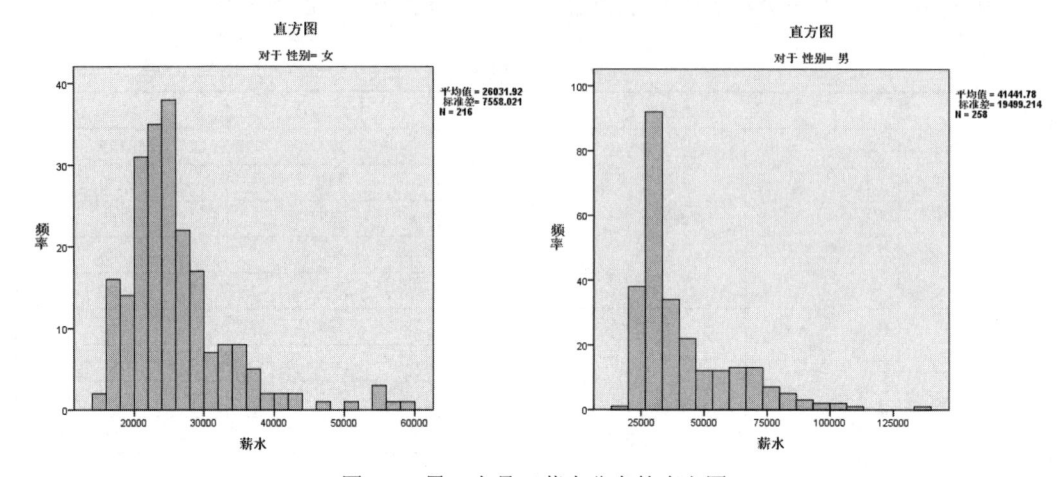

图 7-6 男、女员工薪水分布的直方图

图 7-7 是茎叶图，图中"频率"表示变量值的频次，"Stem"表示变量值的整数部分，"叶"表示变量值的小数部分。

变量值的具体计算方法是变量值=（茎+叶）×茎宽，如女员工薪水茎叶图第一行的变量值为 15500=（1+0.55）×10000，第 7 行叶部分第 13 个数字为 7，则变量值为 27000=（2+0.7）×10000，本案例茎宽为 10000。

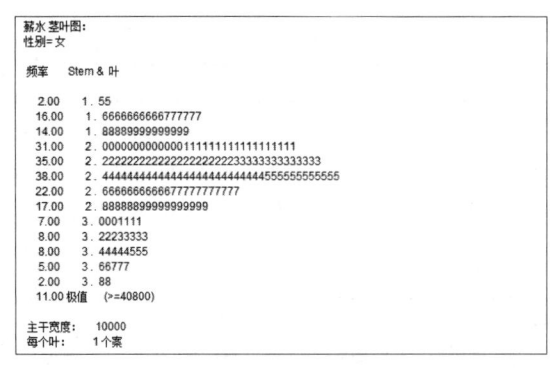

图 7-7 男、女员工薪水的茎叶图

图 7-8 中的两种正态图，一种是标准的正态概率分布图，另一种是离散的正态概率

分布图。

标准的正态概率分布图中，使用变量的实际观测值作为横坐标，以变量的期望值作为纵坐标，变量值为落点。图 7-8 中的斜线表示正态分布的标准线，点表示变量值，变量值越接近于斜线，则变量值的分布越接近正态分布，本案例中男、女员工的薪水分布不符合正态分布。

离散的正态概率分布图中，使用变量的实际观测值作为横坐标，以实际观测值与期望值的差作为纵坐标，如果数据符合正态分布，则图中的点应该分布于标准线的附近。在本案例中，男、女员工的薪水分布不符合正态分布。

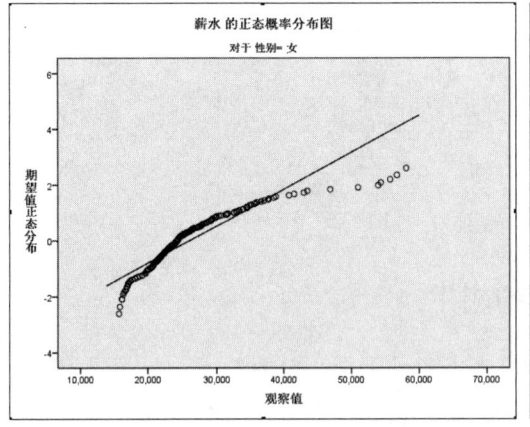

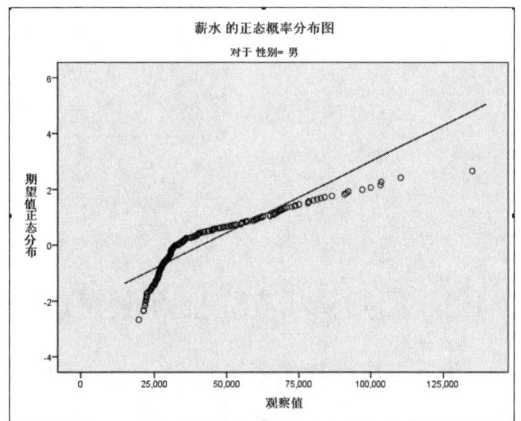

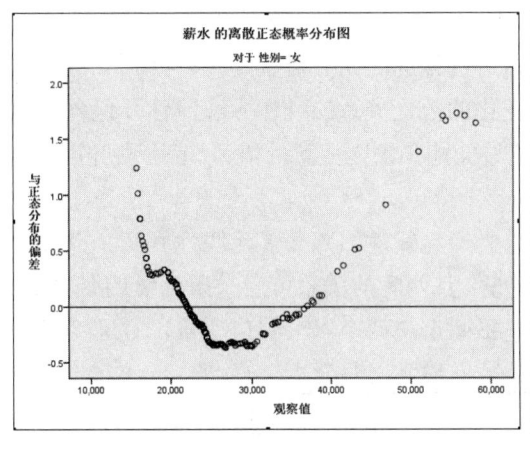

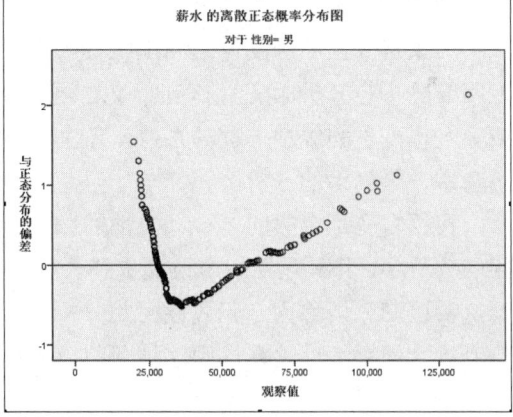

图 7-8　男、女员工薪水的正态图

图 7-9 为箱图，箱子的上边线表示 75%百分位数，下边线表示 25%百分位数，中间的线表示中位数，箱子上下的两条细横线表示除离群值和极值的最大值和最小值。

离群值是指离箱子的上、下边线的距离为箱子高度的 1.5～3 倍的变量值，本图中用"○"表示。极值是指离箱子的上、下边线的距离为箱子高度的 3 倍以上的变量值，本图中用"☆"表示。

从图 7-9 可以看出男、女员工的薪水都有一些离群值和极值存在，表明有员工的薪水明显高于普通员工。

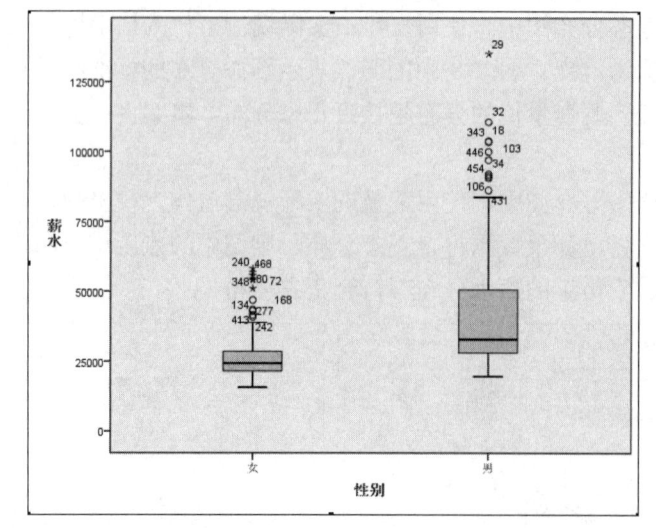

图 7-9　箱图

7.1.2　回归分析在企业薪酬管理中的应用

为了制定合理的薪酬制度，企业需要综合考虑各种因素，包括学历、专业、入职年限、性别等，企业薪酬与影响因素之间可能存在某种关系。本节介绍回归分析在企业薪酬管理中的应用。

如果自变量和因变量之间呈线性关系，这时进行的回归分析就是线性回归分析。线性回归分析是分析因变量和自变量之间依存变化的数量关系的统计方法，估计包含一个或多个自变量的线性方程的系数（这些系数能最佳地预测因变量的值），它是回归分析中最基本、最简单的分析。

根据自变量个数的多少，线性回归分析分为一元线性回归和多元线性回归。在线性回归分析中，若只包括一个自变量和一个因变量，且两者的关系可用一条直线近似表示，则这种回归分析称为一元线性回归分析；若包括两个或两个以上的自变量，且因变量和自变量之间呈线性关系，则这种回归分析称为多元线性回归分析。

数据文件	数据文件\Chapter7\data7-02.sav
视频文件	视频文件\Chapter7\线性回归.avi

1．数据描述

本案例的数据文件为一个公司员工的基本薪酬情况数据，如图 7-10 所示。现要求对公司员工的一些基本情况拟合多元线性回归方程。

2．SPSS实现

（1）打开数据文件 data7-02.sav，执行菜单栏中的"分析"→"回归"→"线性"命令，弹出"线性回归"对话框。

	员工代码	性别	出生日期	教育水平	雇佣类别	当前薪金	起始薪金	雇佣时间	经验	少数民族
1	1	m	02/03/1952	15	3	$57,000	$27,000	98	144	0
2	2	m	05/23/1958	16	1	$40,200	$18,750	98	36	0
3	3	f	07/26/1929	12	1	$21,450	$12,000	98	381	0
4	4	f	04/15/1947	8	1	$21,900	$13,200	98	190	0
5	5	m	02/09/1955	15	1	$45,000	$21,000	98	138	0
6	6	m	08/22/1958	15	1	$32,100	$13,500	98	67	0
7	7	m	04/26/1956	15	1	$36,000	$18,750	98	114	0

图 7-10　data7-02.sav 中的数据

在左侧的变量列表中选中"教育水平（年）""起始薪金""雇佣时间（以月计）""经验（以月计）"变量，单击 ► 按钮，将其选入"自变量"框，将"当前薪金"变量选入右侧的"因变量"框。在"方法"下拉列表中选择"步进"，如图 7-11 所示。

"方法"下拉列表中的 5 种方法的含义如下：

- 输入：将自变量列表中的自变量全部选入回归模型，为系统默认选项。
- 步进：先选择对因变量贡献最大，并满足判断条件的自变量进入回归方程，再将模型中符合剔除条件的变量移出模型，重复进行直到没有变量被引入或剔除，得到回归方程。
- 除去：先建立全模型，然后根据设定的条件一步就剔除部分自变量。
- 后退：先建立全模型，根据选项对话框中设定的判定条件，每次将一个不符合条件的变量从模型中剔除，重复进行直到没有变量被剔除，得到回归方程。
- 前进：模型从无自变量开始，根据选项对话框中设定的判定条件，每次将一个最符合条件的变量引入模型，直到所有符合判定条件的变量都进入模型，第一个引入模型的变量应该是与因变量最为相关的。

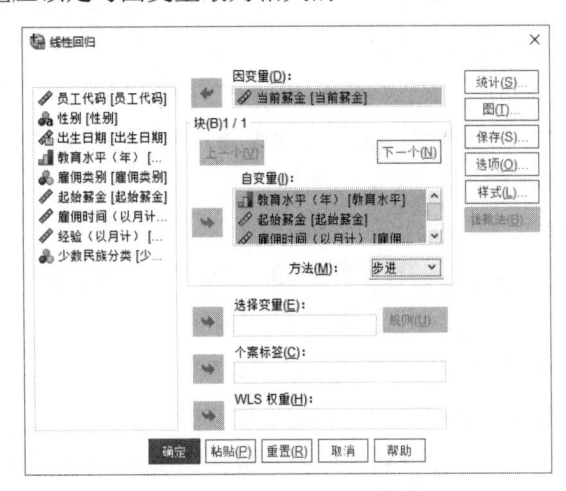

图 7-11　"线性回归"对话框

（2）单击"统计"按钮，弹出"线性回归：统计"对话框。在"回归系数"栏中勾选"估算值""协方差矩阵"复选框，在"残差"栏中勾选"个案诊断"复选框，在"离群值"参数框中输入 3，并勾选"模型拟合""共线性诊断"复选框，如图 7-12 所示。单击"继续"按钮返回主对话框。

共线性诊断用于判断自变量间是否存在共线性，多元回归方程中不允许存在共线性问题。选择此项，输出方差膨胀因子（VIF）和容差。利用"个案诊断"功能可以得到异常值，在实际运用过程中可以将异常值剔除并重新进行回归分析。

（3）单击"图"按钮，弹出"线性回归：图"对话框。将变量"SDRESID"和"ZPRED"分别选入"Y"框和"X"框，单击"下一个"按钮，将变量"ZRESID"和"ZPRED"分别选入"Y"框和"X"框，如图 7-13 所示。单击"继续"按钮返回主对话框。本步骤用于生成残差图。

图 7-12 "线性回归：统计"对话框

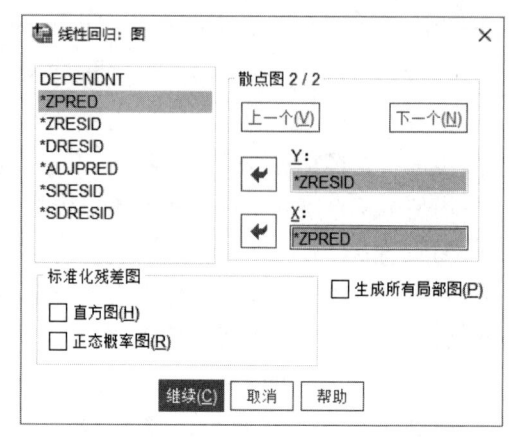

图 7-13 "线性回归：图"对话框

（4）单击"保存"按钮，弹出"线性回归：保存"对话框，在"距离"栏中勾选"马氏距离""库克距离""杠杆值"复选框，在"预测区间"栏中勾选"平均值""单值"复选框，置信区间默认为 95%，在"影响统计"栏中勾选"标准化 DfBeta""标准化 DfFit""协方差比率"复选框，并勾选"包括协方差矩阵"复选框，如图 7-14 所示。单击"继续"按钮返回主对话框。

- 预测值：回归模型对每个个案预测的值。
- 距离：标识自变量的值具有异常组合的个案，以及可能对回归模型产生很大影响的个案。
- 预测区间：设置显示的预测区间。
- 残差：因变量的实际值减去按回归方程预测的值。
- 影响统计：排除特定个案导致的回归系数（DfBeta）和预测值（DfFit）的变化。

（5）单击"选项"按钮，弹出图 7-15 所示的"线性回归：选项"对话框，设置采用系统默认值。单击"继续"按钮返回主对话框。

（6）完成所有设置后，单击"确定"按钮执行命令，此时会弹出模型摘要、系数等分析结果。

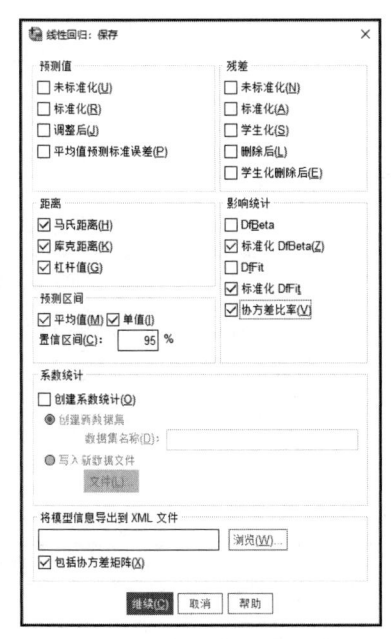

图 7-14 "线性回归：保存"对话框 　　图 7-15 "线性回归：选项"对话框

3. 结果分析

表 7-8 给出了逐步回归过程中变量的引入和剔除过程及其准则，可以看出，最先引入起始薪金变量，建立模型 1；接着引入经验变量，建立模型 2，以此类推，模型 4 包括所有变量，没有变量被剔除。

表 7-8　输入/除去变量 [a]

模型	输入的变量	除去的变量	方法
1	起始薪金	.	步进（条件：要输入的 F 的概率<=.050，要除去的 F 的概率>=.100）
2	经验（以月计）	.	步进（条件：要输入的 F 的概率<=.050，要除去的 F 的概率>=.100）
3	雇佣时间（以月计）	.	步进（条件：要输入的 F 的概率<=.050，要除去的 F 的概率>=.100）
4	教育水平（年）	.	步进（条件：要输入的 F 的概率<=.050，要除去的 F 的概率>=.100）

a. 因变量：当前薪金

表 7-9 给出了模型的拟合情况，包括模型编号、复相关系数 R、R^2、调整后的 R^2、估算的标准误差，可见从模型 1 到模型 4，R^2 随之增长，说明模型可解释的变异占总变异的比例越来越大，引入回归方程的变量是显著的，从 R^2、调整后的 R^2 可以看出模型 4 建立的回归方程较好。

表 7-9　模型摘要 [e]

模型编号	R	R^2	调整后的 R^2	估算的标准误差
1	.880[a]	.775	.774	$8,115.356
2	.891[b]	.793	.793	$7,776.652
3	.897[c]	.804	.803	$7,586.187
4	.900[d]	.810	.809	$7,465.139

a. 预测变量：(常量)，起始薪金	
b. 预测变量：(常量)，起始薪金，经验（以月计）	
c. 预测变量：(常量)，起始薪金，经验（以月计），雇佣时间（以月计）	
d. 预测变量：(常量)，起始薪金，经验（以月计），雇佣时间（以月计），教育水平（年）	
e. 因变量：当前薪金	

表 7-10 给出了回归拟合过程中每一步的方差分析结果。可见从模型 1 到模型 4，显著性均小于 0.05，拒绝回归系数都为 0 的原假设。从模型 4 可知，回归平方和为 1.118E+11（用科学计数法表示），残差平方和为 2.614E+10（用科学计数法表示），总计为 1.379E+11（用科学计数法表示），可见回归平方和占了总平方和的绝大部分，说明线性模型解释了总平方和的绝大部分，模型拟合效果较好。

表 7-10 ANOVA^a

模型		平方和	自由度	均方	F	显著性
1	回归	106831048750.124	1	106831048750.124	1622.118	.000^b
	残差	31085446686.216	472	65858997.217		
	总计	137916495436.340	473			
2	回归	109432147156.685	2	54716073578.343	904.752	.000^c
	残差	28484348279.654	471	60476323.311		
	总计	137916495436.340	473			
3	回归	110867882865.426	3	36955960955.142	642.151	.000^d
	残差	27048612570.913	470	57550239.513		
	总计	137916495436.340	473			
4	回归	111779919524.266	4	27944979881.067	501.450	.000^e
	残差	26136575912.073	469	55728306.849		
	总计	137916495436.340	473			

a. 因变量：当前薪金
b. 预测变量：(常量)，起始薪金
c. 预测变量：(常量)，起始薪金，经验（以月计）
d. 预测变量：(常量)，起始薪金，经验（以月计），雇佣时间（以月计）
e. 预测变量：(常量)，起始薪金，经验（以月计），雇佣时间（以月计），教育水平（年）

表 7-11 给出所有模型的回归系数估计值，包括未标准化系数、标准化系数、t 值、显著性、容差和方差膨胀因子。

Beta 是标准化回归系数，是所有的变量按统一方法标准化后拟合的回归方程中各标准化变量的系数，具有可比性。由表 7-11 可见，起始薪金的标准化回归系数是 4 个变量中最大的。

表 7-11 中 4 个模型中所有变量和常数项的显著性均小于 0.05，均通过显著性检验。

表 7-11 中各解释变量的方差膨胀因子（VIF）都较小，说明解释变量基本不存在多重共线性问题。一般 VIF>10 或容差值接近于 0，说明存在共线性问题。

模型 3：当前薪金=-10266.629+1.927×起始薪金-22.509×经验+173.203×雇佣时间。

表 7-11 系数 [a]

模型		未标准化系数		标准化系数	t	显著性	共线性统计	
		B	标准误差	Beta			容差	VIF
1	（常量）	1928.206	888.680		2.170	.031		
	起始薪金	1.909	.047	.880	40.276	.000	1.000	1.000
2	（常量）	3850.718	900.633		4.276	.000		
	起始薪金	1.923	.045	.886	42.283	.000	.998	1.002
	经验（以月计）	−22.445	3.422	−.137	−6.558	.000	.998	1.002
3	（常量）	−10266.629	2959.838		−3.469	.001		
	起始薪金	1.927	.044	.888	43.435	.000	.998	1.002
	经验（以月计）	−22.509	3.339	−.138	−6.742	.000	.998	1.002
	雇佣时间（以月计）	173.203	34.677	.102	4.995	.000	1.000	1.000
4	（常量）	−16149.671	3255.470		−4.961	.000		
	起始薪金	1.768	.059	.815	30.111	.000	.551	1.814
	经验（以月计）	−17.303	3.528	−.106	−4.904	.000	.865	1.156
	雇佣时间（以月计）	161.486	34.246	.095	4.715	.000	.992	1.008
	教育水平（年）	669.914	165.596	.113	4.045	.000	.516	1.937

a. 因变量：当前薪金

表 7-12 给出了各个模型中排除变量的统计信息，模型 1 中已经引入起始薪金变量，排除在外的有 3 个变量，从"偏相关"这一列可以看出除起始薪金外，与当前薪金相关性最高的是经验，因为其偏相关绝对值最大，将其引入回归模型，t 检验的显著性小于 0.05，拒绝回归系数为 0 的假设。从"共线性统计"栏中可以看出经验变量的容差接近 1，说明它与第一个进入模型的起始薪金变量不具有共线性，所以将经验变量作为第二个变量引入模型，以此类推。

表 7-12 排除的变量 [a]

模型		输入 Beta	t	显著性	偏相关	共线性统计		
						容差	VIF	最小容差
1	教育水平（年）	.172[b]	6.356	.000	.281	.599	1.669	.599
	雇佣时间（以月计）	.102[b]	4.750	.000	.214	1.000	1.000	1.000
	经验（以月计）	−.137[b]	−6.558	.000	−.289	.998	1.002	.998
2	教育水平（年）	.124[c]	4.363	.000	.197	.520	1.923	.520
	雇佣时间（以月计）	.102[c]	4.995	.000	.225	1.000	1.000	.998
3	教育水平（年）	.113[d]	4.045	.000	.184	.516	1.937	.516

a. 因变量：当前薪金
b. 模型中的预测变量：(常量)，起始薪金
c. 模型中的预测变量：(常量)，起始薪金，经验（以月计）
d. 模型中的预测变量：(常量)，起始薪金，经验（以月计），雇佣时间（以月计）

表 7-13 给出了各变量之间的系数相关矩阵，表中除起始薪金和教育水平的相关性大于 0.5 外，其余各解释变量之间的相关性都较小，可以采用相关性分析，如果这两个解

释变量之间存在相关性，可以考虑将教育水平变量从模型中剔除。

表 7-13 系数相关 [a]

模型			起始薪金	经验（以月计）	雇佣时间（以月计）	教育水平（年）
1	相关性	起始薪金	1.000			
	协方差	起始薪金	.002			
2	相关性	起始薪金	1.000	−.045		
		经验（以月计）	−.045	1.000		
	协方差	起始薪金	.002	−.007		
		经验（以月计）	−.007	11.713		
3	相关性	起始薪金	1.000	−.045	.020	
		经验（以月计）	−.045	1.000	−.004	
		雇佣时间（以月计）	.020	−.004	1.000	
	协方差	起始薪金	.002	−.007	.031	
		经验（以月计）	−.007	11.146	−.449	
		雇佣时间（以月计）	.031	−.449	1202.498	
4	相关性	起始薪金	1.000	−.275	.071	−.669
		经验（以月计）	−.275	1.000	−.034	.365
		雇佣时间（以月计）	.071	−.034	1.000	−.085
		教育水平（年）	−.669	.365	−.085	1.000
	协方差	起始薪金	.003	−.057	.143	−6.504
		经验（以月计）	−.057	12.450	−4.162	213.109
		雇佣时间（以月计）	.143	−4.162	1172.819	−479.645
		教育水平（年）	−6.504	213.109	−479.645	27422.125

a. 因变量：当前薪金

表 7-14 给出了共线性诊断的结果。

表 7-14 共线性诊断 [a]

模型	维	特征值	条件指标	方差比例				
				（常量）	起始薪金	经验（以月计）	雇佣时间（以月计）	教育水平（年）
1	1	1.908	1.000	.05	.05			
	2	.092	4.548	.95	.95			
2	1	2.482	1.000	.02	.03	.06		
	2	.429	2.406	.04	.08	.90		
	3	.090	5.263	.94	.90	.04		
3	1	3.408	1.000	.00	.01	.03	.00	
	2	.461	2.720	.00	.03	.96	.00	
	3	.124	5.237	.02	.93	.01	.02	
	4	.007	21.476	.98	.03	.00	.97	
4	1	4.351	1.000	.00	.00	.01	.00	.00
	2	.500	2.948	.00	.01	.81	.00	.00

续表

模型	维	特征值	条件指标	方差比例				
				（常量）	起始薪金	经验（以月计）	雇佣时间（以月计）	教育水平（年）
4	3	.124	5.915	.01	.53	.01	.02	.00
	4	.018	15.749	.01	.45	.14	.18	.87
	5	.007	25.232	.97	.02	.03	.79	.12

a. 因变量：当前薪金

表 7-15 给出了观测值（个案）诊断的结果，其中编号为 18、103、…、454 的个案被怀疑是异常值，因为其标准化残差绝对值大于 3 倍标准差。

表 7-15 个案诊断 [a]

个案号	标准化残差	当前薪金	预测值	残差
18	6.173	$103,750	$57,671.26	$46,078.744
103	3.348	$97,000	$72,009.89	$24,990.108
106	3.781	$91,250	$63,026.82	$28,223.179
160	−3.194	$66,000	$89,843.83	−$23,843.827
205	−3.965	$66,750	$96,350.44	−$29,600.439
218	6.108	$80,000	$34,405.27	$45,594.728
274	5.113	$83,750	$45,581.96	$38,168.038
449	3.590	$70,000	$43,200.04	$26,799.959
454	3.831	$90,625	$62,027.14	$28,597.858

a. 因变量：当前薪金

表 7-16 给出了残差统计数据，包括预测值、标准预测值、残差、标准化残差、学生化残差、马氏距离、库克距离、居中杠杆值等，主要用于查找影响点，结合新保存的变量 MAH_1、COO_1、LEV_1 等（见图 7-16）来判断是否有影响点，如马氏距离（MAH_1）值越大，越可能含有影响点。

表 7-16 残差统计 [a]

	最小值	最大值	平均值	标准偏差	个案数
预测值	$13,354.82	$150,076.77	$34,419.57	$15,372.742	474
标准预测值	−1.370	7.524	.000	1.000	474
预测值的标准误差	391.071	3191.216	721.093	260.806	474
调整后预测值	$13,290.94	$153,447.97	$34,425.45	$15,451.094	474
残差	−$29,600.439	$46,078.746	$0.000	$7,433.507	474
标准化残差	−3.965	6.173	.000	.996	474
学生化残差	−4.089	6.209	.000	1.004	474
剔除残差	−$31,485.213	$46,621.117	−$5.882	$7,553.608	474
学生化剔除残差	−4.160	6.474	.002	1.016	474
马氏距离	.300	85.439	3.992	5.306	474
库克距离	.000	.223	.003	.016	474
居中杠杆值	.001	.181	.008	.011	474

a. 因变量：当前薪金

MAH_1	COO_1	LEV_1	COV_1	SDF_1	SDB0_1	SDB1_1	SDB2_1	SDB3_1	SDB4_1
4.81279	.00018	.01018	1.02249	.03033	-.01894	-.00474	.01517	.02175	.00292
3.64582	.00027	.00771	1.01928	-.03656	.02753	-.01094	.00379	-.02757	-.00532
11.36409	.00008	.02403	1.03769	-.01985	.00989	-.00441	.00600	-.00894	-.01607
7.87140	.00071	.01664	1.02800	-.05960	.00786	.04007	-.01947	-.03661	-.00246
3.33172	.00001	.00704	1.02001	.00680	-.00527	.00094	.00064	.00542	.00148
3.83163	.00000	.00810	1.02113	-.00463	.00335	-.00185	.00187	-.00335	-.00016
3.11417	.00077	.00658	1.01486	-.06183	.04879	-.01387	.00369	-.04995	-.00952
4.54131	.00040	.00960	1.02086	-.04480	.01630	.00743	.00706	-.03220	.01835
4.42921	.00024	.00936	1.02134	-.03455	.02559	-.01698	.01706	-.02320	-.00897
5.04810	.00053	.01067	1.02157	-.05160	.02901	-.00201	.00880	-.03464	-.02871
4.71874	.00205	.00998	1.01397	-.10134	.08194	-.05524	.03860	-.06611	-.03782
9.75070	.00055	.02061	1.03292	.05251	-.00020	-.03972	.01972	.02999	-.02412
3.70786	.00158	.00784	1.01236	-.08887	.06123	-.02744	.02723	-.06603	.01222
3.55328	.00014	.00751	1.01979	-.02603	.02070	-.00932	.00634	-.01960	-.00781
3.05837	.00028	.00647	1.01772	-.03732	.01596	.01044	-.00143	-.02990	.00849
3.80709	.00189	.00805	1.01109	.09732	-.03227	-.03962	.02010	.07313	-.04266
3.33205	.00487	.00704	.99171	.15636	-.10881	.05491	-.05347	.11325	-.01134
4.50483	.09075	.00952	.66600	.70237	-.43303	-.06638	.35104	.48513	-.11175
2.86371	.00382	.00605	.99407	.13844	-.06604	-.03596	.00710	.11343	-.00799
3.28811	.00003	.00695	1.01981	-.01155	.00478	.00227	.00115	-.00890	.00308

图 7-16　新保存的变量

图 7-17 是当前薪金与其回归学生化的已删除残差的散点图，图 7-18 是当前薪金与其回归标准化残差的散点图，可以看出绝大多数的观测量在-2 至+2 之间，但是也存在个别奇异点。

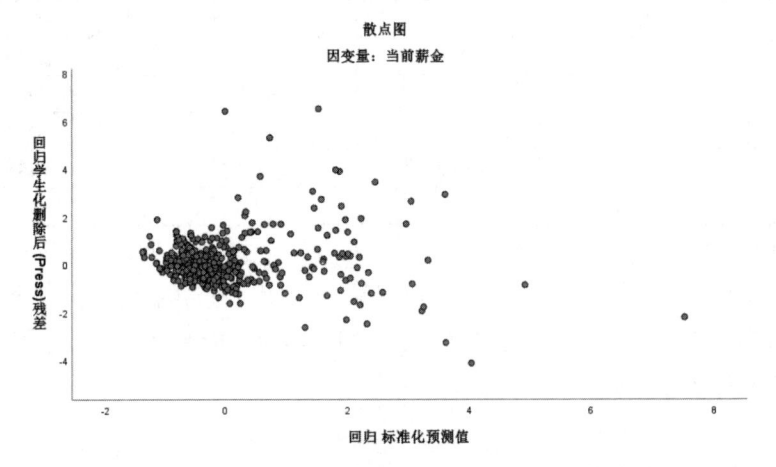

图 7-17　当前薪金与其回归学生化的已删除残差的散点图

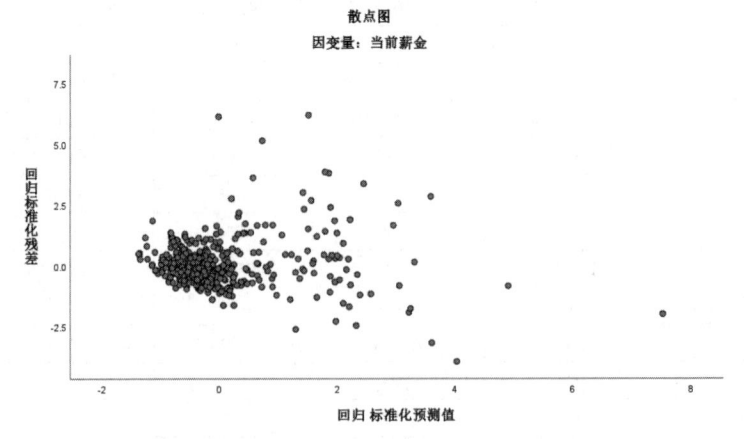

图 7-18　当前薪金与其回归标准化残差的散点图

7.1.3 快速聚类在企业薪酬管理中的应用

当研究企业员工薪酬分级情况时,可以使用聚类分析对员工的薪酬进行分类。其中,当要聚成的类数确定时,使用快速聚类可以快速地将观测量分到各类中,特点是处理速度快、占用内存少,适用于大样本的聚类分析,能够保存每个对象与聚类中心之间的距离,能够从外部文件中读取初始聚类中心,并将最终的聚类中心保存到该文件中。

SPSS 快速聚类使用 k 平均值分类法对观测量进行聚类,可以完全使用系统默认值进行聚类,也可以对聚类过程设置各种参数进行人为的干预,如事先制定聚类个数,指定使聚类过程终止的收敛判据,比如迭代次数等。

进行快速聚类首先要选择聚类分析的变量和类数,参与聚类分析的变量必须是数值型变量,且至少有 1 个。为了清楚地表明各观测量最后聚到哪一类,还应该指定一个表明观测量特征的变量作为标示变量,例如姓名、编号等。聚类个数需大于或等于 2,但不能大于数据集中的观测量个数。

如果选择了 n 个数值型变量进行快速聚类,则这 n 个变量组成 n 维空间,每个观测量在 n 维空间中是一个点,设最后要求的聚类个数为 k,则 k 个事先选定的观测量就是 k 个聚类中心点,也称为初始类中心。然后把每个观测量都分派到与这 k 个中心距离最小的那个类中,构成第一个迭代形成的 k 类,根据组成每一类的观测量,计算各变量的均值,每一类的 n 个均值在 n 维空间中又形成 k 个点,构成第二次迭代的类中心。

按照这种方法依次迭代下去,直到达到指定的迭代次数或达到终止迭代的条件时,聚类过程结束。

数据文件	数据文件\Chapter07\data7-03.sav
视频文件	视频文件\Chapter07\快速聚类.avi

1. 数据描述

本案例的数据文件为一个公司员工的基本情况数据,如图 7-19 所示。现要求利用初始薪金和当前薪金对员工进行快速聚类。

	id	gender	bdate	educ	jobcat	salary	salbegin	jobtime	prevexp	minority
1	1	m	02/03/1952	15	3	$57,000	$27,000	98	144	0
2	2	m	05/23/1958	16	1	$40,200	$18,750	98	36	0
3	3	f	07/26/1929	12	1	$21,450	$12,000	98	381	0
4	4	f	04/15/1947	8	1	$21,900	$13,200	98	190	0
5	5	m	02/09/1955	15	1	$45,000	$21,000	98	138	0
6	6	m	08/22/1958	15	1	$32,100	$13,500	98	67	0
7	7	m	04/26/1956	15	1	$36,000	$18,750	98	114	0
8	8	f	05/06/1966	12	1	$21,900	$9,750	98	0	0

图 7-19 data7-03.sav 中的数据

2. SPSS实现

(1)打开数据文件 data7-03.sav,执行菜单栏中的"分析"→"分类"→"K-均值聚类"命令,弹出图 7-20 所示的"K 均值聚类分析"对话框。

在左侧的变量列表中选中"当前薪金"和"初始薪金"变量,单击 ► 按钮,将其选入"变量"框,将"受教育年数"变量选入右侧的"个案标注依据"框作为标示变量。在"聚类数"后的框中输入分类数3,在"方法"栏中选中"迭代与分类"单选按钮。

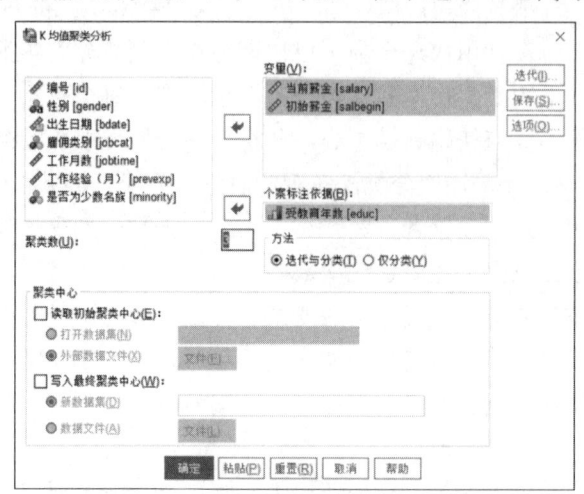

图7-20 "K均值聚类分析"对话框

（2）单击"迭代"按钮,弹出图7-21所示的"K-均值聚类分析：迭代"对话框,设置采用系统默认值。单击"继续"按钮返回主对话框。

（3）单击"保存"按钮,弹出"K-均值聚类：保存新变量"对话框,勾选"聚类成员""与聚类中心的距离"复选框,如图7-22所示。单击"继续"按钮返回主对话框。

图7-21 "K-均值聚类分析：迭代"对话框 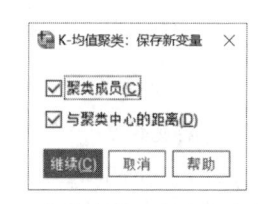　　图7-22 "K-均值聚类：保存新变量"对话框

（4）单击"选项"按钮,弹出"K-均值聚类分析：选项"对话框。在"统计"栏中勾选"初始聚类中心""ANOVA表""每个个案的聚类信息"复选框,在"缺失值"栏中选中"成列排除个案"单选按钮,如图7-23所示。

（5）完成所有设置后,单击"确定"按钮执行命令,此时会弹出初始聚类中心、迭代历史记录等分析结果。

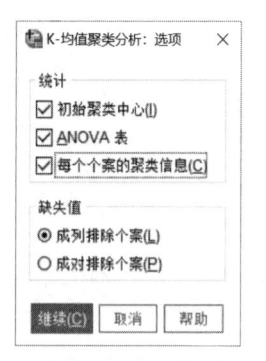

图7-23 "K-均值聚类分析：选项"对话框

3. 结果分析

从表 7-17 可知，由于没有指定初始聚类中心，此表中所列的作为类中心的观测量是系统确定的。

表 7-17 初始聚类中心

	聚类		
	1	2	3
当前薪金	$135,000	$82,500	$15,750
初始薪金	$79,980	$34,980	$10,200

从表 7-18 可以看出，经过 9 次迭代后，类中心的变化为 0，迭代停止，表中所列为每次迭代后类中心的变化量。

表 7-18 迭代历史记录[a]

迭代次数	聚类中心的变动		
	1	2	3
1	.000	15534.146	13154.544
2	26124.950	1834.406	109.129
3	11857.359	1295.991	53.305
4	8237.016	1540.051	51.357
5	4181.983	1329.004	98.643
6	1860.563	828.827	95.845
7	.000	733.979	141.593
8	.000	247.090	48.679
9	.000	.000	.000

a. 由于聚类中心中不存在变动或者仅有小幅变动，因此实现了收敛。任何中心的最大绝对坐标变动为.000。当前迭代次数为 9。初始中心之间的最小距离为 69146.583。

从表 7-19 可以看出个案最终所属类别和与所属类中心的欧氏距离，本案例只截取了前 35 个个案，如个案 1，被分到第 2 类，与类中心的欧氏距离为 3462.323。

表 7-19 聚类成员

个案号	受教育年数	聚类	距离
1	15	2	3462.323
2	16	3	13344.644
3	12	3	6584.291
4	8	3	5852.021
5	15	2	16867.211
6	15	3	4471.351
7	15	3	9513.791
8	12	3	7257.046
9	15	3	1412.343

续表

个案号	受教育年数	聚类	距离
10	12	3	3731.378
11	16	3	3526.754
12	8	3	2247.990
13	15	3	129.373
14	15	3	7885.321
15	12	3	745.696
16	12	3	13152.540
17	15	3	18324.983
18	16	1	16051.223
19	12	3	14625.060
20	12	3	2960.107
21	16	3	11207.389
22	12	3	6087.172
23	15	3	4772.431
24	12	3	11895.248
25	15	3	8309.286
26	15	3	378.266
27	19	2	793.167
28	15	3	4875.823
29	19	1	51433.022
30	15	3	3526.261
31	12	3	8475.337
32	19	1	11493.432
33	15	3	14350.211
34	19	1	7889.373
35	17	2	21096.630

从表 7-20 可以看出，最终 3 类的类中心的 2 个变量的值。

表 7-20 最终聚类中心

	聚类		
	1	2	3
当前薪金	$99,318	$60,225	$27,675
初始薪金	$42,937	$28,259	$14,144

从表 7-21 可以看出 3 个聚类中心之间的距离，如聚类中心 1 和 2 之间的距离为 41757.688。

表 7-21 最终聚类中心之间的距离

聚类	1	2	3
1		41757.688	77212.249

续表

聚类	1	2	3
2	41757.688		35478.506
3	77212.249	35478.506	

从表 7-22 可以看出，2 个变量的聚类均方值都远远大于误差均方值，并且显著性均小于 0.05，因此拒绝 2 个变量使各类之间无差异的假设，表明参与聚类分析的 2 个变量能很好地区分各类，类间的差异足够大。

表 7-22　ANOVA

	聚类		误差		F	显著性
	均方	自由度	均方	自由度		
当前薪金	56651568285.658	2	52257662.134	471	1084.082	<.001
初始薪金	9976348947.213	2	19847573.399	471	502.648	<.001
由于已选择聚类以使不同聚类中个案之间的差异最大化，因此 F 检验只应该用于描述目的。实测显著性水平并未因此进行修正，所以无法解释为针对"聚类平均值相等"这一假设的检验。						

从表 7-23 可以看出每类的观测量数目，有效的观测量数为 474，无缺失值。

表 7-23　每个聚类中的个案数量

	1	11.000
聚类	2	74.000
	3	389.000
有效		474.000
缺失		.000

7.2　高校职称管理分析

高校职称是每个学校或者每个省份教育部门重点管理的对象，每个高校的职称评定情况间接反映了学校的技术水平等，因此通过职称的情况可以了解高校的发展水平。本节选取中国不同省份的职称数据来研究各省份之间的区别，并采用聚类方法进行分析。

聚类方法有多种，常用的除前文介绍的快速聚类外，就是系统聚类了。系统聚类分析过程只限于较小的数据文件，但是能够对个案或变量进行聚类，计算可能解的范围，并为其中的每一个解保存聚类成员。此外，只要所有变量的类型相同，系统聚类过程就可以分析区间、计数或二值变量。

根据聚类过程，可以将系统聚类方法分成分解法和凝聚法两种。

（1）分解法：聚类开始前先将所有个体都视为属于一个大类，再根据距离和相似性原则逐层分解，直到参与聚类的每个个体自成一类为止。

（2）凝聚法：聚类开始前先将每个个体都视为一类，再根据距离和相似性原则逐层合并，直到参与聚类的所有个体合并成一个大类为止。

系统聚类可以实现样本聚类（Q型）和变量聚类（R型），通常情况下在聚类进行之前，先利用标准化方法对原始数据进行一次转换，并计算相似性或距离，再对转换后的数据进行聚类分析。SPSS 的系统聚类输出的统计量能帮助用户确定最好的分类结果。

数据文件	数据文件\Chapter7\data7-04.sav
视频文件	视频文件\Chapter7\系统聚类.avi

7.2.1 数据描述

本案例的数据文件为一些省市高校教职工的情况数据，如图 7-24 所示。现要求对各地区的高校教职工职称进行聚类。

	省份	正高级	副高级	中级	初级	无职称
1	北 京	10816	18275	20198	4424	2196
2	内蒙古	1545	6106	6637	4967	1691
3	黑龙江	5461	12162	12653	9330	2007
4	上 海	5699	10675	14612	4157	1711
5	江 苏	8981	25976	35814	21135	4361
6	浙 江	5238	13566	18548	7754	2689
7	河 南	4718	16767	22849	16750	3805

图 7-24 data7-04.sav 中的数据

7.2.2 SPSS 实现

（1）打开数据文件 data7-04.sav，执行菜单栏中的"分析"→"分类"→"系统聚类"命令，弹出"系统聚类分析"对话框。

在左侧的变量列表中选中"正高级""副高级""中级""初级"和"无职称"5 个数值型变量，单击 ► 按钮，将其选入"变量"框，将"省份"变量选入右侧的"个案标注依据"框作为标示变量。在"聚类"栏中选中"个案"单选按钮，在"显示"栏中勾选"统计""图"复选框，如图 7-25 所示。

（2）单击"统计"按钮，弹出"系统聚类分析：统计"对话框。勾选"集中计划"复选框，在"聚类成员"栏中选中"解的范围"单选按钮：在"最小聚类数"框中输入 2，在"最大聚类数"框中输入 5，如图 7-26 所示。单击"继续"按钮返回主对话框。

（3）单击"方法"按钮，弹出图 7-27 所示的"系统聚类分析：方法"对话框，所有选项均采用系统默认值。单击"继续"按钮返回主对话框。

（4）单击"图"按钮，弹出"系统聚类分析：图"对话框。勾选"谱系图"复选框，在"冰柱图"栏中选中"全部聚类"单选按钮，在"方向"栏中选中"垂直"单选按钮，如图 7-28 所示。单击"继续"按钮返回主对话框。

（5）单击"保存"按钮，弹出"系统聚类分析：保存"对话框。在"聚类成员"栏中选中"解的范围"单选按钮，在"最小聚类数"框中输入 2，在"最大聚类数"框中输入 5，如图 7-29 所示。单击"继续"按钮返回主对话框。

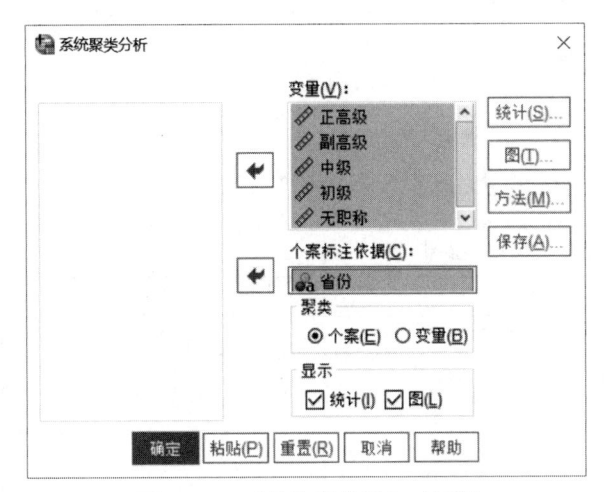

图 7-25 "系统聚类分析"对话框

图 7-26 "系统聚类分析：统计"对话框

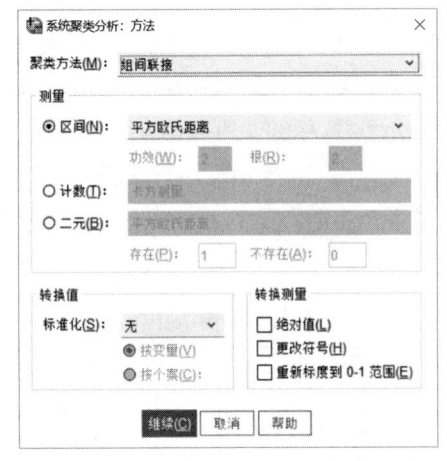

图 7-27 "系统聚类分析：方法"对话框

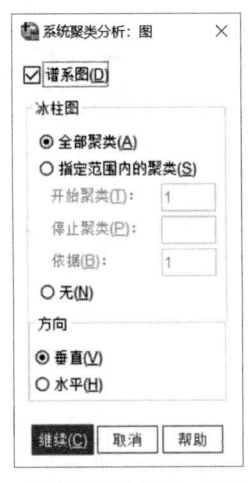

图 7-28 "系统聚类分析：图"对话框

图 7-29 "系统聚类分析：保存"对话框

（6）完成所有设置后，单击"确定"按钮执行命令，此时会弹出个案处理摘要、集中计划、聚类成员等分析结果。

7.2.3 结果分析

从表 7-24 可以看出，共有 18 个个案参与聚类，无缺失值。

表 7-24 个案处理摘要 [a,b]

个案					
有效		缺失		总计	
个案数	百分比	个案数	百分比	个案数	百分比
18	100.0%	0	.0	18	100.0%

a. 平方欧氏距离 使用中
b. 平均联接（组间）

从表 7-25 可以看出整个聚类过程，"阶段"一列表示聚类的步数，以第 4 行为例，此步是将第 2 类和第 18 类合并为一类，其中第 2 类首次出现是在第三步（"首次出现集群的阶段"栏中的"集群 1"列中显示数字为 3），而第 18 类是首次出现（"首次出现集群的阶段"栏中的"集群 2"列中显示数字为 0），所以第 4 步中的第 2 类其实包含了第 2 个个案和第 15 个个案，所以第 4 步是将第 2 个、第 15 个和第 18 个个案归为第 2 类，而这第 2 类下一次合并是在第 7 步（"下一个阶段"列第 4 步显示的数字为 7）。最后，18 个个案经过 17 步聚为一类。

表 7-25 集中计划

阶段	组合聚类		系数	首次出现集群的阶段		下一个阶段
	集群 1	集群 2		集群 1	集群 2	
1	16	17	762771.000	0	0	2
2	14	16	1732508.500	0	1	13
3	2	15	2046991.000	0	0	4
4	2	18	5704197.500	3	0	7
5	10	13	5795349.000	0	0	8
6	3	8	21534587.000	0	0	9
7	2	12	22107359.667	4	0	13
8	7	10	22341914.500	0	5	10
9	3	6	32051626.500	6	0	12
10	7	11	33026385.000	8	0	15
11	5	9	38959613.000	0	0	17
12	3	4	40502164.667	9	0	14
13	2	14	84359414.750	7	2	16
14	1	3	124050564.500	0	12	15
15	1	7	130899401.850	14	10	16
16	1	2	473965145.159	15	13	17
17	1	5	1006632931.813	16	11	0

从表 7-26 可以看出聚类个数为 2～5 时各个案的最终归属类别。

表 7-26 聚类成员

个案	5 个聚类	4 个聚类	3 个聚类	2 个聚类
1:北　京	1	1	1	1
2:内蒙古	2	2	2	1
3:黑龙江	3	1	1	1
4:上　海	3	1	1	1
5:江　苏	4	3	3	2
6:浙　江	3	1	1	1
7:河　南	5	4	1	1
8:安　徽	3	1	1	1
9:山　东	4	3	3	2
10:湖　南	5	4	1	1
11:广　东	5	4	1	1
12:广　西	2	2	2	1
13:四　川	5	4	1	1
14:西　藏	2	2	2	1
15:甘　肃	2	2	2	1
16:青　海	2	2	2	1
17:宁　夏	2	2	2	1
18:新　疆	2	2	2	1

图 7-30 是冰柱图，用柱状图的方式显示了最终聚成 2~5 类的聚集过程。横轴为 18 个个案，纵轴为聚类个数，冰柱中最长的空格长度表示当前的聚类步数，画一条横线在纵轴 5 处，即把 18 个个案聚成 5 类，经过了 4 步，5 类分别是（9，5）、（17，16，14，12，18，15，2）、（11，13，10，7）、（4，6，8，3）、（1）。

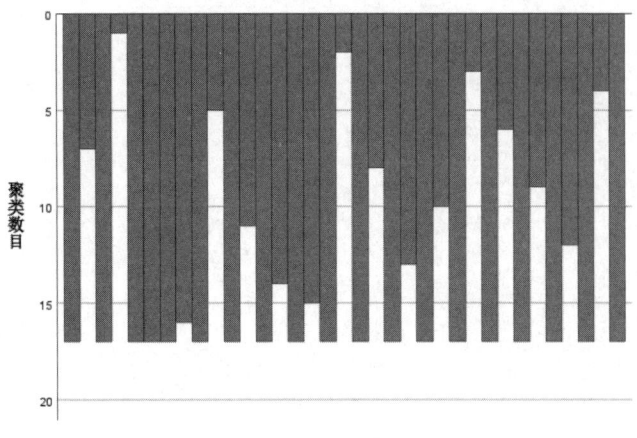

图 7-30　冰柱图

图7-31是谱系图（树状图），直观地显示了聚类的整个过程，也可以很方便地得到指定聚类个数的分类结果，如图中横轴5处的黑色线条，其与3条横线相交，表明将全部个案分为3类，黑色线条左侧线依然连在一起的分为一类，最终分类结果为（16，17，14，2，15，18，12）、（10，13，7，11，3，8，6，4，1）、（5，9）。

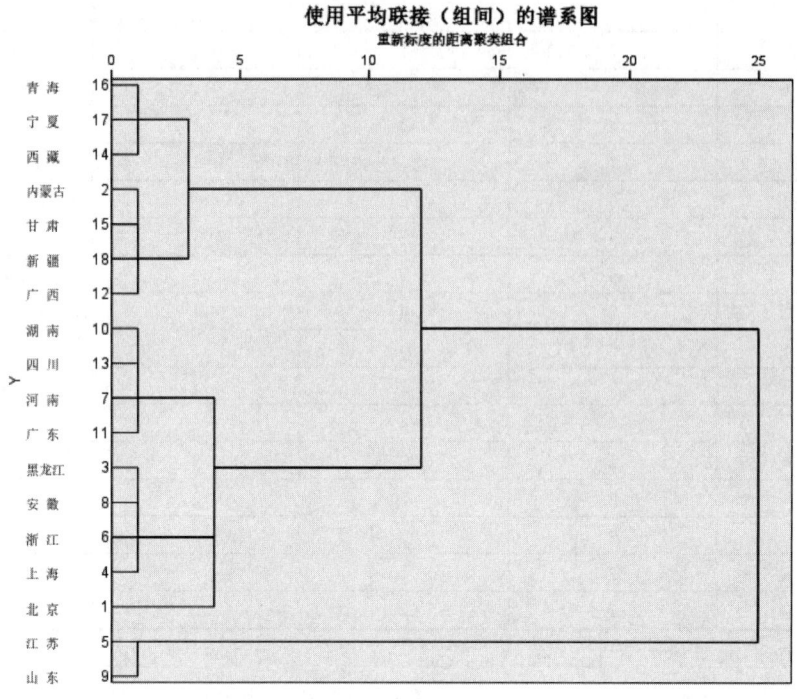

使用平均联接（组间）的谱系图
重新标度的距离聚类组合

Y	
青 海	16
宁 夏	17
西 藏	14
内蒙古	2
甘 肃	15
新 疆	18
广 西	12
湖 南	10
四 川	13
河 南	7
广 东	11
黑龙江	3
安 徽	8
浙 江	6
上 海	4
北 京	1
江 苏	5
山 东	9

图7-31 谱系图

在数据窗口中，可以看到保存的"CLU5_1""CLU4_1""CLU3_1"和"CLU2_1"，如图7-32所示，表示聚类数为2～5时各个案的最终归属类别。

	省份	CLU5_1	CLU4_1	CLU3_1	CLU2_1
1	北京	1	1	1	1
2	内蒙古	2	2	2	1
3	黑龙江	3	1	1	1
4	上海	3	1	1	1
5	江苏	4	3	3	2
6	浙江	3	1	1	1
7	河南	5	4	1	1
8	安徽	3	1	1	1
9	山东	4	3	3	2
10	湖南	5	4	1	1
11	广东	5	4	1	1
12	广西	2	2	2	1
13	四川	5	4	1	1
14	西藏	2	2	2	1
15	甘肃	2	2	2	1
16	青海	2	2	2	1
17	宁夏	2	2	2	1
18	新疆	2	2	2	1

图7-32 各个案的最终归属类别

7.2.4 进一步分析

1. OLAP多维数据集的SPSS实现

（1）在"系统聚类"运行后的数据窗口中，执行菜单栏中的"分析"→"报告"→"OLAP 立方体"命令，弹出"OLAP 立方体"对话框，如图 7-33 所示。

在左侧的变量列表中选中"正高级""副高级""中级""初级""无职称"5 个数值型变量，单击按钮，选入右侧的"摘要变量"框，将"Average Linkage（Between Group）[CLU4_1]"变量选入"分组变量"框。

（2）完成所有设置后，单击"确定"按钮执行命令，此时会弹出 OLAP 立方体的分析结果。

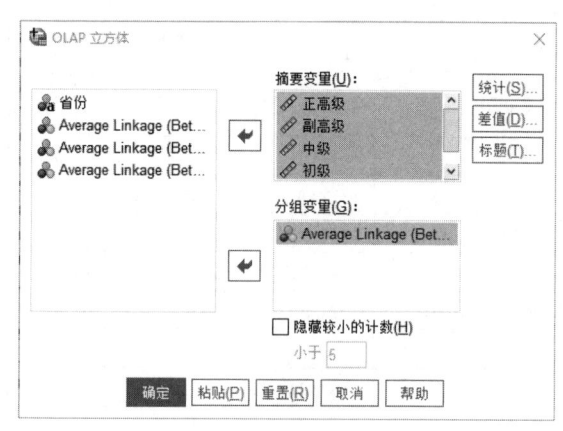

图 7-33 "OLAP 立方体"对话框

2. OLAP多维数据集的结果分析

在结果中找到 OLAP 立方体数据集表格，双击弹出"透视表 OLAP 立方体"，右击，选择"透视托盘"命令，弹出"透视托盘"对话框，将"变量"放入列，将"Average Linkage（Between Group）[CLU4_1]"和"统计"按顺序放入行，如图 7-34 所示，就得到表 7-27。

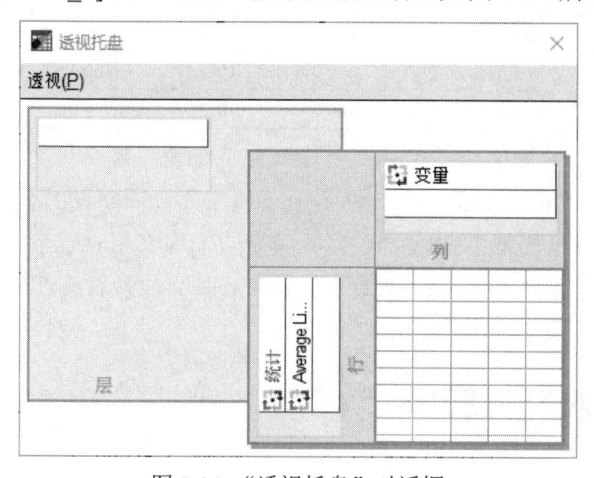

图 7-34 "透视托盘"对话框

表 7-27　OLAP 立方体

Average Linkage (Between Groups)		正高级	副高级	中级	初级	无职称
1	总和	30252	65699	82154	36101	11589
	个案数	5	5	5	5	5
	平均值	6050.40	13139.80	16430.80	7220.20	2317.80
	标准差	2868.639	3085.149	3014.008	2840.752	515.732
	在总和中所占的百分比	38.7%	31.6%	30.4%	23.6%	26.2%
	在总个案数中所占的百分比	27.8%	27.8%	27.8%	27.8%	27.8%
2	总和	7134	25787	33242	19205	7619
	个案数	7	7	7	7	7
	平均值	1019.14	3683.86	4748.86	2743.57	1088.43
	标准差	741.082	2619.022	3622.239	2156.254	961.398
	在总和中所占的百分比	9.1%	12.4%	12.3%	12.6%	17.2%
	在总个案数中所占的百分比	38.9%	38.9%	38.9%	38.9%	38.9%
3	总和	17478	49790	65814	42381	8236
	个案数	2	2	2	2	2
	平均值	8739.00	24895.00	32907.00	21190.50	4118.00
	标准差	342.240	1528.765	418.119	78.489	343.654
	在总和中所占的百分比	22.4%	24.0%	24.3%	27.7%	18.6%
	在总个案数中所占的百分比	8.1%	8.1%	8.1%	8.1%	8.1%
4	总和	23302	66359	89381	55092	16803
	个案数	4	4	4	4	4
	平均值	5825.50	16589.75	22345.25	13773.00	4200.75
	标准差	1109.809	1372.663	1437.541	2080.625	1718.077
	在总和中所占的百分比	29.8%	32.0%	33.0%	36.1%	38.0%
	在总个案数中所占的百分比	22.2%	22.2%	22.2%	22.2%	22.2%
总计	个案数	18	18	18	18	18
	平均值	4342.56	11535.28	15032.83	8487.72	2458.17
	标准差	3248.319	7634.131	10120.194	6627.159	1653.363
	在总计中所占的百分比	100.0%	100.0%	100.0%	100.0%	100.0%
	在总个案数中所占的百分比	100.0%	100.0%	100.0%	100.0%	100.0%

"OLAP 立方体"数据集显示了 4 类各个变量的信息，结合聚类成员表发现，其中第 3 类各变量的平均值都高于其他几类，说明山东和江苏普通高校的教育资源较丰富，第 1 类和第 4 类的教育资源相差不大，第 2 类各变量的平均值相对较小，说明其中的 7 个个案（内蒙古、广西、西藏、甘肃、青海、宁夏和新疆）的教育资源较匮乏，需要加强。

7.3　期刊评价管理分析

期刊的评价管理一直是学术领域的重要事项，评价一个期刊的等级或者质量，往往涉及很多因素。本节主要选取部分期刊进行研究分析，并利用因子分析对期刊进行综合评价。

因子分析在一定程度上可视为主成分分析的深化和拓展，是指在主成分分析的基础上进行因子旋转。因子分析在各行各业的应用非常广泛，尤其是科研论文中经常用到因子分析。

数据文件	数据文件\Chapter7\data7-05.sav
视频文件	视频文件\Chapter7\因子分析.avi

7.3.1 数据描述

本案例的数据文件为对代表期刊学术影响力的 8 项指标进行研究所得数据，如图 7-35 所示。现要求从中提取能够体现期刊学术影响水平的潜在因素，即公共因子。

	高效学报	载文量	基金论文比	被引期刊数	总被引频次	影响因子	即年指标	被引半衰期	Web即年下载率
1	1	258	1.80	586	1158.000	.529	.039	4.6	45.4
2	2	279	.72	625	1052.000	.537	.054	4.7	36.9
3	3	153	.78	279	407.000	.365	.033	4.8	30.8
4	4	450	1.00	597	1461.000	.593	.058	4.5	49.5
5	5	226	.82	727	1503.000	.756	.088	5.0	47.6
6	6	82	.65	139	155.000	.172	.000	5.5	27.4
7	7	128	.23	123	148.000	.249	.078	3.0	28.3

图 7-35　data7-05.sav 中的部分数据

（数据来源于 2008 年版《中国学术期刊综合引证报告》）

7.3.2 SPSS 实现

（1）打开数据文件 data7-05.sav，执行菜单栏中的"分析"→"降维"→"因子分析"命令，弹出"因子分析"对话框。选中"载文量""基金论文比""被引期刊数""总被引频次""影响因子""即年指标""被引半衰期""Web 即年下载率"这 8 个变量，单击 按钮，将其选入"变量"框中，如图 7-36 所示。

（2）单击"描述"按钮，弹出图 7-37 所示的"因子分析：描述"对话框。勾选如下复选框："单变量描述""系数""显著性水平""KMO 和巴特利特球形度检验"。单击"继续"按钮返回主对话框。

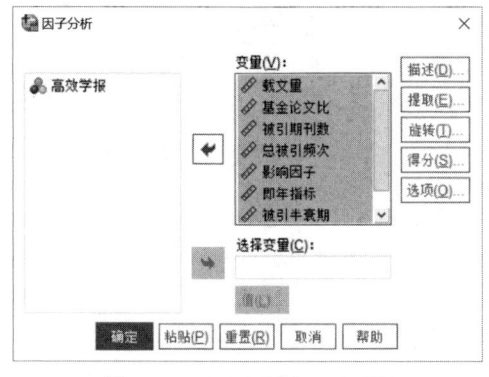

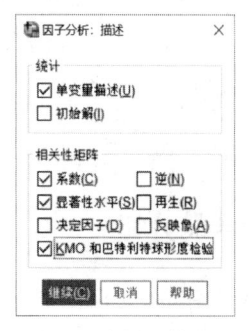

图 7-36　"因子分析"对话框　　　图 7-37　"因子分析：描述"对话框

(3) 单击"提取"按钮，弹出"因子分析：提取"对话框。勾选"碎石图"复选框；其余设置保留默认值，如图 7-38 所示。单击"继续"按钮返回主对话框。

(4) 单击"旋转"按钮，弹出"因子分析：旋转"对话框。选中"最大方差法"单选按钮；勾选"载荷图"复选框，如图 7-39 所示。单击"继续"按钮返回主对话框。

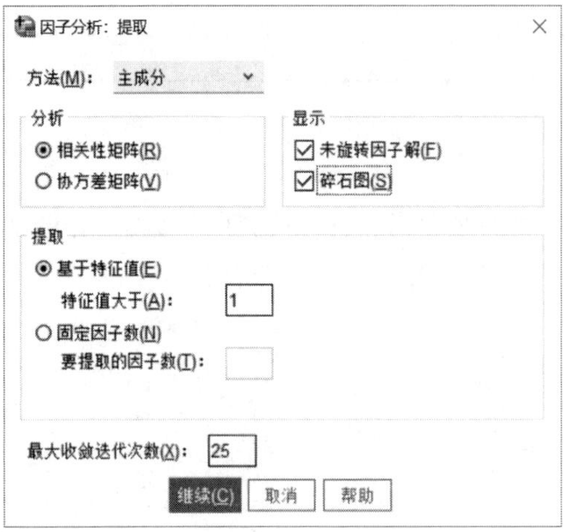

图 7-38 "因子分析：提取"对话框 　　图 7-39 "因子分析：旋转"对话框

(5) 单击"得分"按钮，弹出"因子分析：因子得分"对话框。勾选"保存为变量""显示因子得分系数矩阵"复选框，如图 7-40 所示。单击"继续"按钮返回主对话框。

(6) 单击"选项"按钮，弹出"因子分析：选项"对话框。勾选"按大小排序"复选框，如图 7-41 所示。单击"继续"按钮返回主对话框。

图 7-40 "因子分析：因子得分"对话框 　　图 7-41 "因子分析：选项"对话框

(7) 完成所有设置后，单击"确定"按钮执行命令，此时会弹出描述统计、相关性矩阵、KMO 和巴特利特球形度检验等分析结果。

7.3.3　结果分析

表 7-28 给出 8 个初始变量的描述统计量，包括平均值、标准差和分析个案数。

表 7-28 描述统计

	平均值	标准差	分析个案数
载文量	222.73	120.813	15
基金论文比	.7633	.34946	15
被引期刊数	463.93	247.202	15
总被引频次	928.93333	590.058044	15
影响因子	.46773	.174411	15
即年指标	.04620	.026950	15
被引半衰期	4.820	.6982	15
Web 即年下载率	35.073	8.6610	15

表 7-29 是初始变量的相关性矩阵表。从相关性矩阵中可以看出多个变量间的相关系数较大,且对应的显著性普遍较小,说明这些变量之间存在着显著的相关性,进而说明有进行因子分析的必要。

表 7-29 相关性矩阵

		载文量	基金论文比	被引期刊数	总被引频次	影响因子	即年指标	被引半衰期	Web 即年下载率
相关系数	载文量	1	0.391	0.834	0.854	0.549	0.415	−0.006	0.771
	基金论文比	0.391	1	0.501	0.461	0.43	0.114	0.28	0.597
	被引期刊数	0.834	0.501	1	0.962	0.757	0.541	0.276	0.754
	总被引频次	0.854	0.461	0.962	1	0.815	0.566	0.291	0.77
	影响因子	0.549	0.43	0.757	0.815	1	0.669	0.32	0.695
	即年指标	0.415	0.114	0.541	0.566	0.669	1	−0.009	0.48
	被引半衰期	−0.006	0.28	0.276	0.291	0.32	−0.009	1	0.058
	Web 即年下载率	0.771	0.597	0.754	0.77	0.695	0.48	0.058	1
显著性（单尾）	载文量		0.075	0	0	0.017	0.062	0.492	0
	基金论文比	0.075		0.029	0.042	0.055	0.343	0.156	0.009
	被引期刊数	0	0.029		0	0.001	0.019	0.16	0.001
	总被引频次	0	0.042	0		0	0.014	0.147	0
	影响因子	0.017	0.055	0.001	0		0.003	0.123	0.002
	即年指标	0.062	0.343	0.019	0.014	0.003		0.487	0.035
	被引半衰期	0.492	0.156	0.16	0.147	0.123	0.487		0.419
	Web 即年下载率	0	0.009	0.001	0	0.002	0.035	0.419	

表 7-30 是 KMO 和巴特利特球形度检验表。KMO 检验用于研究变量之间的偏相关性,计算偏相关系数时由于控制了其他因素的影响,所以计算得到的偏相关系数会比简单相关系数小。

一般认为 KMO 统计量大于 0.9 时效果最好,在 0.7 以上可以接受,在 0.5 以下则不宜做因子分析,本案例中的 KMO 统计量为 0.771,可以接受。

而本案例中的巴特利特球形度检验的显著性为 0.000，小于 0.01，由此可知各变量间显著相关，即否定相关矩阵为单位阵的零假设。

表 7-30　KMO 和巴特利特球形度检验

KMO 取样适切性量数		.771
巴特利特球形度检验	上次读取的卡方	87.722
	自由度	28
	显著性	.000

表 7-31 为公共因子方差表，给出的是初始变量的共同度，其是衡量公共因子相对重要性的指标。"提取"列即为变量共同度的取值，共同度取值区间为[0,1]。例如，载文量的共同度为 0.765，可以理解为提取的 2 个公共因子对载文量变量的方差贡献率为 76.5%。

表 7-31　公共因子方差

	初始值	提取
载文量	1.000	.765
基金论文比	1.000	.539
被引期刊数	1.000	.895
总被引频次	1.000	.925
影响因子	1.000	.747
即年指标	1.000	.565
被引半衰期	1.000	.816
Web 即年下载率	1.000	.775
提取方法：主成分分析		

表 7-32 为总方差解释表，给出了每个公共因子所解释的方差及累计和。从"初始特征值"栏中可以看出，前两个公共因子解释的累计方差达 75.345%，而后面的公共因子的特征值较小，对解释原有变量的贡献越来越小，因此提取前两个公共因子是合适的。

"提取载荷平方和"栏是在未旋转时提取的两个公共因子的方差贡献信息，其与"初始特征值"栏的前两行取值一样。

"旋转载荷平方和"栏是旋转后得到的新公共因子的方差贡献信息，和未旋转的方差贡献信息相比，每个公共因子的方差贡献率有变化，但最终的累计方差贡献率不变。

表 7-32　总方差解释

组件	初始特征值			提取载荷平方和			旋转载荷平方和		
	总计	方差百分比(%)	累计（%）	总计	方差百分比(%)	累计（%）	总计	方差百分比(%)	累计（%）
1	4.864	60.804	60.804	4.864	60.804	60.804	4.450	55.629	55.629
2	1.163	14.541	75.345	1.163	14.541	75.345	1.577	19.716	75.345
3	.886	11.075	86.420						
4	.566	7.077	93.497						
5	.230	2.880	96.377						

续表

组件	初始特征值			提取载荷平方和			旋转载荷平方和		
	总计	方差百分比（%）	累计（%）	总计	方差百分比（%）	累计（%）	总计	方差百分比（%）	累计（%）
6	.184	2.302	98.679						
7	.082	1.022	99.701						
8	.024	.299	100.000						

提取方法：主成分分析

图 7-42 是关于初始特征值（方差贡献率）的碎石图，其是根据表 7-32 中的"初始特征值"栏中的"总计"列的数据所作的图形。观察发现，第 2 个公共因子后的特征值变化趋缓，故选取两个公共因子是比较合适的。

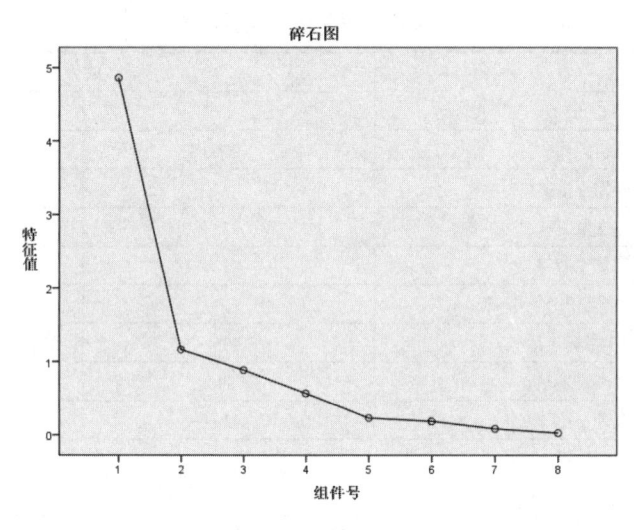

图 7-42 碎石图

表 7-33 的"成分矩阵"是未经旋转的因子载荷矩阵，表 7-34 的"旋转后的成分矩阵"是经过旋转的因子载荷矩阵。观察这两个表格可以发现，旋转后的每个公共因子上的载荷分配更清晰了，因而比未旋转时更容易解释各公共因子的意义。

因子载荷是变量与公共因子的相关系数。某变量在某公共因子中的载荷绝对值越大，表明该变量与该公共因子的关系越密切，即该公共因子越能代表该变量。

由此可知，本案例中的第 1 个公共因子更能代表总被引频次、被引期刊数、Web 即年下载率、影响因子、载文量和即年指标这 6 个变量；第 2 个公共因子更能代表被引半衰期和基金论文比这两个变量。

表 7-33 成分矩阵[a]

	组件	
	1	2
总被引频次	.962	.000
被引期刊数	.946	.016

续表

	组件	
	1	2
Web 即年下载率	.874	-.104
影响因子	.863	.049
载文量	.842	-.237
即年指标	.639	-.397
基金论文比	.592	.435
被引半衰期	.264	.864
提取方法：主成分分析		
a. 已提取 2 个成分		

表 7-34　旋转后的成分矩阵[a]

	成分	
	1	2
总被引频次	.906	.322
被引期刊数	.886	.332
载文量	.873	.058
Web 即年下载率	.858	.195
影响因子	.797	.335
即年指标	.735	-.161
被引半衰期	-.040	.903
基金论文比	.412	.608
提取方法：主成分分析法。		
旋转方法：凯撒正态化最大方差法		
a. 旋转在 3 次迭代后已收敛		

图 7-43 是旋转后的因子载荷散点图，其是根据表 7-34 中两列数据所作。

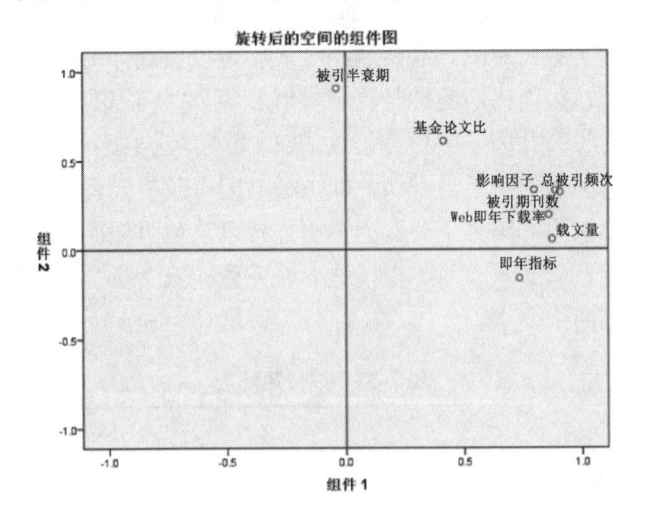

图 7-43　旋转后的因子载荷散点图

表 7-35 中为因子得分系数矩阵，由此可得最终的因子得分计算公式：F_1=0.231×载文量-0.011×基金论文比+⋯+0.199×Web 即年下载率；F_2=-0.134×载文量+0.393×基金论文比+⋯-0.024×Web 即年下载率。

表 7-35 因子得分系数矩阵

	成分	
	1	2
载文量	.231	-.134
基金论文比	-.011	.393
被引期刊数	.179	.078
总被引频次	.186	.066
影响因子	.153	.099
即年指标	.238	-.278
被引半衰期	-.197	.718
Web 即年下载率	.199	-.024

提取方法：主成分分析法。
旋转方法：凯撒正态化最大方差法。
组件得分

若用户需要研究各学报的综合影响力，可对两个公共因子的得分进行加权求和，权数即为公共因子对应的方差贡献率，其可从表 7-32 中的"旋转载荷平方和"栏里得到。本案例采用方差贡献率来计算，旋转后的两个公共因子的方差贡献率分别为 55.629%和 19.716%，所以各学报的综合得分计算公式为：F=55.629%×F_1+19.716%×F_2。

7.4 选举投票管理分析

社会各类岗位的竞选越来越多采用投票的方式进行，因此判断投票人的爱好及候选人的被选择概率，具有非常重大的意义。

本节采用对应分析来研究投票人的爱好与投票倾向性之间的关系。

对应分析（Correspondence Analysis，CORA）也称相应分析、关联分析或 R-Q 型因子分析，通过分析由分类变量构成的交互汇总表来揭示变量间的联系。对应分析是借助列联表建立起来的，基本思想是将一个列联表的行和列中各元素的比例结构以点的形式在较低维的空间中表示出来。

对应分析根据所用变量的数目可以分为简单对应分析和多元对应分析（也称为多重对应分析），前者用于分析两个分类变量之间的关系，后者用于分析多个分类变量之间的相关性。

数据文件	数据文件\Chapter7\data7-06.sav
视频文件	视频文件\Chapter7\简单对应分析.avi

7.4.1 数据描述

本案例的数据文件为某班级的 3 名同学竞选班长的数据,包括投票人编号、候选人、投票人性别、投票人爱好和投票人成绩,如图 7-44 所示。现要求利用简单对应分析方法分析各位投票人的爱好与投票倾向性的关系。

	投票人编号	候选人	投票人性别	投票人爱好	投票人成绩
1	1	1	1	2	3
2	2	2	1	3	4
3	3	1	1	1	2
4	4	2	1	1	1
5	5	3	2	1	4
6	6	3	2	2	3
7	7	3	2	2	4

图 7-44 data7-06.sav 中的部分数据

7.4.2 简单对应分析

简单对应分析是对两个分类变量进行的分析。由于变量取值均为离散值,所以将变量取值转换为 $n \times p$ 的矩阵形式,然后对二维列联表中行因素和列因素间的对应关系进行分析。

1. SPSS实现

(1) 打开数据文件 data7-06.sav,执行菜单栏中的"分析"→"降维"→"对应分析"命令,弹出"对应分析"对话框。

选中"候选人"变量,单击▶按钮将其选入"行"框中,如图 7-45 所示,并单击其下面的"定义范围"按钮,在弹出的"对应分析:定义行范围"对话框中的"最小值"框、"最大值"框中分别输入 1、3,如图 7-46 所示,然后单击"更新"按钮确认,单击"继续"按钮返回主对话框。

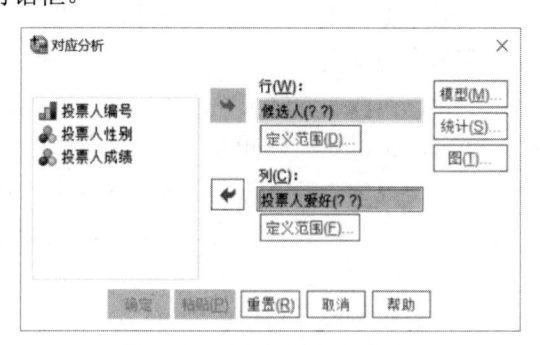

图 7-45 "对应分析"对话框

(2) 选中"投票人爱好"变量,单击▶按钮将其选入"列"框中,并单击其下面的"定义范围"按钮,在弹出的"对应分析:定义列范围"对话框中的"最小值"框、"最大值"框中分别输入 1、4,如图 7-47 所示,然后单击"更新"按钮确认,单击"继续"

按钮返回主对话框。

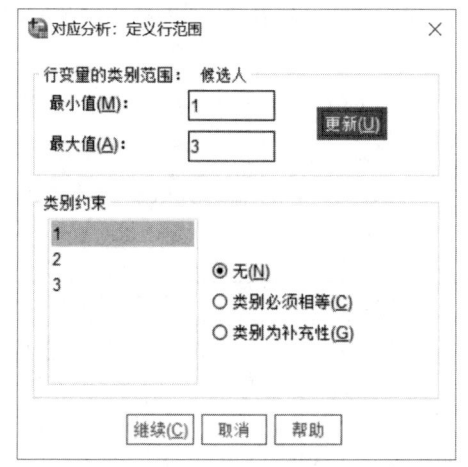

图 7-46 "对应分析：定义行范围"对话框

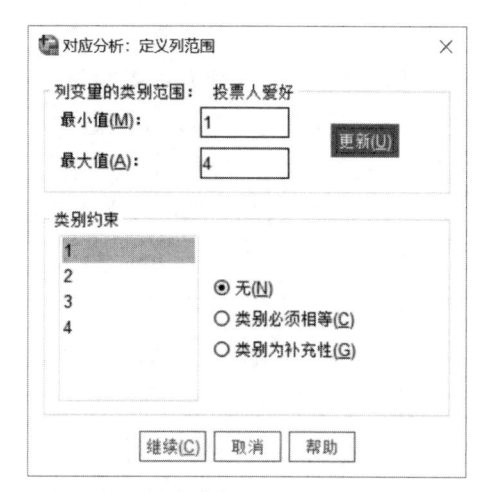

图 7-47 "对应分析：定义列范围"对话框

（3）其他设置均采用默认值。

（4）完成所有设置后，单击"确定"按钮执行命令，此时系统会弹出对应表、摘要等分析结果。

2．结果分析

表 7-36 是 SPSS 对应分析模块的版权信息，说明该模块是由荷兰 Leiden 大学 DTSS 课题组编制的。

表 7-37 反映了两个变量各类别组合的基本情况，用于检查是否存在数据录入错误。从此表来看，爱阅读和运动的同学倾向于投于敏。

表 7-36　版权信息

CORRESPONDENCE
Version 1.1
by
Leiden SPSS Group
Leiden University
The Netherlands

表 7-37　对应表

候选人	投票人爱好				
	阅读	运动	歌舞	乐器	活动边际
于敏	6	6	2	2	16
赵峰	2	2	4	3	11
李运	3	3	3	4	13
活动边际	11	11	9	9	40

表 7-38 是整个对应分析的结果汇总表，它是输出中最重要的一个表，主要用于确定

使用了多少个维度来对结果进行解释。其中，奇异值就是惯量的平方根，相当于相关分析里的相关系数；惯量就是常说的特征根，用于说明对应分析的各个维度，能够解释列联表中的两个变量之间相互联系的程度。

第一维惯量值为 0.114，第二维惯量值为 0.009。在"惯量比例"栏中给出了各维度所占的百分比，第一维惯量解释了总信息量的 92.8%，第二维惯量解释了总信息量的 7.2%。由此可知，二维图形可以完全表示两变量间的信息，并且观察时以第一维度为主。

表 7-38　摘要

维	奇异值	惯量	卡方	显著性	惯量比例		置信度奇异值	
					占比	累计	标准差	相关性
								2
1	.338	.114			.928	.928	.145	.061
2	.094	.009			.072	1.000	.176	
总计		.123	4.913	.555a	1.000	1.000		

a. 6 自由度

表 7-39 和表 7-40 分别是行点总览表和列点总览表。两者中的"数量"列中为每一类别所占总体的百分比；"维数得分"栏中为坐标值；"贡献"栏给出了每个类别对各个维度的贡献量，包括点对维数的惯量和维数对点的惯量。

表 7-39　行点总览表[a]

候选人	数量	维数得分		惯量	贡献				
		1	2		点对维数的惯量		维数对点的惯量		
					1	2	1	2	总计
于敏	.400	-.690	-.092	.065	.564	.036	.995	.005	1.000
赵峰	.275	.659	-.356	.044	.354	.371	.925	.075	1.000
李运	.325	.291	.414	.015	.082	.593	.641	.359	1.000
活动总计	1.000			.123	1.000	1.000			

a. 对称正态化

表 7-40　列点总览表[a]

投票人爱好	数量	维数得分		惯量	贡献				
		1	2		点对维数的惯量		维数对点的惯量		
					1	2	1	2	总计
阅读	.275	-.524	-.019	.026	.224	.001	1.000	.000	1.000
运动	.275	-.524	-.019	.026	.224	.001	1.000	.000	1.000
歌舞	.225	.701	-.432	.041	.328	.447	.905	.095	1.000
乐器	.225	.580	.479	.030	.224	.551	.841	.159	1.000
活动总计	1.000			.123	1.000	1.000			

a. 对称正态化

图 7-48 是二维简单对应分析图，观察此图遵循如下两步：首先检查各变量在横轴和

纵轴方向上的区分情况，如果同一变量不同类别在某个方向上靠得较近，说明这些类别在该维度上区别不大；然后比较不同变量各个类别间的位置关系，落在邻近区域内的不同变量的分类点，彼此之间的相互联系较为紧密。

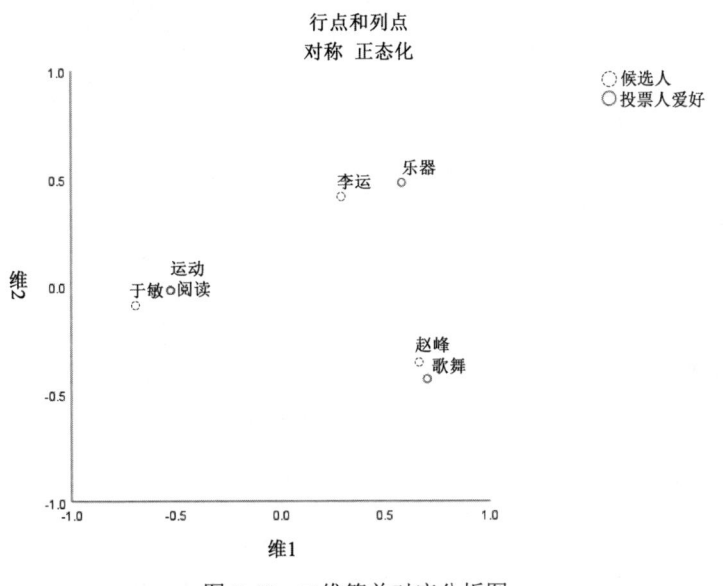

图 7-48　二维简单对应分析图

本案例中，两个变量在第一维度上分得很开，在第二维度上区分效果一般，由此可知，变异以第一维度为主。在投票倾向性上，爱好运动和阅读的同学更支持于敏，爱好歌舞的同学更支持赵峰，而爱好乐器的同学更支持李运。

7.4.3　多元对应分析

多元对应分析是对多个分类变量进行的分析，其较简单对应分析的设置更复杂。

1. SPSS实现

（1）打开数据文件 data7-06.sav，执行菜单栏中的"分析"→"降维"→"最优标度"命令，弹出图 7-49 所示的"最优标度"对话框。选中"所有变量均为多重名义""一个集合"单选按钮。

（2）单击"定义"按钮，弹出图 7-50 所示的"多重对应分析"对话框。在左侧的变量列表中选中"候选人""投票人性别""投票人爱好""投票人成绩"这 4 个变量，单击 ▶ 按钮将其选入"分析变量"框中。

（3）选中"候选人"变量，单击"定义变量权重"按钮，弹出图 7-51 所示的"MCA：定义变量权重"对话框，保持默认值"1"；其他 3 个变量采用同样的方法设置权重。单击"继续"按钮返回主对话框。

（4）单击"输出"按钮，弹出图 7-52 所示的"MCA：输出"对话框。在"量化变量"框中选中"候选人"变量，单击 ▶ 按钮将其选入"类别量化与贡献"框中；在"量化变量"框中选中"投票人性别"变量,单击按钮将其选入"描述统计"框中。单击"继续"按钮返回主对话框。

图 7-49 "最优标度"对话框

图 7-50 "多重对应分析"对话框

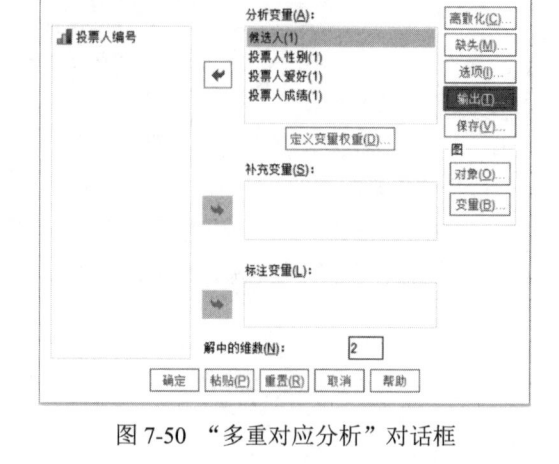

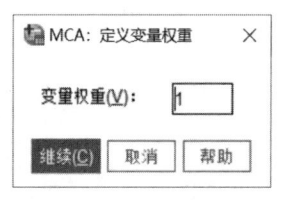

图 7-51 "MCA:定义变量权重"对话框

（5）单击"变量"按钮,弹出图 7-53 所示的"MCA:变量图"对话框。选中"候选人"变量,单击按钮将其选入"类别图"框中;选中"投票人性别""投票人爱好""投票人成绩"变量,单击按钮将其选入"联合类别图"框中。单击"继续"按钮返回主对话框。

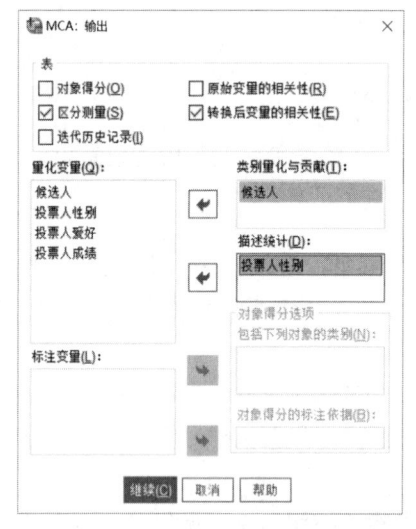

图 7-52 "MCA:输出"对话框

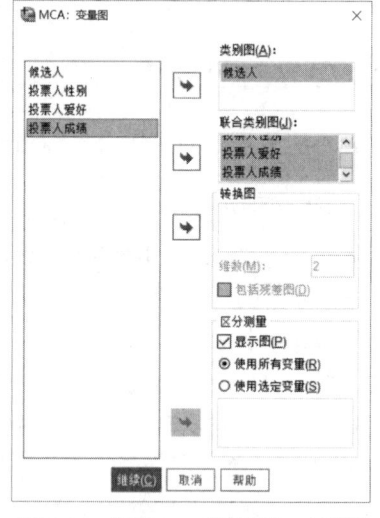

图 7-53 "MCA:变量图"对话框

（6）其他选项采用默认值。

（7）完成所有设置后,单击"确定"按钮执行命令,此时会弹出投票人性别、模型摘要、候选人等分析结果。

第7章 管理领域应用

2．结果分析

表 7-41 是 SPSS 对应分析模块的版权信息。

表 7-41 版权信息

Multiple Correspondence
Version 1.0
by
Leiden SPSS Group
Leiden University
The Netherlands

表 7-42 罗列了原始数据的基本使用情况。

表 7-42 个案处理摘要

有效活动个案	40
具有缺失值的活动个案	0
补充个案	0
总计	40
在分析中使用的个案	40

表 7-43 给出了投票人性别变量的统计信息。

表 7-43 投票人性别

		频率
有效	男 [a]	21
	女	19
	总计	40

a. 众数

表 7-44 给出最后一次迭代的次数、方差、方差增量等信息，表格下方显示了迭代终止的原因。

表 7-44 迭代历史记录

迭代次数	方差所占百分比		损失
	总计	提高	
62[a]	1.519747	.000010	2.480253

a. 由于已达到收敛检验值，因此迭代过程已停止

表 7-45 给出了两个维度的方差总计（特征值）及惯量等信息。

表 7-45 模型摘要

维度	克隆巴赫 Alpha	方差所占百分比		
		总计（特征值）	惯量	方差百分比（%）
1	.507	1.614	.404	40.359
2	.398	1.425	.356	35.628

211

续表

维度	克隆巴赫 Alpha	方差所占百分比		
		总计（特征值）	惯量	方差百分比（%）
总计		3.039	.760	
平均值	.456[a]	1.520	.380	37.994

a. 克隆巴赫 Alpha 平均值基于平均特征值

表 7-46 给出了候选人变量的类别中心坐标。其他变量的类别中心坐标与此类似。

表 7-46 候选人

		点：坐标	
类别	频率	中心坐标	
		维度	
		1	2
于敏	16	-.435	-.779
赵峰	11	.908	.302
李运	13	-.233	.704

变量主成分正态化

图 7-54 是候选人变量的类别点图，其是根据表 7-46 所作的图形。从这样的单个图形可以判断把该变量映射至二维空间后，其各个类别取值的区分程度，其他变量的图形与此类似。

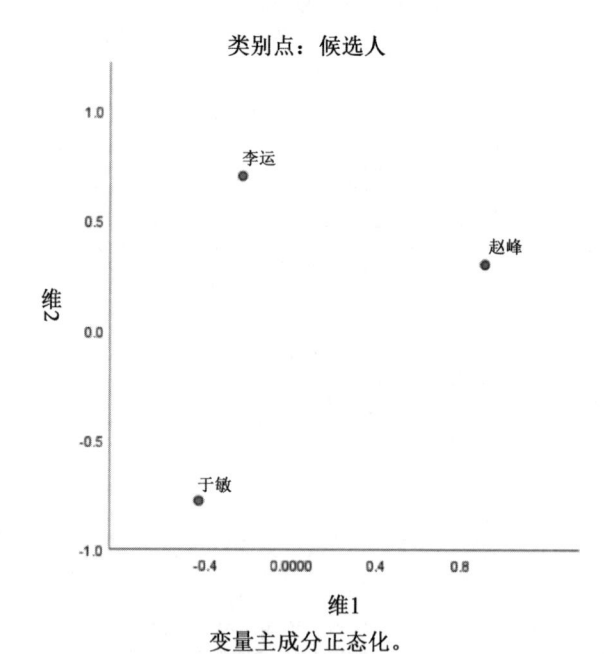

图 7-54 候选人变量的类别点图

图 7-55 是所有变量的类别点联合图，图 7-55 所示为把 4 个变量的类别点中心坐标在一个图形中加以显示的效果，此图形与图 7-48 所示的二维简单对应分析图类似，它是

根据图形中各点的邻近关系进行分类的,只是多了几个变量的信息。

图 7-56 是所有变量的区分测量图,区分测量相当于变量量化后的值向量与对象得分维度向量的平方相关系数,反映了维度得分与量化后变量值的相关性大小。由此可以判断重点变量在与其相关性较大的维度上的特征,在这个维度上的类别点一般会分得更开。从图 7-56 中可以看出:

投票人爱好在维度 1 上受较大关注;投票人成绩在两个维度上都需要关注;投票人性别在维度 2 上受较大关注。

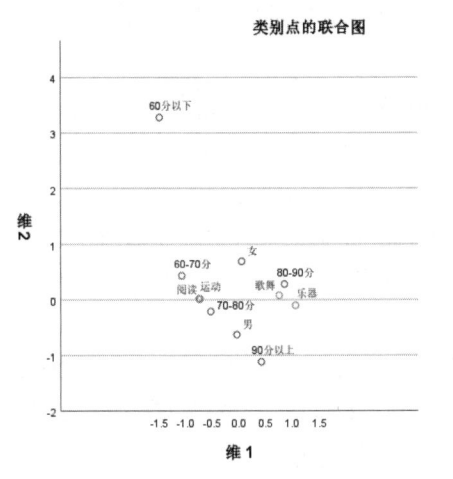

图 7-55　所有变量的类别点联合图 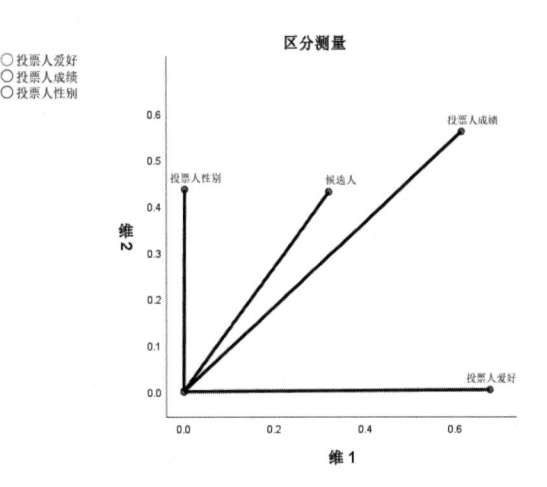　　　　图 7-56　所有变量的区分测量图

综上可知:爱好运动和阅读、70~80 分的同学对李运和于敏比较青睐;90 分以上的同学更喜欢于敏;60~70 分的同学更喜欢李运;爱好歌舞和乐器、80~90 分的同学更喜欢赵峰;从性别上看,女生更喜欢李运和赵峰,男生更喜欢于敏。若出现某个变量的区分测量在两个维度上都较小的情况,可以考虑增大该变量的权重后再做分析。

7.5　本章小结

本章主要介绍 SPSS 在企业管理、高校管理等方面的应用,涉及探索性分析、回归分析、聚类分析、因子分析、对应分析等方法在管理科学中的应用。其中回归分析用于确定两种或两种以上变量间的因果关系;简单对应分析用于对两个分类变量进行分析,多元对应分析比简单对应分析要更进一步,其可以同时分析多个分类变量之间的关系和处理多种变量;聚类分析可将相似性较高的事物归为一类;因子分析可根据变量间的相关性大小把原始变量分组,使得同组内的变量之间相关性较高,而不同组的变量间相关性则较低。

7.6 综合练习

1. 数据文件 data7-07.sav 为企业人力资源管理中，调查领导幽默、上下级关系与离职倾向之间的关系的数据，请根据数据选用合适的分析方法完成以下分析：

（1）领导幽默、上下级关系、离职倾向在人口学变量上的差异。

（2）上下级关系在领导幽默与离职倾向之间是否存在中介效应。

（数据存储于\Chapter7\data7-07.sav 文件中）

2. 数据文件 data7-08.sav 为某城市 PM2.5 与咽炎发病率的数据，尝试利用合适的方法研究两者适合哪种回归模型。

（数据存储于\Chapter7\data07-08.sav 文件中）

3. 数据文件 data7-09.sav 为 3 种治疗方法对某疾病是否复发情况的统计数据，尝试利用本章学习的方法，对 3 种治疗方法与疾病是否复发的情况进行拟合分析。

（数据存储于\Chapter7\data07-09.sav 文件中）

4. 数据文件 data7-04.sav 为各省份的职称情况数据，7.2 节中对各省份进行了 2～5 类聚类分析，得到"CLU5_1""CLU4_1""CLU3_1"和"CLU2_1"的个案归属，请利用判别分析法分别对这 4 个分类进行进一步分析，判断分类的准确性。

（数据存储于\Chapter7\data7-04.sav 文件中）

第 8 章

经济领域应用

经济领域是指经济活动、经济行业及经济理论,是经济事务的总体抽象概括。人们在社会实践中得到的关于社会经济现象的感性认识,经过科学的抽象,提高到理性认识,而形成经济范畴。各人类社会共有的最一般的经济范畴,在不同的社会形态和经济条件下,会具有不同的性质和内涵。当研究这些经济发展规律时往往需要借助统计学工具,而 SPSS 则成为研究经济学规律的常用工具。

学习目标:

- 掌握曲线回归的操作与应用。
- 掌握聚类分析方法的操作与应用。
- 掌握主成分回归分析方法的操作与应用。
- 掌握多元 Logistic 回归方法的操作与应用。

8.1 国民经济情况调查

在研究国民经济发展水平时,需要考虑很多因素,比如年人均可支配收入、年人均消费、教育支出等,这些因素之间是否存在某种关系,则需要通过统计学软件进行分析,以便了解影响经济发展水平的因素或制定良好的政策。本节选用不同年份的人均可支配收入与教育支出等数据,利用曲线回归研究人均可支配收入和教育支出之间的关系。

曲线回归是指两个变量间呈现曲线关系的回归,是以最小二乘法分析曲线关系资料在数量变化上的特征和规律的方法。

线性回归能解决大部分数据的回归问题,但是不能解决所有的问题,尽管有可能通过一些函数的转换,在一定的范围内将因变量和自变量的关系转换成线性关系,但是这种转换有可能导致更为复杂的计算或数据失真,所以如果在研究时不能马上确定一种最佳模型,可以利用曲线回归的方法建立一个简单而又比较合适的模型。

SPSS 曲线回归要求自变量与因变量都是数值型变量，如果自变量是以时间间隔测度的，曲线回归过程将自动生成一个时间变量，同时要求因变量也是以时间间隔测度的变量，而且自变量和因变量的时间间隔和单位应该是完全相同的。

数据文件	数据文件\Chapter8\data8-01.sav
视频文件	视频文件\Chapter8\曲线回归.avi

8.1.1 数据描述

本案例的数据文件为 1978—2005 年的年人均消费性支出、年人均可支配收入和教育支出等的统计数据，如图 8-1 所示。现要求分析年人均可支配收入和教育支出之间的关系。

	年份	年人均可支配收入	年人均消费性支出	恩格尔系数	在外就餐	教育支出	人均使用面积
1	1978	306.00	299.00	.00	.00	.00	.00
2	1979	340.00	332.00	.00	.00	.00	.00
3	1980	429.00	419.00	.00	.00	.00	.00
4	1981	482.05	491.07	55.20	35.99	.00	.00
5	1982	508.54	491.62	57.40	40.74	.00	.00
6	1983	530.45	501.89	58.30	39.57	.00	9.47
7	1984	642.87	561.37	58.00	39.51	.00	9.63

图 8-1 data8-01.sav 中的数据

8.1.2 SPSS 实现

（1）打开数据文件 data8-01.sav，执行菜单栏中的"分析"→"回归"→"曲线估算"命令，弹出"曲线估算"对话框。

在左侧的变量列表中选中"教育支出"变量，单击 ▶ 按钮，将其选入"因变量"框，将"年人均可支配收入"变量选入右侧的"变量"框，将"年份"变量选入右侧的"个案标签"框，在"模型"栏中勾选"线性""二次""复合""三次"复选框，并勾选"显示 ANOVA 表"复选框，如图 8-2 所示。

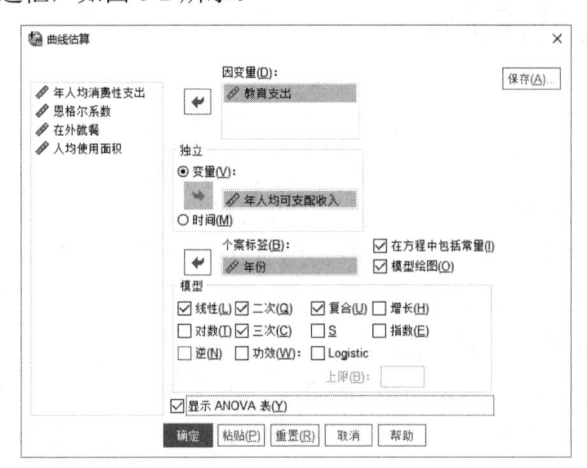

图 8-2 "曲线估算"对话框

- 模型：可以选择一个或多个曲线回归模型。如果要确定使用哪种模型，可通过绘图来观察数据分布。如果变量之间线性相关，那么使用简单线性回归模型。当变量之间不线性相关时，先尝试转换数据。当转换后变量之间仍不线性相关时，就需要更复杂的模型，如表 8-1 所示。

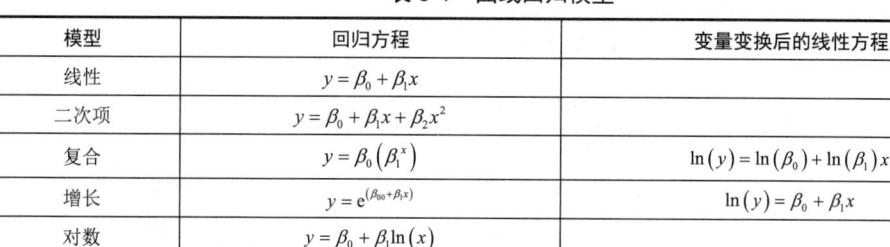

表 8-1　曲线回归模型

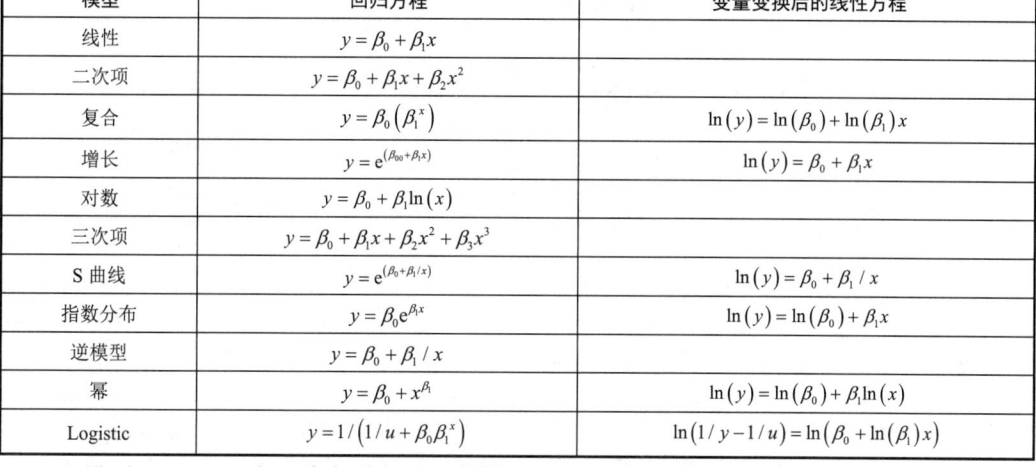

模型	回归方程	变量变换后的线性方程
线性	$y = \beta_0 + \beta_1 x$	
二次项	$y = \beta_0 + \beta_1 x + \beta_2 x^2$	
复合	$y = \beta_0 (\beta_1^x)$	$\ln(y) = \ln(\beta_0) + \ln(\beta_1)x$
增长	$y = e^{(\beta_0 + \beta_1 x)}$	$\ln(y) = \beta_0 + \beta_1 x$
对数	$y = \beta_0 + \beta_1 \ln(x)$	
三次项	$y = \beta_0 + \beta_1 x + \beta_2 x^2 + \beta_3 x^3$	
S 曲线	$y = e^{(\beta_0 + \beta_1/x)}$	$\ln(y) = \beta_0 + \beta_1/x$
指数分布	$y = \beta_0 e^{\beta_1 x}$	$\ln(y) = \ln(\beta_0) + \beta_1 x$
逆模型	$y = \beta_0 + \beta_1/x$	
幂	$y = \beta_0 + x^{\beta_1}$	$\ln(y) = \ln(\beta_0) + \beta_1 \ln(x)$
Logistic	$y = 1/(1/u + \beta_0 \beta_1^x)$	$\ln(1/y - 1/u) = \ln(\beta_0 + \ln(\beta_1)x)$

- 显示 ANOVA 表：为每个选定的模型输出方差分析表。
- 在方程中包括常量：选择此项，即在回归方程中包含常数项。
- 模型绘图：输出模型图，包括散点图和曲线图。

（2）完成所有设置后，单击"确定"按钮执行命令，此时会弹出模型描述、个案处理摘要、变量处理摘要、线性模型的系数检验等分析结果。

8.1.3　结果分析

从表 8-2 可以看出模型的一些描述性信息，包括模型名称、因变量等。

从表 8-3 和表 8-4 可以看出共 28 个个案，排除的个案为 12 个。从数据中可以看出 1978—1989 年教育支出数据缺失。

表 8-2　模型描述

模型名称		MOD_1
因变量	1	教育支出
方程	1	线性
	2	二次
	3	三次
	4	复合 [a]
自变量		年人均可支配收入
常量		包括
值用于在图中标注观测值的变量		年份
有关在方程中输入项的容差		.0001

a. 此模型要求所有非缺失值均为正

表 8-3 个案处理摘要

总个案数	28
排除个案数 [a]	12
预测的个案	0
新创建的个案	0

a. 在分析中，将排除那些在任何变量中具有缺失值的个案

表 8-4 变量处理摘要

		变量	
		因变量	自变量
		教育支出	年人均可支配收入
正值的数目		16	28
零的数目		0	0
负值的数目		0	0
缺失值的数目	用户缺失值	12	0
	系统缺失值	0	0

表 8-5 至表 8-8 为线性、二次、三次、复合模型的系数检验结果，通过系数检验可以判断回归模型系数是否显著。由表 8-5～表 8-8 可以看出，线性、三次、复合模型的回归系数都是显著的。

表 8-5 线性模型的系数检验

	未标准化系数		标准化系数	t	显著性
	B	标准误差	Beta		
年人均可支配收入	.112	.010	.949	11.298	.000
（常量）	−390.323	97.317		−4.011	.001

表 8-6 二次模型的系数检验

	未标准化系数		标准化系数	t	显著性
	B	标准误差	Beta		
年人均可支配收入	−.030	.018	−.253	−1.644	.124
年人均可支配收入 ** 2	8.247E-6	.000	1.236	8.043	.000
（常量）	56.858	69.269		.821	.427

表 8-7 三次模型的系数检验

	未标准化系数		标准化系数	t	显著性
	B	标准误差	Beta		
年人均可支配收入	−.144	.061	−1.223	−2.363	.036
年人均可支配收入 ** 2	2.355E-5	.000	3.529	2.975	.012
年人均可支配收入 ** 3	−5.772E-10	.000	−1.369	.	.
（常量）	264.520	123.806		2.137	.054

表 8-8　复合模型的系数检验

	未标准化系数		标准化系数	t	显著性
	B	标准误差	Beta		
年人均可支配收入	1.000	.000	2.678	76682.076	.000
（常量）	28.026	3.596		7.794	.000
因变量为 ln（教育支出）					

图 8-3 所示为各个模型的拟合回归线，从中可以看出相对于其他 3 种模型，线性模型拟合优度较差。

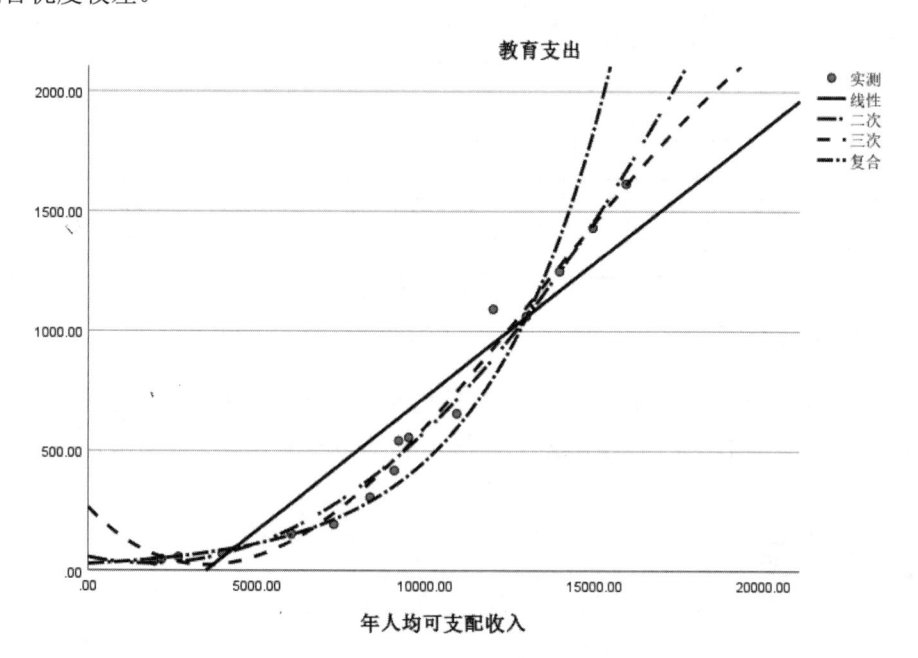

图 8-3　各模型的拟合回归线

8.2 企业经营分析

企业发展过程中，其发展水平受很多因素的影响，如总资产、员工结构、资产负债率等，研究者通常会利用建立模型的方式来解读各个因素之间的关系，本节选取上市企业的一些经营数据来进行分析。

8.2.1 数据描述

本节从《中国统计年鉴》中获取部分上市企业的经营数据，包括资产收益率、第一大股东持股比例、总资产、资产负债率、主营业务收入等（数据已经标准化），利用回归分析研究管理层权力（包括董事会规模、管理层持股比例、总经理任期、管理层全职情况）、第一大股东持股比例、总资产、资产负债率、主营业务收入等因素对资产收益率的影响，如表 8-9 所示。

表 8-9　回归模型描述

变量	名称	说明
因变量	资产收益率	
自变量 1	董事会规模	利用主成分分析将管理权的各个因素合为一项处理，即管理层权力
	管理层持股比例	
	总经理任期	
	管理层全职情况	
自变量 2	第一大股东持股比例	
控制变量	总资产	
	资产负债率	
	主营业务收入	

数据文件：数据文件\Chapter8\data8-02.sav
视频文件：视频文件\Chapter8\企业经营.avi

8.2.2　主成分分析

管理层权力涉及董事会规模、管理层持股比例、总经理任期、管理层全职情况，为了综合评价管理层的权力，利用主成分分析获得综合评价的管理层权力作为回归模型中的一项自变量。

1．SPSS实现

（1）打开数据文件 data8-02.sav，执行菜单栏中的"分析"→"降维"→"因子"命令，弹出"因子分析"对话框。

选中"董事会规模""管理层持股""总经理任期""管理层在外兼任"这 4 个变量，单击 ▶ 按钮，将其选入"变量"框中，如图 8-4 所示。

（2）单击"描述"按钮，弹出"因子分析：描述"对话框。勾选如下复选框："系数""显著性水平""KMO 和巴特利特球形度检验"，如图 8-5 所示。单击"继续"按钮返回主对话框。

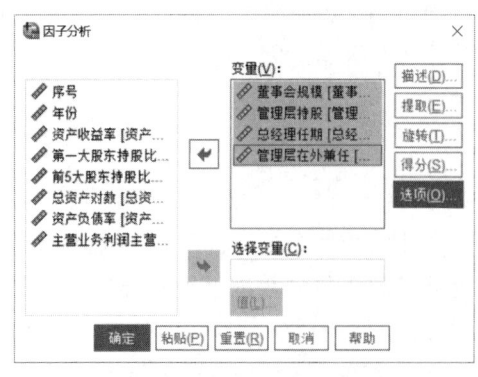

图 8-4　"因子分析"对话框　　　　图 8-5　"因子分析：描述"对话框

（3）单击"提取"按钮，弹出"因子分析：提取"对话框，勾选"未旋转因子解"复选框；在"提取"栏中选中"基于特征值"单选按钮，在"特征值大于"输入框中输入1，其余设置保留默认值，如图8-6所示，单击"继续"按钮返回主对话框。

（4）单击"旋转"按钮，弹出"因子分析：旋转"对话框，选中"最大方差法"单选按钮，勾选"旋转后的解"复选框，如图8-7所示。单击"继续"按钮返回主对话框。

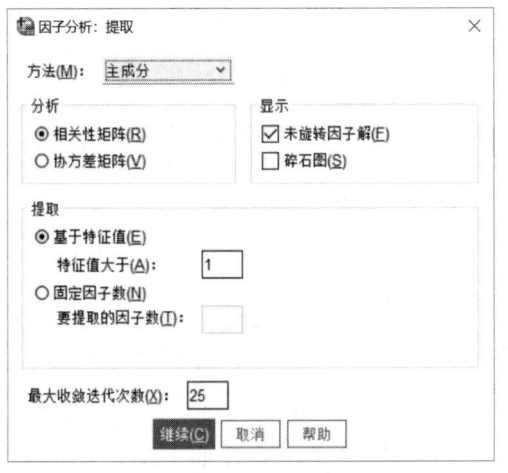

图8-6 "因子分析：提取"对话框

图8-7 "因子分析：旋转"对话框

（5）单击"得分"按钮，弹出"因子分析：因子得分"对话框，勾选"保存为变量""显示因子得分系数矩阵"复选框，如图8-8所示，单击"继续"按钮返回主对话框。

（6）单击"选项"按钮，弹出"因子分析：选项"对话框，勾选"按大小排序"复选框，如图8-9所示，单击"继续"按钮返回主对话框。

（7）完成所有设置后，单击"确定"按钮执行命令，此时会弹出成分矩阵、KMO和巴特利特球形度检验等分析结果。

图8-8 "因子分析：因子得分"对话框

图8-9 "因子分析：选项"对话框

2．结果分析

表8-10是KMO和巴特利特球形度检验表。KMO检验用于研究变量之间的偏相关性，计算偏相关系数时由于控制了其他因素的影响，所以计算得到的偏相关系数会比简

单相关系数小。本案例中的 KMO 统计量为 0.524，还算可以接受。而本案例中的巴特利特球形度检验的显著性为 0.015，小于 0.05，由此可知各变量间显著相关，即否定相关矩阵为单位阵的零假设。

表 8-10　KMO 和巴特利特检验

KMO 取样适切性量数		.524
巴特利特球形度检验	近似卡方	15.840
	自由度	6
	显著性	.015

表 8-11 为总方差解释表，给出了每个公共因子所解释的方差及累计和。本案例设置的是提取特征值大于 1 的公共因子，共提取两个公共因子，累计解释率为 55.499%。累计解释率较低，本案例按可接受进行后续分析。

表 8-11　总方差解释

成分	初始特征值			提取载荷平方和			旋转载荷平方和		
	总计	方差百分比(%)	累计(%)	总计	方差百分比(%)	累计(%)	总计	方差百分比(%)	累计(%)
1	1.186	29.648	29.648	1.186	29.648	29.648	1.173	29.322	29.322
2	1.034	25.850	55.499	1.034	25.850	55.499	1.047	26.177	55.499
3	.914	22.838	78.337						
4	.867	21.663	100.000						
提取方法：主成分分析法									

表 8-12 给出的"成分矩阵"是未经旋转的因子载荷矩阵，表 8-13 给出的"旋转后的成分矩阵"是经过旋转的因子载荷矩阵。观察两个表格可以发现，旋转后的每个公共因子上的载荷分配更清晰了，因而比未旋转时更容易解释各公共因子的意义。

因子载荷是变量与公共因子的相关系数，某变量在某公共因子中的载荷绝对值越大，表明该变量与该公共因子的关系越密切，即该公共因子越能代表该变量。由此可知，本案例中的第 1 个公共因子更能代表董事会规模、管理层全职情况、管理层持股这 3 个变量；第 2 个公共因子更能代表总经理任期这个变量。

表 8-12　成分矩阵[a]

	成分	
	1	2
管理层持股	.648	-.338
董事会规模	-.645	-.216
管理层全职情况	.585	.266
总经理任期	-.085	.896
提取方法：主成分分析法		
a. 提取了 2 个成分		

表 8-13 旋转后的成分矩阵 [a]

	成分	
	1	2
董事会规模	−.680	−.017
管理层全职情况	.638	.083
管理层持股	.520	−.513
总经理任期	.181	.881

提取方法：主成分分析法。
旋转方法：凯撒正态化最大方差法

a. 旋转在 3 次迭代后已收敛

表 8-14 中为因子得分系数矩阵，由此可得最终的因子得分计算公式：F_1=−0.581×董事会规模+0.427×管理层持股+0.185×总经理任期+0.547×管理层全职情况；F_2=−0.040×董事会规模−0.473×管理层持股+0.849×总经理任期+0.102×管理层全职情况。

表 8-14 因子（成分）得分系数矩阵

	成分	
	1	2
董事会规模	−.581	−.040
管理层持股	.427	−.473
总经理任期	.185	.849
管理层全职情况	.547	.102

提取方法：主成分分析法。
旋转方法：凯撒正态化最大方差法。
组件得分

为综合评价管理层权力，可对 2 个公共因子的得分进行加权求和，权数即为公共因子对应的方差贡献率，其可从表 8-11 中的"旋转载荷平方和"栏里得到。

本案例采用方差贡献率来计算，旋转后的 2 个公共因子的方差贡献率分别为 29.322%、26.177%，所以，管理层权力的计算公式为：F=29.322%×F_1+26.177%×F_2，最终计算得出 F，得到的结果如图 8-10 所示。

F1	F2	F
−1.96	−.47	−.70
−1.93	−.33	−.65
−2.02	−.75	−.79
.03	−.23	−.05
−.82	.88	−.01
−.94	−1.25	−.60
−.63	.15	−.15
−1.48	1.26	−.10
−1.45	1.40	−.06
−.94	.32	−.19
−1.09	−.38	−.42
−1.06	−.24	−.37

图 8-10 计算得到的 F

8.2.3 回归分析

得到管理层权力的综合评价之后,进一步利用分层回归的方式完成多元线性回归。

1. SPSS实现

(1) 打开数据文件 data8-02.sav,执行菜单栏中的"分析"→"回归"→"线性"命令,弹出"线性回归"对话框。

在左侧的变量列表中选中"资产收益率",单击 ⇒ 按钮,将其选入"因变量"框,将"F""第一大股东持股比例"变量选入右侧的自变量列表,在"方法"下拉列表中选择"输入",如图 8-11 所示。

(2) 单击"块(B)"栏中的"下一个"按钮,将"总资产""资产负债率""主营业务收入"选入右侧的自变量列表,如图 8-12 所示。

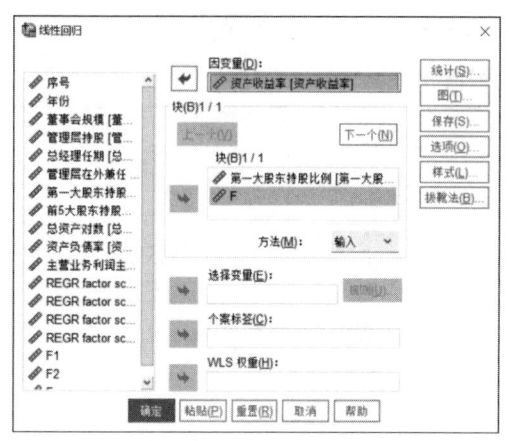

图 8-11 "线性回归"对话框(1)   图 8-12 "线性回归"对话框(2)

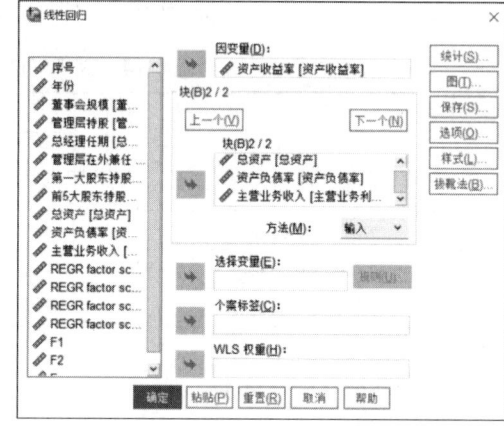

(3) 单击"统计"按钮,弹出"线性回归:统计"对话框。在"回归系数"栏中勾选"估算值"复选框,在"残差"栏中勾选"个案诊断"复选框,在"离群值"参数框中输入 3,还勾选"模型拟合""共线性诊断"复选框,如图 8-13 所示。单击"继续"按钮返回主对话框。

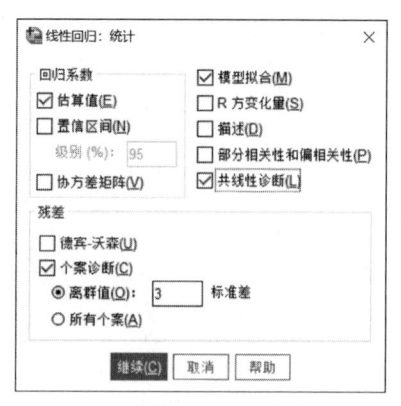

图 8-13 "线性回归:统计"对话框

（4）完成所有设置后，单击"确定"按钮执行命令，此时会弹出模型摘要、系数等分析结果。

2. 结果分析

表 8-15 给出了回归过程中变量的引入和剔除过程及其准则，可以看出，模型 1 引入的是 F、第一大股东持股比例两个变量，模型 2 又引入了资产负债率、主营业务收入、总资产 3 个变量。

表 8-15 输入/除去变量[a]

模型	输入的变量	除去的变量	方法
1	F，第一大股东持股比例[b]	.	输入
2	资产负债率，主营业务收入，总资产[b]	.	输入

a. 因变量：资产收益率

b. 已输入所请求的所有变量

表 8-16 给出了模型的拟合情况，包括模型编号、复相关系数 R、R^2、调整后的 R^2、估算的标准误差，可见模型 1 的 R^2 为 0.021，调整后的 R^2 为 0.017，模型 2 的 R^2 为 0.172，调整后的 R^2 为 0.165。R^2 的数值均较小，说明回归模型拟合得不太好。

表 8-16 模型摘要[b]

模型编号	R	R^2	调整后的 R^2	估算的标准误差
1	.145[a]	.021	.017	.99892738
2	.415[b]	.172	.165	.92096558

a. 预测变量：（常量），F，第一大股东持股比例

b. 预测变量：（常量），F，第一大股东持股比例，资产负债率，主营业务收入，总资产

表 8-17 给出了回归拟合过程中的方差分析结果。可见模型 1 和模型 2 的显著性均小于 0.05，说明回归模型是有意义的。

表 8-17 ANOVA[a]

模型		平方和	自由度	均方	F	显著性
1	回归	11.365	2	5.683	5.695	.004[b]
	残差	531.857	533	.998		
	总计	543.222	535			
2	回归	93.688	5	18.738	22.092	<.001[c]
	残差	449.534	530	.848		
	总计	543.222	535			

a. 因变量：资产收益率

b. 预测变量：（常量），F，第一大股东持股比例

c. 预测变量：（常量），F，第一大股东持股比例，资产负债率，主营业务收入，总资产

表 8-18 给出所有模型的回归系数估计值，包括未标准化系数、标准化系数、t 值、显著性。

模型 1 回归方程：资产收益率=-0.014+0.102×第一大股东持股比例+0.239F。

模型 2 回归方程：资产收益率=-0.013+0.091×第一大股东持股比例+0.125F+0.377×总资产-0.436×资产负债率+0.115×主营业务收入。

表 8-18 系数 a

模型		未标准化系数		标准化系数	t	显著性
		B	标准误差	Beta		
1	（常量）	-.014	.043		-.325	.745
	第一大股东持股比例	.102	.044	.102	2.331	.020
	F	.239	.120	.087	1.987	.047
2	（常量）	-.013	.040		-.329	.742
	第一大股东持股比例	.091	.041	.091	2.219	.027
	F	.125	.112	.045	1.118	.264
	总资产	.377	.052	.370	7.202	<.001
	资产负债率	-.436	.053	-.434	-8.300	<.001
	主营业务收入	.115	.041	.115	2.784	.006

a. 因变量：资产收益率

经过线性回归分析，最初的 8 个因素经过主成分分析变为 5 个因素，将这 5 个因素选入线性回归模型，希望能够得到这 5 个因素对资产收益率的回归模型，但经过建模和显著性检验，虽然回归系数均显著，但 R^2 的数值均较小，有待进一步优化模型或者补充更多数据。

由于本案例只选择了部分影响因素，实际情况下对资产收益率的影响因素还有很多，比如公司规模等，需要大家进行进一步研究，以建立更合适的模型。

8.3 社会经济发展分析

随着经济体制改革的深入，我国的社会主义市场经济体制不断完善和发展，在国民经济活动中的主体地位日益突出。经济效益最好的效果是经济资本占用少，成本性支出也相对较少，最后的回报较多。所以提高经济效益对于企业及社会具有十分重要的意义。

经济效益是衡量经济活动的最终指标，企业经济效益的好坏不仅关系到企业自身的发展，还影响着国家竞争力与人民生活水平的提高。本节从经济效益的相关指标入手，以实际应用为主进行讲解。

8.3.1 数据描述

对各地区工业企业经济效益进行综合评价和分类，是制定各地区工业企业发展政策和区域协调发展政策的重要依据。目前，我国评价工业企业经济效益的指标很多，如工业增加值率、总资产贡献率、资产负债率、流动资产周转次数、工业成本费用利润率和产品销售率等。

这些指标仅仅从不同侧面评价了工业企业的经济效益，但综合分析没有得以体现。正是基于这一点，本节以 2006 年中国各地区全部国有及规模以上非国有工业企业主要经济效益指标为基础，运用主成分分析法和聚类分析法，对全国 31 个地区的工业企业综合竞争力进行综合评价，数据如表 8-19 所示。

数据文件：数据文件\Chapter8\data8-03.sav

视频文件：视频文件\Chapter8\工业企业主要经济效益指标.avi

表 8-19　各地区全部国有及规模以上非国有工业企业主要经济效益指标（2006 年）

地　区	工　业增加值率（%）	总资产贡献率（%）	资产负债率（%）	流动资产周转次数（次/年）	工业成本费用利润率（%）	产品销售率（%）
全国总计	28.77	12.74	57.46	2.50	6.74	98.18
北　京	22.41	6.32	38.91	2.06	6.17	99.18
天　津	28.66	14.70	57.83	2.57	8.68	99.22
河　北	28.76	14.40	61.05	2.94	7.33	98.21
山　西	36.40	10.49	67.59	1.81	6.56	97.66
内蒙古	42.95	12.44	61.08	2.40	9.44	97.84
辽　宁	29.23	8.22	57.50	2.32	3.38	98.31
吉　林	31.86	9.54	54.78	2.37	4.96	95.94
黑龙江	47.14	31.04	54.71	2.47	28.79	98.52
上　海	26.03	10.54	50.28	2.21	6.03	99.03
江　苏	24.90	11.62	60.58	2.71	4.88	98.53
浙　江	20.57	11.08	60.35	2.26	5.07	97.80
安　徽	31.88	10.49	62.65	2.42	4.60	98.25
福　建	28.46	12.94	53.81	2.51	6.58	96.96
江　西	30.34	12.81	60.98	2.79	5.04	98.46
山　东	29.64	17.51	57.77	3.40	7.58	98.43
河　南	33.15	18.84	60.26	3.18	9.13	98.46
湖　北	32.09	10.26	54.86	2.29	6.82	97.96
湖　南	34.07	14.24	60.20	2.93	5.27	99.55
广　东	26.37	12.24	56.72	2.48	5.48	97.65
广　西	32.02	12.44	61.10	2.36	6.51	96.24
海　南	29.71	11.71	60.50	1.97	11.49	97.16
重　庆	29.12	9.97	59.55	2.08	5.22	98.44
四　川	35.12	10.78	60.87	2.10	6.31	98.02
贵　州	36.16	10.58	65.80	1.86	6.32	96.98
云　南	37.47	17.78	54.86	1.72	10.99	98.38
西　藏	56.62	7.84	44.20	1.06	20.24	91.68

续表

地区	工业增加值率 (%)	总资产贡献率 (%)	资产负债率 (%)	流动资产周转次数 (次/年)	工业成本费用利润率 (%)	产品销售率 (%)
陕西	41.21	15.21	59.76	1.90	14.00	98.15
甘肃	28.49	9.34	58.71	2.17	4.56	97.78
青海	40.52	13.18	65.56	1.72	21.41	96.37
宁夏	30.77	6.90	61.54	1.73	3.26	96.85
新疆	43.22	24.77	51.58	2.75	28.44	98.77

下面介绍各指标的计算公式和经济含义。

（1）工业增加值率。工业增加值率指在一定时期内，工业增加值占同期工业总产值的比例，它反映了降低中间消耗的经济效益。其计算公式为

工业增加值率（%）=[工业增加值（现价）/工业总产值（现价）]×100%

（2）总资产贡献率。总资产贡献率反映企业全部资产的获利能力，是企业经营业绩和管理水平的集中体现。它还是评价、考核企业盈利能力的核心指标。其计算公式为

总资产贡献率（%）=[（利润总额+税金总额+利息支出）/平均资产总额]×100%

（3）资产负债率。资产负债率既反映企业经营风险的大小，又反映企业利用债权人提供的资金从事经营活动的能力。计算公式为

资产负债率（%）=[负债总额/资产总额]×100%

（4）流动资产周转次数。流动资产周转次数指在一定时期内流动资产完成的周转次数，反映了流动资产的周转速度。计算公式为

流动资产周转次数=产品销售收入/全部流动资产平均余额

（5）工业成本费用利润率。工业成本费用利润率指在一定时期内，实现的利润与成本费用之比。它既是反映工业生产成本及费用投入的经济效益指标，又是反映降低成本的经济效益指标。计算公式为

工业成本费用利润率（%）=[利润总额/成本费用总额]×100%

（6）产品销售率。产品销售率指报告期工业销售产值与同期全部工业总产值之比。它是反映工业产品已实现销售的速度，分析工业企业产销衔接情况，研究工业产品满足社会需求程度的指标。计算公式为

产品销售率（%）=[工业销售产值/工业总产值]×100%

8.3.2 主成分分析

1. SPSS实现

（1）打开数据文件 data8-03.sav，执行菜单栏中的"分析"→"降维"→"因子"命令，弹出"因子分析"对话框，如图 8-14 所示。

选中"工业增加值率""总资产贡献率""资产负债率""流动资产周转次数""工业成本费用利润率""产品销售率"这 6 个变量，单击 ▶ 按钮，将其选入"变量"框中。

（2）单击"描述"按钮，弹出"因子分析：描述"对话框，如图 8-15 所示，勾选如下复选框："单变量描述""系数""显著性水平""KMO 和巴特利特球形度检验"。单击"继续"按钮返回主对话框。

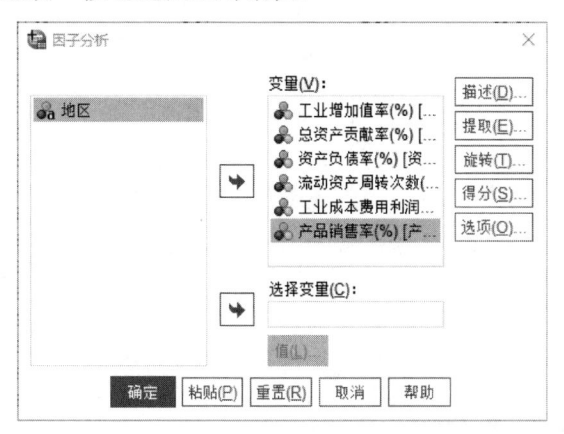

图 8-14 "因子分析"对话框

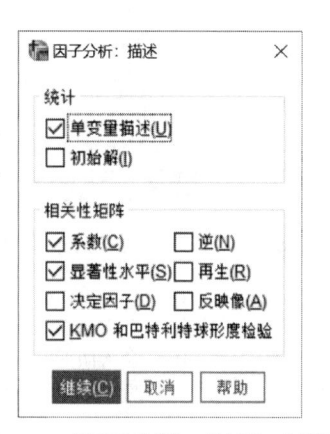

图 8-15 "因子分析：描述"对话框

（3）单击"提取"按钮，弹出"因子分析：提取"对话框，如图 8-16 所示，勾选"碎石图"复选框；在"提取"栏中选中"基于特征值"单选按钮，在"特征值大于"输入框中输入 0.8，其余设置保留默认值。单击"继续"按钮返回主对话框。

（4）单击"旋转"按钮，弹出"因子分析：旋转"对话框，如图 8-17 所示，选中"最大方差法"单选按钮；勾选"旋转后的解"复选框。单击"继续"按钮返回主对话框。

图 8-16 "因子分析：提取"对话框

图 8-17 "因子分析：旋转"对话框

（5）单击"得分"按钮，弹出"因子分析：因子得分"对话框，如图 8-18 所示，勾选"保存为变量""显示因子得分系数矩阵"复选框，单击"继续"按钮返回主对话框。

（6）单击"选项"按钮，弹出"因子分析：选项"对话框，如图 8-19 所示，勾选"按大小排序"复选框，单击"继续"按钮返回主对话框。

（7）完成所有设置后，单击"确定"按钮执行命令。

图 8-18 "因子分析：因子得分"对话框　　　　图 8-19 "因子分析：选项"对话框

2. 结果分析

表 8-20 给出 6 个初始变量的描述统计量，包括平均值、标准差和分析数。

表 8-20　描述统计

	平均值	标准差	分析数
工业增加值率（%）	33.0755	7.53348	31
总资产贡献率（%）	12.9103	5.04520	31
资产负债率（%）	57.9335	5.88783	31
流动资产周转次数（次/年）	2.3077	.48380	31
工业成本费用利润率（%）	9.0497	6.71500	31
产品销售率（%）	97.7671	1.43088	31

表 8-21 是初始变量的相关性矩阵表，从表中可以看出多个变量间的相关系数较大，且对应的显著性普遍较小，说明这些变量之间存在着显著的相关性，例如工业增加值率与工业成本费用利润率有显著的相关性，显著性小于 0.05，进而说明有进行因子分析的必要。

表 8-21　相关性矩阵

		工业增加值率（%）	总资产贡献率（%）	资产负债率（%）	流动资产周转次数（次/年）	工业成本费用利润率（%）	产品销售率（%）
相关性	工业增加值率（%）	1.000	.390	−.071	−.379	.745	−.504
	总资产贡献率（%）	.390	1.000	.011	.429	.706	.313
	资产负债率（%）	−.071	.011	1.000	.128	−.237	.131
	流动资产周转次数（次/年）	−.379	.429	.128	1.000	−.154	.595
	工业成本费用利润率（%）	.745	.706	−.237	−.154	1.000	−.208
	产品销售率（%）	−.504	.313	.131	.595	−.208	1.000
显著性（单尾）	工业增加值率（%）		.015	.351	.018	.000	.002
	总资产贡献率（%）	.015		.476	.008	.000	.043
	资产负债率（%）	.351	.476		.247	.100	.240
	流动资产周转次数（次/年）	.018	.008	.247		.204	.000
	工业成本费用利润率（%）	.000	.000	.100	.204		.131
	产品销售率（%）	.002	.043	.240	.000	.131	−.504

表 8-22 是 KMO 和巴特利特球形度检验表。KMO 检验用于研究变量之间的偏相关性，计算偏相关系数时由于控制了其他因素的影响，所以计算得到的偏相关系数会比简单相关系数小。本案例中的 KMO 统计量为 0.528，还算可以接受。而本案例中的巴特利特球形度检验的显著性为 0.000，小于 0.01，由此可知各变量间显著相关，即否定相关矩阵为单位阵的零假设。

表 8-22　KMO 和巴特利特球形度检验

KMO 取样适切性量数		.528
巴特利特球形度检验	近似卡方	100.190
	自由度	15
	显著性	.000

表 8-23 为公共因子方差表，给出的是初始变量的共同度，其是衡量公共因子相对重要性的指标。"提取"列即为变量共同度的取值，共同度取值区间为[0, 1]。例如工业增加值率的共同度为 0.890，可以理解为提取的公共因子对工业增加值率变量的方差贡献率为 89.0%。

表 8-23　公共因子方差

	初始值	提取
工业增加值率（%）	1.000	.890
总资产贡献率（%）	1.000	.954
资产负债率（%）	1.000	.995
流动资产周转次数（次/年）	1.000	.785
工业成本费用利润率（%）	1.000	.930
产品销售率（%）	1.000	.786
提取方法：主成分分析法		

表 8-24 为总方差解释表，给出了每个公共因子所解释的方差及累计和。从"初始特征值"栏中可以看出，前 3 个公共因子解释的累计方差达 89.003%，而后面的公共因子的特征值较小，对解释原有变量的贡献越来越小，因此提取 3 个公共因子是合适的。

"提取载荷平方和"栏是在未旋转时提取的 3 个公共因子的方差贡献信息，其与"初始特征值"栏的前 3 行取值一样。"旋转载荷平方和"栏是旋转后得到的新公共因子的方差贡献信息，和未旋转的方差贡献信息相比，每个公共因子的方差贡献率有变化，但最终的累计方差贡献率不变。

表 8-24　总方差解释

组件	初始特征值			提取载荷平方和			旋转载荷平方和		
	总计	方差百分比（%）	累计（%）	总计	方差百分比（%）	累计（%）	总计	方差百分比（%）	累计（%）
1	2.424	40.406	40.406	2.424	40.406	40.406	2.246	37.434	37.434
2	1.943	32.388	72.794	1.943	32.388	72.794	2.067	34.454	71.888
3	.973	16.209	89.003	.973	16.209	89.003	1.027	17.115	89.003

续表

组件	初始特征值			提取载荷平方和			旋转载荷平方和		
	总计	方差百分比（%）	累计（%）	总计	方差百分比（%）	累计（%）	总计	方差百分比（%）	累计（%）
4	.405	6.758	95.760						
5	.179	2.987	98.747						
6	.075	1.253	100.000						

提取方法：主成分分析法

图 8-20 是关于初始特征值（方差贡献率）的碎石图。观察发现，第 3 个公共因子后的特征值变化趋缓，故而选取 3 个公共因子是比较合适的。

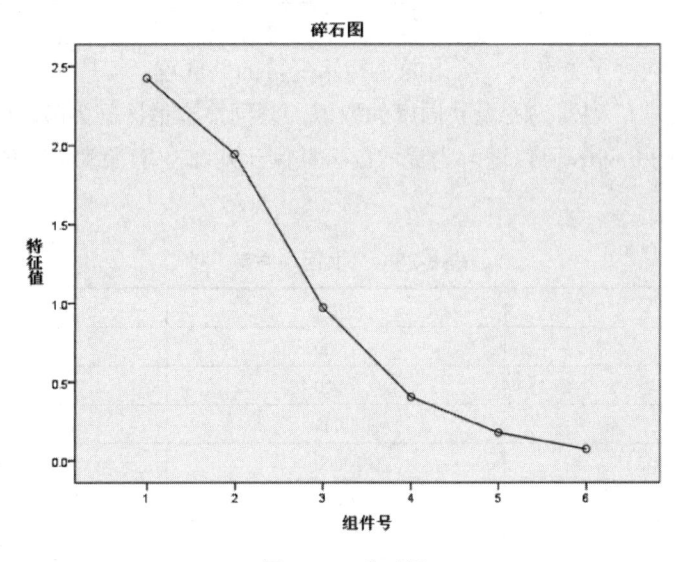

图 8-20　碎石图

表 8-25 的"成分矩阵"是未经旋转的因子载荷矩阵，表 8-26 的"旋转后的成分矩阵"是经过旋转的因子载荷矩阵。观察这两个表格可以发现，旋转后的每个公共因子上的载荷分配更清晰了，因而比未旋转时更容易解释各公共因子的意义。

表 8-25　成分矩阵[a]

	组件		
	1	2	3
工业增加值率（%）	.917	.055	.216
工业成本费用利润率（%）	.865	.424	-.048
总资产贡献率（%）	.399	.890	.047
流动资产周转次数（次/年）	-.491	.735	-.064
产品销售率（%）	-.595	.648	-.110
资产负债率（%）	-.285	.090	.952

提取方法：主成分分析法。
a. 提取了 3 个成分

表 8-26 旋转后的成分矩阵 [a]

	组件		
	1	2	3
工业成本费用利润率（%）	.939	−.129	−.178
总资产贡献率（%）	.841	.495	.033
工业增加值率（%）	.798	−.502	.045
流动资产周转次数（次/年）	.019	.882	.079
产品销售率（%）	−.120	.877	−.047
资产负债率（%）	−.072	.078	.992

提取方法：主成分分析法。
旋转方法：凯撒正态化最大方差法。
a. 旋转在 4 次迭代后已收敛

因子载荷是变量与公共因子的相关系数，某变量在某公共因子中的载荷绝对值越大，表明该变量与该公共因子的关系越密切，即该公共因子越能代表该变量。

由此可知，本案例中的第 1 个公共因子更能代表工业增加值率、工业成本费用利润率和总资产贡献率；第 2 个公共因子更能代表流动资产周转次数和产品销售率；第 3 个公共因子更能代表资产负债率。

表 8-27 为因子（成分）得分系数矩阵，由此可得最终的因子得分计算公式：$F_1=0.347\times$工业增加值率（%）$+0.403\times$总资产贡献率（%）$+\cdots-0.019\times$产品销售率（%）；$F_2=-0.224\times$工业增加值率（%）$+0.274\times$总资产贡献率（%）$+\cdots+0.427\times$产品销售率（%）；$F_3=0.149\times$工业增加值率（%）$+0.048\times$总资产贡献率（%）$+\cdots-0.043\times$产品销售率（%）。

表 8-27 成分得分系数矩阵

	组件		
	1	2	3
工业增加值率（%）	.347	−.224	.149
总资产贡献率（%）	.403	.274	.048
资产负债率（%）	.042	−.056	.984
流动资产周转次数（次/年）	.046	.431	−.001
工业成本费用利润率（%）	.409	−.013	−.100
产品销售率（%）	−.019	.427	−.043

提取方法：主成分分析法。
旋转方法：凯撒正态化最大方差法。
组性得分

为研究各企业的经济效益，可对 3 个公共因子的得分进行加权求和，权数即为公共因子对应的方差贡献率，可从表 8-24 的"旋转载荷平方和"栏里得到。本案例采用方差贡献率来计算，3 个旋转后的公共因子的方差贡献率分别为 37.434%、34.454% 和 17.115%，所以，各省份的综合得分计算公式为：$F=37.434\%\times F_1+34.454\%\times F_2+17.115\%\times F_3$。最终计算得到的各地区工业企业的经济效益综合评价值和竞争力排序，如表 8-28 所示。

表 8-28　各地区工业企业的经济效益综合评价值和竞争力排序

排序	地区	得分	排序	地区	得分	排序	地区	得分	排序	地区	得分
1	黑龙江	1.48	9	青海	0.22	17	广西	-0.12	25	甘肃	-0.34
2	新疆	1.15	10	内蒙古	0.21	18	贵州	-0.14	26	辽宁	-0.34
3	河南	0.73	11	江西	0.2	19	海南	-0.15	27	上海	-0.38
4	山东	0.6	12	云南	0.1	20	广东	-0.16	28	吉林	-0.5
5	湖南	0.45	13	江苏	0.05	21	福建	-0.22	29	宁夏	-0.62
6	河北	0.34	14	安徽	-0.01	22	重庆	-0.23	30	北京	-0.98
7	天津	0.26	15	山西	-0.05	23	浙江	-0.25	31	西藏	-1.17
8	陕西	0.24	16	四川	-0.1	24	湖北	-0.26			

8.3.3　聚类分析

在用主成分分析方法分析了各地区工业企业的经济效益后，我们再用系统聚类的方法，看看能否通过各地区工业企业的经济效益将 31 个地区聚为几类，并比较主成分分析和聚类分析得到的结果的差异。

1. SPSS实现

（1）打开数据文件 data8-03.sav，执行菜单栏中的"分析"→"分类"→"系统聚类"命令，弹出"系统聚类分析"对话框，如图 8-21 所示，在左侧的变量列表中选中"工业增加值率""总资产贡献率""资产负债率""流动资产周转次数""工业成本费用利润率""产品销售率"这 6 个变量，单击 按钮，将其选入"变量"框，将"地区"变量选入"个案标注依据"框作为标示变量。在"聚类"栏中选中"个案"单选按钮，在"显示"栏中勾选"统计""图"复选框。

（2）单击"统计"按钮，弹出"系统聚类分析：统计"对话框，如图 8-22 所示，勾选"集中计划"复选框，在"聚类成员"栏中选中"解的范围"单选按钮，在"最小聚类数"框中输入 2，在"最大聚类数"框中输入 5，单击"继续"按钮返回主对话框。

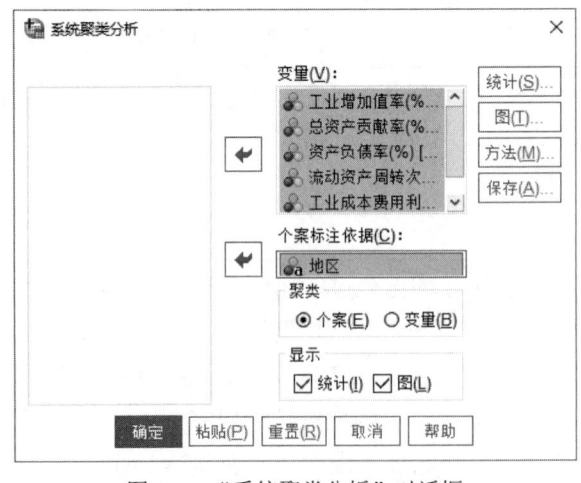

图 8-21　"系统聚类分析"对话框　　　　图 8-22　"系统聚类分析：统计"对话框

(3)单击"方法"按钮,弹出"系统聚类分析:方法"对话框,如图 8-23 所示,在"转换值"栏的"标准化"下拉列表中选择"Z 得分",其余选项均采用系统默认值。单击"继续"按钮返回主对话框。

(4)单击"图"按钮,弹出"系统聚类分析:图"对话框,如图 8-24 所示,勾选"谱系图"复选框,在"冰柱图"栏中选中"全部聚类"单选按钮,在"方向"栏中选中"垂直"单选按钮,单击"继续"按钮返回主对话框。

图 8-23 "系统聚类分析:方法"对话框

图 8-24 "系统聚类分析:图"对话框

(5)单击"保存"按钮,弹出"系统聚类分析:保存"对话框,如图 8-25 所示,在"聚类成员"栏中选中"解的范围"单选按钮,在"最小聚类数"框中输入 2,在"最大聚类数"框中输入 5。单击"继续"按钮返回主对话框。

(6)完成所有设置后,单击"确定"按钮执行命令,此时会弹出聚类分析的结果。

2. 结果分析

从表 8-29 可以看出共有 31 个个案参与聚类,无缺失值。

图 8-25 "系统聚类分析:保存"对话框

表 8-29 个案处理摘要 [a]

个案						
有效		缺失		总计		
数字	百分比	数字	百分比	数字	百分比	
31	100.0%	0	0.0%	31	100.0%	

从表 8-30 可以看出整个聚类过程,"阶段"列表示聚类的步数,我们以第 4 行为例,此步是将第 6 类和第 22 类合并为一类,其中第 6 类是首次出现("首次出现集群的阶段"

栏中的"集群1"列中显示数字为0),而第22类首次出现是在第一步("首次出现集群的阶段"栏中的"集群2"列中显示数字为1),所以第4步中的第22类其实包含了第22个个案和第28个个案,所以第4步是将第6个、第22个和第28个个案归为第6类,而这第6类下一次合并是在第9步("下一个阶段"列第4步显示的数字为9)。最后,31个个案经过30步聚为一类。

表8-30 集中计划

阶段	组合聚类		系数	首次出现集群的阶段		下一个阶段
	集群1	集群2		集群1	集群2	
1	22	28	.300	0	0	4
2	4	24	.332	0	0	16
3	3	14	.386	0	0	7
4	6	22	.468	0	1	9
5	13	19	.604	0	0	15
6	15	16	.726	0	0	21
7	3	10	.797	3	0	11
8	12	23	.808	0	0	10
9	6	17	.955	4	0	10
10	6	12	1.263	9	8	17
11	2	3	1.387	0	7	14
12	25	27	1.564	0	0	22
13	7	20	1.581	0	0	15
14	2	18	1.631	11	0	21
15	7	13	2.009	13	5	20
16	4	30	2.283	2	0	24
17	6	21	2.283	10	0	19
18	8	31	2.466	0	0	29
19	6	11	2.563	17	0	20
20	6	7	2.693	19	15	23
21	2	15	2.872	14	6	26
22	5	25	3.459	0	12	25
23	6	9	4.243	20	0	24
24	4	6	4.791	16	23	25
25	4	5	6.174	24	22	26
26	2	4	6.484	21	25	27
27	2	29	12.752	26	0	28
28	1	2	18.964	0	27	29
29	1	8	28.621	28	18	30
30	1	26	51.202	29	0	0

从表8-31可以看出聚类个数为2~5时各个案的最终归属类别。

表 8-31 聚类成员

个案	5 个聚类	4 个聚类	3 个聚类	2 个聚类	个案	5 个聚类	4 个聚类	3 个聚类	2 个聚类
1: 北 京	1	1	1	1	17: 湖 北	2	2	1	1
2: 天 津	2	2	1	1	18: 湖 南	2	2	1	1
3: 河 北	2	2	1	1	19: 广 东	2	2	1	1
4: 山 西	2	2	1	1	20: 广 西	2	2	1	1
5: 内蒙古	2	2	1	1	21: 海 南	2	2	1	1
6: 辽 宁	2	2	1	1	22: 重 庆	2	2	1	1
7: 吉 林	2	2	1	1	23: 四 川	2	2	1	1
8: 黑龙江	3	3	2	1	24: 贵 州	2	2	1	1
9: 上 海	2	2	1	1	25: 云 南	2	2	1	1
10: 江 苏	2	2	1	1	26: 西 藏	4	4	3	2
11: 浙 江	2	2	1	1	27: 陕 西	2	2	1	1
12: 安 徽	2	2	1	1	28: 甘 肃	2	2	1	1
13: 福 建	2	2	1	1	29: 青 海	5	2	1	1
14: 江 西	2	2	1	1	30: 宁 夏	2	2	1	1
15: 山 东	2	2	1	1	31: 新 疆	3	3	2	1
16: 河 南	2	2	1	1					

图 8-26 为冰柱图，显示了最终聚成 2~5 类的聚集过程。横轴为 31 个个案，纵轴为聚集个数，冰柱中最长的空格长度表示当前的聚类步数，画一条横线在纵轴 5 处，即把 31 个个案聚成 5 类，经过了 4 步，5 类分别是（北京）、（西藏）、（新疆、黑龙江）、（青海）、（天津、河北、山西、内蒙古、辽宁、吉林、上海、江苏、浙江、安徽、福建、江西、山东、河南、湖北、湖南、广东、广西、海南、重庆、四川、贵州、云南、陕西、甘肃、宁夏）。

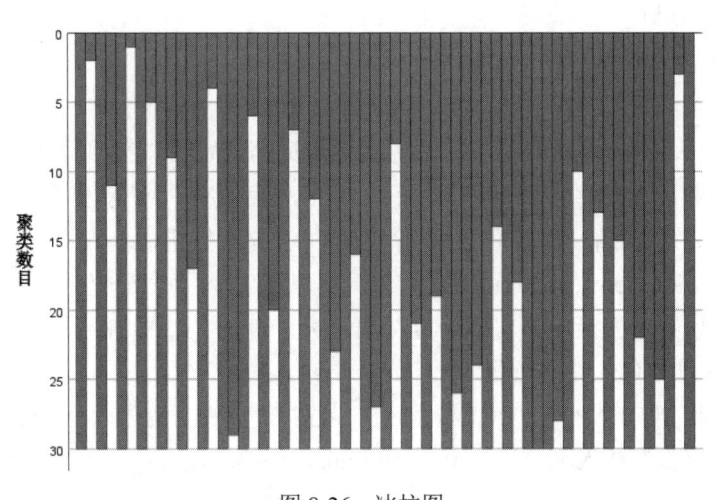

图 8-26 冰柱图

图 8-27 为谱系图（树状图），直观地显示了聚类的整个过程，也可以很方便地得到指定聚类个数的分类结果，图中横轴 5 处的黑色线条，其与 5 条横线相交，表明将全部个案分为 5 类，黑色线条左侧线依然连在一起的分为一类，最终分类结果为（北京）、（西藏）、（新疆、黑龙江）、（青海）、（天津、河北、山西、内蒙古、辽宁、吉林、上海、江苏、浙江、安徽、福建、江西、山东、河南、湖北、湖南、广东、广西、海南、重庆、四川、贵州、云南、陕西、甘肃、宁夏）。

在数据窗口中，可以看到保存的"CLU5_1""CLU4_1""CLU3_1"和"CLU2_1"，如图 8-28 所示，表示聚类数为 2～5 时各个案的最终归属类别。

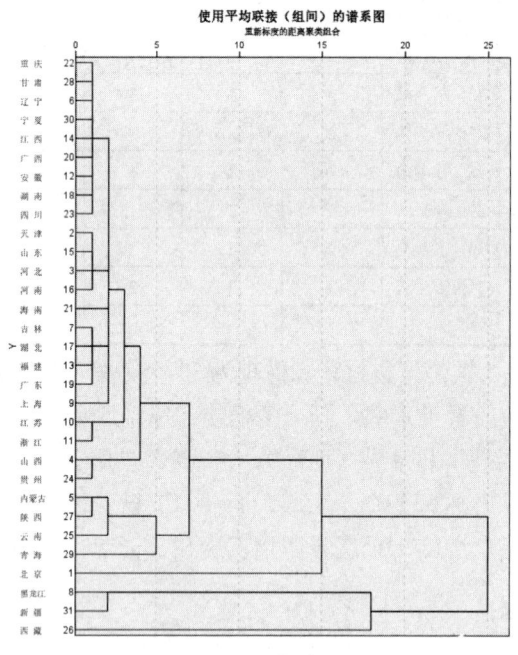

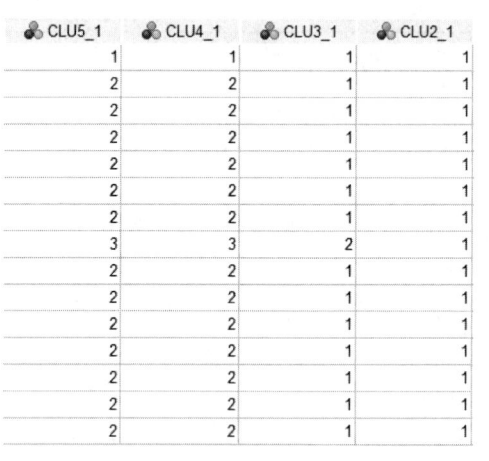

图 8-27 谱系图　　　　　　　　　　图 8-28 各个案的最终归属类别

3．进一步分析

1）OLAP 立方体的 SPSS 实现

（1）在"系统聚类"运行后的数据窗口中，执行菜单栏中的"分析"→"报告"→"OLAP 立方体"命令，弹出"OLAP 立方体"对话框，如图 8-29 所示，在左侧的变量列表中选中"工业增加值率""总资产贡献率""资产负债率""流动资产周转次数""工业成本费用利润率""产品销售率"这 6 个变量，单击按钮，选入"摘要变量"框，将"Average Linkage（Between Group）[CLU4_1]"变量选入"分组变量"框。

（2）完成所有设置后，单击"确定"按钮执行命令。

2）OLAP 立方体的结果分析

在结果中找到 OLAP 立方体表格，右击，选择"透视托盘"命令，弹出"透视托盘"对话框，将"变量"放入列，将"Average Linkage（Between Group）[CLU4_1]"和"统计"按顺序放入行，如图 8-30 所示，就得到表 8-32。

第 8 章 经济领域应用

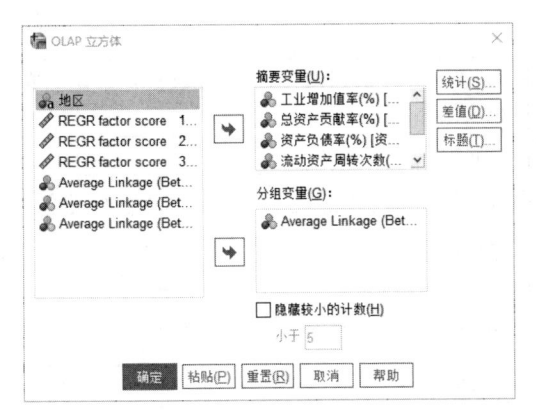

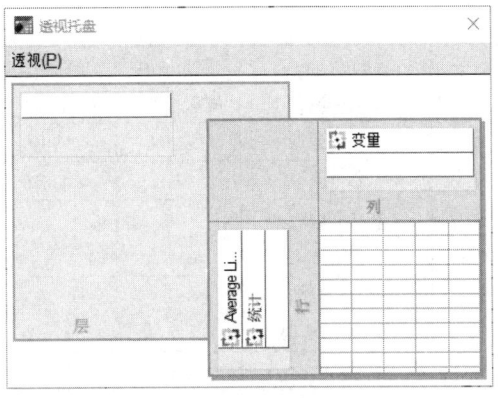

图 8-29 "OLAP 立方体"对话框

图 8-30 "透视托盘"对话框

表 8-32 显示了 4 类各个变量的信息，结合聚类成员表发现，第 3 类个案数为 2 个，即新疆和黑龙江，各变量的平均值基本上都趋于中等，企业经济效益较好；第 2 类个案数最多，各变量基本上都趋于中等，企业经济效益一般；而第 1 类个案数为 1 个，即北京，各变量值都比较小；第 4 类个案数为 1 个，即西藏，除了工业增加值率和资产负债率要高于其他几类，其余都低于其他几类，说明北京和西藏的企业经济效益不是很好，需要加强。

通过系统聚类分析得到的结果和通过主成分分析得到的结果对各地区企业的经济效益的评价基本一致。

表 8-32 OLAP 立方体

Average Linkage (Between Groups)		工业增加值率（%）	总资产贡献率（%）	资产负债率（%）	流动资产周转次数（次/年）	工业成本费用利润率（%）	产品销售率（%）
1	总和	22.41	6.32	38.91	2.06	6.17	99.18
	个案数	1	1	1	1	1	1
	平均值	22.4100	6.3200	38.9100	2.0600	6.1700	99.1800
	标准差	—	—	—	—	—	—
	在总和中所占的百分比	2.2%	1.6%	2.2%	2.9%	2.2%	3.3%
	在总个案数中所占的百分比	3.2%	3.2%	3.2%	3.2%	3.2%	3.2%
2	总和	855.95	330.25	1606.54	63.20	196.90	2642.63
	个案数	27	27	27	27	27	27
	平均值	31.7019	12.2315	59.5015	2.3407	7.2926	97.8752
	标准差	5.12473	2.86021	3.78436	.44516	3.77337	.88764
	在总和中所占的百分比	83.5%	82.5%	89.5%	88.3%	70.2%	87.2%
	在总个案数中所占的百分比	87.1%	87.1%	87.1%	87.1%	87.1%	87.1%
3	总和	90.36	55.81	106.29	5.22	57.23	197.29
	个案数	2	2	2	2	2	2

续表

Average Linkage (Between Groups)		工业增加值率（%）	总资产贡献率（%）	资产负债率（%）	流动资产周转次数（次/年）	工业成本费用利润率（%）	产品销售率（%）
3	平均值	45.1800	27.9050	53.1450	2.6100	28.6150	98.6450
	标准差	2.77186	4.43356	2.21324	.19799	.24749	.17678
	在总和中所占的百分比	8.8%	13.9%	5.9%	7.3%	20.4%	6.5%
	在总个案数中所占的百分比	6.5%	6.5%	6.5%	6.5%	6.5%	6.5%
4	总和	56.62	7.84	44.20	1.06	20.24	91.68
	个案数	1	1	1	1	1	1
	平均值	56.6200	7.8400	44.2000	1.0600	20.2400	91.6800
	标准差						
	在总和中所占的百分比	5.5%	2.0%	2.5%	1.5%	7.2%	3.0%
	在总个案数中所占的百分比	3.2%	3.2%	3.2%	3.2%	3.2%	3.2%
总计	总和	1025.34	400.22	1795.94	71.54	280.54	3030.78
	个案数	31	31	31	31	31	31
	平均值	33.0755	12.9103	57.9335	2.3077	9.0497	97.7671
	标准差	7.53348	5.04520	5.88783	.48380	6.71500	1.43088
	在总和中所占的百分比	100.0%	100.0%	100.0%	100.0%	100.0%	100.0%
	在总个案数中所占的百分比	100.0%	100.0%	100.0%	100.0%	100.0%	100.0%

8.4 餐饮业经营分析

餐饮业经营中，常常需要分析顾客与菜品之间的关联关系，以便经营者制定合适的方案，提高经济效益。本节选择某餐饮业的早餐售卖数据来分析顾客身份与选择早餐类型的关系，主要利用多元 Logistic 回归进行分析。

多元 Logistic 回归是指因变量是二分变量的回归。在现实生活中，因变量除了前面介绍的二元变量，还有很多的多元变量，比如多种类型的商品，厂家为了提高商品的销售量，就希望预测顾客喜欢何种类型的商品，可以通过多元 Logistic 回归分析来确定年龄、性别、薪水及社会活动等对选择不同的商品类型的影响程度，从而有侧重地多提供某些类型的商品。

多元Logistic回归分析其实就是用多个二元Logistic回归分析模型来描述各个类别相对于参考类别的作用大小。

数据文件	数据文件\Chapter8\data8-04.sav
视频文件	视频文件\Chapter8\多元 Logistic 回归.avi

8.4.1 数据描述

本案例的数据文件为一些顾客如何选择早餐的资料，如图 8-31 所示。现要求对年龄、性别、婚姻状态、生活方式对首选的早餐类型的影响进行多元 Logistic 回归分析。

	年龄分段	性别	婚姻状态	生活方式	首选的早餐
1	1	0	1	1	3
2	3	0	1	0	1
3	4	0	1	0	2
4	2	1	1	1	2
5	3	0	1	0	2
6	4	0	1	0	3
7	2	1	1	0	1

图 8-31　data8-04.sav 中的数据

8.4.2　SPSS 实现

（1）打开数据文件 data8-04.sav，执行菜单栏中的"分析"→"回归"→"多元 Logistic"命令，弹出"多元 Logistic 回归"对话框，如图 8-32 所示。在左侧的变量列表中选中"首选的早餐"变量，单击 ▶ 按钮，将其选入"因变量"框，将"年龄分段""性别""婚姻状态""生活方式"变量选入"因子"框。

（2）单击"模型"按钮，弹出"多元 Logistic 回归：模型"对话框，如图 8-33 所示，在"指定模型"栏中选中"主效应"单选按钮，单击"继续"按钮返回主对话框。

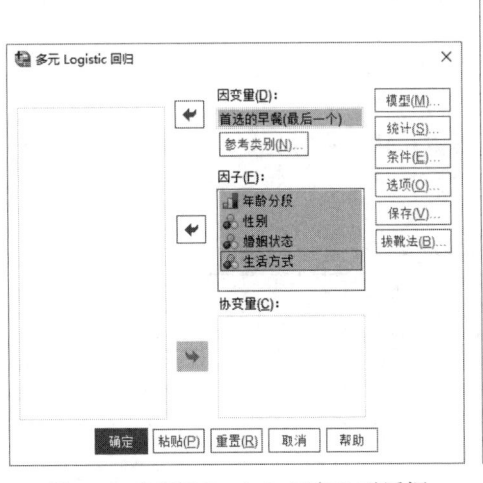

图 8-32　"多元 Logistic 回归"对话框 　　　图 8-33　"多元 Logistic 回归：模型"对话框

（3）单击"统计"按钮，弹出"多元 Logistic 回归：统计"对话框，如图 8-34 所示，

勾选"个案处理摘要"复选框,在"模型"栏中勾选"伪R方""步骤摘要""模型拟合信息""单元格概率""分类表""拟合优度"复选框,在"参数"栏中勾选"估算值""似然比检验"复选框,在"定义子总体"栏中选中"由因子和协变量定义的协变量模式"单选按钮,单击"继续"按钮返回主对话框。

(4) 单击"保存"按钮,弹出"多元 Logistic 回归:保存"对话框,如图 8-35 所示,在"保存的变量"栏中勾选"估算响应概率""预测类别""预测类别概率""实际类别概率"复选框,并勾选"包括协方差矩阵"复选框。单击"继续"按钮返回主对话框。

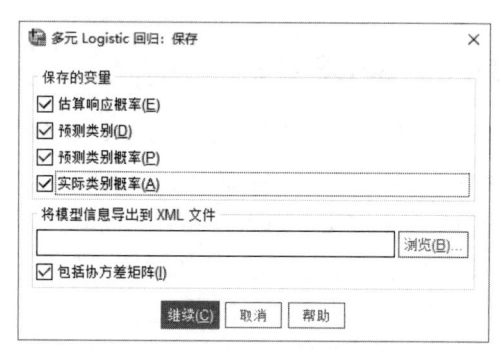

图 8-34 "多元 Logistic 回归:统计"对话框   图 8-35 "多元 Logistic 回归:保存"对话框

(5) 完成所有设置后,单击"确定"按钮执行命令,此时会弹出个案处理摘要、模型拟合信息等分析结果。

8.4.3 结果分析

从表 8-33 可以看出分类变量各水平下的个案数和边缘百分比,以及有效个案和缺失个案的统计量。本案例共有 880 个个案,无缺失值。

表 8-33 个案处理摘要

		个案数	边缘百分比
首选的早餐	早餐吧	231	26.3%
	燕麦	310	35.2%
	谷类	339	38.5%
年龄分段	小于 31	181	20.6%
	31~45	206	23.4%
	46~60	231	26.3%
	大于 60	262	27.8%

续表

		个案数	边缘百分比
婚姻状态	未婚	303	34.4%
	已婚	577	65.6%
生活方式	不积极的	474	53.9%
	积极的	406	46.1%
有效		880	100.0%
缺失		0	
总计		880	
子群体		16	

从表 8-34 可以看出最终模型和模型中仅有截距时的似然比检验结果，可以看到显著性小于 0.01，说明最终模型要优于仅有截距的模型。

表 8-34 模型拟合信息

模型	模型拟合条件	似然比检验		
	−2 对数似然	卡方	自由度	显著性
仅截距	525.071			
最终	123.322	401.749	10	.000

表 8-35 列出了伪 R^2 统计量。从表 8-36 可以看到，皮尔逊统计量和偏差统计量的显著性都大于 0.05，说明不能拒绝零假设，假设模型能很好地拟合数据。

表 8-35 伪 R^2

考克斯 - 斯奈尔	.367
内戈尔科	.414
麦克法登	.210

表 8-36 拟合优度

	卡方	自由度	显著性
皮尔逊	10.781	20	.952
偏差	11.638	20	.928

从表 8-37 可以看出性别、年龄分段、婚姻状态和生活方式在最终模型中的似然比卡方检验结果。零假设是某因素变量从模型中剔除后系数没有变化。因为年龄分段、婚姻状态和生活方式的显著性都小于 0.05，所以拒绝零假设，认为年龄分段、婚姻状态和生活方式对系数的影响都是显著的。

表 8-37 似然比卡方检验

效应	模型拟合条件	似然比检验		
	简化模型的−2 对数似然	卡方	自由度	显著性
截距	212.813[a]	.000	0	.
年龄分段	533.697	320.885	6	.000
性别	213.408	.595	2	.743

续表

效应	模型拟合条件	似然比检验		
	简化模型的-2 对数似然	卡方	自由度	显著性
婚姻状态	238.520	25.707	2	.000
生活方式	237.568	24.755	2	.000

卡方统计是最终模型与简化模型之间的-2 对数似然之差。简化模型是通过在最终模型中省略某个效应而形成。原假设是，该效应的所有参数均为 0

a. 因为省略此效应并不会增加自由度，所以此简化模型相当于最终模型

从表 8-38 可以看出各参数及其检验结果，参考类别的早餐为谷类。

表 8-38 中"B"列为系数估计，如果系数估计为正，说明在其他因素不变的情况下，此因素水平的观测属于当前类别的概率要比属于参考类别的概率大，如吃早餐吧这类中，年龄分段=2，系数估计值为 1.316，说明年龄分段=2 的人选择早餐吧要比年龄分段=4 的人选择早餐吧的概率大。

表 8-38 中"显著性"列是瓦尔德检验的显著性水平，若值小于 0.05，说明对应因素的系数估计值显著地不为 0，即对模型的贡献具有显著意义。如吃早餐吧这类中年龄分段=3 的瓦尔德检验的显著性水平大于 0.05，说明这个因素对模型的贡献无显著意义。

表 8-38 中"Exp(B)"列的含义：例如吃早餐吧这类中，年龄分段=1 的 Exp(B)为 2.699，说明相对于年龄分段=4 而言，年龄分段=1 的人选择早餐吧的概率是年龄分段=4 选择早餐吧的概率的 2.699 倍。

表 8-38 参数估计值

首选的早餐 a		B	标准误差	瓦尔德	自由度	显著性	Exp(B)	Exp(B)的 95%置信区间	
								下限	上限
早餐吧	截距	-1.167	.322	13.105	1	.000			
	[年龄分段=1]	.993	.318	9.747	1	.002	2.699	1.447	5.034
	[年龄分段=2]	1.316	.322	16.671	1	.000	3.730	1.983	7.018
	[年龄分段=3]	.552	.342	2.602	1	.107	1.736	.888	3.393
	[年龄分段=4]	0b	.	.	0	.	.	.	.
	[性别=0]	-.135	.180	.561	1	.454	.874	.614	1.244
	[性别=1]	0b	.	.	0	.	.	.	.
	[婚姻状态=0]	.840	.194	18.808	1	.000	2.315	1.584	3.383
	[婚姻状态=1]	0b	.	.	0	.	.	.	.
	[生活方式=0]	-.793	.183	18.693	1	.000	.452	.316	.648
	[生活方式=1]	0b	.	.	0	.	.	.	.
燕麦	截距	1.136	.238	22.790	1	.000			
	[年龄分段=1]	-4.272	.534	64.121	1	.000	.014	.005	.040
	[年龄分段=2]	-2.531	.282	80.424	1	.000	.080	.046	.138
	[年龄分段=3]	-1.191	.218	29.713	1	.000	.304	.198	.466
	[年龄分段=4]	0b	.	.	0	.	.	.	.
	[性别=0]	-.006	.183	.001	1	.973	.994	.695	1.422
	[性别=1]	0b	.	.	0	.	.	.	.

续表

首选的早餐 [a]		B	标准误差	瓦尔德	自由度	显著性	Exp(B)	Exp(B)的95%置信区间	
								下限	上限
燕麦	[婚姻状态=0]	-.260	.214	1.477	1	.224	.771	.507	1.173
	[婚姻状态=1]	0[b]	.	.	0	.	.	.	.
	[生活方式=0]	.185	.188	.972	1	.324	1.204	.833	1.740
	[生活方式=1]	0[b]	.	.	0	.	.	.	.

a. 参考类别为：^1
b. 此参数冗余，因此设置为零

表 8-39 是根据实测值和预测值得到的，例如"早餐吧"这一行，初始观测有 231 人选择早餐吧，经过预测有 116 人被分为早餐吧，正确百分比为 50.2%，其他行同理。模型总体正确百分比为 57.4%，可见模型的正确率还需提高。

表 8-39 分类

实测值	预测值			
	早餐吧	燕麦	谷类	正确百分比
早餐吧	116	30	85	50.2%
燕麦	19	239	52	77.1%
谷类	81	108	150	44.2%
总体百分比	24.5%	42.8%	32.6%	57.4%

从表 8-40 可以看出实测值和预测值的频率和百分比，以生活方式不积极的未婚的小于 31 岁的男性选择早餐吧这一行为例，实测值为 7 人，预测值为 7.650 人，实测值和预测值的百分比分别为 38.9%、42.5%。

表 8-40 实测频率和预测频率

生活方式	婚姻状态	性别	年龄分段	首选的早餐	频率			百分比	
					实测	预测	皮尔逊残差	实测	预测
不积极的	未婚	男	小于31	早餐吧	7	7.650	-.310	38.9%	42.5%
				燕麦	0	.399	-.639	0.0%	2.2%
				谷类	11	9.951	.497	61.1%	55.3%
			31~45	早餐吧	6	4.637	.864	60.0%	46.4%
				燕麦	0	.998	-1.053	0.0%	10.0%
				谷类	4	4.365	-.232	40.0%	43.6%
			46~60	早餐吧	0	1.044	-1.149	0.0%	20.9%
				燕麦	2	1.844	.144	40.0%	36.9%
				谷类	3	2.112	.804	60.0%	42.2%
			大于60	早餐吧	1	2.124	-.799	3.2%	6.9%
				燕麦	21	21.421	-.164	67.7%	69.1%
				谷类	9	7.456	.649	29.0%	24.1%
		女	小于31	早餐吧	7	6.873	.066	46.7%	45.8%
				燕麦	0	.315	-.567	0.0%	2.1%
				谷类	8	7.812	.097	53.3%	52.1%

续表

生活方式	婚姻状态	性别	年龄分段	首选的早餐	频率 实测	频率 预测	皮尔逊残差	百分比 实测	百分比 预测
不积极的	未婚	女	31～45	早餐吧	4	5.965	-1.135	33.3%	49.7%
				燕麦	1	1.129	-.127	8.3%	9.4%
				谷类	7	4.906	1.229	58.3%	40.9%
			46～60	早餐吧	4	4.398	-.216	21.1%	23.1%
				燕麦	10	6.830	1.516	52.6%	35.9%
				谷类	5	7.772	-1.294	26.3%	40.9%
			大于60	早餐吧	4	3.788	.114	8.2%	7.7%
				燕麦	33	33.591	-.182	67.3%	68.6%
				谷类	12	11.621	.127	24.5%	23.7%
	已婚	男	小于31	早餐吧	5	3.359	1.027	35.7%	24.0%
				燕麦	0	.526	-.739	0.0%	3.8%
				谷类	9	10.116	-.666	64.3%	72.3%
			31～45	早餐吧	10	8.627	.544	30.3%	26.1%
				燕麦	6	5.574	.198	18.2%	16.9%
				谷类	17	18.798	-.632	51.5%	57.0%
			46～60	早餐吧	8	5.462	1.139	13.3%	9.1%
				燕麦	26	28.966	-.766	43.3%	48.3%
				谷类	26	25.572	.112	43.3%	42.6%
			大于60	早餐吧	0	1.649	-1.301	0.0%	2.5%
				燕麦	50	49.946	.016	76.9%	76.8%
				谷类	15	13.404	.489	23.1%	20.6%
		女	小于31	早餐吧	7	6.102	.424	30.4%	26.5%
				燕麦	2	.840	1.290	8.7%	3.7%
				谷类	14	16.059	-.935	60.9%	69.8%
			31～45	早餐吧	10	9.792	.079	29.4%	28.8%
				燕麦	5	5.563	-.261	14.7%	16.4%
				谷类	19	18.645	.122	55.9%	54.8%
			46～60	早餐吧	4	5.638	-.728	7.3%	10.3%
				燕麦	28	26.291	.461	50.9%	47.8%
				谷类	23	23.070	-.019	41.8%	41.9%
			大于60	早餐吧	1	.893	.115	3.2%	2.9%
				燕麦	24	23.767	.099	77.4%	76.7%
				谷类	6	6.340	-.151	19.4%	20.5%
积极的	未婚	男	小于31	早餐吧	18	16.169	.741	69.2%	62.2%
				燕麦	0	.317	-.566	0.0%	1.2%
				谷类	8	9.515	-.617	30.8%	36.6%
			31～45	早餐吧	7	9.292	-1.297	50.0%	66.4%
				燕麦	2	.752	1.480	14.3%	5.4%
				谷类	5	3.956	.620	35.7%	28.3%

续表

生活方式	婚姻状态	性别	年龄分段	首选的早餐	频率			百分比	
					实测	预测	皮尔逊残差	实测	预测
积极的	未婚	男	46~60	早餐吧	5	5.041	-.023	38.5%	38.8%
				燕麦	5	3.347	1.049	38.5%	25.7%
				谷类	3	4.612	-.934	23.1%	35.5%
			大于60	早餐吧	3	1.567	1.246	30.0%	15.7%
				燕麦	6	5.943	.037	60.0%	59.4%
				谷类	1	2.489	-1.089	10.0%	24.9%
		女	小于31	早餐吧	20	21.548	-.566	60.6%	65.3%
				燕麦	1	.371	1.038	3.0%	1.1%
				谷类	12	11.081	.339	36.4%	33.6%
			31~45	早餐吧	13	11.087	1.037	81.3%	69.3%
				燕麦	0	.788	-.911	0.0%	4.9%
				谷类	3	4.125	-.643	18.8%	25.8%
			46~60	早餐吧	3	2.098	.817	60.0%	42.0%
				燕麦	0	1.225	-1.274	0.0%	24.5%
				谷类	2	1.677	.306	40.0%	33.5%
			大于60	早餐吧	6	4.719	.649	22.2%	17.5%
				燕麦	14	15.731	-.676	51.9%	58.3%
				谷类	7	6.550	.202	25.9%	24.3%
	已婚	男	小于31	早餐吧	10	11.151	-.450	37.0%	41.3%
				燕麦	0	.656	-.820	0.0%	2.4%
				谷类	17	15.193	.701	63.0%	56.3%
			31~45	早餐吧	16	17.948	-.619	40.0%	44.9%
				燕麦	6	4.359	.833	15.0%	10.9%
				谷类	18	17.692	.098	45.0%	44.2%
			46~60	早餐吧	8	6.847	.491	22.9%	19.6%
				燕麦	11	13.650	-.918	31.4%	39.0%
				谷类	16	14.503	.514	45.7%	41.4%
			大于60	早餐吧	0	1.432	-1.236	0.0%	6.2%
				燕麦	20	16.302	1.697	87.0%	70.9%
				谷类	3	5.266	-1.124	13.0%	22.9%
		女	小于31	早餐吧	10	11.149	-.462	40.0%	44.6%
				燕麦	1	.577	.564	4.0%	2.3%
				谷类	14	13.274	.291	56.0%	53.1%
			31~45	早餐吧	24	22.651	.394	51.1%	48.2%
				燕麦	4	4.837	-.402	8.5%	10.3%
				谷类	19	19.512	-.152	40.4%	41.5%
			46~60	早餐吧	7	8.472	-.571	17.9%	21.7%
				燕麦	15	14.848	.050	38.5%	38.1%
				谷类	17	15.681	.431	43.6%	40.2%

续表

生活方式	婚姻状态	性别	年龄分段	首选的早餐	频率			百分比	
					实测	预测	皮尔逊残差	实测	预测
积极的	已婚	女	大于60	早餐吧	3	1.828	.899	11.5%	7.0%
				燕麦	17	18.298	-.557	65.4%	70.4%
				谷类	6	5.874	.059	23.1%	22.6%

这些百分比基于每个子群体中的总实测频率

8.5 本章小结

　　SPSS 广泛应用于经济领域研究中，本章主要介绍了主成分分析、聚类分析、回归分析等方法在经济领域中的应用。其中聚类分析是将相似性较高的事物归为一类，而不同类间的事物有着很大的差异。回归分析介绍了曲线回归、主成分回归、多元 Logistic 回归等回归方法的应用，不同的回归方法应根据实际的情况来选用。除此之外，还有很多方法可以应用在经济领域的研究中，需要读者进一步学习。

8.6 综合练习

　　1. 数据文件 data8-05.sav 为中国部分城市的经济发展水平的相关数据，包括地区生产总值、城乡居民储蓄年末余额、在岗职工平均工资等 8 项指标，请利用本章学习的内容对城市进行聚类分析。

　　（数据存储于\Chapter8\data8-05.sav 文件中）

　　2. 数据文件 data8-06.sav 为山东省某年的人均 GDP、居民可支配收入（元）、工资性收入、社会参保人数、社会消费品零售总额（亿元）、固定资产筹资额（万元）等数据，请利用本章学习的内容对城市进行聚类分析，聚类分析完成后再利用判别分析法对分类是否准确进行判断。

　　（数据存储于\Chapter8\data8-06.sav 文件中）

　　3. 数据文件 data08-07.sav 为某省的物流发展水平的相关数据，包括货物周转量、货运量、城区生产总值、进出口贸易总值等 8 项指标，请利用本章学习的内容对城市进行聚类分析，聚类分析完成后再利用判别分析法对分类是否准确进行判断。

　　（数据存储于\Chapter8\data8-07.sav 文件中）

　　4. 数据文件 data8-02.sav 为前 5 大股东持股比例数据，请利用本章学习的内容建立如下模型。

变量	名称	说明
因变量	资产收益率	
自变量1	董事会规模	利用主成分分析将管理权的各个因素合为一项处理，即管理层权力
	管理层持股比例	
	总经理任期	
	管理层全职情况	
自变量2	前5大股东持股比例	
控制变量	总资产	
	资产负债率	
	主营业务收入	

（数据存储于\Chapter8\data8-02.sav 文件中）

第 9 章

房地产领域应用

房地产是房产和地产的总称,严格来说是指土地及附着在土地上的建筑物、构筑物和其他附属物的总称。根据房地产的运营方式,房地产可分为收益性房地产(如置业投资性公寓、出租性写字楼等)和非收益性房地产(如各类自用住宅及自用写字楼等)。本章介绍 SPSS 在房地产领域的应用,并以实际应用为例进行讲解。

学习目标:

- 了解房地产的发展及商品房的影响因素。
- 掌握相关分析在房地产中的应用。
- 掌握回归分析在房地产中的应用。

9.1 房地产销售价格分析

近年来,房地产行业以其较快的发展速度,极大的资金聚集功能,明显的产业带动效应,巨大的社会影响力成为举国上下高度关注的重要行业。

随着房地产行业的发展,商品住宅的价格始终是舆论关注的焦点,地方政府、开发企业、金融机构、普通群众都在密切关注行业发展趋势,许多专家学者也在不停探索影响商品房价格的因素。

利用 SPSS 对房地产市场进行分析,能使消费者、开发商和地方政府,对商品住宅价格的影响因素有更加清晰的认识,为消费者的购买决策、房地产开发商的投资决策以及地方政府调控政策的制定提供参考。

9.1.1 数据描述

本案例的数据来源于大连理工大学林溯的硕士学位论文《大连市商品住宅价格影响因素分析》。本节对大连市商品住宅平均价格与其影响因素进行相关分析及回归分析。

数据文件：数据文件\Chapter9\data9-01.sav
视频文件：视频文件\Chapter9\商品住宅影响因素指标.avi

9.1.2 相关分析

相关分析是研究变量之间不确定关系的统计方法，现用简单相关分析法来分析大连市商品住宅平均价格与各影响因素的相关程度，从而得出哪些因素与大连市商品住宅价格有更高的相关程度。

1．SPSS实现

（1）打开数据文件data9-01.sav，执行菜单栏中的"分析"→"相关"→"双变量"命令，弹出"双变量相关性"对话框，如图9-1所示，在左侧的变量列表中选中商品住宅平均售价（元/平方米）、全市人口（万人）、住宅完成投资额（亿元）、GDP（亿元）、人均可支配收入（元）、城镇家庭户数（万户）、商品住宅销售面积（万平方米）、竣工住宅建造成本（元/平方米）、住宅竣工面积（万平方米）、15年期公积金贷款年利率（%）这10个变量，单击 按钮，将其选入"变量"框。

在"相关系数"栏中勾选"皮尔逊"复选框，在"显著性检验"栏中选中"双尾"单选按钮，同时勾选"标记显著性相关性"复选框。

（2）单击"选项"按钮，弹出"双变量相关性：选项"对话框，如图9-2所示，在"统计"栏中勾选"均值和标准差""叉积偏差和协方差"复选框，在"缺失值"栏中选中"成对排除个案"单选按钮。单击"继续"按钮返回主对话框。

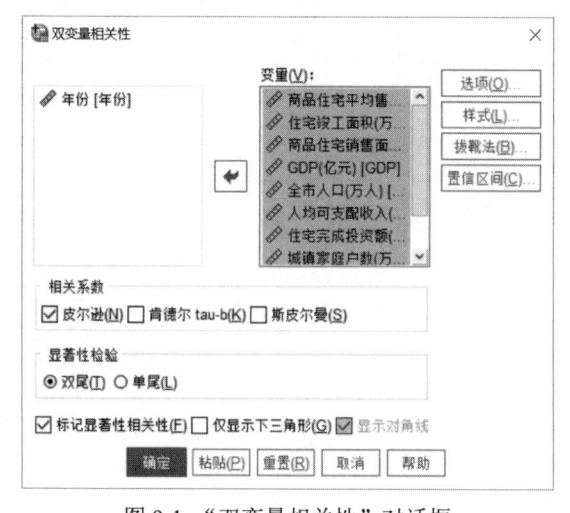

图9-1 "双变量相关性"对话框　　图9-2 "双变量相关性：选项"对话框

（3）完成所有设置后，单击"确定"按钮执行命令。

2．结果分析

从表9-1中可以看到大连市商品住宅平均售价与住宅竣工面积的皮尔逊系数为

0.290，且相关系数检验的 t 统计量的显著性为 0.416，大于 0.05，因此接受零假设，认为两者之间没有显著的相关关系。

同理，可以知道，商品住宅平均售价与商品住宅销售面积、GDP、全市人口、人均可支配收入、住宅完成投资额、城镇家庭户数、竣工住宅建造成本有显著的相关关系，而与 15 年期公积金贷款年利率没有显著的相关关系。

表 9-1 相关性

		商品住宅平均售价（元/平方米）	住宅竣工面积（万平方米）	商品住宅销售面积（万平方米）	GDP（亿元）	全市人口（万人）
商品住宅平均售价（元/平方米）	皮尔逊相关性	1	.290	.957**	.975**	.985**
	显著性（双尾）		.416	.000	.000	.000
	个案数	10	10	10	10	10
住宅竣工面积（万平方米）	皮尔逊相关性	.290	1	.262	.342	.360
	显著性（双尾）	.416		.465	.334	.307
	个案数	10	10	10	10	10
商品住宅销售面积（万平方米）	皮尔逊相关性	.957**	.262	1	.973**	.951**
	显著性（双尾）	.000	.465		.000	.000
	个案数	10	10	10	10	10
GDP（亿元）	皮尔逊相关性	.975**	.342	.973**	1	.989**
	显著性（双尾）	.000	.334	.000		.000
	个案数	10	10	10	10	10
全市人口（万人）	皮尔逊相关性	.985**	.360	.951**	.989**	1
	显著性（双尾）	.000	.307	.000	.000	
	个案数	10	10	10	10	10
人均可支配收入（元）	皮尔逊相关性	.973**	.292	.958**	.993**	.991**
	显著性（双尾）	.000	.413	.000	.000	.000
	个案数	10	10	10	10	10
住宅完成投资额（亿元）	皮尔逊相关性	.983**	.374	.966**	.992**	.983**
	显著性（双尾）	.000	.287	.000	.000	.000
	个案数	10	10	10	10	10
城镇家庭户数（万户）	皮尔逊相关性	.962**	.261	.946**	.982**	.987**
	显著性（双尾）	.000	.466	.000	.000	.000
	个案数	10	10	10	10	10
竣工住宅建造成本（元/平方米）	皮尔逊相关性	.932**	.210	.952**	.971**	.950**
	显著性（双尾）	.000	.561	.000	.000	.000
	个案数	10	10	10	10	10
15 年期公积金贷款年利率（%）	皮尔逊相关性	.253	.293	-.007	.114	.213
	显著性（双尾）	.481	.411	.984	.753	.555
	个案数	10	10	10	10	10

续表

		人均可支配收入（元）	住宅完成投资额（亿元）	城镇家庭户数（万户）	竣工住宅建造成本（元/平方米）	15年期公积金贷款年利率（%）
商品住宅平均售价（元/平方米）	皮尔逊相关性	.973**	.983**	.962**	.932**	.253
	显著性（双尾）	.000	.000	.000	.000	.481
	个案数	10	10	10	10	10
住宅竣工面积（万平方米）	皮尔逊相关性	.292	.374	.261	.210	.293
	显著性（双尾）	.413	.287	.466	.561	.411
	个案数	10	10	10	10	10
商品住宅销售面积（万平方米）	皮尔逊相关性	.958**	.966**	.946**	.952**	-.007
	显著性（双尾）	.000	.000	.000	.000	.984
	个案数	10	10	10	10	10
GDP（亿元）	皮尔逊相关性	.993**	.992**	.982**	.971**	.114
	显著性（双尾）	.000	.000	.000	.000	.753
	个案数	10	10	10	10	10
全市人口（万人）	皮尔逊相关性	.991**	.983**	.987**	.950**	.213
	显著性（双尾）	.000	.000	.000	.000	.555
	个案数	10	10	10	10	10
人均可支配收入（元）	皮尔逊相关性	1	.976**	.995**	.968**	.134
	显著性（双尾）		.000	.000	.000	.712
	个案数	10	10	10	10	10
住宅完成投资额（亿元）	皮尔逊相关性	.976**	1	.957**	.952**	.174
	显著性（双尾）	.000		.000	.000	.632
	个案数	10	10	10	10	10
城镇家庭户数（万户）	皮尔逊相关性	.995**	.957**	1	.966**	.127
	显著性（双尾）	.000	.000		.000	.727
	个案数	10	10	10	10	10
竣工住宅建造成本（元/平方米）	皮尔逊相关性	.968**	.952**	.966**	1	-.022
	显著性（双尾）	.000	.000	.000		.951
	个案数	10	10	10	10	10
15年期公积金贷款年利率（%）	皮尔逊相关性	.134	.174	.127	-.022	1
	显著性（双尾）	.712	.632	.727	.951	
	个案数	10	10	10	10	10

**在 0.01 级别（双尾），相关性显著。

按照皮尔逊系数从大到小的顺序对 7 个影响因素进行排序：全市人口（0.985）>住宅完成投资额（0.983）>GDP（0.975）>人均可支配收入（0.973）>城镇家庭户数（0.962）>商品住宅销售面积（0.957）>竣工住宅建造成本（0.932），住宅竣工面积和 15 年期公积金贷款年利率与大连市商品住宅平均售价不相关，不参加排序。

从排序的结果可以看出，大连市全市人口与商品住宅平均售价的相关系数最大，因此可以判断影响商品住宅需求的人口数量是商品住宅平均售价上涨的最直接因素，而竣工住宅建造成本作为影响供给的因素，与商品住宅平均售价的相关系数在7个相关因素中是最小的。因此得出这样的结论，大连市商品住宅价格（平均售价）的上涨主要还是受需求推动的，而推动需求的最主要因素是大连市人口的不断增加。

9.1.3 回归分析

在研究一个变量的变化受多个因素的影响时，往往考虑建立线性回归模型进行分析。本节从需求的角度，选取9个变量作为商品住宅价格（平均售价）的影响因素：住宅竣工面积、商品住宅销售面积、GDP、全市人口、人均可支配收入、住宅完成投资额、城镇家庭户数、竣工住宅建造成本和15年期公积金贷款年利率，将上述9个因素作为自变量，商品住宅平均售价作为因变量，通过逐步回归的方法建立线性回归模型。

1. SPSS实现

（1）打开数据文件 data9-01.sav，执行菜单栏中的"分析"→"回归"→"线性"命令，弹出"线性回归"对话框，如图 9-3 所示，在左侧的变量列表中选中住宅竣工面积（万平方米）、商品住宅销售面积（万平方米）、GDP（亿元）、全市人口（万人）、人均可支配收入（元）、住宅完成投资额（亿元）、城镇家庭户数（万户）、竣工住宅建造成本（元/平方米）和15年期公积金贷款年利率变量（%），单击 ➡ 按钮，将其选入"自变量"框，将商品住宅平均售价（元/平方米）变量选入"因变量"框，在"方法"下拉列表中选择"步进"。

（2）单击"统计"按钮，弹出"线性回归：统计"对话框，如图 9-4 所示，在"回归系数"栏中勾选"估算值"复选框，在"残差"栏中勾选"个案诊断"复选框，在"离群值"参数框中输入 3，并勾选"模型拟合"复选框。单击"继续"按钮返回主对话框。

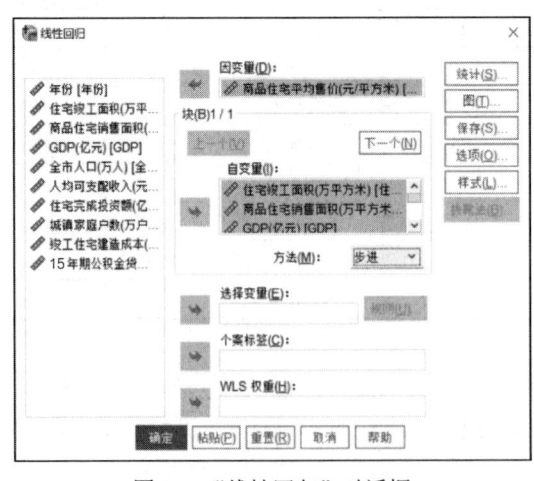

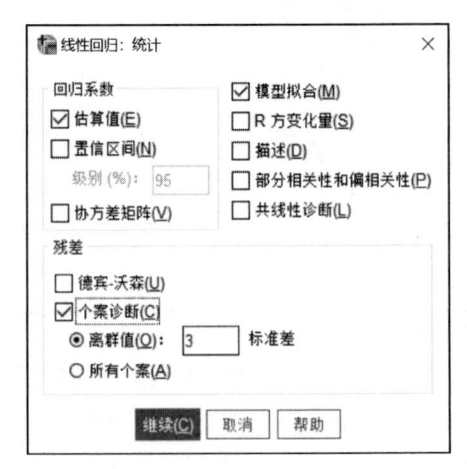

图 9-3 "线性回归"对话框　　图 9-4 "线性回归：统计"对话框

（3）单击"图"按钮，弹出"线性回归：图"对话框，如图 9-5 所示，将变量"SDRESID"

和"ZPRED"分别选入"Y"框和"X"框，单击"下一个"按钮，将变量"ZRESID"和"ZPRED"分别选入"Y"框和"X"框，单击"继续"按钮返回主对话框。

图 9-5 "线性回归：图"对话框

（4）单击"保存"按钮，弹出"线性回归：保存"对话框，如图 9-6 所示，在"距离"栏中勾选"马氏距离""库克距离""杠杆值"复选框，在"预测区间"栏中勾选"平均值"和"单值"复选框，置信区间默认为 95%，在"影响统计"栏中勾选"标准化 DfBeta""协方差比率"复选框，并勾选"包括协方差矩阵"复选框。单击"继续"按钮返回主对话框。

（5）单击"选项"按钮，弹出"线性回归：选项"对话框，如图 9-7 所示，各项设置采用系统默认值。单击"继续"按钮返回主对话框。

图 9-6 "线性回归：保存"对话框　　图 9-7 "线性回归：选项"对话框

（6）完成所有设置后，单击"确定"按钮执行命令。

2. 结果分析

表 9-2 给出了逐步回归过程中变量的引入和剔除过程及其准则，可以看出，引入模型的唯一变量是全市人口（万人）。

表 9-2　已输入/除去变量[a]

模型	输入的变量	除去的变量	方法
1	全市人口(万人)	.	步进（条件：要输入的 F 的概率 <= .050，要除去的 F 的概率 >= .100）。

a. 因变量：商品住宅平均售价（元/平方米）

表 9-3 给出了模型的拟合情况，给出了模型编号、复相关系数 R、R^2、调整后的 R^2、估算的标准误差，可见模型 1 的 R^2 为 0.971，调整后的 R^2 为 0.967，接近于 1，说明模型可解释的变异占总变异的比例较大，引入回归方程的变量是显著的，模型 1 建立的回归方程较好。

表 9-3　模型摘要[b]

模型编号	R	R^2	调整后的 R^2	估算的标准误差	更改统计量				
					R^2 变化量	F 更改	自由度1	自由度2	显著性
1	.985a	.971	.967	208.65651	.004	268.001	1	8	.000

a. 预测变量：（常量），全市人口（万人）。
b. 因变量：商品住宅平均售价（元/平方米）

表 9-4 给出了回归拟合过程中的方差分析结果，可见模型 1 的显著性均小于 0.05，拒绝回归系数都为 0 的原假设。从表 9-4 中可知，回归平方和为 11668119.198，残差平方和为 348300.326，总计平方和为 12016419.523，可见回归平方和占了总计平方和的绝大部分，说明线性模型解释了总计平方和的绝大部分，模型拟合效果较好。

表 9-4　ANOVA[a]

模型		平方和	自由度	均方	F	显著性
1	回归	11668119.198	1	11668119.198	268.001	.000[b]
	残差	348300.326	8	43537.541		
	总计	12016419.523	9			

a. 因变量：商品住宅平均售价（元/平方米）。
b. 预测变量：（常量），全市人口（万人）

表 9-5 给出所有模型的回归系数估计值，包括未标准化系数、标准化系数、t 值、显著性。

从"显著性"列可以看出，模型中所有变量和常数项的显著性均小于 0.05，均通过显著性检验。

模型 1 回归方程：商品住宅平均售价（元/平方米）= -50239.223 + 95.075 × 全市人口（万人）。

表 9-5 系数 [a]

模型		未标准化系数		标准化系数	t	显著性
		B	标准误差	Beta		
1	（常量）	−50239.223	3293.326		−15.255	.000
	全市人口（万人）	95.075	5.808	.985	16.371	.000

a. 因变量：商品住宅平均售价（元/平方米）

表 9-6 给出了各个模型中排除变量的统计信息，模型 1 中已经引入全市人口（万人）变量，其余变量均被排除在外，从"显著性"列看，被排除的变量的显著性均大于 0.05，说明这些变量对模型的贡献不显著。

表 9-6 排除的变量 [a]

模型		输入 Beta	t	显著性	偏相关	共线性统计
						容许
1	住宅竣工面积（万平方米）	−.074[b]	−1.180	.277	−.407	.870
	商品住宅销售面积（万平方米）	.211[b]	1.099	.308	.384	.096
	GDP（亿元）	.013[b]	.030	.977	.011	.021
	人均可支配收入（元）	−.192[b]	−.409	.695	−.153	.018
	住宅完成投资额（亿元）	.438[b]	1.432	.195	.476	.034
	城镇家庭户数（万户）	−.398[b]	−1.069	.320	−.375	.026
	竣工住宅建造成本（元/平方米）	−.036[b]	−.174	.867	−.066	.098
	15 年期公积金贷款年利率（%）	.045[b]	.715	.498	.261	.955

a. 因变量：商品住宅平均售价（元/平方米）。
b. 模型中的预测变量：（常量），全市人口（万人）。

图 9-8 和图 9-9 是因变量与其回归学生化的已删除残差的散点图和因变量与其回归标准化残差的散点图，可以看出观测量均在−2 至+2 之间，还可以看出残差符合正态分布，因此通过残差的正态性检验。

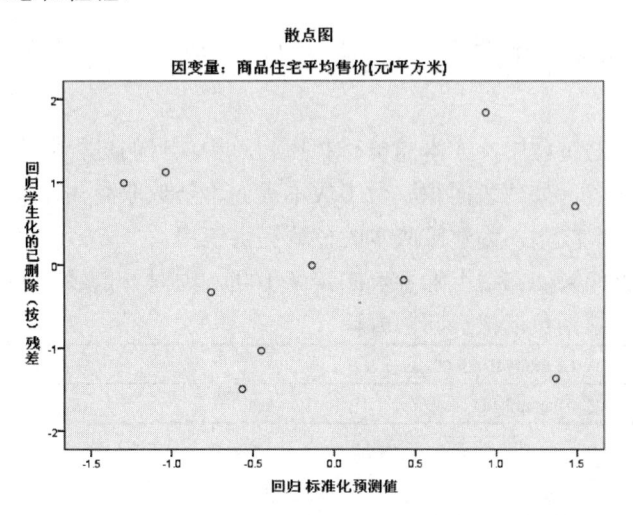

图 9-8 因变量与其回归学生化的已删除残差的散点图

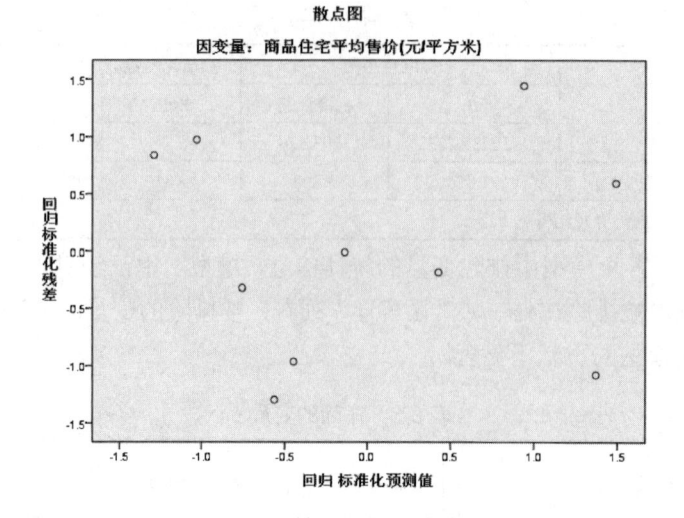

图 9-9　因变量与其回归标准化残差的散点图

经过线性回归分析，最初将 9 个因素选入线性回归模型，希望能够得到这 9 个影响需求的因素对大连市商品住宅平均售价的综合影响模型，但经过建模和显著性检验，最终保留的只有一个解释变量：全市人口（万人）。

回归方程：商品住宅平均售价（元/平方米）=-50239.223+95.075×全市人口（万人），这说明大连市商品住宅平均售价随全市的人口呈同方向正比例变化，如果大连市全市人口增加 1 万人，那么大连市商品住宅平均售价每平方米将上涨 95 元。

本节研究的是大连市商品住宅市场，其他的影响商品住宅市场的因素，包括经济因素、政治因素、自然环境因素等，在以后的研究中也可以考虑将其作为自变量对商品住宅平均售价进行建模。

9.2　建筑成本分析

在房地产建造的过程中，成本的核算和控制对于项目的进行尤为重要，而建筑成本的影响因素也有很多，如建筑面积、员工成本等。本节选取商业建筑方面的数据，利用加权回归来拟合建筑成本，为建筑成本的核算提供依据。

加权回归是指如果回归线上的各点的精度不同，则对各点赋以不同的权值，用加权最小二乘法确定回归系数，拟合回归方程。

数据文件	数据文件\Chapter9\data9-02.sav
视频文件	视频文件\Chapter9\加权回归.avi

9.2.1　数据描述

本案例的数据文件为一些商业街建筑方面的基本资料，如图 9-10 所示。现要求通过面积、商业街种类和建筑师从业年数来拟合建筑成本的加权回归方程。

	面积	商业街种类	建筑师从业年数	建筑成本
1	.73	1.00	17.00	72.70
2	1.92	.00	20.00	440.48
3	.77	1.00	9.00	109.77
4	.65	.00	15.00	134.47
5	.80	.00	15.00	123.39
6	1.03	1.00	11.00	187.34
7	.94	.00	22.00	91.43

图 9-10　data9-02.sav 中的数据

9.2.2　SPSS 实现

第一步：初步残差分析。

（1）打开数据文件 data9-02.sav，执行菜单栏中的"分析"→"回归"→"线性"命令，弹出"线性回归"对话框，如图 9-11 所示，将"建筑成本"变量选入"因变量"框，将"面积""商业街种类""建筑师从业年数"3 个变量选入"自变量"框。

（2）单击"图"按钮，弹出"线性回归：图"对话框，如图 9-12 所示。将"ZRESID"（标准化残差）选入"Y"框，将"ZPRED"（标准化预测值）选入"X"框，单击"继续"按钮返回主对话框。

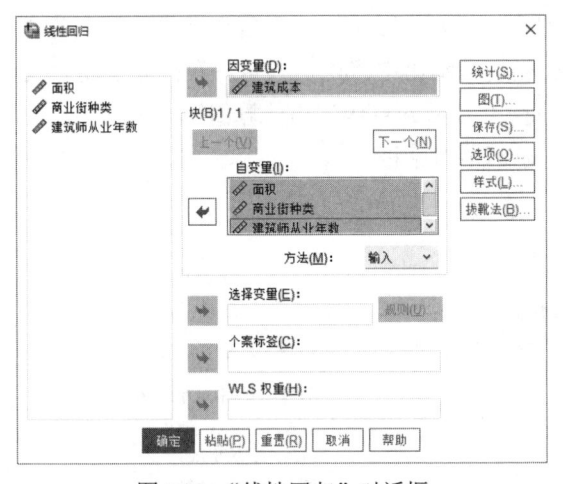

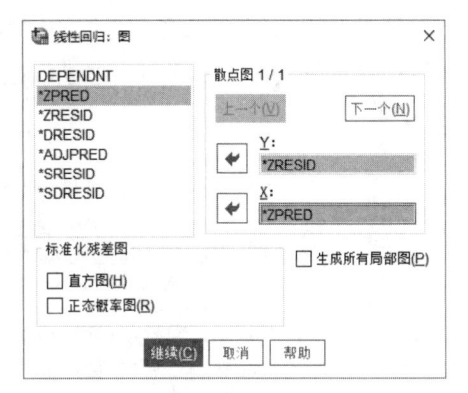

图 9-11　"线性回归"对话框　　　　图 9-12　"线性回归：图"对话框

（3）完成所有设置后，单击"确定"按钮执行命令，输出的残差散点图如图 9-13 所示。由图 9-13 可见，随着预测值的增大，残差也有增大的趋势，说明因变量的变异性或分布随着自变量的增加而增加，说明普通最小二乘法不再是最佳解决方案，建议采用加权最小二乘法。

第二步：加权回归分析。

（1）执行菜单栏中的"分析"→"回归"→"权重估算"命令，弹出"权重估算"对话框，如图 9-14 所示，将"建筑成本"变量选入"因变量"框，将"面积""商业街种类""建筑师从业年数"变量选入"自变量"框，将"面积"变量选入"权重变量"框，作为权重变量。在"功效范围"处指定计算权重过程中指数值的范围，在前、后框中输入起始值 0 和终止值 4，在"按"框中指定步长 0.5，并勾选"在方程中包括常量"复选框。

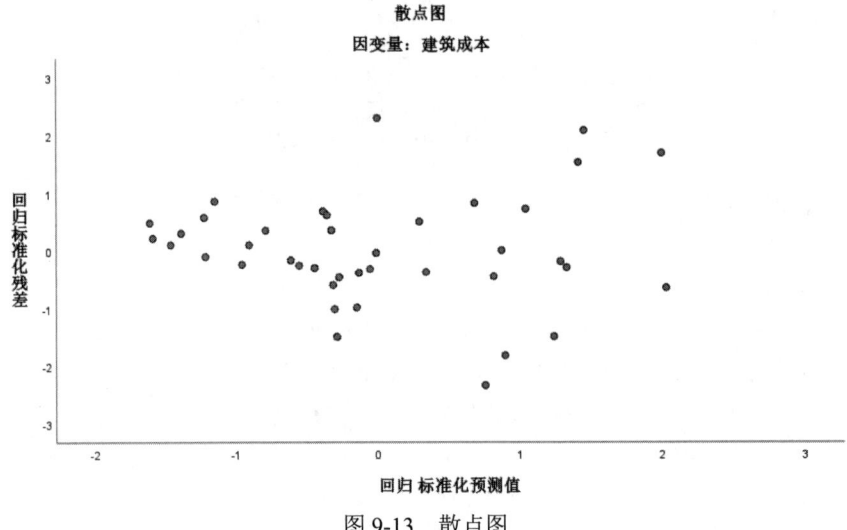

图 9-13　散点图

（2）单击"选项"按钮，弹出"权重估算：选项"对话框，如图 9-15 所示，勾选"将最佳权重保存为新变量"复选框，表示在当前数据集中将最佳权重保存为新变量，变量名为 WGT_n，n 是生成这个变量的序号。在"显示 ANOVA 和估算值"栏中选中"对于最佳功效"单选按钮。单击"继续"按钮返回主对话框。

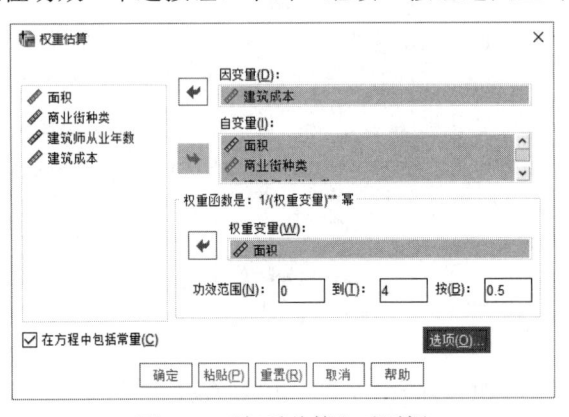

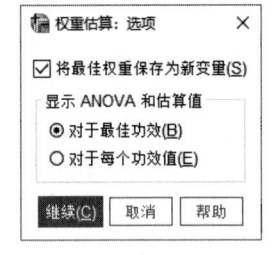

图 9-14　"权重估算"对话框　　　图 9-15　"权重估算：选项"对话框

（3）完成所有设置后，单击"确定"按钮执行命令，此时会弹出对数似然值、系数等分析结果。

9.2.3　结果分析

从表 9-7 可以看到按照 0.5 步长的权值计算出的对数似然值结果，其中对数似然值最大的指数就是最佳指数,本案例中最大值为-205.143,对应的最佳指数为3.500。

从表9-8可以看到加权模型的信息,包括因变量、自变量和幂值(最佳指数)。

表9-7 对数似然值 [b]

幂	.000	-218.675
	.500	-215.628
	1.000	-212.836
	1.500	-210.356
	2.000	-208.251
	2.500	-206.606
	3.000	-205.529
	3.500	-205.143[a]
	4.000	-205.563

a. 选择了相应的幂进行进一步分析,这是因为它使对数似然函数最大化。
b. 因变量:建筑成本。源变量:面积。

表9-8 模型描述

因变量		建筑成本
自变量	1	面积
	2	商业街种类
	3	建筑师从业年数
权重	源	面积
	幂值	3.500

模型:MOD_3

从表9-9可以看到采用最佳指数建立的加权回归模型的拟合优度检验结果,可见 R^2 和调整后的 R^2 都较大,说明模型拟合效果不错。

表9-9 模型摘要

R	.863
R^2	.745
调整后的 R^2	.724
估算的标准误差	46.730
对数似然函数值	-205.143

表9-10是方差分析表,可见 F 值为35.022,显著性小于0.001,说明由回归解释的变异远远大于残差可解释的变异,说明回归效果是比较好的。

表9-10 ANOVA

	平方和	自由度	均方	F	显著性
回归	229428.003	3	76476.001	35.022	.000
残差	78612.250	36	2183.674		
总计	308040.252	39			

从表 9-11 可以看出，各自变量和常数项的 t 检验显著性均小于 0.05，说明它们对模型的构建作用都是显著的，回归效果很好。最终得到的回归方程为：

建筑成本=53.438+ 147.273×面积-26.533×商业街种类-2.209×建筑师从业年数。

表 9-11 系数

	未标准化系数		标准化系数		t	显著性
	B	标准误差	Beta	标准误差		
（常量）	53.438	16.988			3.146	.003
面积	147.273	15.425	.864	.089	7.678	.000
商业街种类	-26.533	11.086	-.218	.091	-2.393	.022
建筑师从业年数	-2.209	.941	-.205	.087	-2.348	.024

9.3 本章小结

本章主要介绍了相关分析、回归分析在房地产领域的应用。利用相关分析，可以研究现象之间是否存在某种依存关系，并对具有依存关系的现象探讨其相关方向及相关程度，是研究随机变量之间的相关关系的一种非常好的统计方法。而回归分析是指基于观测数据建立由自变量推算因变量的回归方程，以分析数据内在规律，并可用于预报、控制等问题。在实际应用时，当两个变量都是随机变量时，常需同时给出这两种方法分析的结果。这两种方法在房地产市场分析中应用十分广泛。用户在利用 SPSS 进行统计分析前，需对数据所属领域有一定了解，这样才有利于挖掘数据的内涵。

9.4 综合练习

1．数据文件 Data9-03.sav 为住房情况调查数据，包括性别、年龄、文化程度、住房满意度等，请根据统计数据进行合适的分析，并给出住房情况调查的分析结果。

（数据存储于\Chapter9\data9-03.sav 文件中）

2．数据文件 Data9-04.sav 为某单位员工租房支出的统计数据，请研究租房支出与工龄、性别之间的关系，并尝试建立回归模型进行解释。

（数据存储于\Chapter9\data9-04.sav 文件中）

3．数据文件 Data9-05.sav 为某地区某疾病患病率的统计数据，初步分析影响因素有 65 岁以上人口、人口密度、建筑密度、路网密度、植被面积占比、5 千米范围污染企业、距最近污染企业的距离等，请根据数据做以下分析：

（1）对 8 项指标进行相关分析，并对结果进行分析。

（2）以患病率为因变量，筛选出另外 7 项指标中对患病率有影响的因素，并建立回归模型。

（数据存储于\Chapter9\data9-05.sav 文件中）

4. 数据文件 Data9-06.sav 为某调查问卷的数据，共 10 道题，分为 y、$x_1 \sim x_9$，请根据数据完成以下分析：

（1）对 $x_1 \sim x_9$ 进行相关分析，并对结果进行分析。

（2）以 y 为因变量，以 $x_1 \sim x_9$ 为自变量，建立回归模型。

（数据存储于\Chapter9\data9-06.sav 文件中）

第 10 章

生物研究领域应用

生物学是研究生物（包括植物、动物和微生物）的结构、功能、发生和发展规律的科学，是自然科学的一部分，目的在于阐明和控制生命活动，改造自然，为农业、工业和医学等实践服务。几千年来，人类在农、林、牧、副、渔和医药等实践中，积累了有关植物、动物、微生物的丰富知识。在研究相关现象或规律时，SPSS 作为一种统计工具，广泛应用于生物研究领域。

学习目标：

- 了解正交实验设计。
- 掌握正交实验方差分析的操作与应用。
- 掌握概率单位回归的操作与应用。

10.1 生物学正交实验分析

正交实验（正交设计，也称田口设计）是研究多因素多水平的一种设计方法。比如现在想研究 3 个因素（分别称为 A、B、C），A 因素有 3 个水平，B 因素有 3 个水平，C 因素有 3 个水平，如果做实验想覆盖所有情况，那么实验次数为：3×3×3=27 种组合，即需要做 27 次不同的实验。

但在实际研究时，出于对时间、成本费用等的考虑，不可能做 27 次实验，那么是否可以只做部分有代表性的实验去覆盖各类情况呢？正交实验正是这种方法，其仅选出部分具有代表性的实验组合，并且这些有代表性的实验组合具有分散、整齐可比等特点，从而可以科学有效地代表所有实验组合。正交实验可以极大地简化实验次数，从而提升实验效率和减少实验成本。

本节选取正交实验数据讲解 SPSS 在生物研究领域的应用。

10.1.1 SPSS 在生物正交实验研究中的应用

1．数据描述

本案例选取的数据为研究甘油、微胶囊、干燥温度对抗拉强度、氧气透过率等方面的影响数据，其中甘油、微胶囊、干燥温度各有 3 个水平，即本案例是三因素三水平的实验，需要设计合适的正交实验表。根据实际设计 $L_9(3^4)$ 正交实验表，它表示需做 9 次实验，最多可观察 4 个因素，每个因素均有 3 个水平，如图 10-1 所示，其中一列作为空白列。

甘油	微胶囊	干燥温度	空白列	抗拉强度	膜的断裂伸长率	氧气透过量	透明度	综合评分
1	1	1	1	14.56	52.64	3.18	52.17	75.00
2	2	2	1	11.03	49.15	2.97	53.17	83.00
3	3	3	1	17.54	42.89	2.17	41.56	76.00
1	2	3	2	18.80	62.14	3.50	43.79	85.00
2	3	1	2	14.72	43.76	3.49	50.73	89.00
3	1	2	2	10.65	47.07	3.72	41.84	84.00
1	3	2	3	9.91	44.84	3.48	52.36	80.00
2	1	3	3	10.33	47.89	3.42	52.67	82.00
3	2	1	3	21.28	46.51	3.19	50.21	81.00

图 10-1　data10-01.sav 中的数据

2．SPSS实现

（1）打开数据文件 data10-01.sav，执行菜单栏中的"分析"→"一般线性模型"→"单变量"命令，弹出"单变量"对话框。

（2）选中左侧变量列表中的"综合评分"变量，单击➡按钮，将其选入"因变量"框；选中"甘油""微胶囊""干燥温度""空白列"变量，单击➡按钮，将其选入"固定因子"框，如图 10-2 所示。

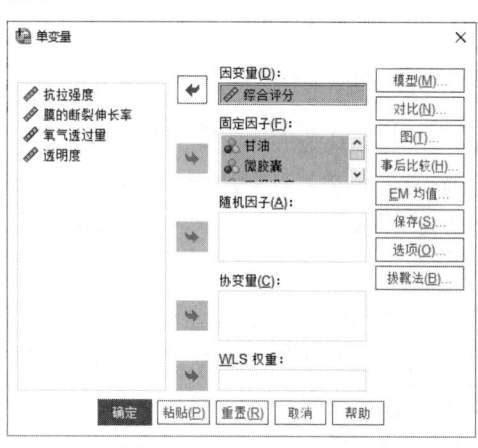

图 10-2　"单变量"对话框

（3）单击"模型"按钮，弹出"单变量：模型"对话框，如图 10-3 所示，本案例选中"构建项"单选按钮，并在"类型"下拉列表中选择"主效应"，选中"甘油""微胶囊""干燥温度"变量，单击➡按钮，将其选入"模型"框，完成后单击"继续"按钮。

- "指定模型"栏包括 3 个选项，即"全因子""构建项""构建定制项"。

- 全因子：表示建立全因素模型，包括所有因素主效应、所有协变量主效应及所有因素间的交互效应，不包括协变量与其他因素的交互效应。
- 构建项：在"类型"下拉列表中有"交互""主效应""所有二阶""所有三阶""所有四阶""所有五阶"等选项。
- 构建定制项：需要用户指定一部分交互效应，选择该选项后，激活下面的"因子与协变量"框、"构建项"栏和"模型"框，从"因子与协变量"框中把相关效应选入"模型"框，在中间的"类型"下拉列表中指定交互的类型。
- 平方和：用于指定平方和的分解方法，在其后面的下拉列表中有 I 类、II 类、III 类和 IV 类等选项，其中的 III 类最常用。
- 在模型中包括截距：指截距包括在模型中。如果能假设数据通过原点，则可以不选择此项，即在模型中不包括截距。

图 10-3 "单变量：模型"对话框

（4）单击"图"按钮，弹出"单变量：轮廓图"对话框，如图 10-4 所示。在该对话框中可以绘制以一个或多个因素变量为参考的因变量边际均值图，其指以某个因素变量为横轴、因变量边际均值的估计值为纵轴所作的图；若指定了协变量，这里的均值就是经过协变量调整后的均值。

在单因素方差分析中，边际均值图用来表现指定因素各水平的因变量均值；在多因素边际均值图中，相互平行的线表明在相应因素之间无交互效应，反之亦然。

- 水平轴：用于指定某个因素变量。
- 单独的线条：用于指定因变量，即对因素变量的每个水平作一条曲线。
- 单独的图：用于指定因变量，即对因素变量的每个水平分别作一个图形。
- 图：用于显示添加的变量。

本案例中，选中"甘油"变量，单击按钮，将其选入"水平轴"框；选中"微胶囊"变量，单击按钮，将其选入"单独的线条"框。然后单击"添加"按钮，将两者送入"图"框中。单击"继续"按钮返回主对话框。

（5）单击"事后比较"按钮，弹出"单变量：实测平均值的事后多重比较"对话框，如图10-5所示。在左侧的"因子"框中选中"甘油""微胶囊""干燥温度"变量，单击 ▶按钮，将其选入"下列各项的事后检验"框；勾选"假定等方差"栏中的"LSD"复选框。单击"继续"按钮返回主对话框。

图 10-4 "单变量：轮廓图"对话框 　　图 10-5 "单变量：实测平均值的事后多重比较"对话框

（6）单击"EM 均值"按钮，弹出"单变量：估算边际平均值"对话框，如图10-6所示，在"因子与因子交互"框中选中"(OVERALL)"，单击▶按钮，将其选入"显示下列各项的平均值"框，单击"继续"按钮返回"单变量"对话框。

（7）单击"选项"按钮，弹出"单变量：选项"对话框，如图10-7所示，勾选"描述统计"复选框。单击"继续"按钮返回"单变量"对话框。

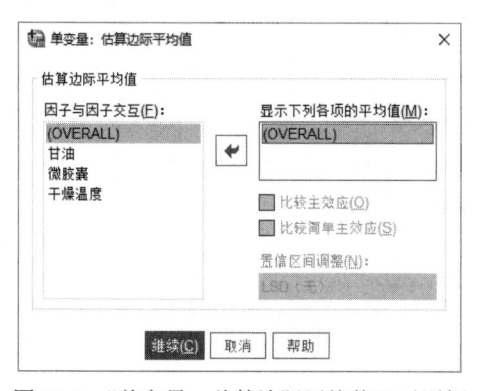

图 10-6 "单变量：估算边际平均值"对话框 　　图 10-7 "单变量：选项"对话框

（8）完成所有设置后，单击"确定"按钮执行命令，此时会弹出主体间因子、主体间效应的检验等分析结果。

3. 结果分析

从表 10-1 中可以看出，有"甘油""微胶囊""干燥温度"3 个变量，每个变量有 3 个水平，另外还有一个空白列。

表 10-1 主体间因子

		N
甘油	1	3
	2	3
	3	3
微胶囊	1	3
	2	3
	3	3
干燥温度	1	3
	2	3
	3	3
空白列	1	3
	2	3
	3	3

表 10-2 给出方差检验结果，可以看出，"甘油""微胶囊""干燥温度"的显著性均大于 0.05，由此可知，"甘油""微胶囊""干燥温度"对综合评分没有显著影响。

表 10-2 主体间效应的检验

因变量： 综合评分

源	III 类平方和	自由度	均方	F	显著性
修正模型	54.000[a]	6	9.000	.184	.955
截距	60025.000	1	60025.000	1225.000	<.001
甘油	40.667	2	20.333	.415	.707
微胶囊	10.667	2	5.333	.109	.902
干燥温度	2.667	2	1.333	.027	.974
误差	98.000	2	49.000		
总计	60177.000	9			
修正后总计	152.000	8			

a. R^2 = .355（调整后 R^2 = -1.579）

表 10-3 给出甘油的多重比较结果，可以看出，3 种甘油间均不存在显著性差异。

表 10-3 多重比较（甘油）

因变量：	综合评分					
LSD						
(I) 甘油	(J) 甘油	平均值差值 (I-J)	标准误差	显著性	95% 置信区间	
					下限	上限
1	2	-4.6667	5.71548	.500	-29.2584	19.9250
	3	-.3333	5.71548	.959	-24.9250	24.2584
2	1	4.6667	5.71548	.500	-19.9250	29.2584
	3	4.3333	5.71548	.528	-20.2584	28.9250
3	1	.3333	5.71548	.959	-24.2584	24.9250
	2	-4.3333	5.71548	.528	-28.9250	20.2584
基于实测平均值。						
误差项是均方（误差）= 49.000。						

表 10-4 给出微胶囊的多重比较结果，可以看出，3 种微胶囊间的差异均不显著。

表 10-4 多重比较（微胶囊）

因变量：	综合评分					
LSD						
(I) 微胶囊	(J) 微胶囊	平均值差值 (I-J)	标准误差	显著性	95% 置信区间	
					下限	上限
1	2	-2.6667	5.71548	.687	-27.2584	21.9250
	3	-1.3333	5.71548	.837	-25.9250	23.2584
2	1	2.6667	5.71548	.687	-21.9250	27.2584
	3	1.3333	5.71548	.837	-23.2584	25.9250
3	1	1.3333	5.71548	.837	-23.2584	25.9250
	2	-1.3333	5.71548	.837	-25.9250	23.2584
基于实测平均值。						
误差项是均方（误差）= 49.000。						

表 10-5 给出干燥温度的多重比较结果，可以看出，3 种干燥温度间的差异均不显著。

表 10-5 多重比较（干燥温度）

因变量：	综合评分					
LSD						
(I)干燥温度	(J)干燥温度	平均值差值(I-J)	标准误差	显著性	95% 置信区间	
					下限	上限
1	2	-.6667	5.71548	.918	-25.2584	23.9250
	3	.6667	5.71548	.918	-23.9250	25.2584
2	1	.6667	5.71548	.918	-23.9250	25.2584
	3	1.3333	5.71548	.837	-23.2584	25.9250
3	1	-.6667	5.71548	.918	-25.2584	23.9250
	2	-1.3333	5.71548	.837	-25.9250	23.2584

续表

> 基于实测平均值。
> 误差项是均方（误差）= 49.000

图 10-8 是两因素交互影响折线图，可以看出，图中 3 条折线的变化趋势一致，说明甘油和微胶囊之间没有交互效应。

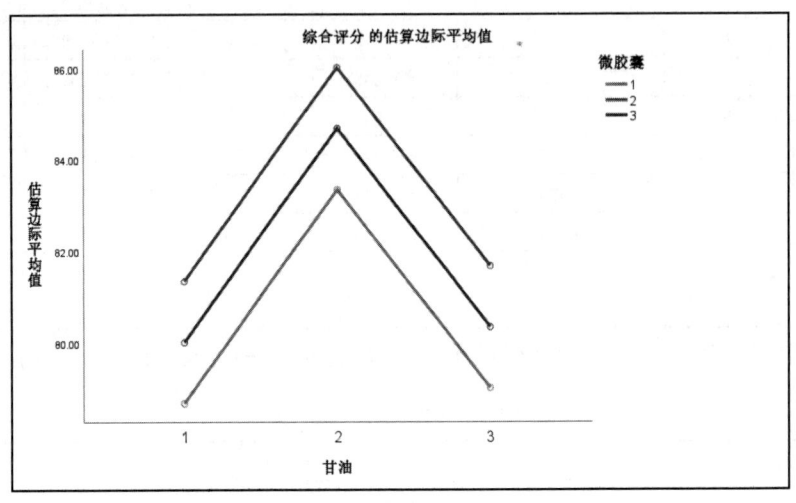

图 10-8　两因素交互影响折线图

10.1.2　SPSS 在生物实验研究中的应用

1．数据描述

本案例选取的数据为研究乙醇浓度、料液比、提取时间、提取温度对黄酮提取率的影响数据，其中乙醇浓度、料液比、提取时间各有 3 个水平，即本案例是三因素三水平的实验，需要设计合适的正交实验表。

根据实际设计 $L_9(3^4)$ 正交实验表，最多可观察 4 个因素，每个因素均有 3 个水平，因无空白列，故需要做至少 10 次实验，如图 10-9 所示。

V1	乙醇浓度	料液比	提取时间	提取温度	黄酮提取率
1	1	1	1	1	99.69
2	1	2	2	2	106.15
3	1	3	3	3	101.32
4	2	1	2	3	114.66
5	2	2	3	1	118.54
6	2	3	1	2	108.76
7	3	1	3	2	94.24
8	3	2	1	3	99.52
9	3	3	2	1	83.93
10	2	2	2	2	118.00

图 10-9　data10-02.sav 中的数据

2．SPSS实现

（1）打开数据文件 data10-02.sav，执行菜单栏中的"分析"→"一般线性模型"→"单变量"命令，弹出"单变量"对话框。

(2) 选中左侧变量列表中的"黄酮提取率"变量,单击➡按钮,将其选入"因变量"框;选中"乙醇浓度""料液比""提取时间""提取温度"变量,单击➡按钮,将其选入"固定因子"框,如图10-10所示。

(3) 单击"模型"按钮,弹出"单变量:模型"对话框,如图10-11所示,本案例选中"构建项"单选按钮,并在"类型"下拉列表中选择"主效应",选中"乙醇浓度""料液比""提取时间""提取温度"变量,单击➡按钮,将其选入"模型"框,完成后单击"继续"按钮。

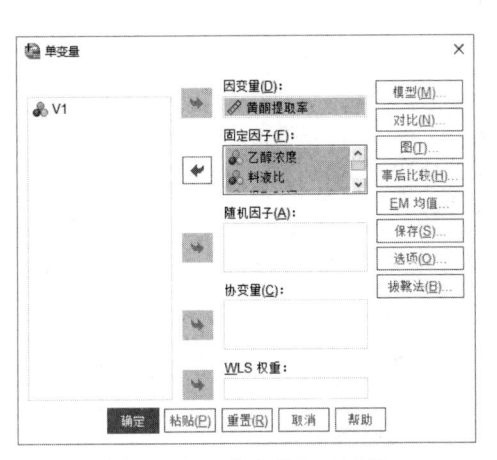

图 10-10 "单变量"对话框

图 10-11 "单变量:模型"对话框

(4) 单击"图"按钮,弹出"单变量:轮廓图"对话框,如图10-12所示。

本案例中,选中"乙醇浓度"变量,单击➡按钮,将其选入"水平轴"框;选中"料液比"变量,单击➡按钮,将其选入"单独的线条"框。然后单击"添加"按钮,将两者送入"图"框中。单击"继续"按钮返回主对话框。

(5) 单击"事后比较"按钮,弹出"单变量:实测平均值的事后多重比较"对话框,如图10-13所示。在左侧的"因子"框中选中"乙醇浓度""料液比""提取时间""提取温度"变量,单击➡按钮,将其选入"下列各项的事后检验"框;勾选"假定等方差"栏中的"LSD"复选框。单击"继续"按钮返回主对话框。

(6) 单击"EM均值"按钮,弹出"单变量:估算边际平均值"对话框,如图10-14所示,在"因子与因子交互"框中选中"(OVERALL)",单击➡按钮,将

图 10-12 "单变量:轮廓图"对话框

其选入"显示下列各项的平均值"框,单击"继续"按钮返回"单变量"对话框。

（7）单击"选项"按钮，弹出"单变量：选项"对话框，如图10-15所示，勾选"描述统计"复选框。单击"继续"按钮返回"单变量"对话框。

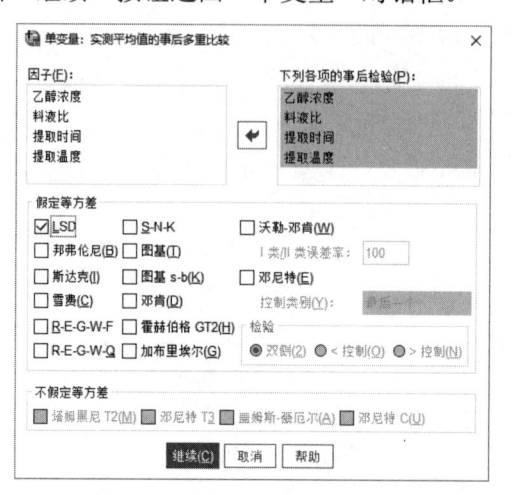

图10-13 "单变量：实测平均值的事后多重比较"对话框

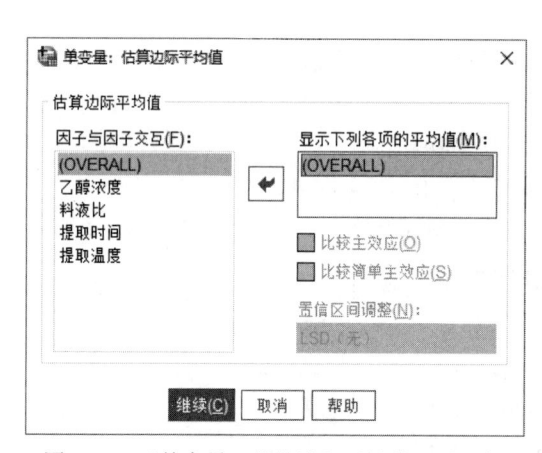

图10-14 "单变量：估算边际平均值"对话框

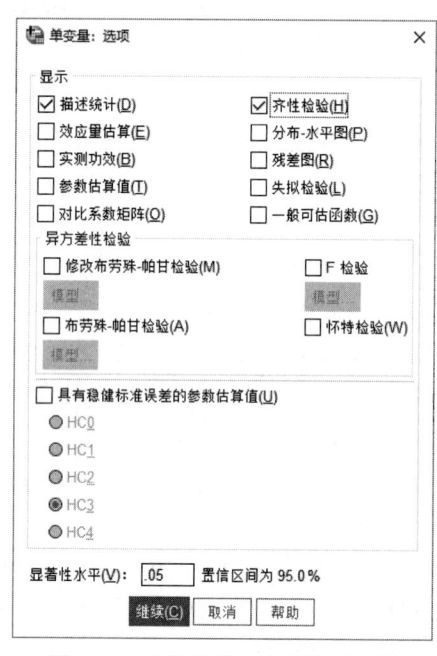

图10-15 "单变量：选项"对话框

（8）完成所有设置后，单击"确定"按钮执行命令，此时会弹出主体间因子、主体间效应的检验等分析结果。

3. 结果分析

从表10-6中可以看出，有"乙醇浓度""料液比""提取时间""提取温度"4个变量，每个变量有3个水平。

表 10-6　主体间因子

		值标签	N
乙醇浓度	1	40%	3
	2	60%	4
	3	80%	3
料液比	1	20	3
	2	30	4
	3	40	3
提取时间	1	1.5	3
	2	2	4
	3	2.5	3
提取温度	1	70	3
	2	80	4
	3	90	3

表 10-7 给出方差检验结果，可以看出，"乙醇浓度""料液比""提取时间""提取温度"的显著性均小于 0.05，由此可知，"乙醇浓度""料液比""提取时间""提取温度"对黄酮提取率有显著影响。

表 10-7　主体间效应的检验

因变量：黄酮提取率

源	III 类平方和	自由度	均方	F	显著性
修正模型	1089.874[a]	8	136.234	4359.495	.012
截距	101083.352	1	101083.352	3234667.272	<.001
乙醇浓度	761.276	2	380.638	12180.411	.006
料液比	168.082	2	84.041	2689.315	.014
提取时间	15.780	2	7.890	252.481	.044
提取温度	29.709	2	14.854	475.340	.032
误差	.031	1	.031		
总计	110252.699	10			
修正后总计	1089.905	9			

a. $R^2 = 1.000$（调整后的 $R^2 = 1.000$）

表 10-8 给出乙醇浓度的多重比较结果，可以看出，3 种乙醇浓度间均存在显著性差异。

表 10-8　多重比较（乙醇浓度）

因变量：黄酮提取率

		LSD				
(I) 乙醇浓度	(J) 乙醇浓度	平均值差值(I-J)	标准误差	显著性	95%置信区间	
					下限	上限
40%	60%	−12.6033*	.13502	.007	−14.3189	−10.8878
	80%	9.8233*	.14434	.009	7.9894	11.6573

续表

(I) 乙醇浓度	(J) 乙醇浓度	平均值差值(I-J)	标准误差	显著性	95%置信区间	
					下限	上限
60%	40%	12.6033*	.13502	.007	10.8878	14.3189
	80%	22.4267*	.13502	.004	20.7111	24.1422
80%	40%	-9.8233*	.14434	.009	-11.6573	-7.9894
	60%	-22.4267*	.13502	.004	-24.1422	-20.7111

基于实测平均值。
误差项是均方（误差）= .031
*. 平均值差值的显著性水平为.05

表 10-9 给出料液比的多重比较结果，可以看出，3 种料液比间的差异均显著。

表 10-9 多重比较（料液比）

因变量：黄酮提取率							
LSD						
(I) 料液比	(J) 料液比	平均值差值 (I-J)	标准误差	显著性	95%置信区间	
					下限	上限
20	30	-7.6892*	.13502	.011	-9.4047	-5.9736
	40	4.8600*	.14434	.019	3.0260	6.6940
30	20	7.6892*	.13502	.011	5.9736	9.4047
	40	12.5492*	.13502	.007	10.8336	14.2647
40	20	-4.8600*	.14434	.019	-6.6940	-3.0260
	30	-12.5492*	.13502	.007	-14.2647	-10.8336

基于实测平均值。
误差项是均方（误差）= .031
*. 平均值差值的显著性水平为.05

表 10-10 给出提取时间的多重比较结果，可以看出，提取时间"2"与"2.5"之间的差异不显著，提取时间"1.5"与"2""2.5"之间的差异均显著。

表 10-10 多重比较（提取时间）

因变量：黄酮提取率							
LSD						
(I) 提取时间	(J) 提取时间	平均值差值 (I-J)	标准误差	显著性	95%置信区间	
					下限	上限
1.5	2	-3.0283*	.13502	.028	-4.7439	-1.3128
	2.5	-2.0433*	.14434	.045	-3.8773	-.2094
2	1.5	3.0283*	.13502	.028	1.3128	4.7439
	2.5	.9850	.13502	.087	-.7305	2.7005
2.5	1.5	2.0433*	.14434	.045	.2094	3.8773
	2	-.9850	.13502	.087	-2.7005	.7305

基于实测平均值。
误差项是均方（误差）= .031
*. 平均值差值的显著性水平为.05

表 10-11 给出提取温度的多重比较结果，可以看出，提取温度"70"与"80""90"之间的差异均显著，而提取温度"80"与"90"之间的差异不显著。

表 10-11 多重比较（提取温度）

因变量:	黄酮提取率					
LSD						
(I) 提取温度	(J) 提取温度	平均值差值 (I-J)	标准误差	显著性	95%置信区间	
					下限	上限
70	80	−6.0675*	.13502	.014	−7.7830	−4.3520
	90	−4.4467*	.14434	.021	−6.2806	−2.6127
80	70	6.0675*	.13502	.014	4.3520	7.7830
	90	1.6208	.13502	.053	−.0947	3.3364
90	70	4.4467*	.14434	.021	2.6127	6.2806
	80	−1.6208	.13502	.053	−3.3364	.0947

基于实测平均值。
误差项是均方（误差）= .031
*. 平均值差值的显著性水平为.05

图 10-16 是两因素交互影响折线图，可以看出，图中 3 条折线的变化趋势一致，说明乙醇浓度和料液比之间没有交互效应。

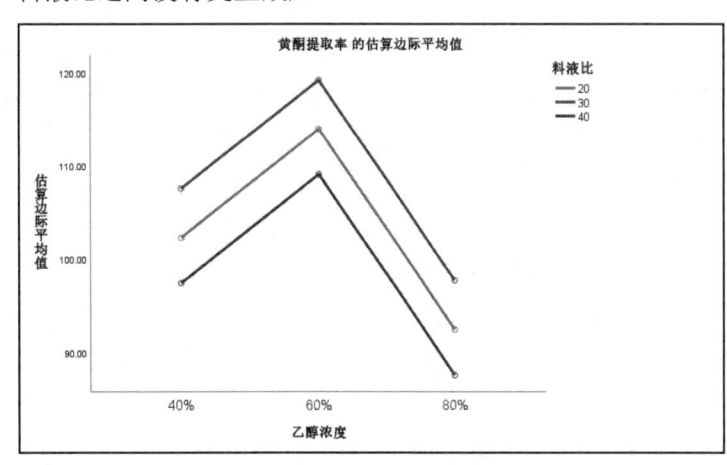

图 10-16 两因素交互影响折线图

10.2 刺激强度响应分析

在对植物、动物和微生物的研究过程中，除了 10.1 节所述的正交实验，还会做很多实验来揭示某种现象，研究是否存在某种特定的规律，以便研究人员能够为动植物的生产、加工提供更好的服务。

概率单位回归分析，主要用来分析刺激的强度与对刺激显示出特定响应的个案比例之间的关系，例如，给患者不同的用药量与患者康复的百分比，给害虫不一样的杀虫剂

剂量与害虫死亡数的百分比等。概率单位回归分析属于专业统计分析，尤其适合实验数据，使用此方法可以估计引致特定比例的响应所需的刺激强度，如中位效应剂量。

数据文件	数据文件\Chapter10\data10-02.sav
视频文件	视频文件\Chapter10\概率单位回归.avi

10.2.1 数据描述

本案例的数据文件为不同的杀虫剂和剂量与害虫死亡数的百分比的统计数据，如图 10-17 所示。现要求利用概率单位回归来估计引致特定比例的响应所需的刺激强度。

	编号	死亡数	害虫总数	药品类别	剂量
1	1	2	35	1	13
2	2	3	38	1	21
3	3	4	40	1	23
4	4	5	42	1	25
5	5	8	39	1	33
6	6	11	38	1	40
7	7	19	33	1	51

图 10-17　data10-02.sav 中数据

10.2.2 SPSS 实现

（1）打开数据文件 data10-02.sav，执行菜单栏中的"分析"→"回归"→"概率"命令，弹出"概率分析"对话框，如图 10-18 所示，将"死亡数"变量选入"响应频率"框，将"害虫总数"变量选入"实测值总数"框，将"药品类别"变量选入"因子"框。将"剂量"变量选入"协变量"框。

在"转换"下拉列表中选取转换方式：以 10 为底的对数。在"模型"栏中选中"概率"单选按钮，用累计标准正态分布函数的反函数来转换响应比例。

（2）单击"定义范围"按钮，弹出"概率分析：定义范围"对话框，如图 10-19 所示，设置因素变量的最大值为 3，最小值为 1。单击"继续"按钮返回主对话框。

图 10-18　"概率分析"对话框　　　图 10-19　"概率分析：定义范围"对话框

（3）单击"选项"按钮，弹出"概率分析：选项"对话框，如图 10-20 所示，在"统计"栏中勾选"频率""相对中位数""平行检验""信仰置信区间"复选框，其他栏的设置均保持系统默认值。单击"继续"按钮返回主对话框。

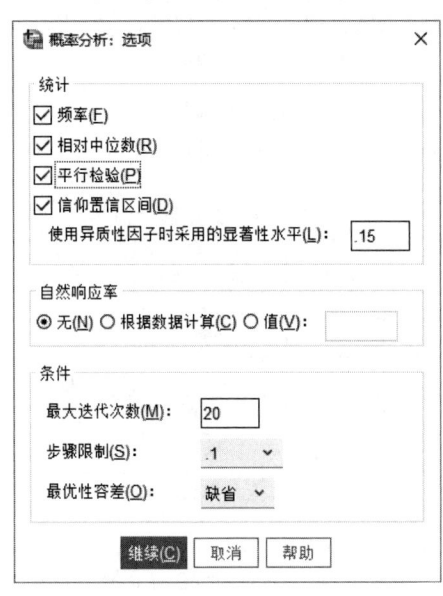

图 10-20 "概率分析：选项"对话框

（4）完成所有设置后，单击"确定"按钮执行命令，此时系统弹出数据信息、参数估计值等分析结果。

10.2.3 结果分析

从表 10-12 可以看出，共有 30 个有效个案，没有缺失值，3 种药品每种 10 个观测量。从表 10-13 可以看出，进行 10 次迭代后找到了最佳结果。

表 10-12 数据信息

		个案数
有效		30
已拒绝	超出范围 [a]	0
	缺失	0
	无法执行对数转换	0
	响应数 > 主体数	0
	控制组	0
药品类别	1	10
	2	10
	3	10
a. 由于组值超出范围，因此个案被拒绝		

表 10-13 收敛信息

	迭代次数	找到最佳解
PROBIT	10	是

表 10-14 给出了方程的参数估计值、标准误差、显著性等统计量。

- 药品 1 的方程：$p=3.548 \times g$（剂量）-5.948
- 药品 2 的方程：$p=3.548 \times g$（剂量）-6.227
- 药品 3 的方程：$p=3.548 \times g$（剂量）-6.416

表 10-14 参数估计值

参数			估算	标准误差	Z	显著性	95%置信区间	
							下限	上限
PROBIT[a]	剂量		3.548	.209	17.000	.000	3.139	3.957
	截距[b]	1	−5.948	.347	−17.136	.000	−6.295	−5.601
		2	−6.227	.350	−17.816	.000	−6.577	−5.878
		3	−6.416	.353	−18.190	.000	−6.769	−6.063

a. PROBIT 模型：PROBIT(p) = 截距 + BX（协变量 X 使用底数为 10.000 的对数进行转换）。
b. 对应于分组变量 药品类别

表 10-15 显示皮尔逊拟合优度检验的显著性为 0.555，大于 0.05，说明拟合度良好。平行检验的显著性为 0.155，大于 0.05，说明表示 3 种药品的方程的直线相互平行。

表 10-15 卡方检验

		卡方	自由度[b]	显著性
PROBIT	皮尔逊拟合优度检验	24.360	26	.555[a]
	平行检验	3.731	2	.155

a. 由于显著性水平大于 .150，因此在置信区间的计算中未使用任何异质性因子
b. 基于单个个案的统计与基于汇总个案的统计不同

从表 10-16 可以看出因素变量分组所得的实测值和期望值的数据。

表 10-16 单元格计数和残差

数字	药品类别	剂量	主体数	实测值	期望值	残差	概率
1	1	1.114	35	2	.804	1.196	.023
2	1	1.322	38	3	3.967	−.967	.104
3	1	1.362	40	4	5.282	−1.282	.132
4	1	1.398	42	5	6.783	−1.783	.162
5	1	1.519	39	8	11.215	−3.215	.288
6	1	1.602	38	11	15.043	−4.043	.396
7	1	1.708	33	19	17.949	1.051	.544
8	1	1.806	46	32	31.155	.845	.677
9	1	1.845	45	36	32.632	3.368	.725
10	1	1.875	48	41	36.453	4.547	.759

续表

数字	药品类别	剂量	主体数	实测值	期望值	残差	概率
11	2	1.176	37	1	.738	.262	.020
12	2	1.322	44	3	2.738	.262	.062
13	2	1.380	43	2	3.942	−1.942	.092
14	2	1.398	39	2	3.996	−1.996	.102
15	2	1.505	40	10	7.499	2.501	.187
16	2	1.591	42	15	11.766	3.234	.280
17	2	1.699	44	20	18.520	1.480	.421
18	2	1.820	33	17	17.479	−2.479	.590
19	2	1.851	36	20	22.801	−2.801	.633
20	2	1.875	38	27	25.257	1.743	.665
21	3	1.176	43	2	.535	1.465	.012
22	3	1.342	37	3	1.819	1.181	.049
23	3	1.398	48	5	3.488	1.512	.073
24	3	1.431	45	5	4.073	.927	.091
25	3	1.505	46	6	6.487	−.487	.141
26	3	1.580	45	8	7.391	−1.391	.209
27	3	1.699	33	10	11.516	−1.516	.349
28	3	1.813	52	23	26.335	−3.335	.506
29	3	1.845	46	24	25.385	−1.385	.552
30	3	1.875	35	22	20.774	1.226	.594

从表 10-17 可以看出 3 种药品各剂量致死概率及在 95%置信区间的上、下限值。

例如，从表 10-17 中查出 3 种药品的半数致死剂量分别为 47.477、56.914 和 64.323。

表 10-17 置信区间

	药品类别	概率	剂量的 95%置信区间			log(剂量)的 95%置信区间 [a]		
			估算	下限	上限	估算	下限	上限
PROBIT	1	.010	10.491	8.536	12.417	1.021	.931	1.094
		.020	12.521	10.394	14.595	1.098	1.017	1.164
		.030	14.008	11.773	16.178	1.146	1.071	1.209
		.040	15.242	12.927	17.484	1.183	1.112	1.243
		.050	16.326	13.946	18.627	1.213	1.144	1.270
		.060	17.309	14.874	19.662	1.238	1.172	1.294
		.070	18.219	15.737	20.619	1.261	1.197	1.314
		.080	19.075	16.550	21.517	1.280	1.219	1.333
		.090	19.888	17.325	22.371	1.299	1.239	1.350
		.100	20.667	18.068	23.188	1.315	1.257	1.365
		.150	24.231	21.477	26.929	1.384	1.332	1.430
		.200	27.496	24.605	30.372	1.439	1.391	1.482
		.250	30.646	27.614	33.716	1.486	1.441	1.528

续表

	药品类别	概率	剂量的95%置信区间			log(剂量)的95%置信区间 [a]		
			估算	下限	上限	估算	下限	上限
PROBIT	1	.300	33.782	30.593	37.076	1.529	1.486	1.569
		.350	36.973	33.603	40.532	1.568	1.526	1.608
		.400	40.279	36.693	44.156	1.605	1.565	1.645
		.450	43.759	39.912	48.020	1.641	1.601	1.681
		.500	47.477	43.313	52.203	1.676	1.637	1.718
		.550	51.512	46.958	56.805	1.712	1.672	1.754
		.600	55.962	50.931	61.954	1.748	1.707	1.792
		.650	60.967	55.340	67.827	1.785	1.743	1.831
		.700	66.726	60.349	74.686	1.824	1.781	1.873
		.750	73.552	66.205	82.940	1.867	1.821	1.919
		.800	81.979	73.330	93.293	1.914	1.865	1.970
		.850	93.027	82.528	107.109	1.969	1.917	2.030
		.900	109.068	95.646	127.585	2.038	1.981	2.106
		.910	113.340	99.099	133.113	2.054	1.996	2.124
		.920	118.171	102.985	139.398	2.073	2.013	2.144
		.930	123.721	107.428	146.662	2.092	2.031	2.166
		.940	130.229	112.608	155.235	2.115	2.052	2.191
		.950	138.069	118.810	165.641	2.140	2.075	2.219
		.960	147.885	126.521	178.780	2.170	2.102	2.252
		.970	160.915	136.670	196.399	2.207	2.136	2.293
		.980	180.030	151.400	222.585	2.255	2.180	2.347
		.990	214.871	177.834	271.234	2.332	2.250	2.433
	2	.010	12.576	10.401	14.707	1.100	1.017	1.168
		.020	15.009	12.655	17.301	1.176	1.102	1.238
		.030	16.792	14.324	19.190	1.225	1.156	1.283
		.040	18.272	15.719	20.752	1.262	1.196	1.317
		.050	19.571	16.948	22.122	1.292	1.229	1.345
		.060	20.749	18.067	23.363	1.317	1.257	1.369
		.070	21.841	19.105	24.512	1.339	1.281	1.389
		.080	22.866	20.082	25.593	1.359	1.303	1.408
		.090	23.841	21.011	26.621	1.377	1.322	1.425
		.100	24.775	21.902	27.606	1.394	1.340	1.441
		.150	29.047	25.976	32.134	1.463	1.415	1.507
		.200	32.961	29.692	36.324	1.518	1.473	1.560
		.250	36.738	33.250	40.413	1.565	1.522	1.607
		.300	40.496	36.758	44.536	1.607	1.565	1.649
		.350	44.322	40.290	48.789	1.647	1.605	1.688
		.400	48.285	43.908	53.257	1.684	1.643	1.726

续表

	药品类别	概率	剂量的95%置信区间			log(剂量)的95%置信区间[a]		
			估算	下限	上限	估算	下限	上限
PROBIT	2	.450	52.457	47.670	58.024	1.720	1.678	1.764
		.500	56.914	51.643	63.189	1.755	1.713	1.801
		.550	61.750	55.901	68.868	1.791	1.747	1.838
		.600	67.085	60.542	75.219	1.827	1.782	1.876
		.650	73.084	65.699	82.457	1.864	1.818	1.916
		.700	79.988	71.560	90.901	1.903	1.855	1.959
		.750	88.171	78.421	101.054	1.945	1.894	2.005
		.800	98.273	86.779	113.777	1.992	1.938	2.056
		.850	111.517	97.580	130.739	2.047	1.989	2.116
		.900	130.747	112.999	155.858	2.116	2.053	2.193
		.910	135.868	117.060	162.636	2.133	2.068	2.211
		.920	141.659	121.632	170.342	2.151	2.085	2.231
		.930	148.312	126.858	179.247	2.171	2.103	2.253
		.940	156.113	132.954	189.755	2.193	2.124	2.278
		.950	165.512	140.254	202.508	2.219	2.147	2.306
		.960	177.279	149.331	218.609	2.249	2.174	2.340
		.970	192.898	161.281	240.196	2.285	2.208	2.381
		.980	215.813	178.629	272.275	2.334	2.252	2.435
		.990	257.579	209.767	331.863	2.411	2.322	2.521
	3	.010	14.213	11.877	16.487	1.153	1.075	1.217
		.020	16.963	14.446	19.402	1.230	1.160	1.288
		.030	18.978	16.348	21.525	1.278	1.213	1.333
		.040	20.650	17.935	23.283	1.315	1.254	1.367
		.050	22.119	19.333	24.825	1.345	1.286	1.395
		.060	23.450	20.604	26.224	1.370	1.314	1.419
		.070	24.684	21.783	27.521	1.392	1.338	1.440
		.080	25.843	22.892	28.741	1.412	1.360	1.458
		.090	26.944	23.946	29.901	1.430	1.379	1.476
		.100	28.000	24.956	31.016	1.447	1.397	1.492
		.150	32.828	29.563	36.143	1.516	1.471	1.558
		.200	37.252	33.755	40.902	1.571	1.528	1.612
		.250	41.520	37.756	45.559	1.618	1.577	1.659
		.300	45.768	41.693	50.263	1.661	1.620	1.701
		.350	50.091	45.650	55.122	1.700	1.659	1.741
		.400	54.570	49.699	60.231	1.737	1.696	1.780
		.450	59.285	53.906	65.685	1.773	1.732	1.817
		.500	64.323	58.347	71.595	1.808	1.766	1.855
		.550	69.788	63.106	78.094	1.844	1.800	1.893

续表

药品类别		概率	剂量的95%置信区间			log(剂量)的95%置信区间[a]		
			估算	下限	上限	估算	下限	上限
PROBIT	3	.600	75.818	68.295	85.360	1.880	1.834	1.931
		.650	82.598	74.060	93.638	1.917	1.870	1.971
		.700	90.400	80.615	103.294	1.956	1.906	2.014
		.750	99.649	88.292	114.899	1.998	1.946	2.060
		.800	111.065	97.647	129.438	2.046	1.990	2.112
		.850	126.034	109.741	148.815	2.100	2.040	2.173
		.900	147.766	127.011	177.505	2.170	2.104	2.249
		.910	153.554	131.561	185.245	2.186	2.119	2.268
		.920	160.099	136.684	194.045	2.204	2.136	2.288
		.930	167.618	142.541	204.213	2.224	2.154	2.310
		.940	176.434	149.371	216.211	2.247	2.174	2.335
		.950	187.056	157.552	230.772	2.272	2.197	2.363
		.960	200.355	167.726	249.155	2.302	2.225	2.396
		.970	218.008	181.119	273.801	2.338	2.258	2.437
		.980	243.905	200.565	310.424	2.387	2.302	2.492
		.990	291.108	235.470	378.451	2.464	2.372	2.578

a. 对数底数=10

从表 10-18 可以看出各组相对中位数强度估计值，药品 1 与药品 2 的比值为 47.477/56.914≈0.834，药品 1 对药品 3 的比值为 47.477/64.323≈0.738，以此类推。

表 10-18　相对中位数强度估计值

	(I)药品类别	(J)药品类别	95%置信区间			进行对数转换情况后的95%置信区间[a]		
			估算	下限	上限	估算	下限	上限
PROBIT	1	2	.834	.727	.952	-.079	-.139	-.021
		3	.738	.640	.843	-.132	-.194	-.074
	2	1	1.199	1.050	1.376	.079	.021	.139
		3	.885	.771	1.011	-.053	-.113	.005
	3	2	1.130	.990	1.296	.053	-.005	.113
		1	1.355	1.186	1.563	.132	.074	.194

a. 对数底数 = 10

图 10-21 是 3 种药品剂量的对数值与概率值的散点图。可见，概率值与药品剂量的对数值呈明显的线性关系，说明对药品剂量进行以 10 为底的对数转换是比较合适的。如果散点图没有呈现明显的线性趋势，可以采取其他的转换方法，确保转换后的数据呈线性关系。

转换后概率响应

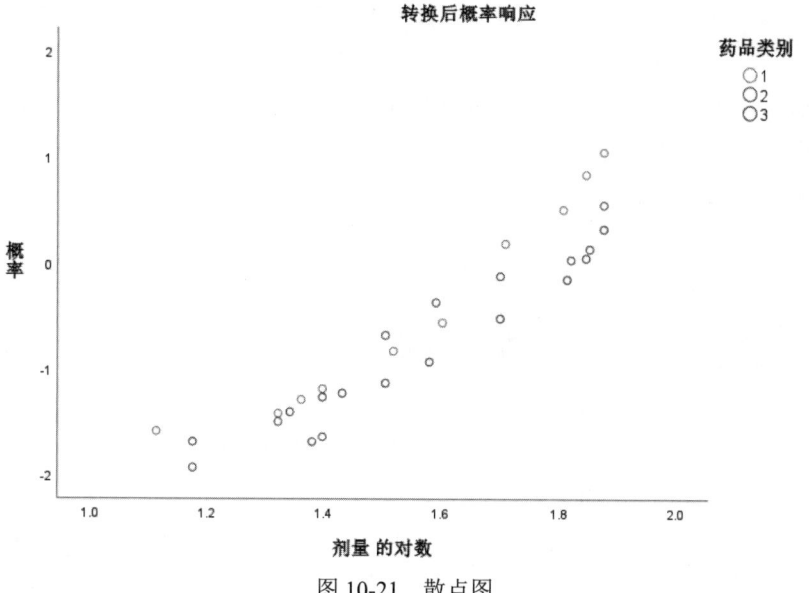

图 10-21 散点图

10.3 植物种植效果分析

在生物研究中,经常需要用到不同的方法培养动植物,并分析这些方法是否有效果或存在差异。本节主要分析苗木中是否施肥对苗木生长的影响,采用成对样本 T 检验的方法对数据进行分析。

在数据分析中,有些数据是成对出现的,是两个样本的一种特殊状态。成对样本 T 检验用于检验两配对总体的均值是否存在显著性差异。零假设:两个成对样本数据的均值不存在显著性差异。

数据文件	数据文件\Chapter10\data10-04.sav
视频文件	视频文件\Chapter10\成对样本 T 检验.avi

10.3.1 数据描述

实验过程中将苗木分成两组,一组施肥,另一组不施肥。本案例的数据文件为一个月后两组间苗高增长量的资料,如图 10-22 所示。现要求利用成对样本 T 检验的方法来检验两组之间苗高增长量是否存在差异。

	苗高增长量1组	苗高增长量2组
1	2.50	3.50
2	2.40	3.00
3	3.20	3.90
4	2.70	2.00
5	2.50	3.40
6	1.90	3.80
7	1.80	3.70
8	3.30	2.90
9	2.80	3.10
10	2.60	3.50

图 10-22 data10-04.sav 中的数据

10.3.2 SPSS 实现

(1) 打开数据文件 data10-04.sav,执行菜单栏中的"分析"→"比较均值"→"成对样本 T 检验"命令,弹出"成对样本 T 检验"对话框。

(2)在左侧变量列表中选中"不施肥"和"施肥"变量,单击 按钮,将其选入"配对变量"框中,如图 10-23 所示。

(3)单击"选项"按钮,弹出"成对样本 T 检验:选项"对话框,如图 10-24 所示,采用系统默认选项,单击"继续"按钮返回主对话框。

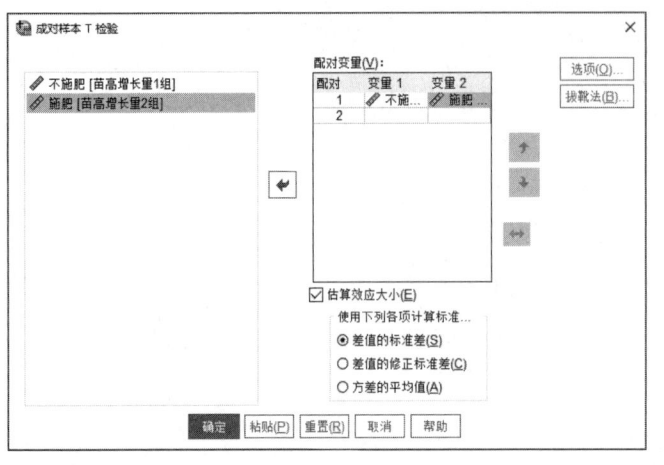

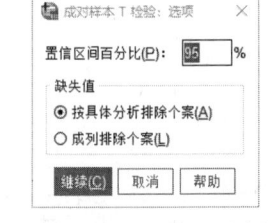

图 10-23 "成对样本 T 检验"对话框

图 10-24 "成对样本 T 检验:选项"对话框

(4)完成所有设置后,单击"确定"按钮执行命令,此时系统弹出成对样本统计、成对样本相关性、成对样本检验等分析结果。

10.3.3 结果分析

从表 10-19 可以看出,不施肥组苗高增长量平均值为 2.57,标准差为 0.48086,标准误差平均值为 0.15206,而施肥组苗高增长量平均值为 3.28,标准差为 0.56135,标准误差平均值为 0.17751。

表 10-19 成对样本统计

		均值	N	标准差	标准误差平均值
配对 1	不施肥	2.5700	10	.48086	.15206
	施肥	3.2800	10	.56135	.17751

从表 10-20 可以看出,成对变量之间的相关性不显著,因为显著性(双侧 P)为 0.395,大于 0.05。

表 10-20 成对样本相关性

		N	相关性	显著性	
				单侧 P	双侧 P
配对 1	不施肥 & 施肥	10	−.303	.197	.395

从表 10-21 可以看出，成对样本的均值存在显著性差异，因为显著性（双侧 P）为 0.026，小于 0.05，说明给苗木施肥，对苗木的生长具有一定的促进作用。

表 10-21　成对样本检验

		配对差值					t	自由度	显著性	
		均值	标准差	标准误差平均值	差值的 95%置信区间				单侧 P	双侧 P
					下限	上限				
配对 1	不施肥-施肥	-.71000	.84255	.26644	-1.31272	-.10728	-2.665	9	.013	.026

10.4　本章小结

本章着重介绍了正交实验分析、概率单位回归、成对样本 T 检验分析方法在生物研究领域中的应用，除此之外，重复测量方差分析、卡方检验等方法也常用于生物研究领域，SPSS 已成为该领域重要的分析工具。

10.5　综合练习

1. 数据文件 data10-01.sav 为研究甘油、微胶囊、干燥温度对抗拉强度、氧气透过率等影响的数据。现要求利用合适的分析方法分析以下内容：

（1）甘油、微胶囊、干燥温度对抗拉强度的影响；

（2）甘油、微胶囊、干燥温度对膜的断裂伸长率的影响；

（3）甘油、微胶囊、干燥温度对氧气透过率的影响；

（4）甘油、微胶囊、干燥温度对透明度的影响。

（数据存储于\Chapter10\data10-01.sav 文件中）

2. 数据文件 data10-05.sav 为研究不同分解基质、不同营养型真菌富集及不同采样时间下，某有机物的含水率、有机碳含量等的数据，请利用重复测量方差分析完成以下分析：

（1）分解基质、不同营养型真菌富集、采样时间对含水率、有机碳含量的影响；

（2）分解基质、不同营养型真菌富集、采样时间对氮、磷含量的影响。

（数据存储于\Chapter10\data10-05.sav 文件中）

3. 数据文件 data10-06.sav 为患者病情严重程度与血型的统计数据，现要求利用卡方检验的方法分析患者病情严重程度是否与血型有关。

（数据存储于\Chapter10\data10-06.sav 文件中）

第 11 章 其他领域应用

SPSS 作为一种统计软件，除了前文提到的领域，还在其他很多领域有着重要的应用，如进出口贸易、物流、股票及国债、环保、银行等领域。在物流领域，SPSS 可以用来评价物流发展水平等。

学习目标：

- 熟知曲线回归的操作与应用。
- 了解曲线回归模型。
- 熟练利用因子分析方法进行综合评价。
- 掌握综合评价的方法与运用。

数据文件	数据文件\Chapter11\data11-01.sav
视频文件	视频文件\Chapter11\曲线回归.avi

11.1 进出口领域应用

在我国，进出口贸易对国民经济增长起着极大的拉动作用，通过 SPSS 软件可以我国对外贸易基本情况进行各种分析，从而能够更好地了解我国对外贸易货物进出口总额，制定相应的政策。

11.1.1 数据描述

本案例的数据文件为 2017—2021 年某国的矿石进出口数据，如图 11-1 所示。现利用曲线回归的方法预测未来几年的矿石进出口情况，并建立一个合适的数学模型。

年份	集装箱到达	集装箱发送	矿石到达	矿石发送	煤焦运输量
2017	173846	6844	806425	7486	156172
2018	146346	11246	809460	9876	153772
2019	168242	248194	1079174	435652	200664
2020	216580	224214	1379112	538135	363076
2021	237650	268884	1306574	506442	396680

图 11-1　data11-01.sav 中的数据

11.1.2　SPSS 实现

（1）打开数据文件 data11-01.sav，执行菜单栏中的"分析"→"回归"→"曲线估算"命令，弹出"曲线估算"对话框，如图 11-2 所示，在左侧的变量列表中选中"集装箱发送"变量，单击按钮，将其选入"因变量"框，在"独立"栏中选中"时间"单选按钮，在"模型"栏中勾选"线性""二次""对数""指数""三次"复选框。

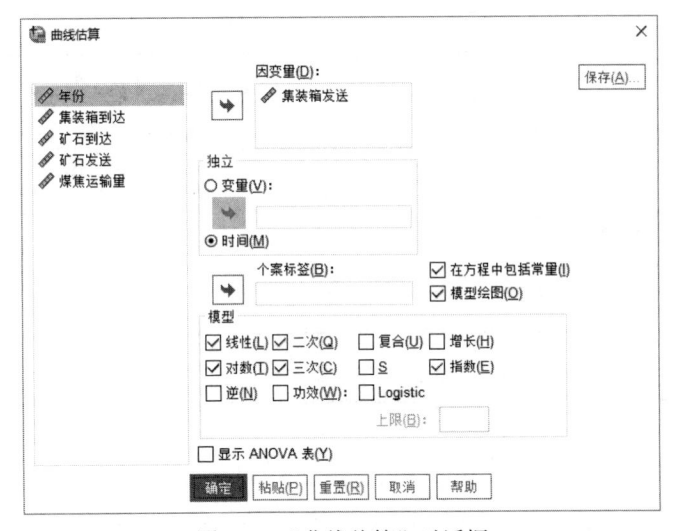

图 11-2　"曲线估算"对话框

（2）单击"保存"按钮，弹出"曲线估算：保存"对话框，如图 11-3 所示，在"保存变量"栏中勾选"预测值"复选框，在"预测个案"栏中选中"从估算期到最后一个个案的预测"单选按钮，完成后单击"继续"按钮返回主对话框。

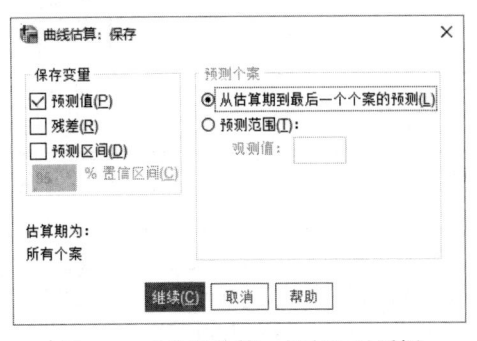

图 11-3　"曲线估算：保存"对话框

（3）完成所有设置后，单击"确定"按钮执行命令，此时会弹出模型描述、个案处理摘要、变量处理摘要等分析结果。

11.1.3 结果分析

表 11-1 给出了模型的一些描述性信息，包括模型名称、因变量等。

从表 11-2 和表 11-3 可以看出共有 5 个个案。

表 11-1 模型描述

模型名称		MOD_2
因变量	1	集装箱发送
方程	1	线性
	2	对数
	3	二次
	4	三次
	5	指数 [a]
自变量		个案序列
常量		包括
值用于在图中标注观测值的变量		未指定
有关在方程中输入项的容差		.0001

a. 此模型要求所有非缺失值均为正

表 11-2 个案处理摘要

总个案数	5
排除个案数 [a]	0
预测的个案数	0
新创建的个案数	0

a. 在分析中，将排除那些在任何变量中均具有缺失值的个案

表 11-3 变量处理摘要

项目		变量
		因变量
		集装箱到达
正值的数目		5
零的数目		0
负值的数目		0
缺失值的数目	用户缺失值	0
	系统缺失值	0

表 11-4 给出模型摘要和参数估算值，通过系数检验可以判断回归模型系数是否显著。由表 11-4 可以看出线性、对数、指数的回归系数都是显著的。

表 11-4 模型摘要和参数估算值

因变量：	集装箱发送								
方程	模型摘要					参数估算值			
	R^2	F	自由度 1	自由度 2	显著性	常量	b_1	b_2	b_3
线性	.787	11.096	1	3	.045	−69238.000	73704.800		
对数	.791	11.344	1	3	.043	−24117.091	183805.529		
二次	.821	4.582	2	2	.179	−159434.000	151015.657	−12885.143	
三次	.860	2.044	3	1	.465	70020.400	−171313.143	110036.857	−13658.000
指数	.792	11.405	1	3	.043	2922.894	1.033		

图 11-4 所示为各个模型的拟合曲线，图 11-5 所示为对应曲线的预测值，从中也可以看出线性模型相对于其他模型，拟合优度较好，选用线性模型拟合集装箱发送量的公式如下：

$$集装箱发送量 = 73704.8\, t - 69238$$

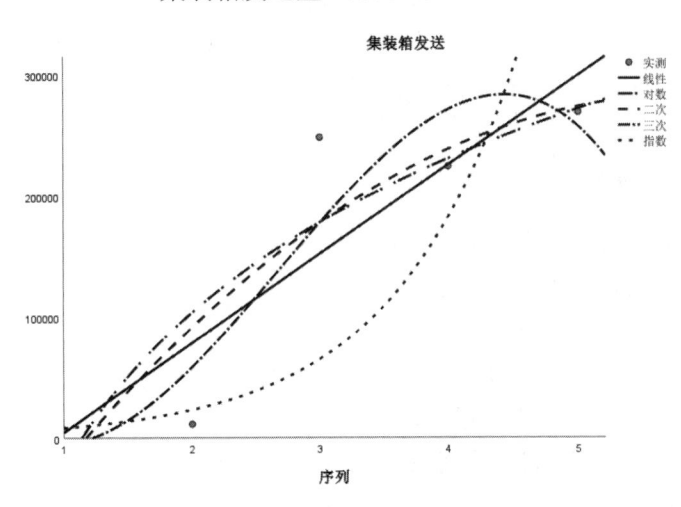

图 11-4 拟合曲线

年份	集装箱到达	集装箱发送	矿石到达	矿石发送	焦煤运输量	FIT_1	FIT_2	FIT_3	FIT_4	FIT_5
2017	173846	6844	806425	7486	156172	4466.80000	−24117.09067	−21303.48571	−4913.88571	8215.43371
2018	146346	11246	809460	9876	153772	78171.60000	103287.19367	91056.74286	58277.54286	23091.27707
2019	168242	248194	1079174	435652	200664	151876.40000	177813.92244	177646.68571	177646.68571	64903.09527
2020	216580	224214	1379112	538135	363076	225581.20000	230691.47801	238466.34286	271245.54286	182424.37444
2021	237650	268884	1306574	506442	396680	299286.00000	271706.49655	273515.71429	257126.11429	512743.68737

图 11-5 预测值

11.2 物流领域应用

物流业是经济社会运行的一个基础产业，不管生产还是流通，只要有物品流动就会涉及物流问题。物流业纵贯商品生产、流通和消费各个环节，横跨国民经济各个产业，是各个产业本身、产业与产业之间的重要支撑和联系纽带。物流业的发展水平是衡量一个国家和地区综合竞争力的重要标志。

数据文件	数据文件\Chapter11\data11-02.sav
视频文件	视频文件\Chapter11\主成分分析.avi

11.2.1 数据描述

本案例的数据文件 data11-02.sav 为某省的物流发展水平的相关数据，如图 11-6 所示，包括货物周转量、货运量、城区生产总值、进出口贸易总值等 8 项指标，下面以货物周转量为因变量，另外 7 项指标为自变量，进行回归分析。

年份	a1	a2	a3	a4	a5	a6	a7	a8
2004	14012600	37279	2206.02	2062.03	56200	1355160	426.76	1899.10
2005	15761200	40400	2551.41	2351.72	58300	1674278	519.76	2344.73
2006	19043600	44304	3022.83	2717.62	86600	2146411	633.04	3115.08
2007	20837200	50500	3770.00	3212.34	86900	2743122	787.79	4321.74
2008	24014100	57254	4346.40	3866.69	88600	3168353	883.43	5301.69
2009	24774600	58231	5048.49	4481.00	89500	3226865	995.77	6362.03
2010	29835200	66159	5850.62	5310.03	91000	4384049	1194.20	8273.42
2011	34041100	75272	6878.74	6276.17	92300	6324439	513.50	10119.47
2012	38777300	84417	7737.13	7256.54	94700	6756271	594.90	12709.66
2013	39437700	96718	8664.66	8275.35	99500	7498267	667.54	15526.87
2014	47834800	111779	9525.60	9346.74	101200	8108668	857.49	18449.48

图 11-6　data11-02.sav 中的部分数据

11.2.2　SPSS 实现

（1）打开数据文件 data11-02.sav，进行多元线性回归分析，会发现多个自变量间存在明显的共线性问题，说明不适合使用多元线性回归法进行分析。进行主成分分析之前，将各个变量数据进行标准化处理。

（2）执行菜单栏中的"分析"→"降维"→"因子分析"命令，弹出"因子分析"对话框，如图 11-7 所示，选中货运量、城区生产总值、社会消费零售总额、等级公路通车里程、进出口贸易总值、邮电业务总量、固定资产投资这 7 个变量，单击 ➡ 按钮，将其选入"变量"框中。

（3）单击"描述"按钮，弹出"因子分析：描述"对话框，如图 11-8 所示。勾选如下复选框：单变量描述、初始解、系数、显著性水平、KMO 和巴特利特球形度检验。单击"继续"按钮返回主对话框。

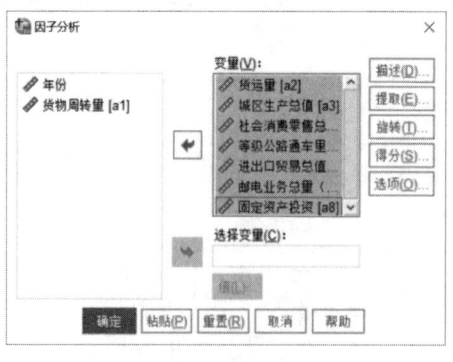

图 11-7　"因子分析"对话框　　　　图 11-8　"因子分析：描述"对话框

（4）单击"提取"按钮，弹出"因子分析：提取"对话框，如图 11-9 所示，保留默认值。单击"继续"按钮返回主对话框。

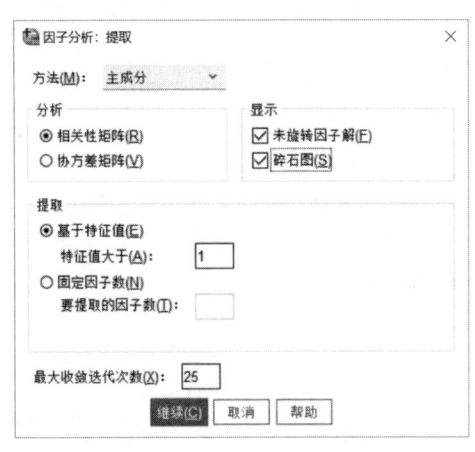

图 11-9 "因子分析：提取"对话框

（5）单击"得分"按钮，弹出"因子分析：因子得分"对话框，如图 11-10 所示，勾选"保存为变量""显示因子得分系数矩阵"复选框。单击"继续"按钮返回主对话框。

（6）单击"选项"按钮，弹出"因子分析：选项"对话框，如图 11-11 所示，勾选"按大小排序"复选框。单击"继续"按钮返回主对话框。

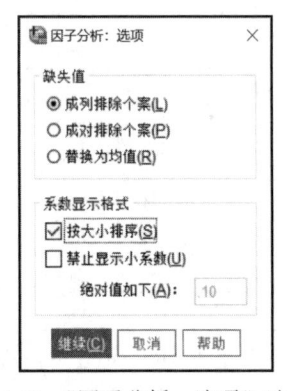

图 11-10 "因子分析：因子得分"对话框　　图 11-11 "因子分析：选项"对话框

（7）完成所有设置后，单击"确定"按钮执行命令，此时会弹出描述统计、相关性矩阵、KMO 和巴特利特球形度检验等分析结果。

11.2.3 结果分析

表 11-5 给出 8 个初始变量的描述统计量，包括平均值、标准差和分析个案数。

表 11-5 描述统计

	平均值	标准差	分析个案数
货运量	65664.82	24065.182	11

续表

	平均值	标准差	分析个案数
城区生产总值	5418.3545	2517.62237	11
社会消费零售总额	5014.2027	2490.78989	11
等级公路通车里程	85890.91	14930.000	11
进出口贸易总值	4307807.55	2448130.612	11
邮电业务总量	734.0164	233.16392	11
固定资产投资	8038.4791	5559.99864	11

表 11-6 是初始变量的相关性矩阵表。从相关性矩阵中可以看出多个变量间的相关系数较大，且对应的显著性普遍较小，说明这些变量之间存在显著的相关性，进而说明有进行因子分析的必要。

表 11-6 相关性矩阵

		货运量	城区生产总值	社会消费零售总额	等级公路通车里程	进出口贸易总值	邮电业务总量	固定资产投资
相关性	货运量	1.000	.989	.995	.784	.980	.203	.998
	城区生产总值	.989	1.000	.998	.814	.990	.229	.990
	社会消费零售总额	.995	.998	1.000	.787	.989	.201	.997
	等级公路通车里程	.784	.814	.787	1.000	.784	.490	.766
	进出口贸易总值	.980	.990	.989	.784	1.000	.116	.982
	邮电业务总量	.203	.229	.201	.490	.116	1.000	.181
	固定资产投资	.998	.990	.997	.766	.982	.181	1.000
显著性（单尾）	货运量		<.001	<.001	.002	<.001	.274	<.001
	城区生产总值	.000		.000	.001	.000	.249	.000
	社会消费零售总额	.000	.000		.002	.000	.277	.000
	等级公路通车里程	.002	.001	.002		.002	.063	.003
	进出口贸易总值	.000	.000	.000	.002		.368	.000
	邮电业务总量	.274	.249	.277	.063	.368		.297
	固定资产投资	.000	.000	.000	.003	.000	.297	

表 11-7 是 KMO 和巴特利特球形度检验表。KMO 检验用于研究变量之间的偏相关性，计算偏相关系数时由于控制了其他因素的影响，所以计算得到的偏相关系数会比简单相关系数小。一般认为 KMO 统计量大于 0.9 时效果最好，0.7 以上可以接受，0.5 以下则不宜做因子分析，本案例中的 KMO 统计量为 0.766，可以接受。而本案例中的巴特利特球形度检验的显著性为 0.000，小于 0.01，由此可知各变量间显著相关，即否定相关矩阵为单位阵的零假设。

表 11-7 KMO 和巴特利特球形度检验

KMO 取样适切性量数		.766
巴特利特球形度检验	近似卡方	171.343
	自由度	21
	显著性	.000

表 11-8 为公共因子方差表,给出的是初始变量的共同度,其是衡量公共因子相对重要性的指标。"提取"列即为变量共同度的取值,共同度取值区间为[0,1]。如货运量的共同度为 0.987,可以理解为提取的两个公共因子对货运量变量的方差贡献率为 98.7%。

表 11-8 公共因子方差

	初始	提取
货运量	1.000	.987
城区生产总值	1.000	.995
社会消费零售总额	1.000	.994
等级公路通车里程	1.000	.845
进出口贸易总值	1.000	.992
邮电业务总量	1.000	.971
固定资产投资	1.000	.986
提取方法:主成分分析法		

表 11-9 为总方差解释表,给出了每个公共因子所解释的方差及累计和。从"初始特征值"栏中可以看出,前两个公共因子解释的累计方差达 96.698%,而后面的公共因子的特征值较小,对解释原有变量的贡献越来越小,因此提取两个公共因子是合适的。

"提取载荷平方和"栏中为在未旋转时提取的两个公共因子的方差贡献信息,其与"初始特征值"栏的前两行取值一样。

表 11-9 总方差解释

成分	初始特征值			提取载荷平方和		
	总计	方差百分比(%)	累计(%)	总计	方差百分比(%)	累计(%)
1	5.700	81.425	81.425	5.700	81.425	81.425
2	1.069	15.272	96.698	1.069	15.272	96.698
3	.208	2.967	99.665			
4	.019	.274	99.939			
5	.003	.046	99.985			
6	.001	.013	99.997			
7	.000	.003	100.000			
提取方法:主成分分析法						

表 11-10 的"成分矩阵"是未经旋转的因子载荷矩阵。由此可得最终的主成分计算公式(第一种计算主成分的方法):

$$F_1 = (0.989x_1 + 0.995x_2 + 0.992x_3 + 0.857x_4 + 0.981x_5 \\ + 0.285x_6 + 0.985x_7)/\sqrt{5.700}$$
$$= 0.414x_1 + 0.416x_2 + 0.415x_3 + 0.359x_4 + 0.410x_5 + 0.119x_6 + 0.413x_7$$
$$F_2 = (-0.097x_1 - 0.066x_2 - 0.100x_3 + 0.332x_4 - 0.174x_5 + 0.943x_6 - 0.123x_7)/\sqrt{1.069}$$
$$= -0.094x_1 - 0.064x_2 - 0.097x_3 + 0.321x_4 - 0.168x_5 + 0.912x_6 - 0.119x_7$$

表 11-10　成分矩阵 a

	成分	
	1	2
货运量	.989	-.097
城区生产总值	.995	-.066
社会消费零售总额	.992	-.100
等级公路通车里程	.857	.332
进出口贸易总值	.981	-.174
邮电业务总量	.285	.943
固定资产投资	.985	-.123

提取方法：主成分分析法

a. 提取了 2 个成分

图 11-12 给出两个未旋转因子得分：FAC1_1 和 FAC2_1。通过这两个未旋转的主成分得分可以得到两个主成分的计算公式（第二种计算主成分的方法）：

$$F_1 = \text{FAC1\_1} \times \text{SQRT}(5.700)$$

$$F_2 = \text{FAC1\_2} \times \text{SQRT}(1.069)$$

年份	a1	a2	a3	a4	a5	a6	a7	a8	FAC1_1	FAC2_1
2004	14012600	37279	2206.02	2062.03	56200	1355160	426.76	1899.10	-1.39696	-1.15900
2005	15761200	40400	2551.41	2351.72	58300	1674278	519.76	2344.73	-1.25290	-.82501
2006	19043600	44304	3022.83	2717.62	86600	2146614	633.04	3115.08	-.79998	.10408
2007	20837200	50500	3770.00	3212.34	86900	2743122	787.79	4321.74	-.55330	.57099
2008	24014100	57254	4346.40	3866.69	88600	3168353	883.43	5301.69	-.32095	.85540
2009	24774600	58231	5048.49	4481.00	89500	3226865	995.77	6362.03	-.15207	1.22931
2010	29835200	66159	5850.62	5310.03	91000	4384049	1194.20	8273.42	.21701	1.81417
2011	34041100	75272	6878.74	6276.17	92300	6324439	513.50	10119.47	.48237	-.99806
2012	38777300	84417	7737.13	7256.54	94700	6756271	594.90	12709.66	.82881	-.81507
2013	39437700	96718	8664.66	8275.35	99500	7498267	667.54	15526.87	1.25663	-.65574
2014	47834800	111779	9525.60	9346.74	101200	8108668	857.49	18449.48	1.69135	-.12106

图 11-12　因子得分

表 11-11 给出由第一种计算方法得到的主成分。

表 11-11　成分得分系数矩阵

年份	F_1	F_2
2004	-3.33227	-1.19864
2005	-2.98874	-0.85342
2006	-1.90812	0.107752
2007	-1.31988	0.590262
2008	-0.76573	0.884224
2009	-0.36302	1.270688
2010	0.517155	1.875114
2011	1.150723	-1.03146
2012	1.9772	-0.84226
2013	2.997844	-0.67745
2014	4.034853	-0.1248

利用标准化后的因变量（货物周转量），以主成分 F_1 和 F_2 为自变量进行线性回归

分析。

表 11-12 给出模型摘要，调整后的 R^2 为 0.986，说明拟合度非常好。

表 11-12　模型摘要[a,b]

模型	R	R^2	调整后的 R^2	估算的标准误差	德宾-沃森
1	.995[a]	.989	.986	.11657682	2.986

a. 预测变量：(常量), F_2, F_1
b. 因变量：货物周转量

表 11-13 给出方差分析结果，$F=363.913$、$P=0.000$，说明回归模型有意义。

表 11-13　ANOVA[a]

模型		平方和	自由度	均方	F	显著性
1	回归	9.891	2	4.946	363.913	.000[b]
	残差	.109	8	.014		
	总计	10.000	10			

a. 因变量：货物周转量
b. 预测变量：(常量), F_2, F_1

表 11-14 给出回归系数结果，可以看出 F_1、F_2 的回归系数都是显著的，且 VIF 远小于 10，说明不存在共线性问题。回归方程如下：

$$货物周转量 = 0.416F_1 - 0.066F_2 + 2.745 \times 10^{-9}$$

将由第一种方法得到的 F_1 和 F_2 的计算公式代入之后得到最终模型

$$\begin{aligned}
y &= 0.416F_1 - 0.066F_2 + 2.745 \times 10^{-9} \\
&= 0.416 \times (0.414x_1 + 0.416x_2 + 0.415x_3 + 0.359x_4 + 0.410x_5 + 0.119x_6 + 0.413x_7) - 0.066 \times \\
&\quad (-0.094x_1 - 0.064x_2 - 0.097x_3 + 0.321x_4 - 0.168x_5 + 0.912x_6 - 0.119x_7) + 2.745 \times 10^{-9} \\
&= 0.178x_1 + 0.178x_2 + 0.179x_3 + 0.128x_4 + 0.182x_5 - 0.011x_6 + 0.180x_7 + 2.745 \times 10^{-9}
\end{aligned}$$

表 11-14　系数[a]

模型		未标准化系数		标准化系数	t	显著性	共线性统计	
		B	标准误差	Beta			容差	VIF
1	(常量)	2.745E-9	.035		.000	1.000		
	F_1	.416	.015	.992	26.914	.000	1.000	1.000
	F_2	-.066	.036	-.069	-1.862	.005	1.000	1.000

a. 因变量：货物周转量

11.3　国债市场应用

国债是国家以其信用为基础，通过借款或发行有价证券等方式向社会筹集资金的信用行为。国债在现代经济中的功能可以概括为 4 个方面：弥补财政赤字、筹集建设资金、调控宏观经济运行、公开市场业务操作。近年来，我国大量发行国债，拉动需求，刺激经济增长，对我国宏观经济的稳定起了重要作用。

数据文件	数据文件\Chapter11\data11-03.sav
视频文件	视频文件\Chapter11\国债收益率.avi

11.3.1 数据描述

本案例的数据文件为 3 个月、6 个月、1 年、3 年、5 年、7 年、10 年、30 年的国债本期收益率与前一期收益率的差值，并已提前对国债收益率的数据进行了标准化处理，如图 11-13 所示，现要求利用因子分析研究不同期限的国债收益率的关系。

序号	日期	Z@3个月	Z@6个月	Z@1年	Z@3年	Z@5年	Z@7年	Z@10年	Z@30年
1	2021/01/05	-.74243	-.35612	-.77872	-1.59439	-2.33876	-2.09166	-2.86985	-2.94018
2	2021/01/06	-1.56508	-2.39389	-2.06470	-2.04917	-.54132	-1.65603	-.24985	-.05892
3	2021/01/07	-.19941	-.62261	-1.84044	-.93172	-.34636	-.77301	.05152	.15759
4	2021/01/08	-1.42526	-.91668	.05524	.44993	1.08969	1.43455	1.28157	1.59822
5	2021/01/11	-.29534	-1.09587	.35308	.80942	1.05165	1.14021	1.13396	1.18186
6	2021/01/12	.49643	.35377	-1.00648	-1.83694	-1.04536	-1.20863	-1.02478	-.66681
7	2021/01/13	-.27908	-1.05682	-1.47252	-2.20076	-2.16282	-2.07399	-1.79356	-1.49122
8	2021/01/14	-.42865	-.79721	1.77571	1.49808	-.12762	-.99082	-.55121	-.89165
9	2021/01/15	.05258	.56283	1.59000	2.53757	3.30083	3.40663	2.81298	3.03886
10	2021/01/18	.83947	1.41516	2.35738	2.43795	2.15960	1.70534	.97405	.75716
11	2021/01/19	2.16612	1.10042	1.31318	-.58089	-.65544	-.76123	-.24985	-.05059
12	2021/01/20	.37774	.16768	-.50190	-1.04866	-1.59696	-.53754	.05767	-.70845
13	2021/01/21	-.26445	-.38828	-.73317	-1.72433	-1.56843	-1.50886	-1.63980	-1.27471
14	2021/01/22	.04933	-.39977	.23044	.26369	.66173	-.50222	-.87102	-.20048

图 11-13 data11-03.sav 中的数据

11.3.2 SPSS 实现

（1）打开数据文件 data11-03.sav，执行菜单栏中的"分析"→"降维"→"因子"命令，弹出"因子分析"对话框，如图 11-14 所示，选中 3 个月、6 个月、1 年、3 年、5 年、7 年、10 年、30 年的国债收益率这 8 个变量，单击 按钮，将其选入"变量"框中。

（2）单击"描述"按钮，弹出"因子分析：描述"对话框，如图 11-15 所示，勾选以下复选框：系数、显著性水平、KMO 和巴特利特球形度检验。单击"继续"按钮返回主对话框。

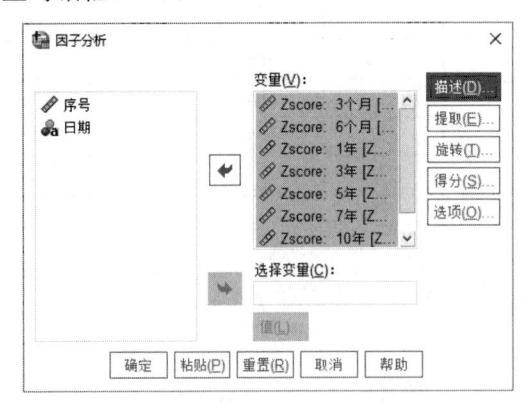

图 11-14 "因子分析"对话框 图 11-15 "因子分析：描述"对话框

（3）单击"提取"按钮，弹出"因子分析：提取"对话框，如图 11-16 所示，勾选"未旋转因子解"复选框；在"提取"栏中选中"基于特征值"单选按钮，在"特征值大于"输入框中输入 1，其余设置保留默认值。单击"继续"按钮返回主对话框。

（4）单击"旋转"按钮，弹出"因子分析：旋转"对话框，如图 11-17 所示，选中"最大方差法"单选按钮。单击"继续"按钮返回主对话框。

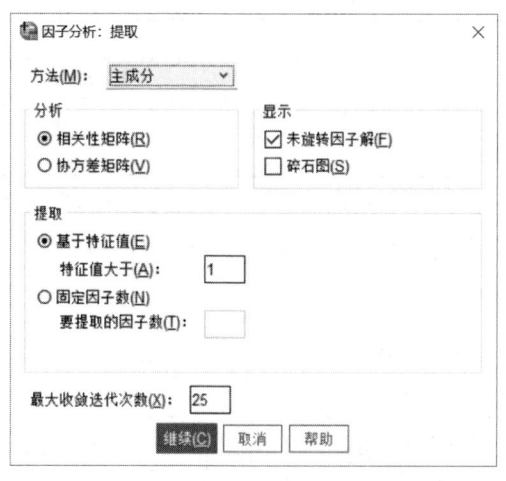

图 11-16 "因子分析：提取"对话框

图 11-17 "因子分析：旋转"对话框

（5）单击"得分"按钮，弹出"因子分析：因子得分"对话框，如图 11-18 所示，勾选"保存为变量""显示因子得分系数矩阵"复选框，单击"继续"按钮返回主对话框。

（6）单击"选项"按钮，弹出"因子分析：选项"对话框，如图 11-19 所示，勾选"按大小排序"复选框，单击"继续"按钮返回主对话框。

（7）完成所有设置后，单击"确定"按钮执行命令，此时会弹出 KMO 和巴特利特球形度检验等分析结果。

图 11-18 "因子分析：因子得分"对话框

图 11-19 "因子分析：选项"对话框

11.3.3 结果分析

表 11-15 是 KMO 和巴特利特球形度检验表。KMO 检验用于研究变量之间的偏相关

性，计算偏相关系数时由于控制了其他因素的影响，所以计算得到的偏相关系数会比简单相关系数小。本案例中的 KMO 统计量为 0.861，可以接受。而本案例中的巴特利特球形度检验的显著性小于 0.05，由此可知各变量间显著相关，即否定相关矩阵为单位阵的零假设，即可以进行因子分析。

表 11-15　KMO 和巴特利特球形度检验

KMO 取样适切性量数		.861
巴特利特球形度检验	近似卡方	810.710
	自由度	28
	显著性	<.001

表 11-16 为总方差解释表，给出了每个公共因子所解释的方差及累计和。本案例设置的是提取特征值大于 1 的公共因子，共提取两个公共因子，累计解释率为 85.497%，累计解释率满足要求，可以继续进行后续分析。

表 11-16　总方差解释

成分	初始特征值			提取载荷平方和			旋转载荷平方和		
	总计	方差百分比(%)	累计(%)	总计	方差百分比(%)	累计(%)	总计	方差百分比(%)	累计(%)
1	5.233	65.415	65.415	5.233	65.415	65.415	4.457	55.713	55.713
2	1.607	20.082	85.497	1.607	20.082	85.497	2.383	29.783	85.497
3	.494	6.178	91.675						
4	.236	2.952	94.626						
5	.154	1.927	96.553						
6	.127	1.582	98.135						
7	.083	1.039	99.174						
8	.066	.826	100.000						

提取方法：主成分分析法

表 11-17 的"成分矩阵"是未经旋转的因子载荷矩阵，表 11-18 的"旋转后的成分矩阵"是经过旋转的因子载荷矩阵。观察这两个表格可以发现，旋转后的每个公共因子上的载荷分配更清晰了，因而比未旋转时更容易解释各公共因子的意义。

因子载荷是变量与公共因子的相关系数，某变量在某公共因子中的载荷绝对值越大，表明该变量与该公共因子的关系越密切，即该公共因子越能代表该变量。

由此可知，本案例中的第 1 个公共因子更能代表 3 年、5 年、7 年、10 年、30 年这 5 个期限的国债收益率；第 2 个公共因子更能代表 3 个月、6 个月、1 年这 3 个期限的国债收益率。

表 11-17　成分矩阵 [a]

	成分	
	1	2
Zscore:　3 个月	.421	.811

续表

	成分	
	1	2
Zscore: 6 个月	.616	.680
Zscore: 1 年	.781	.357
Zscore: 3 年	.903	.019
Zscore: 5 年	.933	−.223
Zscore: 7 年	.921	−.264
Zscore: 10 年	.903	−.323
Zscore: 30 年	.848	−.368
提取方法：主成分分析法		
a. 提取了 2 个成分		

表 11-18　旋转后的成分矩阵 [a]

	成分	
	1	2
Zscore: 3 个月	−.002	.914
Zscore: 6 个月	.232	.887
Zscore: 1 年	.527	.677
Zscore: 3 年	.792	.434
Zscore: 5 年	.930	.233
Zscore: 7 年	.938	.191
Zscore: 10 年	.950	.132
Zscore: 30 年	.922	.066
提取方法：主成分分析法。		
旋转方法：凯撒正态化最大方差法		
a. 旋转在 3 次迭代后已收敛		

11.4　环境指标排序应用

　　环境指标是为评价环境质量而针对环境要素设定的衡量标准。环境指标的研究是伴随着 20 世纪中叶环境问题的日益突出开始的，当时对于环境指标的研究多集中在环境污染上。如今环境指标的范畴越来越广泛，已拓展到社会生活的方方面面。

数据文件	数据文件\Chapter11\data11-04.sav
视频文件	视频文件\Chapter11\环境保护.avi

11.4.1　数据描述

　　本案例的数据文件为 8 位专家对环保指标打分的数据，如图 11-20 所示，现要求对这些环境指标的重要性进行排序。

序号	指标层	A1	A2	A3	A4	A5	A6	A7	A8
1	综合物种指数	4	3	4	4	4	3	3	4
2	乡土物种比例	4	4	4	2	2	4	4	4
3	生境质量指数	4	2	4	4	3	2	2	3
4	植物群落丰富度	4	4	4	2	4	4	4	4
5	吸尘带尘量	4	4	4	3	3	3	3	3
6	空气质量优良率	4	4	4	4	4	4	4	4
7	PM2.5浓度下降幅度	4	4	4	4	4	1	4	4
8	环境噪声达标区覆盖率	4	1	4	4	3	3	3	4
9	热岛效应强度	4	3	4	4	2	3	4	4
10	土壤保持量	3	2	3	4	4	4	4	4
11	地表植被覆盖程度	4	4	4	4	4	3	4	4
12	水源涵养量	4	3	4	4	4	4	4	4
13	水质达到或优于III类比例	3	4	4	4	4	2	4	4
14	碳汇量	1	4	0	4	4	4	3	1

图 11-20　data11-04 中的数据

11.4.2　SPSS 实现

（1）打开数据文件 data11-04.sav，执行菜单栏中的"分析"→"降维"→"因子"命令，弹出"因子分析"对话框，如图 11-21 所示。选中 A1～A8 这 6 个变量，单击 ⇨ 按钮，将其选入"变量"框中。

（2）单击"描述"按钮，弹出"因子分析：描述"对话框，如图 11-22 所示，勾选如下复选框：单变量描述、系数、显著性水平、KMO 和巴特利特球形度检验。单击"继续"按钮返回主对话框。

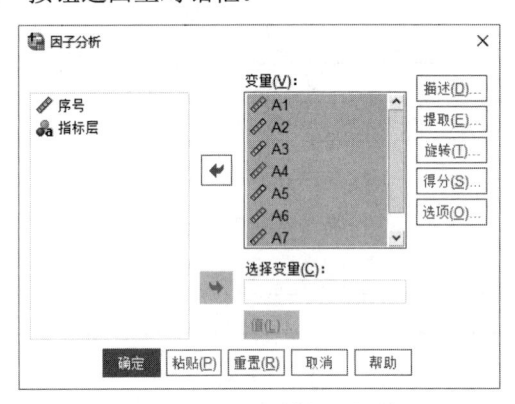

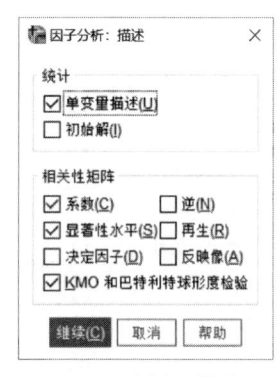

图 11-21　"因子分析"对话框　　　　图 11-22　"因子分析：描述"对话框

（3）单击"提取"按钮，弹出"因子分析：提取"对话框，如图 11-23 所示，勾选"碎石图"复选框；在"提取"栏中选中"基于特征值"单选按钮，在"特征值大于"输入框中输入 1，其余设置保留默认值。单击"继续"按钮返回主对话框。

（4）单击"旋转"按钮，弹出"因子分析：旋转"对话框，如图 11-24 所示，选中"最大方差法"单选按钮；勾选"旋转后的解"复选框。单击"继续"按钮返回主对话框。

（5）单击"得分"按钮，弹出"因子分析：因子得分"对话框，如图 11-25 所示，勾选"保存为变量""显示因子得分系数矩阵"复选框，单击"继续"按钮返回主对话框。

（6）单击"选项"按钮，弹出"因子分析：选项"对话框，如图 11-26 所示，勾选"按大小排序"复选框，单击"继续"按钮返回主对话框。

（7）完成所有设置后，单击"确定"按钮执行命令。

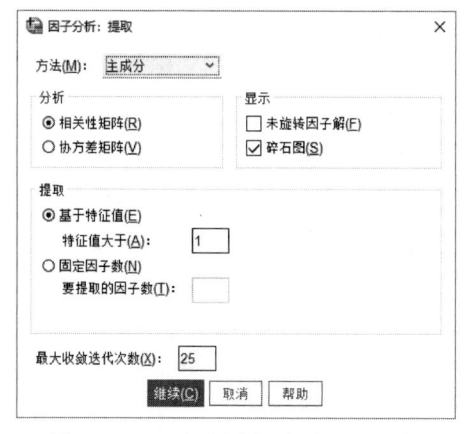

图 11-23 "因子分析：提取"对话框

图 11-24 "因子分析：旋转"对话框

图 11-25 "因子分析：因子得分"对话框

图 11-26 "因子分析：选项"对话框

11.4.3 结果分析

表 11-19 给出 8 位专家评分的描述统计量，包括平均值、标准差和分析个案数。

表 11-19 描述统计

	平均值	标准差	分析个案数
A1	3.64	.842	14
A2	3.00	1.109	14
A3	3.64	1.082	14
A4	3.43	1.016	14
A5	3.36	.745	14
A6	3.00	.877	14
A7	3.14	.864	14
A8	3.00	.961	14

表 11-20 是初始变量的相关性矩阵表。从相关系数矩阵中可以看出多个变量间的相关系数较大，且对应的显著性普遍较小，说明这些变量之间存在显著的相关性，例如 A1 与 A3 有显著的相关性（显著性小于 0.05），进而说明有进行因子分析的必要。

表 11-20 相关性矩阵

		A1	A2	A3	A4	A5	A6	A7	A8
相关性	A1	1.000	-.165	.947	-.257	-.272	-.313	.075	.666
	A2	-.165	1.000	-.192	-.546	.186	.158	.481	.000
	A3	.947	-.192	1.000	-.200	-.307	-.243	.141	.666
	A4	-.257	-.546	-.200	1.000	-.015	-.173	-.513	-.315
	A5	-.272	.186	-.307	-.015	1.000	-.235	-.085	-.537
	A6	-.313	.158	-.243	-.173	-.235	1.000	.101	.183
	A7	.075	.481	.141	-.513	-.085	.101	1.000	.093
	A8	.666	.000	.666	-.315	-.537	.183	.093	1.000
显著性（单尾）	A1		.287	<.001	.188	.174	.138	.399	.005
	A2	.287		.255	.022	.262	.295	.041	.500
	A3	.000	.255		.247	.143	.201	.315	.005
	A4	.188	.022	.247		.480	.278	.030	.136
	A5	.174	.262	.143	.480		.209	.386	.024
	A6	.138	.295	.201	.278	.209		.365	.266
	A7	.399	.041	.315	.030	.386	.365		.376
	A8	.005	.500	.005	.136	.024	.266	.376	

表 11-21 是 KMO 和巴特利特球形度检验表。KMO 检验用于研究变量之间的偏相关性，计算偏相关系数时由于控制了其他因素的影响，所以计算得到的偏相关系数会比简单相关系数小。本案例中的 KMO 统计量为 0.590，还算可以接受。

而本案例中的巴特利特球形度检验的显著性为 0.009，小于 0.01，由此可知各变量间显著相关，即否定相关矩阵为单位阵的零假设。

表 11-21 KMO 和巴特利特球形度检验

KMO 取样适切性量数		.590
巴特利特球形度检验	近似卡方	48.884
	自由度	28
	显著性	.009

表 11-22 为公共因子方差表，给出的是初始变量的共同度，其是衡量公共因子相对重要性的指标。"提取"列即为变量共同度的取值，共同度取值区间为[0,1]。如 A1 的共同度为 0.950，可以理解为提取的公共因子对 A1 变量的方差贡献率为 95.0%。

表 11-22 公共因子方差

	初始	提取
A1	1.000	.950
A2	1.000	.754
A3	1.000	.923
A4	1.000	.758
A5	1.000	.713

续表

	初始	提取
A6	1.000	.805
A7	1.000	.611
A8	1.000	.825

提取方法：主成分分析法

表 11-23 为总方差解释表，给出了每个公共因子所解释的方差及累计和。从"初始特征值"栏中可以看出，前 3 个公共因子解释的累计方差达 79.235%，而后面的公共因子的特征值较小，对解释原有变量的贡献越来越小，因此提取 3 个公共因子是合适的。

表 11-23 总方差解释

成分	初始特征值			提取载荷平方和			旋转载荷平方和		
	总计	方差百分比（%）	累计（%）	总计	方差百分比（%）	累计（%）	总计	方差百分比（%）	累计（%）
1	2.905	36.307	36.307	2.905	36.307	36.307	2.795	34.936	34.936
2	2.083	26.033	62.340	2.083	26.033	62.340	2.083	26.040	60.976
3	1.352	16.895	79.235	1.352	16.895	79.235	1.461	18.259	79.235
4	.656	8.199	87.435						
5	.449	5.614	93.049						
6	.333	4.158	97.206						
7	.184	2.300	99.506						
8	.040	.494	100.000						

提取方法：主成分分析法

"提取载荷平方和"栏中为在未旋转时提取的 3 个公共因子的方差贡献信息，其与"初始特征值"栏的前 3 行取值一样。"旋转载荷平方和"栏中为旋转后得到的新公共因子的方差贡献信息，和未旋转的方差贡献信息相比，每个公共因子的方差贡献率有变化，但最终的累计方差贡献率不变。

图 11-27 是关于初始特征值（方差贡献率）的碎石图。结合表 11-23，第 4 个特征值小于 1，故而选取 3 个公共因子是比较合适的。

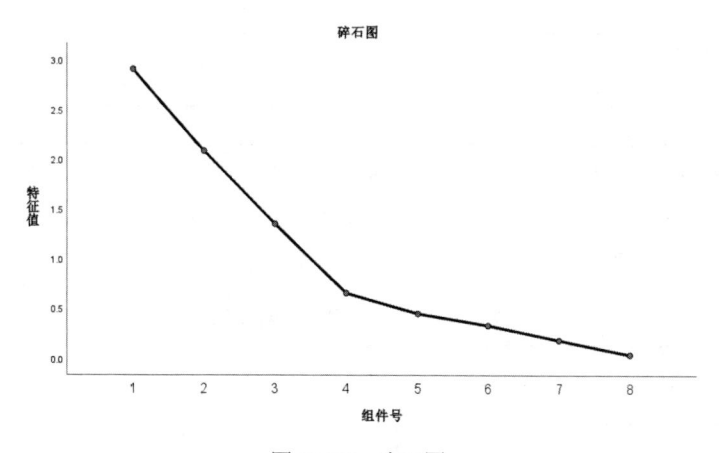

图 11-27 碎石图

表 11-24 的"成分矩阵"是未经旋转的因子载荷矩阵，表 11-25 的"旋转后的成分矩阵"是经过旋转的因子载荷矩阵。观察这两个表格可以发现，旋转后的每个公共因子上的载荷分配更清晰了，因而比未旋转时更容易解释各公共因子的意义。

因子载荷是变量与公共因子的相关系数，某变量在某公共因子中的载荷绝对值越大，表明该变量与该公共因子的关系越密切，即该公共因子越能代表该变量。

表 11-24　成分矩阵[a]

	成分		
	1	2	3
A1	.908	-.218	.279
A2	-.044	.851	.170
A3	.911	-.215	.215
A4	-.408	-.753	-.156
A5	-.522	.114	.654
A6	-.071	.403	-.798
A7	.263	.723	.138
A8	.857	.026	-.301

提取方法：主成分分析法

a. 提取了 3 个成分

表 11-25　旋转后的成分矩阵[a]

	成分		
	1	2	3
A1	.970	.039	-.085
A2	-.220	.840	-.033
A3	.960	.028	-.023
A4	-.230	-.836	-.073
A5	-.396	.143	-.732
A6	-.323	.197	.813
A7	.097	.774	.050
A8	.748	.136	.498

提取方法：主成分分析法。

旋转方法：凯撒正态化最大方差法

a. 旋转在 5 次迭代后已收敛

表 11-26 为因子（成分）得分系数矩阵，由此可得最终的因子得分计算公式：$F_1=0.363\times A1-0.091\times A2+\cdots+0.233\times A8$；$F_2=0.009\times A1+0.414\times A2+\cdots+0.024\times A8$；$F_3=-0.140\times A1-0.056\times A2+\cdots+0.286\times A8$。

表 11-26　成分得分系数矩阵

	成分		
	1	2	3
A1	.363	.009	-.140

续表

	成分		
	1	2	3
A2	−.091	.414	−.056
A3	.354	.000	−.094
A4	−.066	−.399	.017
A5	−.090	.120	−.497
A6	−.186	.052	.591
A7	.020	.372	−.019
A8	.233	.024	.286

提取方法：主成分分析法。
旋转方法：凯撒正态化最大方差法。
组件得分

为研究环境指标的总得分，可对 3 个公共因子的得分进行加权求和，权数即为公共因子对应的方差贡献率，可从表 11-23 中的"旋转载荷平方和"栏里得到。

本案例采用方差贡献率来计算，3 个旋转后的公共因子的方差贡献率分别为 34.936%、26.040% 和 18.259%，所以，各环境指标的综合得分的计算公式为：$F=34.936\% \times F_1 + 26.040\% \times F_2 + 18.259\% \times F_3$，最终计算的各环保指标的综合评价值和排序，如表 11-27 所示。

表 11-27　各环保指标的综合评价值和排序

排序	指标层	综合得分
1	乡土物种比例	1.860914
2	地表植被覆盖程度	1.746414
3	吸尘滞尘量	1.489262
4	热岛效应强度	1.390561
5	植物群落丰富度	1.342818
6	水质达到或优于Ⅲ类比例	1.213007
7	综合物种指数	1.208678
8	空气质量优良率	1.128558
9	水源涵养量	1.024891
10	PM2.5 浓度下降幅度	0.98217
11	生境质量指数	0.937102
12	环境噪声达标区覆盖率	0.927784
13	土壤保持量	0.496181
14	碳汇量	0.174488

11.5　工业生产应用

在现实生活中，很多数据的取值都是二值的，如男性和女性、合格和不合格、已婚

Note

和未婚等，通常用 0 和 1 来表示这类数据。如果进行 n 次相同的实验后，实验的结果只有两类（0 和 1），则这两类出现的次数可以用离散型随机变量 X 来描述。

随机变量 X 为 1 的概率设为 p，则随机变量 X 为 0 的概率设为 q，即 $1-p$，这样就形成了二项分布，而二项分布检验就是检验样本中这两个类别的观察频率是否等于给定的检验比例，零假设是样本来自的总体分布与指定的二项分布无显著性差异。

二项分布检验对小样本采用精确检验方法，对于大样本采用近似检验方法。精确检验方法，计算 n 次试验中成功的次数小于或等于 x 次的概率，即 $P\{X \leqslant x\} = \sum_{i=0}^{x} \mathrm{C}_n^i p^i q^{n-i}$。在大样本下采用 Z 检验统计量，在零假设成立的条件下 Z 检验统计量近似服从正态分布，定义为

$$Z = \frac{x \pm 0.5 - np}{\sqrt{np(1-p)}}$$

上式进行了连续性校正，当 x 小于 $n/2$ 时加 0.5；当 x 大于 $n/2$ 时减 0.5。

SPSS 将自动计算上述精确概率和近似概率，如果概率值小于显著性水平，则拒绝零假设，认为样本来自的总体与指定的二项分布存在显著性差异；如果概率值大于显著性水平，则接受零假设，认为样本来自的总体与指定的二项分布无显著性差异。

数据文件	数据文件\Chapter11\data11-05.sav
视频文件	视频文件\Chapter11\二项分布检验.avi

11.5.1 数据描述

本案例的数据文件为抽查一批灯泡合格率的资料，如图 11-28 所示。现要求利用二项分布检验确定这批灯泡的合格率是否达到 95%。

	样本编号	合格率
1	1	1
2	2	1
3	3	1
4	4	1
5	5	1
6	6	1
7	7	0

图 11-28 data11-05.sav 中的数据

11.5.2 SPSS 实现

（1）打开数据文件 data11-05.sav，执行菜单栏中的“分析”→“非参数检验”→“旧对话框”→“二项”命令，弹出“二项检验”对话框。

（2）在左侧的变量列表中选中“合格率”变量，单击➡按钮，将其选入“检验变量列表”框，在“定义二分法”栏中选中“从数据中获取”单选按钮，在“检验比例”框中输入 0.95，如图 11-29 所示。

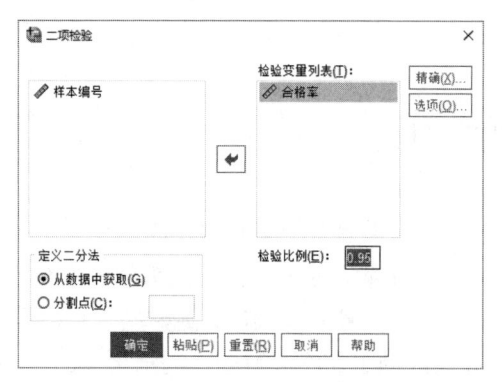

图 11-29 "二项检验"对话框

（3）单击"精确"按钮，弹出"精确检验"对话框，如图 11-30 所示，选中"仅渐进法"单选按钮，单击"继续"按钮返回主对话框。

（4）单击"选项"按钮，弹出"二项检验：选项"对话框，如图 11-31 所示，在"统计"栏中勾选"描述""四分位数"复选框，在"缺失值"栏中选中"按检验排除个案"单选按钮，单击"继续"按钮返回主对话框。

图 11-30 "精确检验"对话框　　　图 11-31 "二项检验：选项"对话框

（5）完成所有设置后，单击"确定"按钮执行命令，此时会弹出二项检验等分析结果。

11.5.3 结果分析

从表 11-28 可以看出，一共抽取了 200 个灯泡，其中合格的为 186 个，不合格的为 14 个，精确显著性为 0.130，大于 0.05，不能拒绝零假设，认为该批灯泡的合格率达到 95%。

表 11-28 二项检验结果

		类别	数字	观测到的比例	检验比例	精确显著性（单尾）
合格率	组 1	合格	186	.93	.95	.130[a]
	组 2	不合格	14	.07		
	总计		200	1.00		
a. 备用假设声明第一组中的个案比例小于.95						

Note

11.6 概率分析应用

在日常生活或研究中，经常需要分析某件事出现的概率，比如产品是否合格、良率与不良率，是否是随机等，本节介绍游程检验在概率分析中的应用。

一个游程就是一个具有相同符号的连续串，例如抛硬币，用数字 0 表示硬币的正面，用数字 1 表示硬币的反面，连续抛了 30 次，得到下列结果：001110000110100100111011100101，将连续出现 0 或者连续出现 1 的一组数称为 0 的游程或 1 的游程，则上述的这组数据中首先是一个 0 游程（两个 0），接着是一个 1 游程（3 个 1），然后是一个 0 游程（4 个 0），以此类推，有 8 个 0 游程，8 个 1 游程，共有 16 个游程。游程太多或太少的样本不是随机样本。

游程检验就是通过游程数来检验样本的随机性，零假设是序列具有随机性。单样本游程检验用来检验样本序列的随机性，而两个独立样本的游程检验用来检验两个样本来自的总体的分布是否相同，零假设是两个独立样本来自的总体分布无显著性差异。

SPSS 会自动计算出检验统计量的概率 p 值，当 p 值小于显著性水平时，拒绝零假设；当 p 值大于显著性水平时，接受零假设。

数据文件	数据文件\Chapter11\data11-06.sav
视频文件	视频文件\Chapter11\游程检验.avi

11.6.1 数据描述

本案例的数据文件为把硬币掷 30 次得到正反面的统计数据，如图 11-32 所示。现要求利用游程检验对硬币的正反面是否是随机的进行检验。

	次数	正反面
1	1	1
2	2	0
3	3	0
4	4	1
5	5	1
6	6	0
7	7	1

图 11-32　data11-06.sav 中的数据

11.6.2 SPSS 实现

（1）打开数据文件 data11-06.sav，执行菜单栏中的“分析”→“非参数检验”→“旧对话框”→“游程”命令，弹出“游程检验”对话框。

（2）在左侧的变量列表中选中“正反面”变量，单击➡按钮，将其选入“检验变量列表”框，在“分割点”栏中勾选“定制”复选框，在其后的框中输入 1，如图 11-33

所示。本步骤为选择游程检验的分割点。

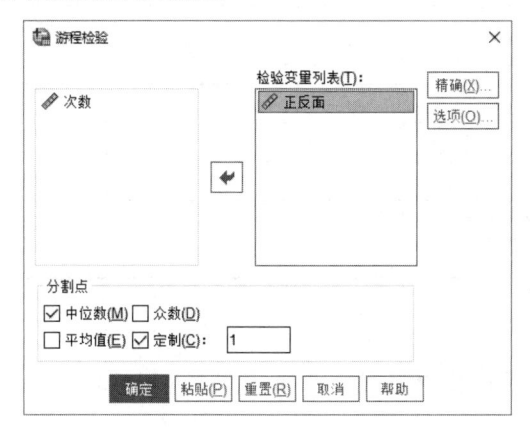

图 11-33 "游程检验"对话框

（3）单击"精确"按钮，弹出"精确检验"对话框，如图 11-34 所示，选中"仅渐进法"单选按钮，单击"继续"按钮返回主对话框。

（4）单击"选项"按钮，弹出"游程检验：选项"对话框，如图 11-35 所示，在"统计"栏中勾选"描述""四分位数"复选框，在"缺失值"栏中选中"按检验排除个案"单选按钮，单击"继续"按钮返回主对话框。

图 11-34 "精确检验"对话框[①]　　　　图 11-35 "游程检验：选项"对话框

（5）完成所有设置后，单击"确定"按钮执行命令，此时会弹出游程检验等分析结果。

11.6.3 结果分析

从表 11-29 可以看出硬币一共投了 30 次，游程数为 21，渐近显著性为 0.088，大于 0.05，不能拒绝零假设，认为抛掷硬币得到正反面是随机的。

---

① 界面图中"渐进"的正确写法为"渐近"。

表 11-29　游程检验

	正反面
检验值 [a]	1.00
总个案数	30
游程数	21
Z	1.705
渐近显著性（双尾）	.088

a. 由用户指定

11.7 体育领域研究应用

11.7.1 SPSS 在体重分析上的应用

在体育领域，常常需要分析体育成绩变化、体脂变化等，以及研究影响体育成绩的因素等。SPSS 的很多方法都可以应用在体育领域中。本节研究某个班级学生的体重是否符合正态分布，采用的是 K-S 检验。

K-S 检验是以俄罗斯数学家柯尔莫戈洛夫和斯米诺夫（Kolmogorov-Smirnov）命名的一个非参数检验方法。该方法是一种拟合优度检验方法，将变量的观察累计分布函数与指定的理论分布进行比较，主要有正态分布、均匀分布和泊松分布等。

单样本 K-S 检验的零假设就是样本来自的总体分布与指定的理论分布无显著性差异。

基本思路如下：

在零假设成立的前提下，先计算各样本观测值在理论分布中出现的理论累计概率 $F(X)$，再计算各样本观测值实际累计概率 $S(X)$，计算实际累计概率和理论累计概率的差 $D(X)$，最后计算差值序列中的最大绝对差值 $D=\max(|S(X_i)-F(X_i)|)$，因为实际累计概率为离散值，所以要对 D 进行修正，$D=\max((|S(X_i)-F(X_i)|),(|S(X_{i-1})-F(X_i)|))$，$D$ 统计量也称为 K-S 统计量。

在小样本下，零假设成立时，D 统计量服从柯尔莫戈洛夫分布，在大样本下，零假设成立时，$\sqrt{n}D$ 统计量近似服从柯尔莫戈洛夫分布。当 D 小于 0 时，$K(X)$ 为 0；当 D 大于 0 时，$K(X)=\sum_{j=-\infty}^{\infty}(-1)^{j}\exp(-2j^{2}x^{2})$。

SPSS 会自动计算出检验统计量的概率 p 值，当 p 值小于显著性水平时，拒绝零假设；当 p 值大于显著性水平时，接受零假设。

数据文件	数据文件\Chapter11\data11-07.sav
视频文件	视频文件\Chapter11\单样本 K-S 检验.avi

1．数据描述

本案例的数据文件为一个班级学生体重的资料，如图 11-36 所示。现要求利用单样本 K-S 检验来确定体重是否符合正态分布。

	编号	体重
1	1	52
2	2	54
3	3	56
4	4	57
5	5	59
6	6	60
7	7	61

图 11-36　data11-07.sav 中的数据

2．SPSS实现

（1）打开数据文件 data11-07.sav，执行菜单栏中的"分析"→"非参数检验"→"旧对话框"→"单样本 K-S"命令，弹出"单样本柯尔莫戈洛夫-斯米诺夫检验"对话框。

（2）在左侧的变量列表中选中"体重"变量，单击 ► 按钮，将其选入"检验变量列表"框，在"检验分布"栏中勾选"正态"复选框，如图 11-37 所示。

（3）单击"选项"按钮，弹出"单样本 K-S：选项"对话框，如图 11-38 所示，在"统计"栏中勾选"描述""四分位数"复选框，在"缺失值"栏中选中"按检验排除个案"单选按钮，单击"继续"按钮返回主对话框。

图 11-37　"单样本柯尔莫戈洛夫-斯米诺夫检验"对话框　　图 11-38　"单样本 K-S：选项"对话框

（4）完成所有设置后，单击"确定"按钮执行命令，此时会弹出描述统计、单样本柯尔莫戈洛夫-斯米诺夫检验的分析结果。

3．结果分析

从表 11-30 和表 11-31 可以看出，一共 25 个男生，体重平均值为 69.32，标准差为 11.639，检验统计量为 0.145，渐近显著性为 0.185，大于 0.05，不能拒绝零假设，认为班上男生的体重服从正态分布。

表 11-30 描述统计

	N	平均值	标准差	最小值	最大值	百分位数		
						第 25 个	第 50 个（中位数）	第 75 个
体重	25	69.32	11.639	52	96	60.50	67.00	76.50

表 11-31 单样本柯尔莫戈洛夫-斯米诺夫检验

项目			体重
N			25
正态参数 a,b	平均值		69.32
	标准差		11.639
最极端差值	绝对		.145
	正		.145
	负		-.080
检验统计			.145
渐近显著性（双尾）c			.185
蒙特卡洛显著性（双尾）d	显著性		.186
	99% 置信区间	下限	.176
		上限	.196

a. 检验分布为正态分布
b. 根据数据计算
c. 里利氏显著性修正
d. 基于 10000 蒙特卡洛样本且起始种子为 2000000 的里利氏法

11.7.2 SPSS 在篮球运动中的应用

在篮球运动中，经常需要对运动员的投篮命中率进行分析，本节选用投篮数据分析投篮命中率是否存在差异，采用的是两独立样本 K-S 检验的方法。

对两个总体分布未知的样本，如果要检验这两个独立样本之间是否具有相同的分布，就要用到两独立样本 K-S 检验。两独立样本 K-S 检验用于检验从不同总体中抽取的两个独立样本之间是否存在显著性差异，零假设是两个独立样本来自的总体分布无显著性差异。

两独立样本 K-S 检验的基本思想与单样本 K-S 检验大致相同，主要差别在于两独立样本 K-S 检验以变量值的秩作为分析对象，而非变量本身。

首先，将两个样本混合并按升序排序；然后，分别计算两个样本秩的累计频数和累计频率；最后，计算两组累计频率的差值，得到秩的差值序列以及 D 统计量，计算得到概率 p 值，如果 p 值小于显著性水平，则拒绝零假设，认为两总体分布有显著性差异，反之则两总体分布无显著性差异。

常用的检验类型如下：

(1) Mann-Whitney U（曼-惠特尼）。

该检验是常用的两个独立样本检验，主要是检验两个样本总体上的位置是否相等，等同于对两个样本进行的 Wilcoxon 等级和 Kruskal-Wallis 检验。Mann-Whitney U 检验假设两个样本分别来自除总体均值以外完全相同的两个总体，目的是检验这两个总体的均值是否有显著的差别。

如果两个总体的位置相同，那么随机混合两个样本，然后计算组 1 分数领先于组 2 分数的次数，以及组 2 分数领先于组 1 分数的次数。Mann-Whitney U 统计是这两个数字中较小的一个。同时显示 Wilcoxon W 统计量，它是具有较小等级平均值的组的等级之和。

(2) Kolmogorov-Smirnov Z（柯尔莫戈洛夫-斯米诺夫）。

该检验是建立在计算两个样本的累计分布最大绝对差值基础上的，当这个差值很大时，就将这两个分布视为不同的分布，同时检测两个样本在位置和形状上是否存在差异。

(3) Moses 极限反应（莫斯极端反应）。

假定实验变量在一个方向影响某些主体，而在相反方向影响其他主体。该检验为了减少极端值的影响，控制样本数据的跨度，是对实验组中的极值对该跨度的影响程度的测量。因为意外的离群值可能轻易使跨度范围变化，所以在剔除了 5%的最大值和 5%的最小值后，比较两个样本的极差是否相等。

(4) Wald-Wolfowitz（瓦尔德-沃尔福威茨）游程。

该检验是对两个样本数据进行组合和排秩后的游程检验，如果两个样本来自同一个总体，那么两个样本应随机散布在整个等级中。

数据文件	数据文件\Chapter11\data11-08.sav
视频文件	视频文件\Chapter11\两独立样本的非参数检验.avi

1．数据描述

本案例的数据文件为两个组投篮命中数的统计数据，如图 11-39 所示。现要求利用两独立样本检验来检验两个组投篮命中数之间是否存在差异。

	组别	投篮命中数
1	1	6
2	1	5
3	1	7
4	1	4
5	1	6
6	1	2
7	1	9
8	1	5
9	1	7
10	1	4
11	2	7
12	2	3

图 11-39　data11-08.sav 中的数据

2. SPSS实现

（1）打开数据文件data11-08.sav，执行菜单栏中的"分析"→"非参数检验"→"旧对话框"→"2个独立样本"命令，弹出"两个独立样本检验"对话框。

（2）在左侧的变量列表中选中"投篮命中数"变量，单击➡按钮，将其选入"检验变量列表"框，同样，选中"组别"变量，单击➡按钮，将其选入"分组变量"框，如图11-40所示。

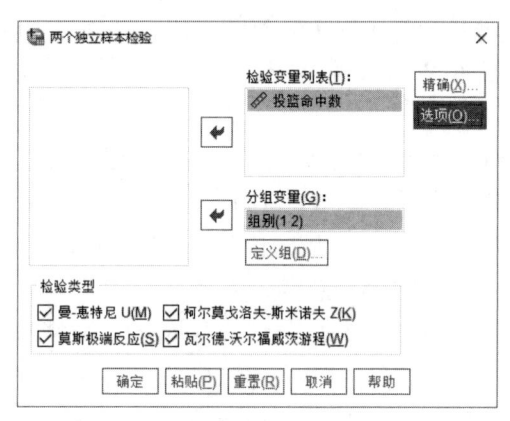

图11-40 "两个独立样本检验"对话框

（3）在"检验类型"栏中勾选"曼-惠特尼""柯尔莫戈洛夫-斯米诺夫""莫斯极端反应""瓦尔德-沃尔福威茨游程"复选框。

（4）单击"定义组"按钮，弹出"双独立样本：定义组"对话框，如图11-41所示，在"组1""组2"两个框中分别输入"1"和"2"。单击"继续"按钮返回主对话框。

（5）单击"精确"按钮，弹出"精确检验"对话框，如图11-42所示，选中"仅渐进法"单选按钮，单击"继续"按钮返回主对话框。

（6）完成所有设置后，单击"确定"按钮执行命令，此时会弹出曼-惠特尼检验、柯尔莫戈洛夫-斯米诺夫检验、莫斯极端反应检验、瓦尔德-沃尔福威茨游程检验的分析结果。

图11-41 "双独立样本：定义组"对话框　　图11-42 "精确检验"对话框

3. 结果分析

1)曼-惠特尼检验

从表 11-32 和表 11-33 可以看出,1 组的秩平均值为 9.95,2 组的秩平均值为 11.05,U 值为 44.500,W 值为 99.500,Z 统计量为-0.420,渐近显著性(双尾)为 0.675,大于 0.05,不能拒绝零假设,认为两个组的投篮命中数不存在显著性差异。

表 11-32 秩

	组别	数字	秩平均值	秩的总和
投篮命中数	1	10	9.95	99.50
	2	10	11.05	110.50
	总计	20		

表 11-33 检验统计 [a]

	投篮命中数
曼-惠特尼 U	44.500
威尔科克森 W	99.500
Z	-.420
渐近显著性(双尾)	.675
精确显著性[2*(单尾显著性)]	.684[b]
a. 分组变量:组别	
b. 未针对绑定值进行修正	

2)莫斯极端反应检验

从表 11-34 和表 11-35 可以看出,1 组和 2 组的人数均是 10 人,实测控制组范围(跨度)为 20,显著性为 1.000;修正后的控制组范围为 11,显著性为 0.089。两个显著性都大于 0.05,故不能拒绝零假设,认为 1 组和 2 组的投篮命中数不存在显著性差异。

表 11-34 频率

	组别	数字
投篮命中数	1(控制)	10
	2(实验)	10
	总计	20

表 11-35 检验统计 [a,b]

		投篮命中数
实测控制组范围		20
	显著性(单尾)	1.000
修正后的控制组范围		11
	显著性(单尾)	.089
在两端剪除了离群值		1
a. 莫斯极端反应检验		
b. 分组变量:组别		

3）柯尔莫戈洛夫-斯米诺夫检验

从表 11-36 和表 11-37 可以看出，1 组和 2 组的人数均是 10 人，最极端绝对差分值为 0.200，最极端正差分值为 0.200，最极端负差分值为-0.100，K-S 值为 0.447，渐近显著性为 0.988，大于 0.05，故不能拒绝零假设，认为两组的投篮命中数不存在显著性差异。

表 11-36　频率

	组别	N
投篮命中数	1	10
	2	10
	总计	20

表 11-37　检验统计 [a]

		投篮命中数
最极端差值	绝对	.200
	正	.200
	负	-.100
柯尔莫戈洛夫-斯米诺夫		.447
渐近显著性（双尾）		.988

a. 分组变量：组别

4）瓦尔德-沃尔福威茨游程检验

从表 11-38 和表 11-39 可知，1 组和 2 组的人数均是 10 人，最小游程数为 7，Z 值为 -1.608，精确显著性为 0.051；最大游程数为 16，Z 值为 2.527，精确显著性为 0.996。两个显著性均大于 0.05，故不能拒绝零假设，认为 1 组和 2 组的投篮命中数不存在显著性差异。

表 11-38　频率

	组别	数字
投篮命中数	1	10
	2	10
	总计	20

表 11-39　检验统计 [a,b]

		游程数	Z	精确显著性（单尾）
投篮命中数	最小可能值	7[c]	-1.608	.051
	最大可能值	16[c]	2.527	.996

a. 瓦尔德-沃尔福威茨游程检验
b. 分组变量：组别
c. 存在 5 个组内绑定值，涉及 15 个个案

11.8 本章小结

本章着重介绍了 SPSS 在进出口贸易、物流、国债市场、环境保护等领域中的应用。曲线回归是指两个变量间呈现曲线关系的回归，是以最小二乘法分析曲线关系资料在数量变化上的特征和规律的方法。本章还介绍了利用因子分析方法进行综合评价。综合评价是指使用比较系统的、规范的方法对于多个指标、多个单位同时进行评价的方法。综合评价方法在现实中应用范围很广。综合评价是指针对研究的对象，建立一个进行测评的指标体系，利用一定的方法或模型，对搜集的资料进行分析，对被评价的事物做出定量化的总体判断。

11.9 综合练习

1．数据文件 data11-09.sav 为某省的关于物流发展水平的相关数据，包括货物周转量、货运量、城区生产总值、进出口贸易总值等 8 项指标，请利用该数据文件综合评价物流发展情况。

（数据存储于\Chapter11\data11-09.sav 文件中）

2．数据文件 data11-10.sav 为 A 股上市公司的财务绩效、资产负债率、公司规模等 9 项指标相关数据，以财务绩效为因变量，研究另外 8 项指标对财务绩效的影响，并筛选出合适的自变量，建立一个合适的回归模型。

（数据存储于\Chapter11\data11-10.sav 文件中）

3．数据文件 data11-11.sav 为部分公司的贷款规模、债务融资成本、企业规模等 8 项指标相关数据，请完成以下分析：

（1）以贷款规模为因变量，研究企业规模、净资产收益率、营业收入增长率、留存比率、资产负债率、资产抵押能力对贷款规模的影响，建立一个合适的回归模型。

（2）以债务融资成本为因变量，研究企业规模、净资产收益率、营业收入增长率、留存比率、资产负债率、资产抵押能力对债务融资成本的影响，建立一个合适的回归模型。

（数据存储于\Chapter11\data11-11.sav 文件中）

参考文献

[1] 李昕，张明明. SPSS 28.0 统计分析从入门到精通[M]. 北京：电子工业出版社，2022.
[2] 杨维忠. SPSS 统计分析从入门到精通[M]. 4 版. 北京：清华大学出版社，2018.
[3] 武松，潘发明等. 尚涛. SPSS 统计分析大全[M]. 北京：清华大学出版社，2014.
[4] 武松. SPSS 实战与统计思维[M]. 北京：清华大学出版社，2019.
[5] 周俊. 问卷数据分析：破解 SPSS 软件的六类分析思路[M]. 2 版. 北京：电子工业出版社，2020.
[6] 张文彤，钟云飞，王清华. IBM SPSS 数据分析实战案例精粹[M]. 2 版. 北京：清华大学出版社，2020.
[7] 杨维忠，张甜，王国平. SPSS 统计分析与行业应用案例详解[M]. 4 版. 北京：清华大学出版社，2018.
[8] 张文彤，董伟. SPSS 统计分析高级教程[M]. 3 版. 北京：高等教育出版社，2018.
[9] 杨维忠，陈胜可，刘荣. SPSS 统计分析从入门到精通[M]. 4 版. 北京：清华大学出版社，2019.
[10] 马秀麟，邬彤. SPSS 数据分析及定量研究[M]. 北京：北京师范大学出版社，2020.
[11] 卢纹岱. SPSS 统计分析（配光盘）[M]. 北京：电子工业出版社，2010.
[12] 倪雪梅. 精通 SPSS 统计分析（配光盘）[M]. 北京：清华大学出版社，2010.